이 순간 나에게 힘이 되는
고전 필독서
50

50 SPIRITUAL CLASSICS Second Edition

Copyright ⓒ 2003 by Tom Butler-Bowdon
All rights reserved.

Korean translation copyright ⓒ 2025 by SENSIO CO., LTD.
Korean translation rights arranged with NB LIMITED
through EYA Co.,Ltd

이 책의 한국어판 저작권은 EYA Co.,Ltd를 통해 NB LIMITED와 독점 계약한
(주)센시오가 소유합니다.
저작권법에 의하여 한국 내에서 보호를 받는 저작물이므로 무단 전재 및 복제를 금합니다.

필독서
시리즈
30

칼릴 지브란에서 에크하르트 톨레까지
우리의 생각을 깨운 명저 50권을 한 권에

이 순간 나에게 힘이 되는
고전 필독서
50

톰 버틀러 보던 지음 | 오강남 옮김

50 SPIRITUAL CLASSICS
By Tom Butler-Bowdon

센시오

서문

지금 이 순간, 우리 마음에 힘이 되어주는 지혜의 이야기를 듣는다

오랜 시간 거듭 읽히면서, 수많은 사람들의 마음에 힘이 되어주고 생각을 일깨워준 고전 필독서들을 한 권에 가득 담았다. 물질적 안정만으로는 삶의 진정한 만족을 얻을 수 없으며, 정서적 평안이나 방대한 지식조차도 인간 존재를 온전히 채우기에는 부족하다는 믿음이 이 책의 출발점이다. 우리는 더 중대한 질문에 답을 찾도록 창조된 존재이기 때문이다.

개인적 성장의 여정은 끝까지 가보면 결국 '나 너머'로 이어진다. 자기 자신에게 쏟는 좁은 관심의 테두리를 벗어날 때 삶의 참된 의미를 찾을 수 있다. '깨달음' 혹은 '영성'이라는 말은 영어 'spirituality'에서 왔으며, 라틴어로 '숨 쉰다'는 뜻이다. 숨을 쉰다는 것은 삶에서 가장 자연스럽고 일상적인 행위다. 이 책이 전하려는 중요한 메시지는 영적 경험이나 깨달음이 결코 먼 세계의 대단한 일이 아니라, 우리 가까이에서 일어나는 일이자 우리를 인간답게 하는 가장 본질적인 일이라는 사실이다. 만약 삶에서 그러한 깨달음이 빠져 있다고 느낀다면, 이 책이 내면의 풍요로움으로 들어가는 열쇠가 되어줄 것이다. 또 어느 정도 성공을 이루었지만 여전히 공허함을 느끼는 이들에게는, 더 높은 목표와 깊은 성찰의 기회를 열어줄 것이다.

위대한 인물들의 삶을 변화시킨 순간을 들여다보다

이 책은 단순히 종교나 신학을 다루는 책이 아니다. 그보다는 개인이 어떻게 영적 깨달음을 얻고 의식을 확장할 수 있는지 그 가능성들을 모색해보는 내용이다. 그래서 익히 알려진 인물들의 생애를 연대기적으로 따라가기보다는, 그들이 어떤 내적 체험을 통해 믿음을 키웠는지, 그리고 일생을 통해 어떻게 목적의식을 키워나갔는지에 초점을 맞추었다. 이러한 과정을 따라가다 보면, 위대한 인물들의 삶을 변화시킨 결정적인 힘이 무엇이었는지, 그리고 우리 자신의 내면에도 잠재되어 있는 영적 가능성이 무엇인지 깨닫게 될 것이다.

물론 이 목록에 포함되지 않은 위대한 사상가와 고전들도 많다. 그러나 이 한 권의 책으로 전 세계의 종교와 영적 전통을 모두 아우를 수는 없고, 애초에 그럴 의도도 없었다. 다만 시간과 공간을 가로질러 어떤 다양한 영적 관점들이 있었는지 알아보고, 독자들에게 더 큰 깨달음으로 가는 계기를 마련해주기를 바랄 뿐이다.

아마 일부 독자들은 아주 오래된 책들이 비교적 최근의 베스트셀러들과 나란히 다뤄진다는 사실이 의아할지도 모른다. 그러나 이 책이 중시하는 것은 언제 쓰였는가가 아니라, 그 안의 생각들이 얼마나 힘이 있으며 아직도 살아 숨 쉬는가이다.

지난 수십 년간 대중을 위한 영성 관련 도서들이 쏟아져 나왔지만, 여기에 선정한 책들은 대부분 그중에서도 잘 알려진 것들이다. 이 책들이 훗날에도 진정한 고전으로 자리매김할지는 단정할 수 없다. 그러나 먼저 읽고 이해해야 올바른 판단을 내릴 수 있지 않을까.

이 책에 소개된 고전들은 인류의 총체적 지혜의 보고라 할 만하며, 인간 정신의 진화를 보여주는 빛나는 기록이다. 이 책은 그 거대한 유산을 한눈에 조망하려는 시도에 불과하지만, 독자들이 그 넓이와 깊이를 조금이나마 느낄 수 있다면 그것으로 충분하리라 생각한다.

다음은 우리가 살펴볼 책들을 몇 가지 주제로 나누어 정리한 것이다. 이 책을 읽을 때 하나의 길잡이가 되었으면 한다.

1부. 보이지 않는 세계의 문을 열다

리처드 바크, 『갈매기의 꿈』
프리초프 카프라, 『물리학의 도』
카를로스 카스타네다, 『익스틀란 기행』
장자, 『장자』
G. I. 구르디예프, 『놀라운 사람들과의 만남』
올더스 헉슬리, 『인식의 문』

지두 크리슈나무르티, 『이런 일을 생각하라』
로버트 M. 퍼시그, 『선과 오토바이 정비술』

흔히 깨달음이나 영성을 다룬 책이라고 하면 신의 존재나 종교적 교리를 깊이 탐구하는 책을 떠올리기 쉽다. 그러나 이런 책들을 실제로 읽어보면, 깨달음이란 신을 논하는 일이 아니라 '우리 마음을 깨우는 일'임을 깨닫게 된다. 예를 들어 중국의 고전 『장자』를 보면, 일상의 무감각 속에서 벗어나 사물의 이면에 깃든 도(道), 곧 우주의 힘을 자각하도록 이끄는 우화와 이야기들로 가득하다.

근대에 들어서 G. I. 구르디예프는 몽유병자처럼 무의식적으로 살아가는 사람들을 흔들어 깨워, 삶을 진정으로 '살 만한 가치 있는 것'으로 변화시키려 했다. 크리슈나무르티 역시 같은 길 위에 있었다. 그는 단순히 목표를 달성하기 위해 기계적으로 일하는 '기술자'의 삶과, 사랑과 진리를 중심에 두고 창조적으로 살아가는 '창조자'의 삶을 구분하며, 우리에게 후자의 길을 택하라고 권했다.

로버트 퍼시그는 『선과 오토바이 정비술』에서 진리, 혹은 '질(quality)'을 극단까지 탐구한 끝에 결국 삶의 풍요로움에 도달한 사람의 이야기를 들려준다. 이런 탐구는 어쩌면 두렵고 고통스러운 과정일 수 있다. 그래서 오직 소수만이 올더스 헉슬리나 그 이전의 윌리엄 블레이크처럼 '인식의 문'을 열 용기를 낼 수 있는 것이다.

그 누구보다 기존의 인식 체계를 철저히 부수는 데 공헌한 사람은 카를로스 카스타네다일 것이다. 그의 책에 등장하는 스승 돈 후안은, "인간은 자신이 속한 문화의 틀을 무비판적으로 따르는 한, 결코 자기 자신의 주인이 될 수 없다"고 가르친다. 우리가 각자의 조건과 습관 속에 살아가기 때문에 이것이 말처럼 쉬운 일은 아니지만, 진정으로 의식하려는 노력은 우리가 시간을 들여서 할 수 있는 숭고한 일 가운데 하나일 것이다. 여기에 열거한 책들은 이런 일을 성취하기 위해서 특별히 신을 믿을 필요는 없다고 말한다.

2부. 지금 이 순간, 나를 살아라

페마 초드론, 『그대에게 두려움을 주는 곳들』
모한다스 간디, 『자서전』
칼릴 지브란, 『예언자』
댄 밀먼, 『평화로운 전사의 길』
틱낫한, 『마음 다함의 기적』
돈 미겔 루이스, 『네 가지 약속』
스즈키 순류, 『선심 초심』
에크하르트 톨레, 『지금 이 순간을 살아라』
쵸감 트룽빠, 『영적 물질주의를 해부하다』

불교 여승 페마 초드론은 '비트 제너레이션(1950년대 중반 미국에 등장한 '패배의 세대'-옮긴이)'을 대표하는 작가 잭 케루악이 하느님이든 붓다든 어떤 진리라도 만나고자 혼자 산에 올랐던 일화를 전한다. 그가 산에서 만난 것은 신이 아니라, 난생처음으로 술이나 마약에 취하지 않은 자신의 벌거벗은 자아였다.

이 일화가 보여주듯, '영적인 삶'이란 거창한 깨달음의 체험이 아니라, 자비심을 가지고 올바른 원칙에 충실하려는 '매일의 노력'이다. 이는 곧 간디가 걸었던 길이기도 하다. 그의 자서전은, 자기밖에 모르던 한 젊은이가 수십 년간의 금욕적 식생활과 검소한 수행을 통해 자기희생과 자유의 상징으로 변모한 과정, 곧 '진리 실험'을 담고 있다.

베트남의 승려 틱낫한이 설파한 '마음 다함', 혹은 '마음 챙김' 역시 같은 맥락에 있다. 마음을 다해 현재의 순간을 온전히 살아갈 때, 일상의 사소한 행위조차 의미를 가지게 되고, 매 순간이 귀중해진다.

에크하르트 톨레의 『지금 이 순간을 살아라』 역시 오직 이 순간을 사는 데서 오는 평화와 힘에 대해 이야기한다. 우리가 모든 일에 초심을 유지한다면, 삶은 신선함을 계속 유지하고 자유로워질 수 있다는 것이다.

이처럼 꾸준한 자기 훈련과 마음 다함의 실천을 통해 우리의 생각과 행동을 지배하는 이기적 자아를 줄일 수 있다. 여기서 명심해야 할 것은, '영적인 삶'을 열성적으로 추구하는 태도 자체가 이기적 자아의 산물일 수 있다는 것이다.

쵸감 트룽빠는 이를 '영적 물질주의'라고 불렀다. 직업을 그만두고 절이나 아슈람(수행 공동체) 같은 곳에 들어가는 일은 참된 자아와는 거리가 먼 일이다. 우리가 정말로 깨친 사람이 되려면 우리의 삶 속에 일어나는 문제를 그대로 껴안고 헤쳐나가야 한다는 것이 그의 메시지다.

초드론의 말을 빌리면, 우리는 '우리에게 두려움을 주는 곳들'을 피하려고 무슨 일이든 한다. 그러나 참된 영적 치유는 우리의 현실적인 생각, 그리고 우리 안에 있는 두려움의 근원을 직면할 때에만 가능하다.

돈 미겔 루이스가 말하는 '실제적 영성'이란, 멕시코 톨테크 전통에 기반한다. 그는 모든 인간이 '어떤 종류의 인간으로 살 것인가'라는 문제를 두고서 자기 자신과, 또 사회와 무의식적인 계약을 맺는다고 말한다. 이 계약을 분명히 자각할 때 우리는 삶을 다시 주도할 힘을 되찾을 수 있다.

이렇게 될 때 우리는 댄 밀먼이 말하는 '평화로운 전사'가 되어 우리를 약하게 만드는 우리 안의 것들을 무엇이든 내칠 수 있게 된다.

3부. 신을 만나고, 우주를 알다

존 니이하르트, 『블랙 엘크 말하다』
에픽테토스, 『엔키리디온』
아브라함 조슈아 헤셸, 『안식일』
윌리엄 제임스, 『종교적 경험의 다양성』
카를 구스타프 융, 『기억, 꿈, 성찰』
C. S. 루이스, 『스크루테이프의 편지』
존 오도나휴, 『아남 카라』
헬렌 슈크먼 · 윌리엄 테트포드, 『기적 수업』

이드리에스 샤, 『수피의 길』
스타호크, 『나선무』
파라마한사 요가난다, 『어느 요기의 자서전』

윌리엄 제임스는 그의 불후의 명저 『종교적 경험의 다양성』을 집필하기 위해, 영적 깨달음에 이른 사람들의 자서전을 두루 탐독했다. 자신이 특별히 종교적인 인물이 아니었기에, 그들의 체험이 객관적으로 진리인지 여부보다는 그 경험이 그들의 삶에 어떤 영향을 미쳤는가에 중점을 두었다. 제임스의 결론에 따르면 중요한 것은 각자의 신념 체계가 아니라, 그것이 그들을 긍정적인 방향으로 변화시켰느냐 그렇지 못했느냐 하는 것이다.

종교란 단순한 신앙 체계의 집합체가 아니다. 종교는 하나의 고유한 인식 체계로서, 그 신도들에게 우주에서 인간이 차지하는 자리가 무엇인지 설명하는 역할을 담당한다. 이것은 자연을 중심에 둔 미국 원주민 '블랙 엘크'의 우주관에도, 스토아 철학자 에픽테토스의 철학이 전하는 우주관에도 똑같이 적용되는 이야기다.

안식일이 유대교 신앙의 핵심적 실천이듯, 윤회는 힌두교 세계관에서 빠질 수 없는 중심 원리이다. 또 기독교인들은 여신(女神) 숭배를 '이단적'이라 여길 수 있지만, 그 신앙을 실천하는 이들은 그 속에서 신성한 여성적 힘이 아름답고 완벽하게 표출되었다고 본다.

카를 융은 이러한 다양한 신화적·종교적 체계들을 오랜 세월에 걸쳐 연구했다. 그는 종교적 다양성이 어느 특정한 신앙을 위협하지 않는다고 보았다. 누군가 그에게 "신을 믿느냐"고 물었을 때, 융은 이렇게 대답했다.

"나는 믿지 않는다. 나는 알고 있을 뿐이다."

4부. 그들은 무엇을 깨달았는가

무함마드 아사드, 『메카로 가는 길』
성 아우구스티누스, 『고백록』
G. K. 체스터튼, 『아시시의 성 프란체스코』
람 다스, 『지금 여기 있으라』
헤르만 헤세, 『싯다르타』
마저리 켐프, 『마저리 켐프의 서(書)』
말콤 엑스, 『말콤 엑스의 자서전』
W. 서머싯 몸, 『면도날』

영적 깨달음은 인간의 삶을 근본적으로 바꾼다. 아래의 사례들은 그러한 변화를 생생하게 보여준다.

- 말콤 엑스는 젊은 시절 단순한 범죄자에 불과했지만, 신앙을 통해 회심한 뒤 흑인 인권운동의 상징적 지도자로 거듭났다.
- 무함마드 아사드는 오스트리아에서 유대인으로 성장했으나, 유럽을 떠나 이슬람의 진리를 찾아 나섰고, 이후 이슬람 세계에 깊은 공헌을 남겼다.
- 성 아우구스티누스는 방탕한 젊은 시절을 보냈으나 영혼의

탐구 끝에 가톨릭교회의 위대한 주교로 변모했다.

• 리처드 앨퍼트는 하버드 대학 교수직을 버리고 '람 다스'라는 이름의 위대한 명상가가 되었으며 정신적 지도자의 길을 걸었다.

• 아시시의 성 프란체스코는 부유한 상인의 아들로 태어났지만, 모든 유산을 바쳐 무너진 교회를 재건하고 자연과 조화를 이루는 삶을 살았다.

• 마저리 켐프는 교만하고 냉정한 여인이었으나 예수를 만난 뒤 '하느님의 여인'이 되었다.

• 서머싯 몸의 소설 속 주인공 래리 대럴은 물질적 안락을 버리고 평생 영적 진리를 추구한 실제 인물을 모델로 한다.

이 인물들은 모두 기존의 삶의 가치에 안주하지 않고, 자신을 변화시키는 여정을 선택했다. 그들은 자기 정체성을 완전히 바꾸지 않고는 결코 파편화된 자아에서 완전한 영적 자아로 나아갈 수 없음을 깨달았다. 그들의 이야기가 우리에게 영감을 주는 것은, 인간의 성격이 완전히 변화될 수 있다는 가능성을 몸소 보여주기 때문이다.

회의론자들은 이러한 '회심'을 기존의 인격을 빼앗는 과정이라 보지만, 실제로는 그 반대이다. 깨달은 사람들은 더 이상 자기 자신만을 위해 존재하지 않는다. 더 높은 목적 속에서 한 인간으로서의 잠재력을 온전히 실현한다.

5부. 신에게 이르는 길

가잘리, 『행복의 연금술』
다그 함마슐드, 『이정표』
다니엘 C. 매트, 『에센스 카발라』
마이클 뉴턴, 『영혼들의 여행』
아빌라의 테레사, 『내면의 성(城)』
마더 테레사, 『단순한 길』
닐 도널드 월쉬, 『신과 나눈 이야기』
릭 워렌, 『목적이 이끄는 삶』
시몬 베유, 『신을 기다리며』
에마누엘 스베덴보리, 『천국과 지옥』

"우리는 왜 여기에 있는가?"

이 물음은 깨달음을 추구한 모든 사상가들이 던진 근본적인 질문이다. 약 900년 전, 가잘리는 『행복의 연금술』에서 맹목적 신앙이 아니라 논리로 인간 존재의 이유를 설명했다. 그에 따르면, 인간은 신에 대한 더 깊은 지식을 얻기 위해 창조되었으며, 참된 행복은 그 지식을 확장하는 데서 비롯된다.

이와 유사하게, 다니엘 C. 매트가 소개한 유대교 신비사상 '카발라'의 중심 교리도 '신은 스스로의 완전함을 실현하기 위해 인간을 창조했다'는 것이다. 우주의 전개는 결국 각 인간이 자신에게 주어진 잠재력을 얼마나 실현하느냐에 달려 있다.

현대의 저서 중 같은 이와 견해를 같이 하는 책으로 릭 워렌의 『목적이 이끄는 삶』이 있다. 이 책은 우리가 존재하는 목적은 하나님께 영광을 돌리는 데 있으며, 인간이 영혼의 영원성을 깨닫기 위해 인간의 모습으로 창조되었다고 말한다.

삶의 목적을 발견하는 일은 인생에서 가장 결정적인 순간이다. 『단순한 길』에서 그려진 마더 테레사의 삶을 보면, 그는 인생의 후반부에야 콜카타의 '가난한 자들 가운데 가장 가난한 자들을 도우라'는 소명을 받았다. 그로부터 15년이 채 지나기도 전에, 그녀는 평범한 교장 수녀에서 세계적 영적 지도자로 거듭났다.

현대에 와서는, 다그 함마슐드(전 UN 사무총장)가 세상의 권력이 어떻게 영적 확신으로 움직일 수 있는지를 보여준 대표적 사례로 꼽힌다.

'우리가 왜 여기에 있는가?'라는 질문은 삶이 극히 짧다는 사실을 인식할 때 더욱 절실해진다. 그 답을 찾는 과정에서 사람들은 자연스럽게 내세와 영원의 문제로 나아간다. 스베덴보리는 『천국과 지옥』에서 자신이 묘사한 세계가 환상이 아니라, 더 높은 의식 상태에서 실제로 체험한 세계라고 주장했다. 이 책은 현대의 마이클 뉴턴이 쓴 『영혼들의 여행』과 함께 읽으면 더욱 흥미롭다. 뉴턴은 최면 상태에서 피험자들이 묘사한 경험을 토대로, 영혼이 육체를 벗어난 뒤 겪는 일을 구체적으로 보여준다.

6부. 물질적인 세계를 넘어서

리처드 모리스 벅, 『우주 의식』
제임스 레드필드, 『천상의 예언』
켄 윌버, 『모든 것의 이론』

개리 주커브, 『영혼의 자리』

　인간의 의식이 발달한다는 생각은, 깨달음이나 영성을 다룬 모든 문헌에서 반복적으로 등장하는 주제다. 리처드 모리스 벅의 『우주 의식』은 이에 관한 초기 저작으로, 역사 전반에 걸쳐 신비적 체험과 직관적 통찰을 경험하는 사례가 꾸준히 늘어나고 있으며, 이러한 직접적 신의 체험이 보편화되면 결국 종교가 필요 없어질 것이라는 이야기를 하고 있다.

　개리 주커브의 『영혼의 자리』는 인간이 오감(五感)에 의존하는 존재에서 다감(多感)을 지닌 존재로 진화하고 있다고 본다. 우리는 이제 물질적 세계 너머에 있는 영적 실재의 여러 층들을 의식할 수 있게 되고, 우리가 '인간의 경험을 하고 있는 영적 존재들'임을 인식하게 되리라 주장한다.

　1990년대에 등장한 제임스 레드필드의 『천상의 예언』 또한 같은 맥락에서 읽힌다. 그는 독자들에게 '역사의 큰 그림을 보라'고 권하며, 그럴 때 물질적 안정을 향한 집착이 사라지고 영적 목적을 찾고자 하는 열망이 자라날 것이라 말한다.

　켄 윌버는 이러한 논의를 과학철학의 수준으로 끌어올린다. 그는 인간 의식의 발달이라는 이론을 통해 진화와 물리학을 설명한다는 의미에서 '모든 것의 이론'을 제창했다. 우리는 단순히 물질과 공간으로 이루어진 '코스모스(cosmos)'에서 사는 것이 아니라, 감정적·지적·영적 차원을 모두 포함하는 '코스모스(Kosmos)' 속에서 산다는 것이다. 물질을 다루는 기술적 진보만이 아니라 개인의 발달에 있어서도 이 '코스모스(Kosmos)'라는 개념을 고려할 때 진정한 진화가 가능하다고 강조한다.

영적인 길에서 마주치는 이정표들
보이지 않는 질서를 인정하기
"종교적 삶을 가장 넓고 일반적인 언어로 정의한다면, 그것은 보이지 않는 질서가 존재한다는 믿음, 그리고 우리가 추구해야 할 가장 높은 선(善)은 그 질서와 조화를 이루는 데 있다는 믿음으로 이루어져 있다고 할 수 있다."

―윌리엄 제임스

우리는 인간의 성취를 이야기할 때 어떤 목표를 정하고 그것을 달성하는 것, 나아가 우리의 목적이나 소망에 따라 세상을 바꾸는 것으로 이해한다. 열심히 노력하고 시간을 투자하면 원하는 결과를 얻을 수 있다고 믿는다. 그러나 살다 보면, 히브리 성서의 구절 "사람의 마음에는 많은 계획이 있어도 오직 여호와의 뜻만이 완전히 서리라."(잠언 19:21)가 과연 진리라고 생각되는 순간이 찾아온다.

모든 사람이 특정한 신을 믿는 것은 아니다. 그러나 대부분은 이 우주가 단순한 우연이 아니라, 어떤 보이지 않는 지적 원리에 의해 움직이고 있다는 사실을 직감한다. 영적인 길의 첫걸음은 아마도 바로 그것을 인정하는 데서 시작될 것이다. 곧, 우리가 '보이지 않는 질서'와 조화를 이룰 때, 우리 삶이 더 의미 있게 변한다는 깨달음이다.

파라마한사 요가난다는 『어느 요기의 자서전』에서 '공중에 부양하는 성자' 바두리 마하사야의 말을 이렇게 전한다.

"신적인 질서는 세상의 그 어떤 보험회사보다 우리의 미래를 더 현명하게 보장한다. …… 우리가 첫 숨을 내쉰 이후, 우리에게 공기와 젖을 주신 그분은 헌신하는 이들의 필요를 어떻게 채워주실지 이미 알고 계신다."

도교에서는 이 '보이지 않는 질서', 혹은 힘을 도(道)라고 한다. 도에 주파수를 맞춘 사람은 사물의 본성에 관해 참된 통찰을 가질 수 있지만, 그렇게 되려면 겸손함과 자기 비움이 필요하다. 자신이 훨씬 더 큰 전체의 한 요소 혹은 표현에 불과하다는 점을 인정해야 한다.

나의 존재 이유를 알기 위해서는 발명자를 만나야 한다

'인간의 발달'이라 하면 아마 대부분은 직업적 성공이나 관계 개선을 위한 자기계발을 생각할 것이다. 하지만 진정한 변화는 이런 외적 성취가 아니라, 깊은 영적 확신에서 비롯되는 경우가 훨씬 더 많다.

영적 체험이나 회심을 경험한 사람들은 종종 처음에는 극단적으로 보일 수 있지만, 중요한 것은 그 경험이 그들의 내면 에너지를 다시 정렬시켜 그전보다 목적이 더 뚜렷한 삶을 살 수 있게 된다는 것이다.

카를 융은 "우리는 각자 인생에서 반드시 대답해야 할 하나의 질문을 가지고 태어난다"고 말했다. 대부분의 사람들은 자신의 삶을 그런 식으로 성찰하지 않지만, 영적 체험을 한 사람들은 '인간이 존재해야만 하는 이유'를 묻는다.

릭 워렌은 『목적이 이끄는 삶』에서 인간을 발명품에 비유했다. 발명품이 자신의 존재 이유를 알려면 반드시 발명자를 만나야 한다는 것이다. 우리가 스스로 세운 목표나 야망에 따라 성취를 쌓을 수는 있지만, 진정한 의미는 '창조주의 의도'를 깨달을 때 비로소 드러난다. 그 깨달음이 우리의 삶을 한 단계 더 높은 차원으로 이끌어준다.

유대교 '카발라'의 지혜는, 세상이 본래의 잠재력을 실현하려면 인간의 행동이 '신의 주파수'에 맞춰져야 한다고 말한다. 신의 의지와 창조의 신비를 탐구하는 일은 우리 몫인 셈이다. 따라서 우리는 자만심을 내려놓고 신의 광대함 앞에서 겸허해져야 한다. 그럴 때 우리는 신의 뜻을 펼치는 도구로 쓰일 수 있다.

'도구가 된다'는 말을 많을 이들은 자신을 통제하는 힘을 잃어버리는 것으로 오해하지만, 모든 신비주의 전통이 일관되게 말하는 것은 정반대다. 신의 도구가 되는 순간, 오히려 우리 안의 잠재력이 깨어나 극대화된다는 것이다. 자신을 아는 지혜란 곧, 신이 우리 각자에게 바라는 바를 발견하는 일이다. 다만, 그 깨달음을 현실 속에서 행동으로 실천할지 말지는 전적으로 우리의 선택이다.

큰 힘을 얻으려면 '작은 나'를 버려라

12세기 이슬람 신학자 가잘리는 인간이 자신에게 주어진 기능을 발휘할 때 가장 큰 즐거움을 느낀다고 말했다. 예를 들어, 분노는 복수할 때 쾌감을 느끼고, 눈은 아름다움을 볼 때 기뻐하며, 귀는 음악을 들을 때 즐거워한다. 그러므로 인간의 가장 고귀한 기능이 '진리를 탐구하는 능력'이라면, 인간이 느낄 수 있는 최고의 기쁨은 진리를 발견하는 데서 오는 환희일 수밖에 없다는 것이다.

그러나 대부분의 사람들은 당장의 욕구를 충족시키는 데서만 삶의 즐거움을 찾으려 할 뿐, 이런 세속적인 욕구를 초월했을 때 얻을 수 있는 더 큰 기쁨에 대해서는 거의 생각하지 않는다. 세상의 즐거움도 물론 의미가 있지만, 그것이 신을 아는 지식에서 오는 기쁨에 어찌 비할 수 있겠는가. 우리에게 가장 큰 만족을 주는 것은, 바로 이러한 깨달음을 통해 작은 나(小我)를 없애는 일이다.

『기적 수업』에는 다음과 같은 문장이 나온다.

"그대의 사명은 단순하다. 오직 하나, '그대가 그대의 이기적 자아가 아니라는 것'을 삶으로 증명하는 것이다."

우리는 소소한 욕망으로 똘똘 뭉쳐진 존재, 그 이상이 될 수 있다. 18세기 유대교 하시딕 스승 도브 베어는 이렇게 말했다.

"그대가 스스로 무엇이라도 된다고 생각하고 있으면, 하느님은 그대 안에 들어갈 수 없다. 하느님은 무한하시기 때문이다."

역설적이게도, '작은 나', 이기적 자아를 잃는 것만이 가장 큰 힘을 얻는 길이다.

보통의 순간이란 없다

무언가를 움켜쥐려는 사람은 아직 오지 않은, 추상적인 미래를 위해 살아간다. 반면 영적으로 성숙한 사람은 지금 이 순간의 소중함을 안다.

『마음 다함의 기적』에서 틱낫한은 한 임금의 이야기를 전한다. 그 임금은 언제나 옳은 결정을 내리고자 세 가지 질문의 답을 찾고 있었다. '모든 일을 하기 위해 가장 좋은 때는 언제인가?', '함께 일할 수 있는 가장 중요한 사람은 누구인가?', '언제나 해야 할 가장 중요한 일은 무엇인가?'

마침내 얻은 해답은 뜻밖이었다. 그 답은 곧, 가장 좋은 때는 지금이고, 가장 중요한 사람은 지금 함께 있는 사람이며, 언제나 해야 할 가장 중요한 일은 지금 옆에 있는 사람을 행복하게 하는 것이었다.

전 UN 사무총장 다그 함마슐드도 『이정표』에서 이렇게 말한다. 큰일에 헌신한다고 말하기는 쉽지만, 한 사람의 개인에게 변화를 일으키는 일은 그보다 훨씬 어렵다고 말이다.

『장자』에는 농사가 좋아서 왕의 자리를 거절한 사람의 이야기가 나온다. 겉으로 보기엔 어리석은 선택 같지만, 지금 이 순간의 삶에 온전히 집중하는 태도야말로 참된 효용성의 시작임은, 에크하르트 톨레와 스즈키 순류를 비롯한 많은 영적 스승들 역시 한결같이 말하는 바이기도 하다.

현재에 완전히 머물 때의 또 다른 유익함은 삶의 단순한 기쁨을 되찾는 것이다. 슬픔과 걱정은 언제나 과거나 미래에 대한 생각에서 비롯되기 때문이다. 그래서 『평화로운 전사의 길』에서는 이렇게 선언한다. "보통의 순간은 없다!"

우리는 더 큰 하나의 마음에서 나온 조각일 뿐

영적인 여정을 걷는 사람이라면 누구나 결국 '비이분법'의 경지, 즉 모든 것이 본질적으로 하나임을 깨닫는 순간에 이르게 된다. 선과 악, 칭찬과 꾸지람, 행복과 불행 같은 개념들은 세상에서는 서로 대립되는 것으로 보이지만, 우주의 관점에서 보면 본질적으로 하나다. 우리는 늘 세상을 각기 다른 사물과 생각의 복합체로 인식하며, 끊임없이 분리하면서 살아간다. 그러나 그 모든 것 뒤에 존재하는 변하지 않는 통일성을 감지하는 순간이 찾아온다. 그리하여 만약 우주를 창조한 신이 존재한다면, 그 신은 모든 것, 심지어 신에게 반대되는 것까지도 포함하는 존재라는 결론에 도달하게 된다.

우리는 자신을 각자의 삶을 살아가는 단독자라고 생각한다. 하지만 거의 모든 종교와 신화는 우리의 영혼이 더 큰 '하나의 마음'에서 흘러나온 의식의 조각일 뿐이라고 말한다. 우리는 끊임없이 이 분리의 망념을 유지하려 애쓰지만, 그로 인한 고립과 고통을 겪고 나면 비로소 깨닫게 된다. 우주는 거대한 유기체이며, 그 안에서 모든 존재는 서로 연결되어 있다는 사실을.

이러한 '하나 됨'을 깊이 인식하게 되면 두 가지 분명한 변화가 찾아온다.

첫째, 모든 생명체에 대한 더 깊은 자비심이 생긴다. 모든 존재가 동일한 생명력의 표현임을 깨닫게 되면, 내가 타인에게 하는 행동이 결국 다른 차원에서 나 자신에게 돌아온다는 것을 알게 된다.

둘째, 더 큰 평정심을 얻게 된다. 우리는 일상에서 즐거움과 고통, 얻음과 잃음 사이를 오가며 흔들린다. 이런 그네 타기를 계속하는 한 참된 평정심을 느낄 수 없다. 평정심이란 사물을 선과 악, 좋고 나쁨으로 나누지 않고 있는 그대로 바라보는 마음이다. 그것은 세상 대부분의 사람들이 살아가는 방식과는 정반대의 태도이기도 하다.

이처럼 우주적 '하나 됨'의 체험은 대개 짧은 찰나에 지나지 않지만, 그 한순간의 통찰만으로도 우리의 삶은 근본적으로 변화된다.

페르시아 속담에 이런 말이 있다.

'곰팡이 핀 책에서 진리를 찾지 말고, 명상 속에서 진리를 찾아라. 달을 보기 위해서는 연못이 아니라 하늘을 올려다보라.'

이 책의 해설들은 달을 직접 바라보는 것이 아니라, 연못에 비친 달 그림자를 들여다보는 일에 가깝다고 할 수 있다. 하지만 그 그림자를 통해 고개 들어 '진짜 달'을 보고 싶은 마음이 생긴다면, 그것으로 충분하지 않겠는가.

차례

서문
지금 이 순간,
우리 마음에 힘이 되어주는 지혜의 이야기를 듣는다   **4**

1부
보이지 않는 세계의 문을 열다

BOOK 1 리처드 바크, 『**갈매기의 꿈**』   **30**

BOOK 2 프리초프 카프라, 『**물리학의 도**』   **37**

BOOK 3 카를로스 카스타네다, 『**익스틀란 기행**』   **47**

BOOK 4 장자, 『**장자**』   **55**

BOOK 5 G. I. 구르디예프, 『**놀라운 사람들과의 만남**』   **64**

BOOK 6 올더스 헉슬리, 『**인식의 문**』   **74**

BOOK 7 지두 크리슈나무르티, 『**이런 일을 생각하라**』   **83**

BOOK 8 로버트 M. 퍼시그, 『**선과 오토바이 정비술**』   **92**

2부
지금 이 순간, 나를 살아라

BOOK9 페마 초드론,『그대에게 두려움을 주는 곳들』	102
BOOK10 모한다스 간디,『자서전』	112
BOOK11 칼릴 지브란,『예언자』	121
BOOK12 댄 밀먼,『평화로운 전사의 길』	130
BOOK13 틱낫한,『마음 다함의 기적』	139
BOOK14 돈 미겔 루이스,『네 가지 약속』	148
BOOK15 스즈키 순류,『선심 초심』	156
BOOK16 에크하르트 톨레,『지금 이 순간을 살아라』	166
BOOK17 쵸감 트룽빠,『영적 물질주의를 해부하다』	175

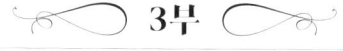

3부
신을 만나고, 우주를 알다

BOOK18 존 니이하르트,『블랙 엘크 말하다』	186
BOOK19 에픽테토스,『엔키리디온』	194
BOOK20 아브라함 조슈아 헤셸,『안식일』	204
BOOK21 윌리엄 제임스,『종교적 경험의 다양성』	211
BOOK22 카를 구스타프 융,『기억, 꿈, 성찰』	220

BOOK23 C. S. 루이스, 『스크루테이프의 편지』　　　**229**

BOOK24 존 오도나휴, 『아남 카라』　　　**236**

BOOK25 헬렌 슈크먼·윌리엄 테트포드, 『기적 수업』　　　**244**

BOOK26 이드리에스 샤, 『수피의 길』　　　**253**

BOOK27 스타호크, 『나선무』　　　**261**

BOOK28 파라마한사 요가난다, 『어느 요기의 자서전』　　　**271**

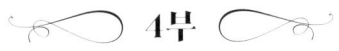

4부
그들은 무엇을 깨달았는가

BOOK29 무함마드 아사드, 『메카로 가는 길』　　　**282**

BOOK30 성 아우구스티누스, 『고백록』　　　**292**

BOOK31 G. K. 체스터튼, 『아시시의 성 프란체스코』　　　**301**

BOOK32 람 다스, 『지금 여기 있으라』　　　**311**

BOOK33 헤르만 헤세, 『싯다르타』　　　**319**

BOOK34 마저리 켐프, 『마저리 켐프의 서(書)』　　　**328**

BOOK35 말콤 엑스, 『말콤 엑스의 자서전』　　　**337**

BOOK36 W. 서머싯 몸, 『면도날』　　　**348**

5부
신에게 이르는 길

BOOK37 가잘리, 『행복의 연금술』　　　358

BOOK38 다그 함마슐드, 『이정표』　　　368

BOOK39 다니엘 C. 매트, 『에센스 카발라』　　　374

BOOK40 마이클 뉴턴, 『영혼들의 여행』　　　383

BOOK41 아빌라의 테레사, 『내면의 성(城)』　　　393

BOOK42 마더 테레사, 『단순한 길』　　　403

BOOK43 닐 도널드 월쉬, 『신과 나눈 이야기』　　　412

BOOK44 릭 워렌, 『목적이 이끄는 삶』　　　421

BOOK45 시몬 베유, 『신을 기다리며』　　　430

BOOK46 에마누엘 스베덴보리, 『천국과 지옥』　　　439

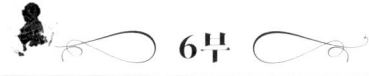

6부
물질적인 세계를 넘어서

BOOK47 리처드 모리스 벅, 『우주 의식』　　　450

BOOK48 제임스 레드필드, 『천상의 예언』　　　458

BOOK49 켄 윌버, 『모든 것의 이론』　　　466

BOOK50 개리 주커브, 『영혼의 자리』　　　475

1부

보이지 않는 세계의 문을 열다

리처드 바크,
『갈매기의 꿈』

프리초프 카프라,
『물리학의 도』

카를로스 카스타네다,
『익스틀란 기행』

장자,
『장자』

G. I. 구르디예프,
『놀라운 사람들과의 만남』

올더스 헉슬리,
『인식의 문』

지두 크리슈나무르티,
『이런 일을 생각하라』

로버트 M. 퍼시그,
『선과 오토바이 정비술』

BOOK 1

갈매기의 꿈
Jonathan Livingston Seagull

리처드 바크 | 1970

삶의 목적은 내 안에서
완성을 이뤄내는 것

리처드 바크 Richard Bach

미국의 작가이자 비행사. 캘리포니아 주 롱비치 주립대학교에서 공부한 뒤 미 공군 전투기 조종사로 복무했다. 이후 영화의 스턴트 파일럿, 비행 교관, 항공 기술 저술가로 일했다. 1970년 출간된 대표작『갈매기의 꿈』은 전 세계적으로 큰 반향을 일으키며 그를 베스트셀러 작가의 반열에 올려놓았다. 그 밖에도『환상(Illusions)』,『영원의 다리(Bridge Across Forever)』,『하나(One)』,『비행(Biplane)』,『페럿 연대기(Ferret Chronicles)』등 비행과 인간 정신의 자유를 주제로 한 작품들을 다수 집필했다.

"그는 아주 단순한 것들을 이야기했다. 갈매기에게 나는 것은 당연한 일이며, 자유는 존재 그 자체의 본성이라는 것, 그리고 그 자유를 가로막는 것은, 의식이든 미신이든 그 어떤 형태라도 모두 물리쳐야 한다는 것이었다."

"조나단 시걸은 지루함, 두려움, 분노와 같은 감정이 갈매기의 수명을 단축시킨다는 사실을 깨닫고, 이를 생각에서 지워버림으로써 아름답고 긴 삶을 누릴 수 있었다."

TV 드라마 〈스타스키와 허치〉, 영화 〈조스〉, 그리고 나팔바지와 함께 『갈매기의 꿈』은 1970년대를 상징하는 하나의 문화 아이콘으로 꼽힌다. 이 작품은 영화로도 제작될 만큼 큰 인기를 끌었다. 이 책은 어떤 이야기일까? 오늘날에도 여전히 읽을 가치가 있을까?

리처드 바크의 베스트셀러인 이 책은 조나단이라는 갈매기를 주인공으로 하는 우화이다. 이 갈매기는 자기가 단순히 갈매기에 불과한 존재가 아니라고 여기며, 삶에서 뭔가 다른 것을 꿈꾼다. 100쪽이 채 되지 않는 짧은 분량에 비행하는 갈매기들의 몽환적인 그림이 실린 이 책은, 1970년대 당시에 등장한 대안적 영성 혹은 뉴에이지의 상징이 되었다. 하지만 많은 이들이 해석하듯, 이 책에 나오는 조나단의 여정은 예수의 삶에 대한 비유로도 읽힌다.

먹이를 쫓아다니는 지루한 삶에서 벗어나다

조나단은 다른 갈매기들과 달랐다.

"대부분의 갈매기에게 중요한 것은 나는 것이 아니라 먹는 것이다. 그러나 이 갈매기에게는 먹는 것이 아니라 나는 것이 중요했다."

아버지는 그에게 말했다.

"네가 나는 이유는 먹기 위해서란다."

즉, 나는 것 자체가 목적일 수는 없다는 뜻이었다. 하지만 조나단은 매일같이 고속 다이빙을 실험하고, 수면 위를 저공비행하며 자신의 한계를 시험했다. 수많은 시도는 번번이 실망으로 끝났다.

한번은 그 어느 때보다 빠른 속도로 수면을 향해 돌진했지만, 타이밍을 맞추지 못해 시속 150킬로미터로 벽에 부딪히듯 물에 처박히고 만다. 그는 중얼거렸다.

"나는 갈매기다. 본래 한계가 있는 존재다. …… 만약 내가 고속 비행을 위해 태어났다면, 매처럼 짧은 날개로 물고기 대신 쥐를 사냥하며 살고 있겠지."

결국 그는 야망을 접고, 그저 갈매기 떼의 일부가 되어, 다른 갈매기들이 해오던 대로 살기로 결심한다. 그런데 그 순간, 문득 이런 생각이 스쳤다.

'날개를 몸에 조금 더 바짝 붙인다면, 매처럼 빠르게 날며 세밀하게 방향을 바꿀 수도 있지 않을까?'

조나단은 다시 직하강을 시도했다. 이번에는 시속 220킬로미터로, 달빛 아래서 무릎을 껴안고 회색 포탄처럼 떨어져 내렸다. 다음 날 그는 그 기록마저 깨고, 갈매기 역사상 가장 빠른 시속 320킬로미터를 기록한다.

기쁨에 찬 그는 까마득히 높은 하늘에서 수직 하강해, 자신이 속한 갈매기 무리 한가운데를 통과한다. 다행히 아무도 다치지 않았다. 조나단은 자신이 갈매기 종족을 새로운 단계로 이끌 수 있다고 확신한다. 자신이 알게 된 것을 동료 갈매기들에게 전하면, 그들도 이제 이 배 저 배 어선들의 꽁무니를 쫓으며 생선 머리나 얻어먹는 따분한 삶에서 벗어날 수 있으리라. 조나단은 그들에게 한 단계 더 높은 존재의 방식을 보여주리라 자신한다.

지금 우리가 아무것도 배우지 못한다면

그런데 다음 날, 조나단은 갈매기 의회에 소환된다. 전날의 '무모하고 무책임한 행동' 때문에 그는 공개적으로 질책을 받고, 끝내 갈매기 사회에서 추방당한다. 조나단은 갈매기가 사는 목적이 오로지 많이 먹고 가능한 한 오래 살아남는 것이라는 이야기를 납득할 수 없었다.

조나단은 저 멀리 낭떠러지 끝에서 홀로 시간을 보냈다. 슬프기 그지없었지만, 무리에서 쫓겨난 자기 신세 때문이 아니었다. 갈매기들이 가능성을 실현할 기회를 걷어차 버렸다는 사실 때문이었다. 그런 와중에도 조나단은 날마다 새로운 비행법을 연구했다. 그렇게 여러 차례의 시행착오 끝에 그는 깨달았다. 고속으로 다이빙해 물속 깊이 들어가면, 수면 저 아래를 헤엄치는 훨씬 더 맛있는 물고기를 잡을 수 있다는 사실을. 아이러니하게도, 먹는 것에 대한 집착에서 벗어나서 나는 일 자체를 사랑하게 되자 더 많은 물고기를 잡을 수 있게 된 것이다.

그러다가 조나단은 자기처럼 '날기 위해 나는' 갈매기들, 좀 더 높은 경지에 오른 갈매기들을 만난다. 그들은 조나단을 더 높은 차원의 천국과도 같은 세계로 인도한다. 그들은 이렇게 말한다. 삶이란 그저 오래 사는 게 아니라 어떤 방식으로든 자기 자신을 완성해 가는 과정이며, 조나단은 이런 삶의 교훈을 깨달은, 백만 마리 중 한 마리 나올까 말까 한 갈매기라고 말이다. 대부분의 갈매기들은 수천 번의 윤회를 거쳐야 비로소 이 깨달음에 도달한다고 했다. 그들은 이렇게 덧붙였다.

"우리는 이 생에서 배운 것을 바탕으로 다음 생을 선택하네. 이 생에서 아무것도 배우지 못했다면, 다음 생도 지금과 다를 바 없지. 똑같은 제약과 무거운 짐을 그대로 짊어진 채 또다시 싸워야 할 걸세."

나 자신의 완성을 추구하는 것. 그것이야말로 우리가 지금 살아가는 이유였다.

위대한 갈매기

조나단은 어느 날 한 나이 든 갈매기를 만난다. 이 갈매기는 완성의 경지에 이르러, 움직이지 않고도 여행할 수 있다고 했다. 어떤 장소를 떠올리기만 하면, 이미 그곳에 가 있다는 것이다. 조나단은 이 신비로운 스승을 보고 놀란다.

그리고 마침내 조나단도 깨닫는다. 자신은 단순히 '뼈와 깃털'로 이루어진 존재가 아니라, 어떤 제약에도 속하지 않는 '자유와 비상의 완전한 생각'이라는 사실을 말이다. 뛰어난 새란 남다른 업적을 이룬 새가 아니라, 자신을 다르게 바라볼 줄 아는 새다. 더 잘 나는 방법은 언제나 존재하지만, 우리가 그것을 발견할 수 있을 때까지 기다리고 있을 뿐이다. 자신에 대한 낡은 시각에 갇혀 있다면, 우리는 결코 우리 안의 다른 가능성을 알아볼 수 없다. 조나단은 깨닫는다. 멋지게 나는 법을 배우는 일은 신의 섬광처럼 빛나는 갈매기의 본성을 드러내는 길이라는 것을.

이 책에서 리처드 바크가 말하는 '위대한 갈매기'는 예수를 상징하는 존재로 해석된다. 스승이 된 조나단은 새로운 것을 배우려는 갈매기에게, 비록 무리에서 쫓겨난다 해도 불평하지 말라고 가르친다. 오히려 그들을 용서해야 한다. 그러면 언젠가 그들도 그가 선택한 길을 이해하고, 그에게서 배우게 될 것이다.

조나단은 제자에게 이렇게 말한다. 우리가 남들과 다르면 사람들은 우리에게 악마, 혹은 신이라는 이름표를 붙이곤 하지만, 어느 쪽이든 상관없다. 중요한 것은 사랑과 용서를 택하는 것, 그것이 우리가 배워야 할 가장 큰 교훈이다.

이 책이 힘이 되는 순간

이것이 이 책의 전체 줄거리다. 진정한 영감을 얻고 싶다면 직접 읽어야 한다. 몰입해서 읽으면 40분 남짓이면 될 만큼 짧은 이야기지만, 해변을 걷는 듯 읽는 이들의 마음을 맑게 하고 시야를 넓혀줄 것이다.

세상에 나온 지 이미 수십 년이 지난 책이기에, 이 책에 담긴 메시지의 독창성을 간과하기 쉽다. 어떤 독자들은 내용이 단순하다고 느낄지도 모른다. 그러나 영원한 진리란 언제나 단순한 법이다. 이 작품은 인간의 잠재력에 대해 변치 않는 진리를 담고 있다.

바닷가에서 과자 부스러기나 빵 조각을 얻어먹으려 다투는 갈매기들을 보면 어떤 생각이 드는가? 사소한 일에 매달린다고 여길 것이다. 하지만 이 책은 우리 인간도 그들과 다르지 않다는 사실을 일깨워준다. 우리 대부분은 조나단을 쫓아낸 갈매기 무리와 같다. 하지만 이 책이 전하듯, 좁은 고정관념에서 한 걸음만 벗어난다면 풍요롭고 자유로운 진리가 우리를 기다리고 있다.

BOOK 2

물리학의 도
The Tao of Physics

프리초프 카프라 | 1976

물리학과 영성은
같은 동전의 양면이다

프리초프 카프라 *Fritjof Capra*

오스트리아 태생인 카프라는 1966년 비엔나 대학교에서 이론물리학으로 박사학위를 받았다. 이후 파리 대학교, 캘리포니아 대학교, 스탠포드 선형가속기센터, 런던 제국대학, 캘리포니아 대학교 로런스 버클리 실험실 등에서 입자물리학 연구원으로 활동했다. 또한 버클리 대학교와 샌프란시스코 주립대학교에서 강의를 하기도 했다. 주요 저서로는 『물리학의 도』, 『새로운 과학과 문명의 전환(The Turning Point)』, 『탁월한 지혜(Uncommon Wisdom)』, 『생명의 그물(The Web of Life)』, 『히든 커넥션(The Hidden Connections)』 등이 있다.

"우리는 20세기 물리학의 두 기초 이론인 양자이론과 상대성이론이 어떻게 우리로 하여금 힌두교, 불교, 도가에서 세상을 보는 방식과 유사한 시각을 갖게 만드는지, 그리고 이 두 이론을 결합하여 모든 물질을 구성하는 아원자 입자의 성질과 상호작용을 설명하려는 최근의 시도가 어떻게 이러한 유사성을 더욱 강화하는지를 보게 될 것이다."

도대체 물리학이 영성과 무슨 관계가 있다는 말인가? 프리초프 카프라는 입자물리학 연구원으로 일하던 중 동양 종교에 관심을 가지면서 이런 질문을 던졌다. 그는 두 영역에서 제시하는 물질과 실재에 대한 묘사가 놀랄 만큼 비슷하다는 사실에 충격을 받았다. 그런데도 이 연관성에 주목하는 사람은 거의 없었다.

그가 이 둘을 비교하고 싶었던 계기는 일반적인 고전 물리학이 아니라 비교적 새로운 양자 물리학이었다. 양자 물리학은 보통 사람의 눈으로 보면 '신비하다'고밖에 말할 수 없는 방식으로 세계를 이해하려 하기 때문이다.

『물리학의 도: 현대 물리학과 동양 신비주의 간의 평행성 탐구』(국내에는 『현대 물리학과 동양사상』이라는 제목으로 번역·출간되었다-옮긴이)는 과학과 영성 사이에 다리를 놓는 새로운 저술 장르를 개척하는 데 공헌했으며, 지금까지도 하나의 기준점으로 남아 있다. 이 책은 무엇보다 그전까지 주목받지 못했던 두 영역 사이의 연관성을 흥미롭게 제시했다. 과학과 기술이 최후의 승자로 등장하는 것처럼 보이던 시기에 출판된 이 책은 하나의 놀라움이었다. 현대 과학이란, 결국 수세기 전 종교 문헌들이 이미 기록했거나 설명한 이상한 물질 현상을 붙잡고 씨름하는 과정이라는 사실을 보여주었기 때문이다.

양자물리학이 발견한 유동적인 세계

카프라는 17세기 과학자 아이작 뉴턴이 상상한 우주는 기계론적 우주관이었다고 말한다. 이는 우주가 움직이는 물체들로 이루어진 하나의 거대한 기계이며, 그 법칙만 알면 무엇이든 완전히 예측할 수 있다고 보는 관점이다. 이에 따르면, 이 우주에서 일어나는 모든 일에는 분명한 원인이 있고, 모든 사건에는 확실한 결과가 따른다. 시간과 공간은 분리되어 있으며, 우리가 충분히 가까이 들여다볼 수 있다면 모든 물질은 그 기초적인 구성 요소로 분리될 수 있다.

뉴턴의 모델은 소금이 접시 위에 떨어지거나, 공이 공중으로 날아가거나, 행성이 태양계를 운행하는 것과 같이 우리의 일상 세계가 돌아가는 작용을 훌륭하게 설명하는 듯했다. 그러나 아인슈타인의 상대성이론은 물질이 우리가 감각으로 보는 것처럼 딱딱하지 않다는 사실을 보여주었다. 사물은 고정된 형태가 아니라, 볼 수도 만질 수도 없는 '에너지'이며, 단지 이 에너지가 고정된 형태처럼 보이고 그렇게 느껴질 뿐이라는 것이다. 세계의 본성은 고정성이 아니라 영원한 움직임이다!

 초기 양자물리학자들 역시 물질을 가장 미세한 차원에서 관찰하면, 그것이 양자와 전자 등 에너지의 표출이 끊임없이 움직이며 돌아다니는 일종의 장(場)임을 발견했고, 이는 아인슈타인의 이론을 뒷받침했다. 어느 물체가 다른 물체에 대해 어떤 일을 하도록 강요한다는 뉴턴의 '당구공' 우주와 대조적으로, 양자물리학은 정확한 인과율로는 포착될 수 없는 훨씬 더 유동적인 세계를 발견했다. 베르너 하이젠베르크나 닐스 보어 같은 양자물리학의 선구자들조차 자신들이 수행한 실험 결과와 그 의미를 선뜻 믿지 못했다. 그중 몇 가지를 소개하면 다음과 같다.

- 입자들이 전혀 기대하지 않은 곳에 나타나는 경우가 많았다.
- 언제 어떤 원자 이하의 사건이 일어날지 예측할 수 없었다. 다만, 그것이 일어날 수 있는 개연성이나 확률을 논할 수 있을 따름이었다.
- 어떤 때는 입자들이 입자로 보이기도 하고, 어떤 때는 파동과 같은 형태로 나타나기도 했다.
- 입자들은 뉴턴 물리학에서 말하는 것 같은 물체가 아니라, 반응과 상호연관성을 보여주는 관찰 가능한 지표와 같았다.
- 입자들은 자기의 기본 속성을 유지하며 다른 입자를 튕겨내는 것이 아니라, 끊임없이 서로를 흡수하거나 속성을 교환했다.

• 입자들은 고립된 물체로서가 아니라 주변 환경과의 관계로서만 이해할 수 있었다.

요점은 이런 실험을 통해, 우리 물질 세계의 본성이 고정된 물체들의 집합이 아니라, 끊임없이 움직이며 상호작용하는 복잡한 거미줄에 더 가깝다는 사실이 밝혀졌다는 점이다.

카프라는 원자핵이 원자 전체 크기의 10만분의 1에 불과하지만, 원자 질량의 거의 전부를 차지한다는 사실에 주목했다. 이를 통해 우리가 의자, 사과, 사람으로 인지하는 것들이, 비록 고정된 물체처럼 보이지만 사실은 거의 빈 공간 위에 세워진 구조물에 불과하며, 고정된 것처럼 보이는 것도 실제로는 엄청난 진동 상태에 있다는 사실을 깨닫게 된다.

그러나 양자물리학의 여러 역설 중 하나는 '빈 공간'이라는 것이 거의 살아 있는 성질을 띠어서, 입자들이 뚜렷한 이유 없이 자발적으로 그곳에서 나타나는 것 같다는 점이다. 카프라는 이를 다음과 같이 설명한다.

"이런 실험에서 물질은 완전히 가변적인 것으로 나타난다. 모든 입자는 다른 입자들로 변이될 수 있다. 입자들은 에너지에서 만들어질 수도 있고, 다시 에너지 속으로 사라질 수도 있다."

이처럼 원자 이하 입자들이 움직이는 힘의 장에서는 물질과 그것을 에워싸고 있는 허공 사이의 구별이 모호해지고, 허공 자체가 중요성을 갖는다. 허공은 이제 살아 있는 것이 되며, 물리적 형상이란 단지 그 협상의 기초가 되는 '허공의 일시적 발현'에 불과하게 된다.

양자물리학자들을 놀라게 만든 동양 종교 속 이론

힌두교, 불교, 도교의 우주론을 살펴본 카프라는, 우주가 어떻게 움직이는지 각 종교들이 묘사한 내용이 양자역학의 이상한 발견이나 외견상의 역설과 조화를 이룬다는 사실을 깨달았다. 뉴턴 물리학보다 훨씬 오래된 이러한 종교들은, 고정성이나 영원성과 같은 개념이 허구임을 이미 일찌감치 알고 있었던 것이다.

예를 들어, 불교에서는 고통의 원인이 집착에 있다고 가르치는데, 이는 삶의 본질적 무상함을 인정하지 않고 어떤 것이 고정되어 있다는 허상 때문에 문제가 생긴다는 것이다. 이러한 무상함의 교리는 자연의 영원한 흐름과 변화의 특질을 중시하는 중국 종교에서도 찾아볼 수 있다. 중국 사상의 중요한 경전으로 손꼽히는 『역경(易經)』(우리나라에서는 주로 '주역'이라 부른다)에서는, 우리의 행동은 사물이 일정한 순간에 움직이는 방식에 보조를 맞추어야 한다고 말한다.

양자물리학에서는 입자들의 생성과 소멸이 특별한 이유 없이 일어나는 경우가 흔하다고 설명한다. 입자들이 생겨났다가 다시 사라지는 장이 존재하긴 하지만, 입자들은 인과율과 무관하게 행동하는 것처럼 보인다. 그러나 카프라는, 이러한 허공이 아무것도 없는 상태를 의미하는 것이 아니라면서, 이와 같은 역설을 동양 종교에서는 오래전부터 다루었다고 강조한다.

예를 들어, 힌두교에서는 이런 허공을 '브라만(梵, Brahman)'이라 부르며, 이는 만물이 생겨나는 가능성의 장을 의미한다. 시바 신의 춤은 물질의 끊임없는 생성과 파괴 과정을 표현한다. 불교에서는 '공(空, Sunyata)'이 모든 물질세계를 만들어내는 산 허공이다. 또한 도가에서 도(道)는 형상이 없는 우주의 본성으로, 만물의 기본 바탕이라고 말한다.

카프라는 고정성과 일시성, 무와 유 같은 역설이 양자물리학자들에게는 혼란스러울지 몰라도, 동양 종교에서는 오래전부터 말해온 개념임을 설득력 있게 논증한다. 이전에는 이러한 가르침이 '합리적인' 서양인의 눈으로 볼 때 신비로운 공염불 같았을지 모른다. 하지만 동양의 신비주의자들이 수학적 언어는 아니더라도 신화, 예술, 시를 통해 오래전부터 창조 세계의 구조를 정확히 묘사하고 있었음을 이제는 이해해야 한다는 것이다.

우리는 관찰자가 아닌 참여자

중국 사상에서 남성과 여성, 직관과 이성, 빛과 어둠으로 나뉘는 음양(陰陽)은 서로 대립하는 두 힘처럼 보일 수 있지만, 사실 이 둘은 서로를 필요로 하는 보완 관계에 있다. 카프라는 힌두교, 불교, 도교 등 동양 사상의 궁극적 목표는 모두 우주가 파편화되지 않은 전체라는 사실을 인지하는 데 있다는 점에 주목했다.

17세기 프랑스 철학자 르네 데카르트는 인간을 두고 '생각하는 갈대'라 했다. 인간이 우주를 객관적으로 분석할 능력이 있다는 뜻이다. 서양 문명은 이렇게 마음과 물질을 구별하는 능력으로 발전해왔다. 그런데 양자 물리학은 이런 명료한 객관성이라는 개념을 흔들어놓았다. 실험 결과, 입자들은 우리가 관찰하는 방식에 따라 서로 다른 형태를 취한다는 사실이 드러난 것이다. 하이젠베르크는 "우리가 관찰하는 것은 자연 자체가 아니라 우리의 질문 방식에 노출된 대로의 자연일 뿐이다"라고 말했다.

다시 말해, 우리가 이른바 객관성을 바탕으로 관찰한 자연 패턴은 진정한 실재 그대로가 아니라 우리의 현재 마음 상태를 반영한 것에 불과할 수 있다. 우리는 단순히 원자의 세계를 관찰하는 자가 아니라, 실제로 그 관찰에 참여하는 존재라는 뜻이다.

이 사실은 우리에게 무엇을 의미할까? 마음과 물질을 둘로 나눈 데카르트의 이분법 때문에, 우리는 우리가 저마다의 몸속에 들어 있는 별개의 의식적이고 이기적인 자아라고 생각하게 되었다. 카프라는 이러한 인식이 우리를 세계에서 의식적으로 분리시킨 결과, 다양한 신앙과 재능, 감정을 가진 우리가 모두 파편 같다는 고립감을 갖게 되었다고 지적한다.

우리가 서로 고립된 이기적 자아라는 이런 관점을 불교에서는 '무명(無明, avidya)'이라고 부른다. 힌두교 경전 『바가바드기타』에는 이런 구절이 나온다.

"모든 행동은 서로 얽혀 있는 자연의 힘이 함께 작용할 때 이루어진다. 그러나 이기적인 허상에 빠진 사람은 자기 자신이 유일한 행위자라 생각한다."

『우파니샤드』는 이렇게 말한다.

"마음이 산란하면 온갖 것들이 생겨나고, 마음이 고요해지면 그것들이 사라진다."

즉, 세상은 말 그대로 우리가 보는 바에 따라 달라진다. 세계를 수많은 개체로 구성된 것으로 보는 것은 지극히 뉴턴적인 시각이다. 이를 우리 자신에게 적용하면, 우리는 파편처럼 조각날 위험이 있다. 반대로 세계를 하나로 이해하면, 우리를 치유하고 통일시킬 수 있는 길이 열린다. 그렇게 되면 다른 사람을 해치거나 환경을 파괴하는 일은 하지 않을 것이다. 왜냐하면 그것은 곧 우리 자신을 해치는 일이기 때문이다.

이 책이 힘이 되는 순간

『물리학의 도』가 전하는 가장 중요한 메시지는, 오늘날 우주에 대한 논의에서 현대 과학이 영적이고 신비한 개념을 뒷받침해주는 경우가 늘어나고 있다는 것이다.

카프라는 신비주의자와 과학자 모두 자연의 관찰자이며, 양쪽 모두 자신이 발견한 바를 각자의 언어로 표현한다고 말한다. 비록 그 언어는 완전히 동떨어져 있지만, 이들이 묘사한 내용 사이에 놀라울 만큼의 유사성이 존재한다는 사실은 우리가 우주의 작동 원리라는 비밀에 한 걸음 더 다가섰음을 시사한다.

『물리학의 도』는 우주가 우리가 상상하는 것보다 훨씬 더 신비롭다는 점, 적어도 기존 물리학이 상상해온 것보다 훨씬 더 그렇다는 사실을 일깨운다. 동시에 인류가 우주의 구조에 관한 지식을 오랜 세월 동안 신화, 종교, 예술의 형태로 직조해왔음을 보여준다. 뉴턴 역학은 모든 것을 인과율로 깔끔하게 설명했지만, 동양 종교는 그보다 훨씬 이전부터 신성이 신비롭고 때로는 기적적으로 작동한다는 사실을 직감하고 있었다.

　이것이 의미하는 바는 무엇일까? 과학의 눈으로 볼 때 '마술적'이라고 여겨지는 것이, 영적인 관점에서는 사물의 존재 방식 그대로일 수 있다는 뜻이다.

BOOK 3

익스틀란 기행
Journey to Ixtlan

카를로스 카스타네다 | 1972

자신의 삶을 책임지는 것으로
세상을 존경하라

카를로스 카스타네다 *Carlos Castaneda*

1925년 페루의 카하마르카에서 태어났다. 본명은 카를로스 아라나(Carlos Arana). 1959년 미국 시민권을 얻으면서 성을 카스타네다로 바꾸었다. UCLA 인류학과에서 학사 학위를 받은 후, 1970년 『익스틀란 기행』으로 박사 학위를 받았다. 주요 저술로는 『능력의 이야기들(Tales of Power)』, 『능력의 둘째 고리(The Second Ring of Power)』, 『독수리의 선물(The Eagle's Gift)』, 『마술의 통과(Magical Passes)』, 『무한의 적극적인 면(The Active Side of Infinity)』 등이 있으며, 마지막 책은 1998년, 그가 캘리포니아에서 사망한 후 출판되었다.

"그는 말했다. '우리는 같은 것을 두고 이야기하는 것이 아닐세. 자네에게 세상이 신기하거나 지루하지 않은 것은, 자네가 세상과 어울리지 못하기 때문이지. 나에게 세상이 신기한 것은 그것이 엄청나고 경외롭고 신비하며, 깊이를 헤아릴 수 없는 무엇이기 때문이야. 자네가 여기, 이 경이로운 세상, 이 놀라운 사막에 있는 이상 거기 걸맞은 책임을 감수해야 한다는 것을 이해시키고 싶네. 여기 그저 잠시만 머물 것이기에, 아니 이곳의 경이로운 것들을 증언하기에는 너무나도 짧은 시간 동안만 머물 것이기에, 자네가 행하는 모든 행동이 지극히 중요하다는 걸 깨달아야 한다는 이야기일세.'"

1960년, 카를로스 카스타네다는 로스앤젤레스 소재 캘리포니아 대학교(UCLA)에서 인류학을 공부하는 학생이었다. 그의 전공은 미국 남서부와 멕시코 사막 인디언들이 사용하는 약용 식물을 연구하는 것이었다. 어느 현장 답사 여행 중, 국경 근처 버스 정류장에서 한 농료 학생의 소개로 나이 많은 야기 인디언 남성을 만나게 되었다. 돈 후안 마투스라는 이름의 이 노인은 약용 식물에 대한 방대한 지식을 가지고 있었고, 카스타네다에게 자신이 아는 것을 알려주겠노라고 했다.

그리하여 브루호(병을 고치는 이, 혹은 마법사)의 길에 들어서는

10년간의 수습 과정이 시작되었다. 카스타네다는 자신이 배운 바를 논문으로 정리해 학계에 보고해야 하는 과학자라는 사실조차 잊어버렸다. 객관적 연구로 시작한 과제였지만, 돈 후안의 지도를 받으며 자신이 연구 대상이 됨에 따라, 결국 일종의 자전적 글이 될 수밖에 없었음을 훗날 그는 인정했다.

카스타네다가 자신의 경험을 처음 풀어낸 책은 『돈 후안의 가르침(The Teachings of Don Juan)』으로, 1968년 출판되자마자 독자들에게 큰 충격을 주었다. 현대 문명에 대한 대안적 현실이 담겨 있었기 때문이다. 당시 그는 흰 독말풀에서 채취한 다투라, 선인장에서 얻은 페요테, 마법의 버섯 등 향정신성 약물의 도움을 받아 브루호의 세계에 입문했다. 이 경험은 이후 출간된 『별도의 실재(A Separate Reality)』에 잘 묘사되어 있다.

그러나 카스타네다는 세 번째 책 『익스틀란 기행』을 준비하면서, 자연산 화학물질이란 개인적 발달을 촉발하는 역할밖에 하지 못한다는 사실을 깨달았다. 약물보다 더 중요한 것은, 돈 후안이 '능력의 사람'이 되려면 따라야 한다고 가르쳐준 원칙들이었다. 『익스틀란 기행』은 카스타네다의 지혜를 가장 명료하게 표현한 책이다.

일상에 매이지 않는 '사냥꾼 정신'

『익스틀란 기행』의 도입부에서 돈 후안은 충격적인 선언을 한다. 우리가 실재라고 여기는 세계는 진정한 실재 세계에 대한 묘사에 불과하며, 출생 때부터 우리 속에 프로그램된 거짓 실재에 지나지 않는다는 것이다. 그가 실시하는 훈련의 궁극적 목표는 '세계를 정지'시키는 것, 즉 진리가 드러날 수 있도록 정상적인 인식을 중지시키는 것이다.

카스타네다는 처음에 이런 생각을 이해하지 못하지만, 아무튼 노인의 비위를 맞추려 애쓴다. 돈 후안은 훈련 과정 내내 카스타네다의 고정되고 좁은 세계관을 비웃는다.

돈 후안은 카스타네다에게 "개인사는 쓰레기"라고 말한다. 개인의 과거는 건드리지 말고 그냥 과거로 내버려두고, 예측 불허의 자유를 누리기 위해 매일 새로운 사람이 되는 것에 정신을 집중하라고 한다. 돈 후안은 자기 삶에 스스로 연막을 치고 있음을 인정한다. 이름 없이 사는 것이 큰 자유이기 때문이다. 이와 대조적으로 카스타네다는 완전히 노출된 사람, 즉 다른 사람들의 생각이 계속해서 그의 정체성을 만들어내는 사람이다. 그는 자신이 하는 모든 행동을 다른 사람에게 설명해야만 한다.

돈 후안은 '접근 불가' 혹은 '거래 중간으로부터 자신을 빼내는 것'에 대해 설명한다. 그는 카스타네다가 아직도 여자친구와 헤어진 일을 후회하고 있다는 사실을 포함해, 카스타네다가 그에게 밝히지 않은 것들까지 잘 알고 있다. 그는 여자친구가 카스타네다를 떠난 이유가 둘의 관계가 일상적이고 지루해졌기 때문이라고 말한다.

돈 후안은 카스타네다에게 시계추 같은 일상성에 얽매이지 않는 '사냥꾼의 자세'를 가져야 한다고 일러준다. 만약 사냥꾼이 사냥감이 출몰하는 일상적인 관행을 안다면, 사냥감을 쉽게 잡을 수 있을 것이다. 반대로 우리 자신이 사냥감이 되는 것을 피하려면, 일상적 관행을 깨고 위치를 노출시키지 않아야 한다. 돈 후안은 카스타네다에게 "일상적 관행을 깨지 않으면 우리는 우리 자신에게 대해, 그리고 세계에 대해 지루해 죽고 말 것"이라고 경고한다.

그가 보기에, 카스타네다는 두 가지 서로 연관된 죄를 짓고 있다. 우주의 신비를 깊이 이해하거나 감사하지 않는 것, 그 결과 너무나 빤하게 속이 들여다보이는 사람이 된 것.

나 너머를 보다

돈 후안이 전하는 지혜의 핵심은, 사람들이 자기 자신을 너무 심각하게 생각한다는 것이다. 그는 카스타네다가 극히 작은 자극에도 쉽게 화를 내고 '괴팍한 노인네처럼 날뛴다'고 말한다. 자기 자신을 대단하게 여기는 태도에서 벗어나도록, 돈 후안은 그에게 식물에게 말을 걸라고 시킨다. 식물들도 결국 그와 동등한 존재라는 것이다. 그는 스스로 분명한 계획을 가지고 만사를 지배할 수 있는 사람이라고 믿는 카스타네다의 신념을 깨뜨리려 한다.

돈 후안은 카스타네다가 삶에 적절히 몰입하지 못하고, 행동에도 정확성이 없는 '뚜쟁이'에 불과하다고 말하며 충격을 준다. 자기 안에만 빠져 사는 바람에 세상을 제대로 볼 수 없다는 것이다. "자네는 눈가리개를 한 말과 같네. 자네가 볼 수 있는 것은 다른 모든 것과 동떨어진 자기 자신뿐일세."

죽음이 우리 뒤를 맴도는 것처럼 살라

노인은 누구나 자기 안에만 빠져 살면 어쩔 수 없이 불안감을 가지고 살아가야 한다고 가르친다. 카스타네다는 자신을 '바람에 나부끼는 나뭇잎'처럼, 비탄과 동경으로 가득하며 쉽게 화를 내는 사람이라고 고백한다. 그는 언제나 삶에서, 그리고 다른 사람에게서 결함을 찾아내며, 자기 자신을 전혀 좋아하지 않는다.

그러자 돈 후안은, 자기 자신에게 연민의 감정을 품는 것은 설령 정당해 보일지라도 '지식의 사람'이나 '전사'의 삶에는 어울리지 않는다고 말한다. 전사의 능력은 자신의 심리 상태를 선택할 수 있는 데서 비롯된다는 것이다.

돈 후안은 말한다. "불평하는 것은 부질없는 짓이야. 지금부터 중요한 것은 자네의 인생 전략을 세우는 걸세." 카스타네다는 자신이 원하지 않았는데도 어쩔 수 없이 어떤 형편에 끌려들게 된다고 생각하지만, 돈 후안은 카스타네다가 무슨 일이든 책임지지 않으려 할 뿐이라고 말한다. 그것은 정확한 판단이었다. 카스타네다는 마치 영원히 살 것처럼, 앞으로 살아가면서 삶의 방향을 바꾸고 지금의 삶을 의심할 시간이 얼마든지 있을 거라고 여겼다. 그러나 삶은 우리에게 지금 당장 결단하라고 요구한다.

카스타네나는, 죽음이 우리 뒤에 맴돈다는 생각을 하며 살아야 한다는 돈 후안의 이야기에 놀라움을 금치 못한다. 이렇게 죽음을 늘 염두에 두고 살면 삶이 달라진다. 언제나 자기쪽으로만 향하는 생각도 바뀌고, 언뜻 어려워 보이는 상황도 올바른 시각에서 바라볼 수 있는 능력이 생긴다. 돈 후안에 따르면, 자신이 영원히 죽지 않을 것처럼 사는 사람은 보잘것없는 삶을 살 수밖에 없다. 이런 사람들은 필연적으로 형편없는 생각과 기분에 빠지고 만다.

사막에서 스승이 주는 여러 가지 시련을 겪으면서 카스타네다는 거의 미칠 지경에 이른다. 그러나 어느 순간, 그는 죽음이 자기의 가장 좋은 조언자가 될 수 있다는 생각에 이른다. "그로 인해 속상해하는 이 옹졸함은, 나의 죽음을 놓고 생각해보면 흉물스러운 짓이다."

돈 후안은 카스타네다에게 지금이 그가 이 땅에 발 딛고 사는 마지막 날, 마지막 시간인 양 여기고 살아보라고 가르친다. 그렇게 되면 삶을 사랑하게 될 것이다. 아직 시간이 많이 남았다고 생각하는 것은 비겁한 반쪽짜리 인생으로 전락하는 길이다.

이 책이 힘이 되는 순간

『익스틀란 기행』은 영적인 책으로서 놀라운 교훈을 전한다. 우리는 비록 어른의 몸을 하고 있지만, 마음은 아직 성인의 마음이 아닐 수 있다. 돈 후안은 큰 죄란 삶 자체가 좋은 것이 아니라고 여기는 것이라고 말한다. 실패하든 성공하든, 우리는 세상이 주는 도전에 꿋꿋하게 맞서며 '이 얼마나 놀라운 세상인가'를 잊지 말아야 한다.

대부분의 사람들은 세상이 자신을 위해 뭔가를 해주길 바란다. 기술과 오락이 발달한 세상에서 살지만, 자기에게 주어진 것보다 더 큰 능력에 대해서는 알지 못하고, 영적인 것에 대해서는 감조차 잡지 못한다. 이 책을 관통하는 사상은, 인간이란 우리보다 훨씬 더 큰 존재나 힘으로 나아가기 위한 징검다리와 같다는 것이다. 이런 더 큰 힘을 인정할 때, 우리는 비로소 자신에 대한 진정한 지식을 얻을 수 있다.

　돈 후안이 실존 인물이냐 아니냐, 이 책의 내용이 실제 사건에 근거한 것이냐 아니냐를 두고는 논란이 있다. 카스타네다는 허구가 아니라고 말했다. 사실 책의 내용이 너무나도 비현실적이기 때문에 오히려 사실일 수도 있겠다는 생각이 든다.

BOOK 4

장자
莊子

장자 | 기원전 4세기

❦

최선의 삶이란 보편적 질서와 조화를 이루는 것이다

장자 *Chuang Tzu*

장자는 기원전 4~3세기 중국 춘추전국 시대에 활동한 도가 사상가이다. 혼란한 시대 속에서 군주의 제안을 거절하고 정치에 참여하지 않았으며, 자연과 인간의 조화를 중시했다. 그의 저서『장자』는『도덕경』과 함께 도가 사상의 근간을 이룬다. 이 책의 앞부분에 나오는 내편(內篇) 일곱 편을 장자가 직접 쓰고, 나머지 외편(外篇)과 잡편(雜篇)은 그의 후학들이 썼으리라 유추된다.『장자』는 우화와 일화를 통해 권력과 집착을 비판하고, 자연스러운 삶과 우주의 근본 질서인 도(道)를 강조한다.

"근원은 순수하고, 밖으로 나타난 것은 조야하다고 생각하는 것. 쌓아두는 것은 올바르지 못하다고 보는 것. 평화스럽게, 영적 깨끗함을 가지고 홀로 유유자적 사는 것. 이것이 예로부터 도(道)의 길이라 알려져온 것이다."

"외적 이름에 얽매이지 말라. 꾸미는 일을 그만두라. 만사를 마음대로 할 수 있다는 생각을 버리라. 지식에 종속되지 말라. 무한을 깨닫고 자취 없는 곳에서 노닐지라."

『장자』「추수(秋水)」편에는 다음과 같은 우화가 나온다.

"황하의 신 하백(河伯)은 가을 홍수가 나서 강에 물이 가득 차고 강폭이 넓어진 것을 보고 흡족해했다. 그는 당당한 모습으로 강을 따라 흘러가다가 마침내 북해에 도달했다. 그곳에서 북해의 신 약(若)을 만나고 나서야, 황하와는 비교도 되지 않을 만큼 넓은 바다를 보고 겸허한 마음이 되었다."

이 이야기를 보면, 전에 바다가 있다는 사실조차 몰랐다가 망망대해를 보고 놀라는 '우물 안 개구리'가 떠오른다. 여름 한철만 사는 벌레가 얼음이 무엇인지 알 수 없듯, 자기 학문에만 갇혀 사는 학자 역시 도(道)가 무엇인지 알지 못한다. 도가 사상에 대한 피상적인 지식을 자랑하며 우쭐댈 수는 있겠지만, 그것은 도에 주파수를 맞추는 일과는 전혀 다르다.

대부분의 사람들은 자신의 작은 업적을 올바른 시각에서 바라볼 의지도 능력도 없다. 그들은 오직 짧은 한평생에만 관심이 있으며, 자신이 존재하기 이전의 기나긴 세월이나 우주의 광대함에 대해서는 무지하다. 사소한 일에만 집착하는 이런 태도가 세상에 걱정과 혼란을 더하는 것이다.

하백과 북해약의 이야기는 우리가 스스로 대단한 강이라도 되는 듯 착각하지 말고, 기껏해야 거대한 바닷속 물방울 하나에 불과하다는 사실을 잊지 말아야 함을 일깨워준다.

행복과 불행의 순환을 염려하지 않는 이들

보통 사람들은 빈부, 대소, 시비(是非), 용무용(用無用) 같은 이분법적 대비를 극명하게 느낀다. 그러나 도의 시각에서 보면 이 모든 것이 동일하다. 그렇기에 도에 가까이 다가선 사람들은 판단하거나 차별하지 않고, 오히려 전체를 바라보며 살아간다.

도를 따라 살면, 삶이 우리가 생각하는 것처럼 부분적인 것이 아니라 하나의 통합된 전체임을 깨닫게 된다. 도와 하나 된 사람들이 약간은 무심한 듯 보이는 것이 이 때문이다. 이들은 삶의 다른 쪽을 희생하면서 어느 한쪽에만 집착하지 않는다. 이런 집착은 삶의 현실을 부정하는 것이기 때문이다. 반면 대부분의 사람들은 자신의 생각과 관념이라는 안개의 필터를 통해서만 세상을 보기 때문에, 결코 도의 위대함을 이해하지 못한다.

도를 깨달은 사람은 삶과 죽음, 행복과 불행의 순환을 염려하지 않는다. 그들은 위대한 일을 이루려 애쓰거나 불행을 피하려고 연연하지 않는다. 그들의 행복은 집착에서 완전히 벗어나는 자유와 의연함에서 온다. 그들은 모든 것을 전체의 일부로 보기 때문에, 모욕을 당해도 명예가 손상된다고 생각하지 않는다. 그들의 시선은 언제나 더 큰 것을 향하기 때문이다.

행복은 기쁨과 슬픔 사이에 있지 않다

장자의 사상에 따르면, 우리는 행복을 추구해서는 안 된다. 대부분의 사람들은 행복이야말로 자신이 원하는 바라고 믿으며, 그 행복을 좇느라 끊임없이 움직인다. 이처럼 마음이 늘 미래나 추상적인 대상에 머물러 있기 때문에, 정작 자기 몸을 돌보지 못한다.

반면 도와 함께하는 사람은 이런 식의 '행복'을 추구하지 않는다. 그들이 말하는 진정한 행복은 기쁨과 슬픔, 영광과 좌절 사이에서 끊임없이 널뛰기하는 인간의 흔한 번뇌에서 벗어나는 데 있다. 우리 역시 이러한 양극단에서 벗어나 '행함이 없는 행함(無爲之爲)'의 상태로 살아갈 수 있다. 이 상태란 우리의 행동이 개인의 기호나 욕망을 추구하는 것이 아니라, 도의 조화를 이루며 흘러가는 것을 의미한다.

사람들은 흔히 "나는 지금 만족스럽다" 혹은 "나는 행복하다"고 말한다. 그러나 도와 함께하는 사람은 '만족이 무엇인지조차 잊어버린 만족', '행복하지 않다는 것이 무엇인지조차 모르는 행복'을 지닌다. 그러므로 행복이란 단순히 행복한 '상태'를 쟁취하는 것이 아니다. 그것은 인간의 생각, 욕망, 감정의 극단을 넘어 완전한 평정(平靜)을 얻는 데서 찾아진다.

이름 없음을 택한, 완전한 사람들

위대한 사람은 남에게 무언가를 베풀었다고 자랑하지도 않고, 이익을 얻기 위해 애쓰지도 않는다. 자기를 섬기는 사람들을 업신여기지 않으며, 그런 사실조차 대단한 일로 여기지 않는다. 스스로 자족하지만, 욕심 많은 사람이나 비열한 사람을 비난하지도 않는다.

그들은 이기적인 자아가 없는 사람들이다. 성인(聖人)이기 때문이라기보다, 그들의 삶이 파장을 일으키지 않기 때문이다. 이에 반해, 자신의 명성을 지키려 하거나 유명해지고 부유해지려는 사람들은 늘 파장을 일으킨다.

임공(任公)이 공자와 대화를 나누며 이렇게 말했.

"곧은 나무가 제일 먼저 잘리고, 단물이 나는 샘이 제일 먼저 마른다."

(저자가 『장자』의 어디를 인용했는지는 분명하지 않다. 『장자』 제26편 「외물(外物)」에 나오는 임공자는 이런 말을 한 적이 없다. 다만 그 이야기에 이어지는 노자(老子)와 공자의 대화에 비슷한 내용이 등장한다. 또한 『장자』 제4편 「인간세(人間世)」에는 잘 자란 나무는 사람들이 베어가서 천수를 다하지 못한다는 이야기가 나오며, 그 뒤에 미친 사람 접여(接輿)가 공자를 보고 부른 노래 속에도 "계수나무는 먹을 수 있어 잘리

고, 옻나무는 쓸모가 있어 베인다"는 대목이 있다.-옮긴이)

　이 말은 학문이 남보다 월등하면 자신의 유식함과 다른 사람들의 무지가 더욱 두드러져, 공연히 사람들의 이목을 끌게 된다는 뜻이다. '주목받을 만한 사람'이라는 인상을 주기 위해 애쓰는 사람은 결국 그런 사람으로 남을 수 없다. 공연히 일을 덧나게 하기 때문이다.

　이와 달리 도와 함께하는 사람은 도의 본성을 반영하므로 특별나게 보이거나 그렇게 들리지 않는다. 그러나 그들에게는 힘이 있다. 진정한 힘은, 새 떼 속에 있는 한 마리 새처럼 더 큰 전체 속에 한 부분으로 있을 때 나온다.

　장자는 '완전한 사람'이라는 뜻으로 지인(至人)이라는 말을 쓴다. 이런 사람은 스스로 빛의 근원이 되려 하지 않고, 그 빛이 비추는 것이 적절한 시기와 장소에 빛을 전해주는 투명한 통로의 역할을 한다. 이렇게 되려면 완전히 겸허해야 하며 '텅 비고 평범해야' 한다.

　이러한 자질을 가진 사람은 권력 같은 것을 원하지 않고, 남을 비판하는 데에도 관심이 없다. 그러므로 자신도 비판받지 않는다. 한마디로, 그들은 인생사에 초연한 태도를 취한다. 사람들은 스스로 알려지기를 바라지 않는 이들을 보고 비정상이라 여기지만, 그들이야말로 이런 삶이 진정한 만족을 주는 것임을 잘 아는 사람들이다.

단순한 삶이 최선의 삶

순(舜)임금은 천하를 선권(善卷)에게 물려주려 했다. 당시 중국의 임금들은 '천자(天子)'라 불렸고, 임금이 된다는 것은 더없이 큰 영예였다. 그러나 선권은 이렇게 반문했다.

"제가 어찌 천하 따위를 다스리는 일을 하겠습니까?"

자신은 농사를 짓고 계절의 변화를 즐기며 천지 사이를 유유히 소요하는데, 권력이나 명예 따위가 무슨 소용이냐는 소리다. 이런 것을 얻으면 그것을 지키느라 일생을 허비해야 하는데, 그것은 사는 것이 아니라는 것이다(『장자』 제28편 「양왕(讓王)」 첫머리에 나온다-옮긴이).

장자가 말하고자 하는 바는, 도와 함께하는 사람은 언제나 권력의 삶보다 평화로운 삶을 택한다는 것이다. 역설적인 것은, 권력을 아무것도 아닌 것으로 여기는 지도자가 실은 가장 훌륭한 지도자가 된다는 점이다. 하지만 이런 임금이나 신하는 극히 드물다.

이와 마찬가지로, 도를 따르는 사람은 이익을 좇느라 시간을 낭비하지 않는다. 그들은 주어진 처지에 만족하며, 더 얻겠다고 욕심내지 않는다. 자신이 왜 그 일을 하는지 따지지 않고, 그저 그 일과 하나가 되어 일할 뿐이다. 이기심이나 보상에 대한 기대가 끼어들 여지가 없기에, 역설적으로 그들이 하는 일은 언제나 훌륭한 열매를 맺는다.

도와 함께하는 사람이란

다음은 『장자』의 이야기를 읽으며 정리한, 도와 함께하는 사람들의 몇 가지 특성이다.

- 도와 함께하는 사람은 거창한 계획을 세우지 않는다. 일이 생기면 그때그때 대처할 뿐이다.
- 그들은 일을 처리할 때 자아가 끼어들지 않도록 한다. 그래야만 타인을 객관적으로 볼 수 있다는 것을 알기 때문이다.
- 대부분의 사람들은 채우려 하지만, 도의 사람들은 비움으로써 도의 통로가 되려 한다.
- 도와 함께 흐르는 사람들은 생명력을 즐기는 아이의 기쁨과 성인의 지혜를 함께 지니고 있다.
- 그들은 통상적인 윤리를 초월한다. 누군가가 미덕에 대해 아직도 의식적으로 생각해야 한다면, 그 사람은 자연스럽게 살고 있지 않은 것이다.
- 도에 주파수를 맞춘 사람은 '지식'을 새로운 관점에서 바라본다. 그들은 학문적 지식을 넘어, 사물 전체를 감지하는 데서 오는 지혜를 지닌다.

도와 함께 사는 사람은 보통 사람들과 생각도 다르고 행동도 다르기에 다소 이상하게 보일 수 있다. 그러나 그들의 시각에서 보면, 오히려 도를 따르지 않고 사는 이들이 이상한 사람들이다.

이 책이 힘이 되는 순간

장자가 열어주는 고대 중국으로 통하는 문은 그 자체로 신비롭기 그지없을 뿐 아니라, 도가 사상의 발전에 대한 관심을 자극한다. 장자가 풍부한 유머 감각을 발휘해 고착된 중국 사회의 관습이나 계급 제도를 신랄하게 비판했다는 것은 분명한 사실이다. 그러나 이 책이 불후의 명작이 된 것은 인간의 조건에 대한 장자 특유의 찬란한 통찰 덕분이다.

예를 들어, 오늘날 우리 사회에는 '삶의 목적'에 대한 관심이 지대하다. 그러나 장자는, 채우려 하기보다 관조와 명상을 통해 마음을 비워 세상을 더욱 분명히 볼 수 있도록 하는 것이 더 좋은 일이라며, 이를 직접 확인해보라고 우리를 초대한다. 그렇게 하면 우리가 누구이며, 이 세상에 무엇이 필요한지를 깨닫게 되고, 그에 따라 적절한 행동 반경을 자연스럽게 찾을 수 있다는 것이다. 일단 '도'라는 것을 인식하게 되면, 우리는 우리 자신보다 훨씬 더 이지적인 어떤 것과 다시 연결될 수 있는 기회를 얻는다.

『장자』는 일생 동안 곁에 두고, 가르침이나 깨달음이 필요할 때마다 꺼내 읽을 만한 책이다. 다만 모든 우화가 그렇듯 해석이 필요하다. 다행히 좋은 번역본들 덕택에 장자의 가르침은 예전보다 우리에게 훨씬 가까이 다가왔다.

BOOK 5

놀라운 사람들과의 만남
Meetings with Remarkable Men

G. I. 구르디예프 | 1960

몽유병에서 벗어나
나 자신이 되는 법

G. I. 구르디예프 *G. I. Gurdjieff*

1877년 아르메니아 알렉산드로폴에서 태어났다. 젊은 시절 여러 지역을 여행하다가 1913년 볼셰비키 혁명 직전 러시아에 정착한 뒤, 몇 년간 모스크바와 상트페테르부르크를 오가며 활동했다. 1917년 고향으로 돌아온 그는 흑해 연안의 캠프에서 제자들과 함께 지냈고, 1922년에는 파리 남쪽 폰텐블로에 '조화로운 인간 계발 연구소'를 설립했다. 이후 자동차 사고로 생사의 기로를 넘긴 그는 대표작 『모든 것, 일명 비즐버브가 손자에게 들려준 이야기(Beelzebub's Tales to His Grandson)』 집필에 전념했다. 제2차 세계대전 동안 파리에 머물며 저술 활동을 이어갔고, 1949년 프랑스 뇌이쉬르센에서 생을 마감했다.

"나의 견해에서 보면, 그는 놀라운 사람임이 틀림없다. 그는 마음이 풍요롭다는 점에서 주위의 다른 사람들 가운데 우뚝 선 사람이다. 그는 자기 본성에서 나오는 것들을 어떻게 억제하는지를 잘 알고, 동시에 다른 사람들의 약점에 공평하고 관대하게 처신할 수 있는 사람이었다."

어느 시대나 자기 이익을 추구하며 자기 멋대로 사는 사람들이 있기 마련이다. 뉴에이지의 원조라 할 수 있는 조지 이바노비치 구르디예프는 이러한 고정관념을 거부하며 살아간 사람이다. 그는 쉬지 않고 여행하고 끊임없이 영적인 추구를 한 사람이지만, 동시에 가장 현실적인 사람으로서 먹고 사는 일의 도전에 훌륭히 대처한 본보기이기도 하다.

구두닦이, 회반죽 장식 제작, 관광 안내, 혼령과 인간을 매개하는 영매, 가구 수선 등, 그가 생계를 위해 한 일은 그야말로 다양했다. 그는 이 모든 일을 즐거운 마음으로 해냈다. 이렇게 여러 가지 직업에 종사한 이유는, 비록 세상의 한 부분으로 살아가더라도 마음을 죽이는 일상성에 묶여서는 안 된다는 신념 때문이었다.

생애 후반기에는 유럽과 미국 여러 도시에서 그를 따르는 사람들과 어느 정도 정착된 삶을 살았지만, 구르디예프는 외적 환경을 바꾸는 것이 내적 목적을 확고히 하는 데 유리하다는 견해를 유지했다. 그는 대부분의 사람들이 일생을 몽유병처럼 살아가며, 우리의 참된 개성은 습관적인 사고방식에 도전할 때 비로소 완성될 수 있다고 믿었다.

구르디예프의 가장 중요한 저서는 『모든 것, 일명 비즐버브가 손자에게 들려준 이야기』로 1,300쪽에 달하는 방대한 책이다. 그에 비해 『놀라운 사람들과의 만남』은 그의 철학의 핵심 요소를 담고 있을 뿐 아니라, 놀랄 만큼 쉽게 잘 읽히는 책이다.

이 책은 사람들의 성격을 묘사하는 내용이지만, 제목 때문에 약간 오해를 살 수 있다. '놀라운 사람들'이라 했지만, 사실은 구르디예프가 어린 시절 존경한 인물과 가까운 친구 등, 그의 세계관을 형성하는 데 영향을 준 주변 사람들에 관한 이야기다. 그는 그들을 단순히 찬양한 것이 아니라, 그들이 자신의 자아 형성에 어떻게 기여했는지를 기술한다.

판단하지 말고 관찰하라, 아버지의 가르침

구르디예프의 아버지는 그리스 사람으로 아르메니아로 이주해 와 알렉산드로폴에 살다가, 나중에는 카르스로 터전을 옮겼다. 그는 아마추어 시인이자 가수, 이야기꾼으로, 아들과 세 딸이 모두 전설과 속담, 음악에 자연스럽게 젖어들도록 했다.

처음에는 많은 가축을 소유하고, 다른 사람들의 가축까지 돌보는 유복한 가정이었으나, 가축 전염병이 휩쓸고 지나간 뒤에는 빈털터리가 되었고, 아무리 노력해도 집안 형편은 회복되지 않았다. 구르디예프는 옛날을 돌아보며, 아버지가 장사에는 소질이 없었다고 회고한다. 아버지는 다른 사람들의 어리석음과 불운을 이용해 돈을 벌려는 마음이 없었기 때문이다. 구르디예프가 돈을 버는 데 특별한 재주를 발휘한 것은, 아버지의 이런 결함을 보고 자랐기 때문인지도 모른다. 그러나 그의 아버지는 가세가 오르락내리락해도 차분함과 냉정을 유지했다는 점에서 대단한 사람이었다. 그의 즐거움은 밤하늘의 별을 바라보는 것이었으며, 덕분에 사소한 걱정은 쉽게 잊을 수 있었다.

그는 아들에게 언제나 마음속에 자유로운 공간을 키우고, 다른 사람들이 역겨워하고 피하는 것에 대해 무덤덤하게 반응하라고 가르쳤다. 예를 들어, 쥐나 독 없는 뱀을 아버지가 침대 위에 올려놓아도 차분히 반응하라는 것이었다. 판단하지 말고 관찰하며, 자기 반응의 노예가 되지 말라는 이러한 가르침은, 나중에 끊임없이 여행하며 변화에 대처하는 삶을 살았던 구르디예프에게 매우 유용했다.

어린 날의 스승들

어려운 환경에서도 구르디예프의 아버지는 교양 있는 친구들과 교류를 즐겼다. 그중 한 명이었던 보르쉬는 카르스 군사 교구의 책임자였다.

보르쉬는 아버지와 함께 어린 구르디예프를 집에서 교육시키기로 하고, 작은 마을에서 얻을 수 있는 최선의 교육을 주선해주었다. 둘은 밤늦도록 심오한 문제를 놓고 대화를 나누었고, 어린 구르디예프는 이러한 대화에 깊이 몰입했다. 이 경험이 나중에 그가 질문하고 철학하는 삶을 살게 된 씨앗이 된 셈이다.

어린 시절 구르디예프에게 영향을 준 또 다른 인물은 카르스 교당의 집사 보가체프스키였다. 구르디예프가 존경한 이 사람은 나중에 사해의 에세네 형제 수도회에서 에브리시 신부가 되었다. 구르디예프에 따르면, 이 형제 수도회는 기원전 1천 년 이전에 세워졌으며, 예수도 그 비밀에 입문했다고 한다.

보가체프스키는 구르디예프에게 세상에는 두 가지 윤리가 있다고 일러주었다. 객관적 윤리는 수천 년 동안 진화되어 온 것으로, 하느님이 주신 그대로의 선(善)을 대표하고, 주관적 윤리는 지적·사회적 관습에서 발전한 것으로 진리를 왜곡시키는 경향이 있다는 것이다.

이 신부가 구르디예프에게 남긴 정신적 유산은, 주변 사람들의 관습이나 관례에 얽매이지 말라는 경고였다. 그는 오로지 자기의 양심, 혹은 객관적 윤리를 따라 살아가야 한다고 강조했다. 이것은 구르디예프가 어디를 가든 항상 간직할 수 있는 지침이 되었다.

러시아 왕자에게서 배운 것

루보우드스키는 구르디예프가 사귄 부유한 러시아 왕자였다. 젊은 부인이 비극적으로 사망한 후 슬픔을 견디지 못하고 은둔자가 되었으며, 비술(occult)과 강신술에 빠져들었다. 여생 대부분을 세상 구석구석 신기한 곳을 탐험하는 데 바쳤다.

구르디예프는 이 왕자를 이집트 피라미드에서 만났다. 당시 그는 인류학자 스키들로프 교수의 관광 안내원으로 일하고 있었고, 루보우드스키도 그 교수를 알고 있었던 덕분에 세 사람은 평생 친구가 되었다. 왕자는 구르디예프와 함께 인도, 티베트, 중앙아시아 등 여러 곳을 여행했다. 두 사람은 티베트의 오지에 있던 수도원에서 마지막으로 만났는데, 책에는 당시의 상황이 매우 생생하게 묘사되어 있다.

왕자의 삶이 구르디예프에게 준 교훈은, 한곳에 집중하지 못하고 여기저기 기웃거리는 것은 결코 바람직하지 않다는 것이었다. 루보우드스키는 우울증에 빠진 뒤 어느 힌두교인을 만났는데, 그 사람은 왕자의 열정이 지나쳐 내면적 삶에 쏟아야 할 집중력을 방해한다고 지적했다. 구르디예프는 왕자에게서, 지나치게 감정에 매이면 위험하다는 교훈을 얻었고, 아버지가 본보기를 보여준 것처럼 성숙한 사람은 어떤 환경에 처하든 냉정을 유지하며 느긋하다는 사실을 배웠다.

루보우드스키는 또한 지도자가 자기 내면의 생각, 본능, 감정 사이에서 균형을 유지해야 한다는 것을 몸소 보여준 인물이기도 했다. 어떤 사람은 직관력을 희생할 정도로 지나치게 이지적이고, 또 어떤 사람은 지성을 발전시키면서 얻을 수 있는 정중함을 경험하지 못한다. 이처럼 우리의 여러 면을 균형 있게 유지하고 통합하는 것이 바로 우리 삶의 목표라 할 수 있다.

늑대와 양 모두를 키우는 사람

『놀라운 사람들과의 만남』은 여행기와 짤막한 격언, 인물평이 잘 섞인 책이다. 구르디예프는 서구 세계가 아시아에 대해 무지하다는 점을 여러 차례 언급한다. 그는 자라난 환경 덕분에 동서 문화를 자연스럽게 아우를 수 있었다. 터키, 러시아, 이란 사이에 위치한 그의 조국 아르메니아는 다양한 문화의 영향을 받는 곳이었다. 그의 기독교 전통 역시 중동 지방의 신념 체계와 이야기들로 풍부하게 양념되어 있었다.

그는 여행하면서 여러 언어를 습득했고, 이슬람, 힌두교, 불교에 대해서도 놀라울 정도의 지식을 얻었다. 그가 세상을 보는 법은 수피에게 큰 영향을 받았고, 수피의 춤추는 수도자들이 그의 친구가 되었다.

사람들은 그가 고대 밀의(密儀) 종교의 비밀을 발견하고 그것을 지니고 다녔다고 믿었다. 이것이 사실인지는 알 수 없지만, 구르디예프가 대부분의 사람들이 보지 못하는 것을 보았고, 그러한 이국적인 분위기 덕분에 서양에서 추종자들이 모여들었다는 점은 분명하다.

구르디예프는 통상적으로 확실시된 지식의 근원을 믿지 않는 사람이었다. 이런 태도의 뿌리는 유년 시절로 거슬러 올라간다. 어렸던 그는 과학이 자기가 분명히 목격한 기적들을 설명해내지 못한다는 사실을 깨달았다. 이후 여행을 많이 하게 된 동기도, 사물을 직접 체험해보기 위해서였다. 구르디예프 철학의 기본 원리는 체험을 통한 배움에 있었다. '나 자신에게 진리라야 정말로 진리'라는 원칙이었다.

구르디예프는 신문을 읽을 시간이 거의 없기도 했지만, 신문이 독자들 속에 충격이나 교만 같은 자동적인 반응을 조작한다고 믿었다. 저널리즘 문화는 사람들의 마음 상태를 흐릿한 그림자로 만든다는 것이다. 평균적인 사람들은 '실재'처럼 보이는 것을 바탕으로 자기의 세계를 구성하지만, 사실 그것은 참된 실재에서 걸러져 나온 가상의 것에 뿌리를 두고 있다. 깨우친 사람들은 이와 달리, 모든 것을 완전히 때 묻지 않은 본질로 볼 수 있는 능력을 지닌다.

"늑대와 양 모두를 동시에 완벽하게 보존할 수 있는 능력을 갖춘 사람만이 인간이라는 이름을 얻을 자격이 있으며, 그를 위해 마련된 모든 것을 하늘에 기대할 수 있다."

구르디예프는 이렇게 옛말을 언급한다. 여기서 늑대와 양은 우리의 본능과 감정을 상징한다. 우리가 온전히 살아남으려면 이 둘을 잘 조정하고 균형을 잡아야 한다는 의미이다. 이런 점에서 구르디예프는 현대 유럽 문학을 경멸했다. 그는 유럽의 정신이 본능과 감정을 무시하고 이성으로만 지배된다고 보았기 때문이다.

구르디예프는 자신의 철학을 정리한 뒤 이를 체계적으로 습득하는 기관을 설립했으며, 여기에 '조화로운 인간 계발 연구소'라는 이름을 붙였다. 인간 속에 있는 지적·육체적 요소들의 균형을 도모한다는 뜻이었다.

이 책이 힘이 되는 순간

구르디예프는 20세기의 중요한 철학자였을까, 아니면 『회의주의자 사전(The Skeptic's Dictionary)』(미국의 철학 교수 로버트 토드 캐럴이 논리적 오류, 사이비 과학, 오컬트, 미신, 초자연현상 등을 다루기 위해 만든 웹사이트이며, 2003년에는 책으로 출간되었다–옮긴이)에서 말한 것처럼 사기꾼에 지나지 않을까?

 진실은 알 수 없지만, 그의 인품에서 뿜어져 나오는 힘에 이끌려 많은 유명인들이 그를 따랐다. 할리우드 여배우 캐서린 맨스필드, 건축가 프랭크 로이드 라이트, 『메리 포핀스』의 저자 파멜라 트래버스 등이 대표적이다. 그러나 그의 가장 중요한 제자는 수학자 표트르 우스펜스키였다. 우스펜스키가 쓴 『기적적인 것들의 탐구(In Search of the Miraculous)』는 구르디예프의 사상을 많은 독자들에게 널리 알리는 역할을 했다.

 일부 사람들은 구르디예프를 오만하고 타협할 줄 모르는 인물이라고 평가했다. 실제로 그는 매스컴을 피했으며, 자기 조직의 유지를 위해 기부금을 모금했지만, 다른 구루들과 달리 영리 기관을 세우려 하지 않았다.

 구르디예프의 개인 발달 시스템인 'the Work'는 자가 질문, 집단 면담, 거룩한 춤 등을 통해 사람들을 보통의 수면 상태에서 더 높은 의식 상태로 끌어올리는 것을 목표로 했다. 이는 1960년대 반문화 운동에서 중요한 영향력을 발휘했다. 미국 캘리포니아의 선구적 영성 수양 기관인 에살렌(Esalen) 센터도 이 시스템을 채택할 정도였다. 직접적인 영적 진리와 지식을 강조하는 그의 철학은 뉴에이지 운동의 중심 동력이 되었다.

 구르디예프는 현대인이 하루는 이런 사람이 되고, 다음 날은 다른 사람이 되는 식으로 존재하기 때문에 병들어 있다고 보았다. 그의 심리학은 우리의 여러 자아를 통합하는 것을 목적으로 삼았다. '놀라운 사람'이란, 자동적인 반응과 문화적 조건에 단순히 좌우되지 않고, '완전히 하나의 조각'으로 존재할 수 있는 사람을 의미한다. 이러한 자아와 목적의 일치 없이 우리는 진정한 삶을 살아갈 수 없다.

BOOK 6

인식의 문
The Doors of Perception

올더스 헉슬리 | 1954

처음 보듯,
세상을 보라

올더스 헉슬리 *Aldous Huxley*

1894년 영국 서리에서 출생한 헉슬리는 유명한 생물학자 토머스 헉슬리의 손자로, 외가 쪽으로도 저술가와 시인들이 많았다. 옥스퍼드에서 공부하며 버트런드 러셀, D. H. 로런스 등과도 교류했다. 1919년 벨기에 출신 마리아 니스와 결혼한 후, 영국과 이탈리아를 오가며 살았다. 이 시기에 『크롬 옐로우(Chrome Yellow)』, 『앤틱 헤이(Antic Hay)』, 『저 열매 없는 잎들(Those Barren Leaves)』 등 초기 소설들을 집필했으며, 1932년에는 대표작 『멋진 신세계(Brave New Worls)』를 발표했다. 1954년에 발표한 『인식의 문』은 그의 대표적인 에세이로 인식과 의식의 확장을 탐구한 책이다. 아내 마리아는 책 출간 이듬해 유방암으로 사망했고, 헉슬리는 1963년 존 F. 케네디 대통령이 사망한 날에 세상을 떠났다.

"일상적 인식의 틀에서 벗어나기, 몇 시간 동안 시간에 얽매이지 않기, 외부와 내부 세계를 바라보기, 그것도 생존에 매달린 동물이나 관념에 사로잡힌 인간의 방식이 아니라, 어디에도 얽매이지 않는 초월적 마음이 직접적이고 무조건적으로 파악하는 대로 바라보기. 이것이야말로 누구에게나 더할 수 없이 가치 있는 체험이다."

제2차 세계대전 이후 올더스 헉슬리는 영국 엘리트가 거치는 정규 과정인 이튼 칼리지와 옥스퍼드 대학교에서 교육을 받았다. 그러나 심한 눈병을 겪은 후 시력이 약해져 과학자가 되려던 생각을 접고 문학의 세계에 입문했다. 나중에는 시력 문제 때문에 날씨가 맑고 건조한 캘리포니아로 이주해 살았다.

평생 시력으로 고통받은 사람으로서 아이러니하게도, 헉슬리의 최대 관심사는 우리가 보는 방식이 어떻게 우리를 해방시키기도 하고 구속시키기도 하는가 하는 문제였다. 그의 책 중 가장 잘 알려진 작품은 기술이 윤리를 압도하는 암울한 사회를 예견한 『멋진 신세계』일 것이다. 여기서 헉슬리는 오웰의 『1984』처럼 권력이 다른 사람들에게 자신의 세계관을 주입시키는 힘을 갖고 있으며, 이러한 인식의 획일화가 인간 정신을 말살할 수 있다고 이야기한다.

헉슬리에 따르면, 인식의 획일화를 피할 수 있는 한 가지 길은 신비적 혹은 종교적 의식 상태이다. 그의 책 『영속 철학(The Perennial Philosophy)』은 세계 여러 종교에서 찾을 수 있는 공통된 흐름을 모아 정리한 것으로, 인간의 의식을 다른 차원으로 격상시킨 여러 성인과 신비주의자들의 말을 길게 인용하고 있다.

그중 한 명이 영국의 신비주의 시인 윌리엄 블레이크였는데, 그는 "인식의 문이 깨끗해지면 모든 것이 인간들에게 있는 그대로, 무한한 것으로 보일 것"이라고 말했다.

인식의 문이 열리다

이 인용문은 헉슬리의 『인식의 문』 첫머리에 나오는 말이다. 이 책은 그가 '메스칼린'이라는 환각제를 사용하여 얻은 경험에 관한 이야기다. 그는 비록 신비주의자는 아니었지만, 블레이크나 에마누엘 스베덴보리, 그리고 기타 동양의 신비주의자들이 묘사한 높은 의식 상태를 일별이라도 하고 싶었다. 그러던 중 메스칼린을 사용하면 인식의 문을 열 수 있다는 사실을 발견했다.

메스칼린은 멕시코산 페요테라는 일종의 선인장에서 추출한 분말로, 이 식물은 환상을 보도록 하는 효능 때문에 멕시코와 미 남서부 지역 사람들이 오래전부터 신성시하며 애용하던 것이다. 이 약제는 불법은 아니었지만, 뇌세포의 당분 공급을 조절하는 효소의 생산을 방해하여 환상을 일으키는 환각제였다. 정상적인 경우, 뇌는 생존과 관계없는 정보를 걸러내는 여과 작용을 하는데, 메스칼린은 이 여과 작용을 하는 눈가리개를 효과적으로 제거한다. 그래서 이 환각제를 복용한 사람들은 이 세상을 마치 처음 보는 것처럼 경험하게 된다.

1953년 어느 봄날, 헉슬리는 로스앤젤레스 자택에서 부인 마리아와 한 친구에게 과학적 관찰자의 역할을 맡기고 메스칼린을 복용했다. 그 후 1시간 동안 그는 빛줄기가 춤추고 모양과 형체가 움직이는 것을 경험했다. 윌리엄 블레이크처럼 놀라운 세계를 보지는 못했고 환각의 강도도 세지 않았지만, 일상의 일들이 새로운 의미로 다가오는 것을 느꼈다.

그날 아침 그는 장미, 카네이션, 아이리스가 한 송이씩 꽂힌 식탁 옆 작은 화병을 보고 지나가는 말로 아름답다고 얘기했는데, 약효가 점점 나타나면서 그 꽃들의 표면적 아름다움뿐만 아니라 내면의 빛까지 눈에 들어왔다. 헉슬리는 이때의 경험을 이렇게 말한다.

"나는 아담이 그가 창조된 아침에 본 것을 보았다. 순간순간 발가벗은 실존의 기적이었다."

발가벗은 실존의 기적

우리의 정상적인 마음 상태는 사물 사이의 관계를 계속 계산하고 재고 분석한다. 그러나 헉슬리에 따르면, 메스칼린의 영향 아래서는 장소, 시간, 거리 등이 그렇게 중요하지 않게 된다.

메스칼린을 처음 복용한 그날, 그는 자기 시계를 들여다보며 그것이 '다른 우주에' 존재하는 것이라 여겼다. '영원한 현재' 속에 산다는 것이 무엇을 의미하는지 발견했기 때문이다. 그는 난생 처음으로 동양 종교서에서 읽어본 '현존성(beingness)', 즉 이 순간에 진정으로 살아 있음의 희열을 직접 체험할 수 있었다.

그는 방 안의 식탁과 책상, 의자도 관찰했는데, 이런 물건들도 추상화처럼 보여서 각각의 개체가 아니라 조르주 브라크나 후안 그리스의 현대 미술에 나오는 대각선이나 형체를 모아놓은 것 같았다. 이제 그의 눈은 불빛의 패턴만 볼 수 있었다. "이것은 내가 책상에서 공부할 때 앉는 의자이다"와 같은 말을 뱉던 두뇌 부분은 사라지고, 대신 "의자의 다리들. 튜브처럼 생긴 것이 얼마나 기적적인가. 그 매끄러운 표면이 얼마나 초자연적인가!" 하는 인식이 그 자리를 메웠다.

헉슬리는 신비주의자가 세상을 인지하는 방식으로, 물체의 일상적 가치가 아니라 '사물의 본성'을 보게 된 것이다. 그는 자기 바지에 있는 주름을 보고도 신기해했다. 그것들이 갑자기 '끝없이 복잡한 미로'처럼 보였기 때문이다.

전체적인 맥락을 떠나서 보면, 이런 묘사들이 약물에 홀린 사람의 헛소리처럼 들릴 수도 있다. 그러나 이런 식으로 생각하는 것 자체가 저자가 주장하는 바를 증명해주는 셈이다. 정상적으로 축소된 의식을 가진 사람은 세계를 있는 그대로 볼 수 없고, 사물을 오로지 현존하는 범주나 틀 속에 끼워 맞추며 살 뿐이라는 것이다.

헉슬리에 따르면, 그렇기 때문에 예술가들은 돌이나 유화에서 옷이나 커튼을 구성하는 직물의 섬세한 디테일을 재현하려고 애쓴다. 이는 사물을 '정확하게' 보이도록 하려는 것이 아니라, 사물

그 자체의 질, 곧 창조의 직물 그 자체를 표현하려는 시도이다.

17세기 네덜란드 미술의 대가 얀 베르메르의 인물화를 논하면서, 헉슬리는 베르메르가 자신이 그리는 대상의 인격성에는 관심이 없었다고 평한다. 이 예술가에게 모델이 된 인물은 단지 가만히 앉아 있는 사람에 불과하다. 이 인물의 중요성은 소녀의 살갗, 진주 귀고리, 치마의 주름 등 물질의 '현존성(is-ness)'을 표현할 수 있는 기회를 제공하는 데 있다. 그의 그림에서는 무엇인가 빛나고 있지만, 그 빛나는 것은 가만히 앉아 있는 인물 자체라기보다, 그 현실 존재 뒤에 있는 신비 혹은 내적 아름다움이라 할 수 있다.

언어라는 감옥

헉슬리는 뇌와 신경계가 '거침없는 마음'에 속한 의식 중 극히 일부만을 우리에게 제공하는 '축소 판막'이라는 전제를 바탕으로 자신의 경험을 설명한다.

언어란 이렇게 축소된 의식을 코드화해 놓은 것에 불과하다. 언어는 우리에게 축적된 지혜와 경험에 접할 기회를 제공하지만, 동시에 우리가 세상을 보는 방식을 구체적인 것으로 규제한다. 예를 들어, 어떤 사물에 이름이 주어지지 않으면 그것은 존재하지 않는 것처럼 여겨지게 된다.

그러나 실재를 상징이나 언어로 해석하는 이런 고정관념을 잠깐이라도 떨쳐버리면, 우리의 인식은 첫 발견의 신선함을 되찾을 수 있다. 헉슬리는 성 토마스 아퀴나스를 언급하는데, 아퀴나스는 생을 마감할 즈음 일종의 영적 체험을 했다. 그런 후 그때 쓰고 있던 책을 더 이상 쓰지 않기로 결심했다. 영적 체험을 하고 나니, 말로 이루어진 신학이나 신에 관한 모든 개념과 사상들이 어처구니없는 난센스로 보였기 때문이다.

우리는 사물을 설명하기 위해 사용하는 상징들을 실재와 동일한 것으로 오해하는 실수를 범한다는 것이 헉슬리가 도달한 통찰 중 하나이다. 언어와 예술이 아무리 아름답더라도, 그것은 보이지 않는 실재의 더 높은 아름다움을 표현하기 위한 표상에 불과하다.

자아를 잃어버리는 해방감

때로는 이런 약물 복용 경험이 도를 넘기도 했다. 그는 종교 경험을 다루는 문헌에서, 황홀경뿐만 아니라 공포와 두려움도 함께 이야기하는 이유를 깨달았다. 더 높은 의식 상태에 있을 때면 압도되는 듯한 두려움이나, 작은 두뇌가 자신이 보고 경험하는 것을 처리하지 못하는 것이 아닌가 하는 무서움을 느끼기도 했다. 그는 이를 가리켜 '인간의 이기주의와 신의 순수성 사이의 양립 불가성'이라고 표현했다.

헉슬리는 이런 경험을, 메스칼린이 뇌로 보내는 당분을 제한하기 때문에 의식적 자아의 활동이 그만큼 약화된 결과라고 설명했다. 그는 글에서, 방 안에 있던 두 사람에 대해 이렇게 묘사했다.

"내가 메스칼린 덕으로 구출되기 전의 그 세계에 속한 이들이었다. 그 세계란 자아와 시간, 윤리적 정의, 공리적 고려가 판치는 세계, (인간의 삶에서 내가 무엇보다 잊고 싶어 하는) 자기주장, 독단,

거품이 든 말, 우상처럼 떠받들고 있는 관념들이 난무하는 세계이다."

수많은 성자와 신비주의자, 천재, 요기들은 인간이 이기적 자아를 초월했을 때 무엇이 일어나는지를 전해주고자 했다. 헉슬리의 통찰은, 그들의 말을 반영하는 메아리였다. 실재를 직접 인식하는 데 몰입하면 우리의 이기적 자아는 사라지고, 우리는 '무아(無我)' 상태가 된다. 자연이나 신과 하나가 되는 것이다.

많은 신비주의자들은 이런 무아 상태를 경험한 뒤, 이 세상에 다시 돌아와 사람들이 가져오는 문제를 다루는 것을 주저했다. 그러나 헉슬리에게는, 자아라는 생각을 잃어버리는 경험이 해방감을 안겨주었다. 그는 일시적이나마 의식적 자아의 방해를 받지 않고, 존재의 참된 경이로움을 목격할 기회를 얻었다.

그는 개인의 느낌이 그리 중요한 것이 아니라고 보았다. 우리의 일상적 마음을 채우는 값싼 생각이나 젠체하는 태도는, 그 놀라운 경이로움 앞에서 아무것도 아닌 것이 되고 만다. 나아가 그는, 상상력이나 창조성이 개인의 인격성에서 나오는 것이 아니라는 사실을 깨달았다. 이런 것들은, 베일을 걷어 올려 자아의 너머를 볼 때 비로소 얻을 수 있는 결과였다.

이 책이 힘이 되는 순간

헉슬리는 약물 실험을 통해, 대부분의 사람들이 아주 좁은 인식의 띠 속에서 살아가고 있다는 것, 그리고 이 좁음이 우리의 삶을 위축시킨다는 사실을 깨달았다. 만약 어떤 계기로 이러한 지적 사슬을 끊을 수 있다면, 그것은 분명 조사해볼 가치가 있는 일이다.

헉슬리 자신도 약물을 통해 마음을 연다는 것이 일시적인 경험에 불과하다는 점을 인정했다. 모두가 이런 근본적인 단서를 잊어버린 채 살아가던 1960년대, 사회적·지적 혁명이 일어나기 시작했지만 헉슬리는 그것을 보지 못하고 세상을 떠났다.

문학적인 가사를 노래한 캘리포니아 록 그룹 '도어스(The Doors)'는 그룹명을 헉슬리의 이 책에서 따왔다. '인간의 잠재력'이라는 말은 헉슬리가 1962년 에살렌 인스티튜트 기공식에서 했던 강연에서 처음 사용한 표현이다. 그가 캘리포니아에 살았던 것은 건강상의 이유 때문이었지만 1960년대 초반까지 그곳에 머물렀던 경험이, 사물을 보고 존재하는 또 다른 방식을 꽃피운 씨앗이 되었다는 점은 분명하다.

헉슬리의 단순한 관찰에 의하면, 위대한 예술가나 천재, 성인들이 인식의 문을 열 수 있다면, 그것은 분명 인류 전체가 따라가야 할 길이다. 비록 우리의 언어와 인식 방식이 생존의 필요에 따라 형성되어, 오로지 아주 제한된 실재만을 허용하도록 만들어졌지만, 이러한 일상적 자의식을 넘어가 보고자 시도하는 것은 인간 됨의 한 부분이다.

BOOK 7

이런 일을 생각하라
Think of These Things

지두 크리슈나무르티 | 1964

문화의 테두리를 벗어나
참된 혁명가가 되려면

지두 크리슈나무르티 *Jiddu Krishnamurti*

크리슈나무르티는 1895년 인도 마드라스에서 브라만 계급의 부모 아래 태어났다. 열다섯 살이 되었을 때, 아버지가 속했던 신지학회의 지도자는 이 소년에게서 놀라울 만큼 강한 후광을 발견하고 정식 양자로 입양하여 영국으로 데려가 교육받게 했다. 이후에는 크리슈나무르티를 장차 '세계의 스승'이 될 인물로 추대하며 '동방의 별 교단'을 창설했다. 그러나 1929년, 크리슈나무르티는 자신은 메시아도, 구루도 아니라고 선언하며 신지학회 모두와 결별했다. 그는 전 세계를 여행하며 강연하는 삶을 시작했고, 독립적 사고와 기존 신념 체계에 대한 비판적 태도를 특색으로 하는 철학으로 명성을 얻었다.

"마른 땅에 비가 내리면 얼마나 좋은가? 비가 오면 잎은 깨끗이 씻기고, 대지는 새로워진다. 나는 나무들이 비에 씻기듯, 우리의 마음도 완전히 씻어야 한다고 생각한다. 우리의 마음은 수세기 동안 쌓인 먼지, 다시 말해 지식과 경험이라는 먼지를 잔뜩 뒤집어쓰고 있다. 그러니 만약 당신과 내가 마음을 매일 씻어, 그것이 어제의 기억에서 자유로워질 수 있다면 우리는 모두 신선한 마음, 삶의 온갖 문제를 헤쳐 나갈 수 있는 그런 마음을 갖게 될 것이다."

우리의 삶은 단지 성공을 위한 몸부림일 뿐인가? '보통 사람'이 되는 것이 두려운가?

만약 이런 질문이 마음에 와닿는다면, 크리슈나무르티의 이 책을 읽어야 한다. 철학자 지두 크리슈나무르티의 저술 가운데에서도 가장 현실적이라 할 수 있는 이 책은, 인도 학생들과의 질의응답을 바탕으로 하지만 그 내용은 시대와 국경을 넘어 모든 사람의 마음을 울린다.

크리슈나무르티는 학생들에게 말한다. 교육의 참된 목적은 직업을 얻기 위한 지식이나 기술을 습득하는 것이 아니라, '삶의 전 과정을 이해하도록 우리 자신을 돕는' 데 있다고. 그러므로 어떻게 사랑할까, 어떻게 단순한 삶을 살까, 어떻게 우리의 마음을 편견이나 미신이나 두려움에서 자유롭게 할 수 있을까를 고민하는 것이 교육이다. 이를 알지 못한다면 우리는 우리의 가능성을 최대한 계발하는 창조적 인간이 아니라, 그저 아무 생각 없이 살아가는 하나의 기계처럼 되고 말 것이다. "마음이 그 자체의 장벽을 넘어 뚫고 나오지 못한다면, 그것은 비극이다."

『이런 일을 생각하라』는 크리슈나무르티 특유의 빈틈없는 논리로 돈과 성공이 구원을 가져다준다는 믿음을 깨어버리고, 이런 것을 바라는 욕심이 우리를 괴로움과 슬픔으로 내몬다는 사실을 보여준다. 누구나 '특별한 사람'이 되고 싶어 하지만, 크리슈나무르티는 이런 욕심이 어떻게 역설적으로 우리를 별 볼 일 없는 사람으로 만드는지를 이야기한다.

'뭔가가 되고 싶다'는 허망함

이 책은 '세상적 성공'이라는 주제를 놓고 길게 이야기한다. 우리의 문화는 야망과 성공을 찬양하고, 그 결과 우리는 어떤 목표를 위해 끊임없이 노력해야 한다는 강박 속에서 살아가게 되었다. 그러나 크리슈나무르티는 뭔가 되려고 하는 욕심은 언제나 실망과 허무함으로 끝나고 만다고 말한다.

이런 것은 현명한 삶의 방식이 될 수 없다. 그것은 우리가 언제나 현재에 불만을 품고, 부러움과 영원히 채워질 수 없는 욕망에 사로잡혀 있음을 의미하기 때문이다. "우리는 모두 유명한 사람이 되고 싶어 한다. 그러나 뭔가 되고 싶어 하는 마음이 생기는 순간, 우리는 더 이상 자유롭지 못하다." 크리슈나무르티의 말은 자기계발서들이 말하는 내용과 정반대의 지점에 있다.

원하는 것이 적을수록 지금 가지고 있는 것에 더 만족하게 되는 것은 사실이다. 그러나 자신의 잠재력을 실현하지 않고 포기하고 싶은 사람이 어디 있겠는가?

이런 의미에서 크리슈나무르티는 우울증이나 정신적 이상에 빠지지 않을 또 다른 방법을 제시한다. 그는 교육의 참된 목적이 사람들에게 '자신이 정말로 하고 싶은 것이 무엇인지'를 알아내도록 돕는 것이라고 지적한다. 진정으로 하고 싶은 일을 하는 것은 두 가지 면에서 유익하다. 매일의 생활에서 평균 이상의 만족감을 얻을 수 있을 뿐 아니라, 그 일에 대한 우리의 열정 자체가 이미 '성공'이기 때문이다.

야망은 우리를 언제나 미래에 살게 한다. 그러나 그 미래가 일단 다가오면, 다시 우리를 공허하게 만든다. 하지만 자기가 하는 일을 '소명'이라 여긴다면 일정한 결과를 성취해야 한다는 불안감에서 해방되어, 하는 일을 즐길 수 있다. 영원한 것은 없다. 그러므로 뭔가를 얻겠다는 흉물스러운 욕심 없이 일하는 사람들이 사는 세상이라면 훨씬 더 좋은 세상일 것이다.

현재 우리는 경쟁을 기반으로 한 문화 속에 살고 있다. 그러나 우리가 각자 자신에게 고유한 일을 한다면 경쟁은 의미가 없어질 것이다. 경쟁은 모두 하나의 상(賞)을 목표로 할 때 비로소 필요한 것이기 때문이다. 그러므로 우리는 보물이 '저 밖에' 있는 것이 아니라, 우리 자신의 능력과 관심 속에 있다는 사실을 자각해야 한다. 이것이 바로 현명함이요, 지성이다.

우리는 왜 삶의 강줄기에서 벗어나려 하는가?

우리는 영원히 살려고 한다. 그러나 그렇게 하면 할수록 자연을 거스르게 된다. 여기에 우리의 고통이 있다. 이와 반대로 어디에도 고착되지 않고 고정관념에서 해방되면, 유동적인 마음만이 삶과 조화를 이루게 되고 그러기에 언제나 즐겁다. 크리슈나무르티는 말한다. 인간은 빠르게 흐르는 삶의 강줄기에서 벗어나 자기만을 위한 작은 수영장을 파지만, 그 안에서 침체되고 죽어간다. 이러한 침체와 부식을 우리는 '실존'이라 부른다.

가혹하게 들릴지 모르지만, 우리가 이루어가는 삶, 즉 우리가 우리 자신을 위해 파고 있는 가족, 일, 두려움, 야망, 종교 등의 작은 수영장은 더 큰 현실에 대한 경험을 회피하려는 시도는 아닐까? 삶의 강줄기 옆에 파놓은 그 수영장이 안전하다는 믿음이 클수록 우리는 그만큼 삶의 진정한 본성, 그 끊임없는 변화에 대해 알지 못하게 된다. 크리슈나무르티에 따르면, 우리는 알고 있는 것에 집착한다. 그리고 바로 이 집착 때문에 두려움에 떠는 존재가 된다.

그렇다고 해서 우리가 살아가는 데 필요한 모든 외부 환경을 다 포기하라는 말은 아니다. 다만 우리가 우리에게 알맞은 삶의 허구를 스스로 만들어내고 있다는 사실을 자각해야 한다는 것이다. 삶의 목적은 진리를 찾는 데 있다. 만약 우리가 적극적으로 사물의 본질에 다가가려는 노력을 하지 않는다면, 우리는 빠르게 죽어갈 수밖에 없다.

생각 사이에 공간을 만들 수 있다면

마음이 문제로 가득 찬 상태에서는 그 문제들을 결코 해결할 수 없다. "문제를 이해할 정도로 새로울 수 있는 마음이란, 점거되지 않은 빈 마음이다." 만약 우리의 생각들 사이에 공간을 만들 수 있다면, 한 가지 생각에 짓눌리고 또 다른 생각으로 걱정하는 일상적인 마음으로는 결코 경험할 수 없는 새로움과 창조성을 되찾을 수 있을 것이다.

우리를 지금의 혼란으로 끌어들인 마음으로 문제를 해결하려 든다면, 그 해결이란 결코 훌륭할 수 없다. 오히려 그 마음을 닫을 때 더 좋은 해결책이 떠오를 것이다. 우리는 지금 우리가 가진 마음이 전부라고 여기지만, 그것은 사실이 아니다. 우리의 두뇌를 넘어 존재하는 우주의 광대한 지성을 접할 때 비로소 삶은 풍요로워질 수 있다. 마음의 끊임없는 재잘거림을 멈춤으로써 우리는 자신을 아는 지혜를 얻게 된다. 그러므로 목적을 두고 생각하는 것보다, 아예 생각하지 않는 것이 가장 높은 형태의 지성일 수 있다.

기술자가 될 것인가, 창조자가 될 것인가

우리 대부분은 단순한 기술자로 살아간다고 크리슈나무르티는 말한다. 우리는 기계적으로 공부하고, 시험에 합격하고, 취직을 한다. 그리고 사회에서 성공하는 기술을 배운다. 그러나 아름다움, 사랑, 평화처럼 진정한 것들에 주목하지 않는다면, 우리는 딱딱하고 파편화된 세상에 살게 될 것이다. 그러므로 우리는 기술자가 될 것인지, 창조자가 될 것인지, 덜 인간적이 될지, 더 인간적이 될지를 결정해야 한다.

"버리는 것이 있을 때 당신은 비로소 창조적일 수 있다. 어떤 강요도, 무엇인가 되지 못하거나 얻지 못하는 것에 대한 두려움도, 없어야 한다는 뜻이다."

사회가 어떻게 움직이는지를 배워서 잘 해나가는 사람에게는 '기술자'로서의 자신감이 생긴다. 그러나 그것은 오만으로 이어질 수 있다. 이와 달리 제도권 밖에서 생각함으로써 얻을 수 있는 또 다른 종류의 자신감이 있다. 이 자신감은 훌륭한 것이다. 이런 자신감을 갖지 않으면 우리는 "집단에 흡수되어 시시한 사람이 되고 만다."

우리가 무슨 일이 있어도 자신을 지킬 수만 있다면, 사회적으로 인정을 받느냐 혹은 인기가 있느냐에 따라 결정되지 않는 참된 창조성을 알게 될 것이다. 기술자는 '결과물'만 생산해낸다. 그러나 창조자는 그 본질적인 존재 방식에 따라, 그리고 무엇이 중요한가에 집중함에 따라 주변 세상을 더욱 좋게 만든다.

크리슈나무르티는 저항 정신을 가져야 한다고 말한다. 사회제도를 뜯어고치라는 뜻이 아니라, 보고 생각하는 기존의 방식에 저항해야 한다는 뜻이다. 사회 제도에 저항하고 그것을 개혁하려 애쓴다면, 그것은 마치 감옥에 갇힌 사람이 감옥 안에서 더 나은 조건을 얻으려는 것과 다르지 않다. 진정한 혁명가는 감옥에 대해 불평하는 것이 아니라, 감옥 제도를 더 넓은 맥락에서 보기 위해 창살 너머 바깥을 바라본다.

우리는 우리의 마음을 이런 식으로 보아야 한다. 마음이 작용하는 모습을 관찰하고, 그것이 왜 그런 결론에 도달했는지를 이해해야 한다. 예를 들어 우리의 욕심과 질투를 단순히 없애려 한다고 해서 사라지지 않는다. 이런 것들은 마음 전체를 주시할 때에 사라지기 시작한다. 우리 마음이 욕심과 질투, 증오와 야망으로 가득 차 있다는 사실을 인정할 때, 비로소 우리는 이런 것들과 구별되어 존재할 수 있는 공간을 창조할 수 있다. 이것이 우리의 생각하는 마음 바깥에 놓여 있는 '창조의 샘터'에서 물을 길어 올릴 수 있는 자유인의 첫걸음이다.

사랑은 최고의 지성

우리는 무엇인가를 이루려고 노력하는 사람들이기 때문에, 행복도 우리가 찾아야 할 어떤 것이라 믿는다. 그러나 크리슈나무르티가 지적한 것처럼, 행복은 찾는다고 해서 찾아지는 것이 아니다. 그것은 의미의 부산물로서, 두려움이 없는 곳에서 저절로 생겨나는 것이다. 행복은 성과나 야망에서 비롯되는 결과가 아니다. 생명력은 이런 것들과 거의 무관한 순간에, 우리가 하는 일에 완전히 몰입되어 자신이 주위 환경의 일부라고 느끼는 순간에 존재한다. 행복에 대해 생각하거나 말한다는 것 자체가 이미 행복의 근원과 하나 되어 있지 않다는 뜻이다.

근본적으로 불행은 사랑의 결여에서, 혹은 우리 자신과 타인 사이의 거리감에서 비롯된다. 이 거리감은 남에 대한 판단과 비판에서 생겨난다. 우리 자신이나 우리의 목표만을 생각하고 있으면 진정으로 사랑하기가 어렵다. 다른 사람들도 이런 얄팍한 태도를 알아본다. 성공을 위해 애쓰는 사람들은 말한다. "사랑? 좋지. 하지만 한낱 꿈일 뿐이야. 난 이제 세상에 나가서 할 일을 해야겠어." 이에 대해 크리슈나무르티는 대답한다. "사랑은 세상에서 가장 실제적인 것이다."

야망에 부푼 사람은 권력을 추구하고, 그러느라 사랑이야말로 우리에게 알려진 가장 큰 힘이라는 사실을 보지 못한다. 위대한 사랑은 최고의 지성이며, 최고의 현명함이다.

이 책이 힘이 되는 순간

크리슈나무르티의 책은 오래전에 쓰였다. 이 책의 목적은 사람들에게 '안전을 확보하기 위해 직업적으로 일하지 말고, 하고 싶은 일을 하라'고 권하는 데 있었다. 누구나 특별한 사람, 유명한 사람이 되고 싶어 하지만 결국에는 허무함에 빠지고 마는 '명성'의 본질을 그는 꿰뚫고 있었다.

『이런 일을 생각하라』는 영성의 문제라기보다, 마음을 여는 문제를 다룬 책이라 할 수 있다. 이 책은 지성을 이야기하지만, 그것은 우리가 아는 지성과 다르다. 사람들은 자신이 자유롭게 사고하는 활기찬 개성의 소유자라 믿으나 사실은 그렇지 않은 경우가 허다하다.

이 책은 독자들에게 묻는다. "그대는 삶의 기술자인가, 창조자인가?"

BOOK 8

선과 오토바이 정비술
Zen and the Art of Motorcycle Maintenance

로버트 M. 퍼시그 | 1974

합리적 접근법은 버려라, 보이지 않는 차원을 찾아라

로버트 M. 퍼시그 *Robert M. Pirsig*

1928년 미국 미네소타에서 태어났다. 미네소타 대학교에 입학해 생화학을 전공했으나, 학교에 흥미를 잃고 퇴학당한 뒤 미국 전역을 떠돌았다. 이후 인도의 베나레스 힌두 대학교에서 아시아 철학을 전공했다. 귀국 후에는 과학·기술 분야 저널리스트로 일하며 결혼했고, 이 시기에 『선과 오토바이 정비술』을 집필했다. 122곳의 출판사로부터 모두 거절을 당한 끝에 윌리엄모로우 출판사와 계약금 3천 달러에 출간 계약을 맺었다. 당시 편집자는 이 책에 큰 기대를 걸지 않았으나, 출간 직후 폭발적인 호평을 얻으며 단숨에 수백만 부가 판매되었다.

"우리는 대부분 너무 서두르기 때문에 차분히 대화할 겨를이 별로 없다. 그 결과 하루하루를 끝도 없이 이어가며 경박함과 단조로움 속에 살아간다. 그렇게 세월을 보낸 후 '시간이 다 어디로 갔을까?' 하고 물으며 그것이 모두 흘러가 버렸음을 슬퍼한다. 지금 우리에게 시간이 좀 있을 때, 이 시간을 사용해 중요해 보이는 일들에 대해 좀 더 깊이 있게 이야기해보고 싶다."

『선과 오토바이 정비술: 가치에 대한 탐구』(국내에는 『선과 모터사이클 관리술』이라는 제목으로 번역·출간되었다-옮긴이)는 중년의 남자와 그의 아들 크리스에 관한 이야기다. 이 부자는 다른 부부와 함께 오토바이 여행을 떠난다. 그들은 미네소타에서 캘리포니아로 향하는 길을 타고 가며, 캠핑을 하거나 모텔에서 하룻밤을 묵기도 한다.

남자는 평원을 달리며 듣는 바람 소리, 길가 수렁에서 새들이 날아오르는 모습, 맹렬한 폭우를 뚫고 달리는 느낌, 나무가 자라지 못할 만큼 높은 고도의 산꼭대기에서 마시는 신성한 공기 등이 어떤 것인지 묘사한다. 또한 일행이 만난 사람들, 머물렀던 마을, 여행 중에 벌어지는 다툼과 대화에 대해서도 이야기한다.

이 책의 화자(이름이 명시되지는 않지만 로버트 퍼시그라 짐작할 수 있다)는 겉보기에는 특별히 주목할 만한 점이 없는 인물이다.

교외에 살면서 기술 분야 지침서를 쓰는 평범한 사람이다. 다만 비상한 기억력으로 과거 여행길을 세세히 떠올리며, 단편적인 이야기를 탁월하게 풀어내 독자를 더 깊은 내용으로 이끈다.

여행 기록과 함께 화자의 철학적 성찰도 등장하는데, 이 부분에서 독자들은 잠시 속도를 늦추어 중요한 문제를 생각할 시간을 가지게 된다. 화자는 일상생활의 분주함에서 벗어나 호숫가에서 지낸 시간을 기록한 헨리 데이비드 소로의 『월든』을 여행 중에 곁에 두고 읽는다.

『선과 오토바이 정비술』은 여행을 할 때나 인생의 갈림길에 섰을 때 읽기 좋은 책이다. 쉽게 읽히지만, 쉽게 이해되지는 않는다. 그 속에는 꾸밈없는 영감이 넘친다.

그런데 이 책의 제목은 무슨 뜻일까? 여기서 말하는 '선(禪)'이란 불교의 한 갈래로서, 거창한 깨달음이나 황홀경을 추구하기보다 있는 그대로의 삶에 적극 참여함으로써 영혼이 성장하는 것을 뜻한다. 이 책에서 화자는 오토바이를 관리하는 과정을 통해, 삶에 어떻게 접근하는 것이 좋을까 나름대로 이해한 바를 표현한다.

형편없는 오토바이 정비소에서 깨달은 것

이 책의 상낭 부분은 나소 생소한 주제, 즉 '질(quality)'이라는 문제에 초점을 맞춘다. 우리는 질을 제품이나 사람을 평가할 때 쓰는 말이라 여기고, 어떤 대상의 질이 좋은지 나쁜지를 분명히 판단하고자 한다.

화자는 오토바이를 정비소에 맡기러 갔다가, 큰 소리로 음악을 틀어놓고 일하는 젊은 정비공들에게 마지못해 넘긴다. 그런데 이 정비공들은 오토바이를 고치기는커녕 완전히 망가뜨려 놓는다. 이 사건에서 화자는 중요한 교훈을 얻는다. 문제는 어떤 사물이 어떻게 작용하는지를 머리로 아느냐 모르느냐가 아니라, 기술적인 문제를 어떻게 대하느냐에 달려 있다는 것이다. 단순히 정비 지침서만 보고 그대로 따르는 것은 질이 낮은 접근이다. 그래서 그는 직접 정비를 시도하기로 한다.

질이란 이성적인 방식으로 정의될 수 없다. 그것이 있을 때 비로소 주목할 뿐이다. 그럼에도 불구하고 질은 모든 것을 결정한다. 모두가 관심을 기울이는 사람과 그렇지 않은 사람의 차이, 우리의 생활을 풍요롭게 하는 도구와 쓸모없는 잡동사니의 차이는 모두 질에서 비롯된다. 그런데 화자의 관찰에 따르면, 정비 지침서는 스스로 작업을 해보겠다는 사람을 전혀 고려하지 않고 쓰였다.

우리가 굳이 직접 작업할 동기가 없을 때는 기계를 조작하고 문제를 찾아내는 데 성공할 수 없다. 그러나 기계를 제작한 사람의 사고 과정 속으로 들어가 보려고 노력하면, 기계란 결국 아이디어를 물리적으로 구현한 것에 불과하다는 사실을 발견하게 된다.

역설적인 것은, 우리가 우리의 마음을 세계로부터 분리할 수 있다는 고전적인 생각을 극복할 때 비로소 그 '대상들'이 살아나기 시작한다는 점이다. 질이라는 것은 하나의 사물이 아니라, 우주를 주관하는 힘이다. 화자는 "명백하게 어떤 것은 다른 것보다 훌륭하다. 그러나 그 '훌륭함'이라는 것이 무엇인가?" 하고 묻는다.

이에 대한 답은 그가 중국 고전 『도덕경』을 읽을 때 번쩍 떠올랐다. 우리가 말하는 질 혹은 '훌륭함'이란, 동양에서 말하는 '도'와 유사한 개념이 아닐까 하는 깨달음이었다. '도'는 그 자체로 정의될 수는 없지만, 그것이 존재할 때 사물을 훌륭하게 만드는 우주적 힘 혹은 본질을 가리킨다.

화자는 아리스토텔레스식의 순수 이성적 사유가 사람들이 세계를 인식하는 데 끼친 영향을 우려하는 시선으로 바라본다. 아리스토텔레스식 논리는 서양 문명의 기초를 이루었지만 문명에 활기를 주는 요소, 그 질을 외면하게 만들었다. 서양에서는 질을 단순한 속성 정도로 이해한다. 하지만 실상 그것은 '부모, 모든 주체와 객체의 근원'과도 같은 것이라는 이야기다.

책에 분명히 언급되지는 않았지만, 질은 필연적으로 사랑과도 연결된다. 우리는 객체와 정의를 최고로 중시하는 세계를 창조했지만, 정작 이 세계를 실제로 움직이게 하는 사랑과 질 같은 요소는 옵션처럼 취급한다. 화자는 이런 사실을 깨닫고 말 그대로 미칠 지경이었다. 질이 없는 세상은 더 이상 살아갈 수 없는 세상이기 때문이다.

산다는 것을 생각하지 말고 그냥 살기

수년 전 화자는 미국 흑인들과 함께 여행한 적이 있는데, 그때 그는 '정사각형'이라는 것을 배웠다. 지식만 너무 많고 혼(魂)이 적으면 사람이 '정사각형'이 된다는 것이다. 이런 사람은 질을 알아볼 수 없다. 이들에게는 지루한 범주에 속하거나 명확히 정의되지 않은 것은 아무것도 실재로 보이지 않는다.

그는 질이란 그것이 사고의 대상이 되거나 범주화되기 전의, 단순한 '실재'라는 사실을 알게 되었다. 질이란 그저 아는 것이다. '질'에 대해 말하는 것마저도 질은 아니다. 질을 알아볼 수 있는 사람은 스즈키 순류가 말하는 '초심'을 가진 사람, 어느 순간 완전히 개방적이 되어 사물을 있는 그대로 볼 뿐, 거기에 의미의 층을 쌓아 올리지 않는 텅 빈 마음의 소유자이다.

이 책에는 실망, 피곤, 지루함 등이 배어 나오는 여행 장면이 많이 등장하지만, 이 장면들은 다른 방식으로 사람들을 고양시키는 역할을 한다. 화자는 오토바이를 타고 캘리포니아를 향해 서쪽으로 달린다. 길에서 만난 사람들이 손을 흔들고 시간을 내어 이야기를 나누는 '느린 미국'은 점차 뒤로 멀어지고, 딱딱한 표정으로 여행하는 이기적인 사람들을 만나기 시작한다. 화자는 큰 프리웨이와 텔레비전, 유명 인사들로 대표되는 미국을 보면서, 정말 중요한 일들은 미국 이외의 다른 곳에서 일어나고 있음을 느낀다.

여기서 '검션(gumption)'이라는 말이 등장한다. 이는 옛 스코틀랜드 단어로, 현대인들이 잃어버린 삶의 풍미 같은 것을 뜻한다.

"풍미를 채우는 과정은, 우주에 대한 우리 자신의 진부한 의견을 뒤로하고, 우리 스스로 오랫동안 조용히 기다려 진정한 우주를 있는 그대로 보고 듣고 느낄 수 있을 때 비로소 시작된다."

누가 드라이브나 낚시 여행을 하고 돌아오거나, 현재에만 머물며 감각을 만끽하는 경험을 하고 나면, 우리는 그 사람에게서 풍미가 되살아났음을 알아보게 된다. '산다는 것의 의미 따위는 잊어버리고, 그냥 살고 왔구나!'

그리스어에 아레테(areté)라는 말이 있다. 훌륭함 혹은 미덕이라는 의미다. 화자는 이것이 윤리적 의미의 미덕이 아니라, 오히려 우리 자신에 대한 의무, 강력하고 본능적인 것으로서, 건조한 도덕이나 딱딱한 윤리적 미덕과는 한참 거리가 멀다는 사실을 발견한다. 그것은 이성과는 아무 상관이 없는 하나의 태도, 즉 "세상의 일부가 될 뿐 그것과 원수지지 않고 살아가는 것이 무슨 의미인지 이해하는 것"이다. 이 말은 우리에게 닥치는 모든 것에 '예스'라고 하는, 삶을 살아가는 직접성, 자발성을 환영한다는 뜻이다. 그러나 우리는 논리와 이성, 객관적 진리를 앞세우기 때문에 이런 태도와 정반대되는 삶을 살아가고 있다.

이 책이 힘이 되는 순간

『선과 오토바이 정비술』은 이성적인 마음으로만 해답을 얻으려고 하면 결코 삶의 진리에 이를 수 없다고 말한다. 화자는 모든 것에 대한 이성적 설명에 굶주렸다. 그러나 과학이나 철학은 모두 진리에 이르는 '지도'에 불과했다. 오로지 다른 사람에 대한 사랑에서, 자연을 경험하는 데서, 신과 가까움을 느끼는 데서 우리는 결코 무너지지 않는 진리에 이를 수 있다.

이 책은 우리가 지금 살고 있는 기술 문화 속에서 어떻게 질과 영적인 일들을 위한 여유를 찾을 수 있을지를 생각하게 한다. 그러면서 풍미를 잃은 삶은 진정한 삶이 아니라는 것을 보여준다. 출판과 동시에 고전이 되어버린 이 책은, 여러 층을 가진 복잡한 책이다. 참뜻을 제대로 음미하려면 얼마간의 명상이 필요하다.

퍼시그는 자기 책을 일컬어 '문화 전달자'라고 말했다. 1960년대와 1970년대의 사고방식, 세계를 오로지 이성적으로만 보는 그 방식이 너무도 편협하다며, 제대로 표현되지 못했던 느낌을 표현하겠다는 것이다. 이성적 사고는 살아남는 데 필요했지만, 세상이 풍요로워질수록 사람들은 그저 '살아남기'만으로는 만족할 수 없게 되었다.

이 책은 사물을 다른 각도에서 보는 것에 대해 이야기한다. 파편화와 소외감이 나타나게 된 것은 인간이 근본적으로 주변 세계와 분리되어 있다는 고전적 신념 때문이다. 이런 공허한 믿음은 결국 사람을 덜 인간적이게 만든다.

그렇다고 해서 이성이 나쁘다는 것은 아니다. 다만 이성적이지 않은 것도 자연스럽게 받아들일 수 있도록 우리의 마음과 사회 분위기가 확대될 필요가 있다는 뜻이다. 그럴 때 우리는 2천 년 동안 전해 내려온 지적 구조의 무미함에서 스스로를 구원할 수 있을 것이다. 비이성적인 것을 받아들이는 것이, 거꾸로 이성에 기반한 문화에 활기를 불어넣는 수혈 작용을 할 것이다.

2부

지금 이 순간,
나를 살아라

페마 초드론,
『그대에게 두려움을 주는 곳들』

모한다스 간디,
『자서전』

칼릴 지브란,
『예언자』

댄 밀먼,
『평화로운 전사의 길』

틱낫한,
『마음 다함의 기적』

돈 미겔 루이스,
『네 가지 약속』

스즈키 순류,
『선심 초심』

에크하르트 톨레,
『지금 이 순간을 살아라』

쵸감 트룽빠,
『영적 물질주의를 해부하다』

BOOK 9

그대에게 두려움을 주는 곳들
The Places That Scare You

페마 초드론 | 2001

우리는 마음의 어두운 곳들에
빛을 비추므로 자라난다

페마 초드론 *Pema Chödrön*

1936년 뉴욕에서 태어나 캘리포니아 대학교를 졸업했다. 30대 중반 들어 불교에 심취하여 1974년 행자가 되고, 1981년 티베트 전통에 속하는 비구니가 되었다. 이때 은사로 모시던 스님이 이 책의 'BOOK 17'편에 등장하는 쵸감 트룽빠로서, 1973년부터 1987년까지 그 밑에서 공부했다. 초드론은 현재 캐나다 노바스코시아에 있는 불교 수도원 '감포 여승원'의 원장으로 있다. 『그대에게 두려움을 주는 곳들』 외에, 『죽음은 내 인생 최고의 작품(How We Live Is How We Die)』, 『모든 것이 산산이 무너질 때(When Things Fall Apart)』, 『지금 있는 곳에서 시작하라(Start Where You Are)』 등을 집필했다.

"만약 고민거리가 생기거나 당황스럽고 화가 나는 일이 생기면, 우리 실수 때문이라고 생각하기 쉽다. 그러나 이런 감정적 격변을 느끼는 것 자체가 영적 실수는 아니다. 오히려 이런 순간이야말로 무사들이 자비를 배워야 할 때다. 여기서 우리 자신과 씨름하는 일을 그만두어야 함을 배울 수 있다. 두려움을 주는 상황 속에 머물 수 있을 때에야 비로소 흔들리지 않는 평상심을 지킬 수 있다."

"우리는 마치 쓰레기 더미 속에 묻힌 보물을 찾는 맹인과 같다. 내다 버리고 싶고, 불쾌하며, 두려운 바로 그 쓰레기 더미 속에서 우리는 따뜻하고 명료한 보리심(菩提心)을 발견할 수 있다."

"모든 사람은 뭔가를 사랑합니다. 비록 그것이 하잘것없는 간식거리, 예를 들어 옥수수 과자일지라도."

초드론은 스승 트룽빠 링포체가 '보리심'이라는 불교 개념을 설명하며 한 말을 이렇게 기억한다. 보리심이란, 겉으로는 나쁘게 보이는 사람까지 포함하여 모든 사람이 지니고 있는 열린 마음을 뜻한다.

미국인으로서 불교 여승이 된 초드론은 이 오래된 개념을 오늘을 사는 사람들에게 알기 쉽게 전하려 노력했다. 그녀의 철학적 통찰에 따르면, 사람들은 대부분 그럭저럭 살아가기 위해 자신의 단점에 눈을 감고, 다른 사람에 대한 일체감이나 공감 같은 것에도 흔들리지 않으려 한다. 그래서 보리심을 느끼기는커녕, 오히려 선입견이나 편견과 같은 그릇된 생각으로 마음에 벽을 쌓아 보리심이 자신 안으로 들어오는 것을 막고 있다는 것이다. 그러나 아무리 그래도 약점은 '벽에 금이 간 것처럼' 남아 있다. 이러한 약점들은 우리의 본성을 가리키며, 어느 때나 우리와 함께 있다.

『그대에게 두려움을 주는 곳들: 어려울 때 두려움을 없애주는 안내서』(국내에는 『지금 여기에서 달아나지 않는 연습』이라는 제목으로 번역·출간되었다-옮긴이)의 첫 장에서 초드론은 한 미국 여성이 중동 지방의 어느 마을에서 겪은 경험을 들려준다. 그 여성과 친구는 단지 미국인이라는 이유만으로 사람들의 야유와 고함, 심지어 신체적 공격까지 받을 수 있는 상황에 처했다. 비록 두려움 때문에 돌처럼 굳었지만, 그녀는 박해와 미움을 받는 소수자가 된다는 것이 어떤 느낌인지를 문득 이해하게 되었다.

그 순간, 그녀는 역사상 비슷한 처지에 있었던 한 사람 한 사람과 자신이 새롭게 연결되는 느낌을 받았다. 보통 이런 상황에서는 도망치거나 자기 껍질 속으로 숨는 것이 일반적이지만, 그녀는 이 경험에서 매우 소중한 것을 배울 수 있었다. 초드론에 따르면, 이 여성은 보살(菩薩), 곧 고통에 자신을 용감하게 열어놓을 수 있는 '무사(武士)'가 되는 첫걸음을 내딛은 것이다. 여기서 '무사'란 다른 사람보다 더 공격적이라는 의미가 아니라, 더 열린 사람을 가리키는 초드론의 용어다.

솟아오르는 감정을 내버려두라

보리심 사상은 본래 인도에서 생겨났지만, 11세기에 티베트로 들어오면서 "원한이 생기면 그 원인이 무엇인지 명상하라"는 식으로, 보통 사람도 기억하기 쉽게 정제되었다. 보리심 사상은 우리의 '곤란한' 개인적 성향까지 다룰 수 있는 힘을 주어, 깨달음을 얻도록 돕는다. 구체적으로는, 화가 머리끝까지 치밀었을 때 앞서 언급한 경구를 떠올리는 것이다.

사람들은 흔히 명상을 하면 일상생활의 불편함을 털어내고 공중에 떠 있는 듯한 삶을 살게 되리라 생각하지만, 초드론은 잘못된 생각이라고 지적한다. 보리심의 길은 우리에게 반대 방향의 길을 가라고 가르친다. 즉, 좋은 것이든 나쁜 것이든, 우리의 일상적 감정 속으로 더욱 깊이 몰입할 때 비로소 깨달음이 찾아온다는 것이다.

명상 초보자들은 명상을 통해 평화를 느끼는 것이 아니라, 오히려 강력한 감정이 솟아오르는 경험을 종종 한다. 초드론은 이런 감정을 있는 그대로 인정하면, 그것을 더욱 명료하게 바라볼 수 있다고 말한다. 예를 들어, 어떤 일 때문에 갑자기 화가 치밀어 오를 때, 그 감정을 억누르지 말고 그대로 느껴보라는 것이다. 감정이 일어나는 것을 그대로 두면, 그 감정과 함께 따라오는 죄책감에서 해방되고, 결과적으로 자신을 더 잘 들여다볼 수 있게 된다.

누구의 삶이든 끝없이 요동치는 것이니

초드론이 부처님에게 배운 가장 큰 교훈 중 하나는, 언제나 몸부림치며 살아가는 우리 삶이 바로 보통의 삶이라는 사실이다. 그녀는 말한다. "삶은 끊임없이 오르락내리락하는 것이다. 사람도, 상황도 예측할 수 없고, 그 외의 모든 것도 마찬가지다."

사람들은 자신이 원하지 않는 일이 일어나면 크게 실망한다. 물론 일을 잘 처리하지 못했을 때 아픔을 느끼는 것은 자연스럽지만, 그것을 자신의 결함 때문이라고 생각하는 것은 바람직하지 않다. 우리가 원하는 것과 원하지 않는 것을 모두 경험하는 것이 바로 삶의 본질이기 때문이다.

우리는 불안정한 상황과 불편한 감정에서 곧잘 도망치지만, 맹목적인 도피로는 삶의 근본적인 문제를 결코 해결할 수 없다. 어차피 삶이란 좋은 일이건 나쁜 일이건, 그냥 다가오는 대로 경험하고 살아가는 것이기 때문이다. 초드론의 스승인 쵸감 트룽빠 링포체처럼, 좋은 날이든 궂은 날이든 "나는 괜찮아(I'm OK)"라고 말할 수 있다면, 결국엔 무서워할 일이 줄어들 것이다.

신을 찾으려다 나를 만나는 순간

"무사를 훈련할 때 관건은 불확실성과 두려움을 어떻게 피할지 가르쳐주는 것이 아니라, 그런 불편함에 어떻게 대처할지를 알려주는 것이다."

우리는 언제나 불편한 감정에서 도피하려는 자세로 삶을 살아간다. 생각해보라. 현재 느끼는 불편한 감정이나 생각에서 벗어나기 위해 먹고, 마시고, 섹스하고, 쇼핑에 몰입하지 않는가? 단순한 심심함이나 약간의 불안마저도 온전히 경험하고 싶어 하지 않기 때문에, 나 자신이 누구인지 진정으로 알 수 있는 기회를 놓쳐버린다. 이런 불편한 감정을 당장 없애려 하지 말고, 그것을 '완전히 경험'함으로써 더 큰 해방감을 맛볼 수 있다는 사실을 우리는 모른다. 언제나 '이 순간을 벗어나기'만을 바라기 때문에, 우리는 '삼사라(Samsara, 윤회)'라고 하는 불만의 악순환 속에서 맴돌 수밖에 없다.

초드론은 비트파 시인 잭 케루악이 신과 대면하고자 산에 들어갔던 이야기를 들려준다. 그때 케루악은 신을 마주하려고 갔지만, 친구에게 보낸 편지에서 썼듯이 거기서 만난 것은 술이나 마약에 취하지 않은 적나라한 '늙고 가증스러운 나 자신'이었다. 이처럼 많은 사람이 신을 찾으려 하지만, 결국 자신을 만날 뿐이다. 초드론에 따르면 바로 그 순간이 깨달음의 시작이다.

두려움을 주는 곳으로 갈 수 있는 용기

초드론에 따르면, 우리는 은연중에 우리를 둘러싼 사물이 영원하고 변하지 않기를 바란다. 또한 감정적으로 '영원'이라는 생각에 집착한다. 그래서 무언가 변화하고 있다고 느끼면 불안해진다. 불교에서 '변화하더라도 느긋하라'고 가르치는 이유가 여기에 있다. 변화를 인지하고 받아들이는 것이 우리 생각의 일부가 되어야 한다는 뜻이다.

우리는 확실성을 열망한다. 불확실성은 우리를 두렵게 하기 때문이다. 초드론의 표현을 빌리면, 우리는 "모든 것을 바르게만 할 수 있다면 안전하고 편안하며 안정된 곳에서 여생을 보낼 수 있을 것"이라는 미신에 매달린다. 그러나 삶은 누구에게나 언제나 불확실하다.

만약 두려운 감정이 들었을 때, 그것을 '당장 고쳐야 한다'는 강박 없이 그 무서운 느낌 속으로 들어갈 수 있다면, 그 느낌은 어느 정도 힘을 잃는다. 어쩔 수 없다는 느낌이 들 때, 그 느낌의 실체가 정확히 무엇인지 자문해보아야 한다. 우리가 피하려고 하는 것이 무엇인지 똑바로 바라보는 것이 영적인 성장의 열쇠이다. '인정받지 못하거나 배신당할 때 느끼는 아픔'이나 다른 고통스러운 느낌이 들 때 그 속에 그냥 머무는 것은, 그 감정을 포함한 자신을 유연하게 만드는 길이 될 수 있다. 반대로 그것을 억누르면 그 감정은 경직되어 부러지고 만다.

초드론은 이렇게 설명한다. 어떤 감정의 무게와 강도를 온전히 느끼면, 처음에는 굉장히 무서울 것 같지만 그것은 사실 해방감을 주는 것으로, 자신에게 친절을 베푸는 행동이다. 이런 감정을 억제하면 결국 이기적 자아에 끌려 다니는 사람이 되고 만다. 우리는 스스로 튼튼하여 문제없다고 믿지만, 사실 우리는 구조적으로 견고하지 못한 산성과 같아서 조금만 건드려도 와락 무너질 수 있다. 이런 이기적 자아가 다른 사람들로부터 우리를 고립시킨다. 이기석 자아는 자기만의 고유 영역이라는 환상을 보호하려 하지만, 우리는 그것에 과감히 도전하여 오히려 우리에게 두려움을 주는 곳으로 갈 수 있는 용기를 가져야 한다.

마음 열기 연습

불자들은 4가지 무한한 자질을 함양하려고 노력한다. 친절, 자비, 즐거움, 평정심이 그것이다. 이러한 자질을 기르기 위한 보리심 수행 중 하나가 '회향(回向)'으로, 다른 이들이 잘되기를 빌어주는 것이다. 우리 자신이 고통에서 벗어나 행복의 근원을 찾기를 바라듯, 우리가 사랑하는 사람들을 위해서도 똑같이 기원하는 것이다. 이 범위를 계속 확대하다 보면, 싫어하는 사람이나 한 번도 만나본 적 없는 사람까지도 기원의 대상이 될 수 있다.

초드론은 미워할 수밖에 없는 사람을 위해 선의를 발휘하는 일이 얼마나 어려운지 잘 알았다. 그러나 그럼에도 불구하고 마음의 '근육'을 열심히 단련하며 마음을 확장해야 한다고 말한다. 정 힘들다면, 그냥 하지 않으면 된다. 초드론은 우리 모두에게 성인군자가 되라고 요구하는 것이 아니라, 자비와 친절을 베푸는 일에서 우리가 할 수 있는 일을 가능한 한 확대해보라고 말하는 것이다.

고통과 무지는 우리가 서로 연결되어 있다는 사실, 즉 다른 사람도 나와 마찬가지로 고통과 무지를 느끼고 있다는 사실을 보지 못할 때 생겨난다. 초드론은 이러한 회향을 가게나 슈퍼마켓에서도 연습하라고 권한다. 이런 곳에서 우리 신경을 건드리는 일이 많이 일어나기 때문이다. 예를 들어, 슈퍼마켓 계산대에 줄을 서 있을 때 앞사람을 위해 마음속으로 좋은 일을 빌어준다면, 순간 그와 내가 연결되어 있다는 느낌이 들며, 그 사람이 무슨 일을 하든 덜 신경 쓰이게 된다. 이런 식으로 남을 위해 기원하다 보면, 어떤 사람을 만나도 그 사람이 나 자신의 다른 부분이라 여기며 문제를 덜 느끼게 된다.

또 다른 수행법은 마음을 부드럽게 하는 것으로, 다른 사람의 행운에 함께 기뻐하는 것이다. 초드론은 자신이 아는 사람이 쓴 책이 자신의 책보다 더 많이 팔렸다는 소식을 들으면 얼마나 샘이 나는지 이야기한다. 그러나 그 감정을 제대로 느끼고, 다른 사람의 성공에 함께 기뻐할 때 비로소 깨달음을 얻을 수 있다.

초드론에 따르면, 우리가 대하기 힘들다고 여기는 사람이야말로 삶의 가장 큰 스승이다. 그 사람은 내 마음속 곳곳에 연결된 스위치를 모두 눌러, 내가 세상에 보여주고 있는 가면 뒤에 감춰둔 나쁜 생각과 감정을 드러내기 때문이다. 이렇게 분노, 교만, 회의주의, 적개심 등이 백일하에 드러나면, 보리심을 일깨우는 수행을 통해 이러한 감정들을 모두 증발시킬 수 있다.

이 책이 힘이 되는 순간

불교 서적들은 영성 문제를 다룰 때 주로 합리적인 해석 방식을 채택한다. 초드론이 말하는 수행법으로 변화를 경험하기 위해서는, 꼭 불교에 특별한 관심이 필요하지는 않다. 기독교인이라면 '보리심'이라는 말을 '사랑'으로 대치해도 무방하다.

초느론이 쓴 『지금 있는 곳에서 시작하라』, 『모든 것이 산산이 무너질 때』, 『도망가지 않는 지혜(The Wisdom of No Escape)』 등은 모두 삶을 원하는 식으로가 아니라, 있는 그대로 바라보고 이야기하는 내용이다. 물질적 욕망과 감정 사이에서 씨름하며 살아온 미국 여성이 썼다는 사실이 이 책들을 더욱 특별하게 만든다.

차분한 영적 대가들을 보면 처음부터 그렇게 태어난 것처럼 보이지만, 초드론에 따르면 "미소를 머금은 깨우친 자들은 모두 치열한 노이로제 과정을 거친 이들이다." 인간은 누구나 두려워하는 곳이 있다. 그러나 어떤 사람이 다른 사람보다 뛰어나게 된 것은, 바로 자기 마음 한구석을 들여다보려는 결의가 있었기 때문이다.

무서움이나 두려움, 슬픔을 느끼더라도 그것 때문에 무모하게 행동하거나 억누르려 하지 않는다면 우리는 그만큼 성장할 수 있다. 『그대에게 두려움을 주는 곳들』이 전하는 위대한 진리는, 우리의 약점을 확대하는 것이 자칫 위험해 보일 수 있지만, 사실 그것이 우리 삶에 더 큰 평화를 가져다준다는 것이다. 동병상련(同病相憐)이야말로 우리를 더욱 인간답게 만든다.

BOOK 10

자서전
An Autobiography or The Story of My Experiments with Truth

모한다스 간디 | 1927

삶은 일련의 사건이 아니라, 진리에 대한 계시의 연속이다

모한다스 간디 *Mohandas Gandhi*

'자서전, 혹은 나의 진리 실험 이야기'라는 이 책의 원서 제목은, 이 책이 단순히 간디의 정치적 삶을 기록한 것이 아니라, 정신적 실존의 혼란 속에서 '진리'를 가려내고자 하는 그의 노력을 다루었음을 강조한다. 흥미로운 점은 간디가 세계적인 인물이 되기 전에 이 책을 썼다는 사실이다. 그는 1915년, 마흔 중반의 나이에 인도로 돌아왔다. 그 이전의 간디는 우리가 흔히 떠올리는 흰 천을 두른 성인이 아니라, 서양식 양복을 입고 가족을 부양하던 평범한 변호사였다. 실제로 『자서전』의 75퍼센트는 간디의 청소년 시절과 남아프리카에서 인도인의 권익을 위해 활동한 21년의 삶을 다루고 있다. 이 책은 처음 구자라티어로 집필되었고, 1957년 영어로 번역되어 출간되었다. 각 장마다 간디의 삶을 형성한 중요한 일화들이 담겨 있다.

"내가 이루려는 것, 다시 말해 지난 30년 동안 애쓰고 노력해온 것은 자아의 발견, 신과 얼굴을 마주하는 일, 그리고 해탈을 얻는 것이다. 나는 이 목표를 추구하는 과정 속에서 살아 있고, 움직이며, 내 존재를 발견한다. 말하거나 글을 쓰는 일, 그리고 정치의 장에서 내가 노력하는 모든 것은 결국 이 동일한 목표를 향한 것이다. 하지만 나는 한 사람에게 가능한 일은 모든 사람에게도 가능하다고 믿기에, 나의 실험을 밀실이 아니라 세상 앞에 드러내놓고 행하고 있다."

모한다스 간디는 1869년 인도 동북 해안 도시 포르반다르에서 출생했다. 아버지 카바는 이 지역의 정치인이었는데, 부인이 잇따라 세상을 떠나는 바람에 결혼을 네 번이나 했다. 모한다스는 네 번째 부인에게서 태어난 막내였다.

간디의 가족은 엄격한 채식주의를 실천했다. 간디의 소년 시절 일화 가운데 하나는, 육식을 하는 친구의 권유로 고기를 먹어본 경험에 관한 것이다. 이 친구는 '인도인들은 고기를 먹지 않아 허약한 반면에, 영국인들은 고기를 먹어 강해졌다. 그게 인도가 영국의 식민 지배를 받는 이유'라며 설득했다. 간디는 이 말이 그럴듯하다고 여겨 몰래 조리한 고기를 먹어보려 했지만, 곧 죄책감에 사로잡혀 그 실험을 포기했다.

총명한 학생이었던 간디는 10대 때 이미 런던에 가서 법학을 공부하겠다는 꿈을 품었다. 그러나 그가 속한 카스트의 원로들은 그가 서양식 생활에 물들 것을 우려해 런던행을 반대했다. 결국 그는 카스트에서 '추방'당하기도 했다. 하지만 어머니는 '고기와 여자, 술을 가까이하지 않겠다'는 서약을 조건으로 아들의 영국행을 허락했다.

간디는 자신이 한때 '영국 신사'가 되려 애쓴 시절을 흥미롭게 회상했다. 고향이 그립고 아내와 아이가 보고 싶었지만, 그는 영국의 사법제도에 대한 사랑과 존경 또한 그만큼 굳건했다. 서약 때문에 채식을 해야 했던 그는 적당한 식당을 찾기 어려워 굶기 일쑤였다. 그러던 중 우연히 두어 곳의 채식 식당을 발견하고, 채식가 협회와도 인연을 맺게 되었다. 이 단체는 수줍음이 많던 인도 청년에게 처음으로 대중 앞에서 연설할 기회를 제공했다.

간디의 채식주의는 가족과의 서약을 넘어 하나의 윤리적 사명으로 발전했다. 그는 성적 욕망이나 음식에 대한 욕구를 절제하는 태도야말로 인간이 동물적 본능과 저열한 욕심에서 벗어나는 중요한 실천이라고 확신했다. 이처럼 독신주의와 채식주의는 그의 종교적 의식과 나란히 자리 잡은 신념이 되었다.

이 신념은 훗날 그의 아들이 병에 걸렸을 때 시험대에 올랐다. 아들 마닐랄이 심한 고열로 죽음의 문턱에 이르자, 의사는 우유를 먹여 체력을 보충해야 한다고 조언했다. 그러나 이미 가족 모두가 육식을 끊은 상황이라 간디는 그 권고를 받아들이지 못했다. 그럼에도 아이는 회복되었고, 훗날 간디는 "그 아이는 내 아들 중 가장 건강한 아이가 되었다"고 회고했다. 아내 카스투르바이가 중병에 걸렸을 때도 의사는 "쇠고기 국물을 먹이지 않으면 살 수 없다"고 단언했지만, 간디는 끝내 거부했다. 다행히 아내 역시 건강을 되찾았다.

간디는 이러한 경험을 통해 자신의 원칙에 끝까지 충실해야 한다는 교훈을 얻었다. 또한 그는 "없는 것으로 견디는 삶", 즉 '없이 지냄'의 태도가 우주를 자기 편으로 만드는 어떤 윤리적 힘을 지닌다고 확신하게 되었다. 비록 불편하더라도, 브라마차랴(금욕)의 실천은 그의 삶에서 실수를 줄이고 목적을 더욱 확고히 해주었다.

첫 번째 '진리 실험', 브라마차랴 서약

'브라마차랴'는 '생각과 말, 행동에서 감각을 절제하는 것'을 뜻하며, 특히 성(性)의 문제와 관련이 있다. 이는 인간을 신에게로 이끌어주는 자기 정화의 행동이다.

간디의 일생에서 비교적 덜 알려진 사실은, 그가 열세 살에 결혼했다는 점이다. 그의 아내는 정식 교육을 받지 못했고, 글도 읽을 줄 몰랐다. 당시 인도에서는 이런 식의 중매결혼이 특별한 일이 아니었다. 두 사람은 평생을 함께하며 여러 자녀를 두었다. 간디는 훗날, 이렇게 일찍 결혼한 것을 상당히 부끄럽게 여겼는데, 특히 아내에게 품었던 욕정을 인정하면서 수치심은 더욱 깊어졌다. 그는 성적 결합이 욕정을 충족시키는 수단이 되어서는 안 되며, 오직 아이를 얻기 위한 행위여야 한다고 믿었다.

간디는 30대 중반에 아내의 동의를 얻어 부부 간의 성생활을 중단하는 '브라마차랴' 서약을 했다('브라마차랴'는 '브라만을 향해 나아가는 삶'이라는 뜻이지만, 실제로는 성적 금욕을 의미한다-옮긴이). 그는 이 서약이 자신이 한 인간으로서 완성되어 가는 과정의 시작이라고 믿었다.

간디는 이 일이 처음에는 어려웠지만 "날마다 그 안에 새로운 아름다움이 있음을 보았다"고 회고했다. 그리고 어느 시점에 이르자, 욕정이 더 이상 그의 생각을 지배하지 않게 되었다. 그는 이 서약이 참회처럼 고통스러운 일이 아니라, 오히려 한 인간의 몸과 마음, 영혼을 지켜주는 일임을 깨닫고 감사함을 느꼈다.

아힘사와 사탸그라하

간디의 삶을 이끌어준 또 하나의 개념은 '아힘사(Ahimsa)'라는 것이다. 힌두어로 '힘사(himsa)'는 세상의 모든 정상적인 존재에 끊임없이 따르는 파괴와 고통을 의미한다. 그러나 우리는 '아힘사', 곧 자비의 마음을 선택함으로써 고통과 폭력이 되풀이되는 것을 최선을 다해 막을 수 있다('아힘사'를 한국 불교 용어로는 '불살생(不殺生)'이라 하며, 정치적 의미에서는 '비폭력', '무저항'으로 풀이하기도 한다).

간디는 '아힘사'야말로 신리를 추구하는 일의 중심이라고 믿었다. 어떠한 목적을 이루려는 노력이라도, 그 과정에서 다른 존재에게 정신적이거나 육체적인 해를 끼친다면 그것은 궁극적으로 실패할 수밖에 없기 때문이다. 예컨대 타인을 공격하는 것은 곧 자신을 공격하는 것과 다르지 않다. 우리는 모두 창조주의 대리인들이기 때문이다. 그렇다면 이 개념은 간디의 정치적 활동에서 어떻게 구체화되었을까?

간디는 비협력, 비폭력 운동의 근본 원리로서 '사탸그라하(Satyagraha)'의 개념을 발견했다('사탸(satya)'는 '진리', '그라하(graha)'는 '붙잡음'을 뜻하므로, 한국어로는 흔히 '진리파지(眞理把持)'라 번역된다-옮긴이). 이는 아힘사의 원칙 안에서 세상의 일을 실현하는 방식이다. 보통의 갈등이 감정싸움으로 흐르는 것과 달리, 사탸그라하의 실천은 원칙에서 비롯된 힘과 객관적인 완강함으로 유지된다.

간디는 남아프리카에서 인도인의 권익을 위해 투쟁하던 시절 처음으로 이 원칙을 실천했다. 그의 비폭력 운동은 이후 아프리카의 자유를 위해 싸운 젊은 운동가 넬슨 만델라에게 깊은 영감을 주었다. 이 원칙은 훗날 인도에서 영국의 식민 지배에 맞선 시민 불복종 및 비협력 운동으로 이어져, 일정한 성과를 거두었다. 누구도 막을 수 없는 윤리적 힘이 군사적 강압을 굴복시킨 것이다.

단순한 삶에 대한 철학

변호사 시절의 간디는 가난하기도 했지만, 단순한 삶의 미덕에 대한 열정으로 머리칼도 스스로 깎고 빨래도 손수 했다. 하인을 두는 일은 꿈에도 생각하지 않았다. 아마다바드 근처에 그의 아슈람이 세워졌을 때는, 모든 사람이 뒷간 청소에 참여해야 한다는 규칙을 두고 큰 논란을 일으킨 적도 있었다. 당시에는 카스트에 속하지 않는 불가촉천민만이 그런 일을 맡던 때였기 때문이다.

그의 가족이 남아프리카를 떠나 인도로 돌아올 때, 인도 교민 사회는 간디의 법적, 정치적 노력에 대한 감사의 뜻으로 보석을 선물했다. 부인이 어떻게 생각했는지는 알 수 없지만, 간디는 이런 겉치장은 자신의 원칙에 어긋난다며 그것을 신탁에 맡겼다. 이후 여러 해 동안 그 신탁에서 나오는 이자가 교민 사회의 여러 일에 보탬이 되었다.

이처럼 단순한 삶에 대한 철학은 '아파리그라하(Aparigraha)', 곧 무소유의 원칙에서 비롯되었다. 그것은 청지기 정신, 즉 자신의 재산을 모든 사람의 유익을 위해 현명하게 사용해야 한다는 사상에 근거한다. 비록 가족을 위해 두세 채의 집이 필요하긴 했지만, 간디는 소유란 결국 신 이외에는 아무도 제공할 수 없는 '안전'과 '확실성'이라는 허상을 만들어낼 뿐이라 믿었다. 그는 보험 판매원의 설득에 넘어가 자기가 죽은 후 식구들을 보호할 수 있는 생명보험에 가입했으나, 그것이 윤리적 실수라고 판단해 곧 취소하기도 했다. 간디의 사유는 점점 더 깊어졌고, 이를 바탕으로 그는 융통성 있는 종교관을 형성해나갔다.

"나는 이 세상에서 확실성을 기대하는 것이 잘못이라고 믿는다. 세상에는 진리 그 자체이신 신 이외에는 어떤 것도 확실하지 않기 때문이다. 우리 주위에서 일어나는 모든 일은 불확실하고 가변적이다. 그러나 그 속에도 진정한 확실성으로 존재하는 지고자가 숨어 있다. 그 진정한 신적 확실성의 편린이라도 보고, 자신의 마차를 거기에 연결할 수 있는 사람은 복된 자이다. 진리에 대한 추구야말로 삶의 지고선(summum bonum)이다."

홀로 이룬 영적 성취

이 책의 앞부분에는 간디가 종교적 진리를 찾아 구도자로서 살아간 이야기가 여러 장에 걸쳐 나온다. 그는 한때 런던과 남아프리카공화국에서 기독교 교회를 다녀보기도 했지만, 예수가 하느님의 아들이라는 것을 받아들일 수 없었다. 다만 신약성서의 가르침, 특히 예수가 "누가 오른뺨을 치거든 왼편도 돌려대라"고 한 대목에 깊은 감명을 받았다.

간디는 신지학(神智, Theosophy) 학회에도 관여했는데, 그 회원들은 힌두교와 관련된 간디의 개인적 체험에 큰 관심을 보였다. 이때 그는 자신이 자기 종교에 무지하다는 사실을 깨닫고, 파탄잘리와 비베카난다의 가르침을 읽기 시작했다. 또 힌두교 경전인 『바가바드기타』에 깊이 빠져들었는데, 이 책을 '자신을 원칙으로 이끌어준 행동의 사전'이라 불렀다. 간디는 이슬람교의 『쿠란』 역시 의미를 되새기며 읽었고, 일반 저자들 중에서는 톨스토이의 저서 『신의 나라는 네 안에 있다(The Kingdom of God Is Within You)』와 존 러스킨의 『나중에 온 이 사람에게도(Unto This Last)』에서 삶의 방향을 바꾸는 사상을 발견했다.

간디의 영적 성취는 전형적인 '자수성가형'이라 할 수 있다. 그는 하나하나의 생각과 믿음을 진리를 추구하는 과정에서 면밀히 검증하며 쌓아 올렸다. 모든 종교 전통은 오직 한 분 하느님의 서로 다른 표현일 뿐이라는 것이 그의 확신이었다. 인도에서 그가 마지막으로 전개한 시민운동 역시 이슬람교와 힌두교의 관점을 화해시키려는 데 목적이 있었고, 이 노력으로 인해 결국 그는 목숨을 잃는다.

이 책이 힘이 되는 순간

간디는 자신을 위대한 인물이라 생각하지 않았기에 '위대한 영혼'이란 뜻의 존칭 '마하트마(Mahatma)'를 좋아하지 않았다. 그의 자서전 또한 자기를 선전하기 위해 나팔을 부는 내용이 결코 아니다. 이 책은 올바른 원칙, 그리고 영적 진리와 관련하여 자신이 발견한 것과 실패한 것을 객관적으로 소상히 밝히기 위해 쓴 것이다. 간디는 그 내용이 완전하다고 주장하지도 않는다.

그의 윤리적 감수성은 매우 정제되어 있었으며, 자신의 신념을 위해서라면 언제든 죽을 각오가 되어 있었다. 그러나 이러한 높은 차원의 원칙이 반드시 현실에 부합되는 것은 아니었다. 그는 비협력의 결과로 빚어진 불화나 심지어 폭력 사태로 인해 비판을 받기도 했다. 그럼에도 불구하고, 궁극적으로 그의 사탸그라하 운동은 큰 성공을 거두었으며, 개인적 실험으로 시작된 그의 노력은 세계 평화운동 전반에 지속적인 영향을 미쳤다.

간디를 전무후무한 위대한 인물로 추앙할 것인지, 혹은 그가 닦아놓은 길을 자신의 삶의 길로 삼을 것인지는 우리 각자의 선택에 달려 있다. 다만 어느 쪽을 택하든, 간디가 그 실험을 통해 남긴 것은 인류 모두를 위한 영적 유산임이 분명하다.

BOOK 11

예언자
The Prophet

칼릴 지브란 | 1923

우리는 인간으로서의 삶을
경험하고 있는 영적 존재들

칼릴 지브란 *Kahlil Gibran*

1883년 레바논 북부에서 태어난 칼릴 지브란은 정식 교육을 받지 않고 신부에게 비공식적으로 종교와 언어를 배웠다. 아버지의 도박으로 가정이 파탄에 이르자, 어머니는 아이들만 데리고 미국으로 이주했다. 이후 가족들을 질병으로 차례로 잃은 칼릴은, 고아들을 보살펴주던 메리 해스켈 교장의 도움으로 그림에 몰두하는 한편, 아랍어로 서사시와 단편소설, 수필 등을 써서 출판하기 시작했다. 『예언자』는 1912년 처음 출판되었을 당시에는 평이 좋지 않았으나, 입소문이 나면서 베스트셀러가 되었다. 1931년 지브란 사후, 동료들이 후속작 『예언자의 정원(The Garden of the Prophet)』과 『예언자의 죽음(Death of the Prophet)』을 완성해 출간했다.

"여러분은 육체에 갇혀 있는 것도, 집이나 들에 묶여 있는 것도 아닙니다. 진정한 당신인 '그것'은 산보다 높이 올라 바람과 함께 거니는 존재입니다. 따뜻함을 찾아 햇빛 속으로 기어들거나, 안전을 찾아 어둠 속으로 파고드는 존재가 아닙니다. 그것은 자유로운 것, 대지를 감싸며 창공 속을 누비는 영혼입니다."

『예언자』는 산문시로 된 작품으로, 레바논 출신 미국인 칼릴 지브란을 일약 유명인으로 만든 책이다. 워낙 많이 인용되기 때문에, 이제는 모르는 사람이 거의 없을 정도가 되었다. 그러나 처음 출간됐을 당시에는 식자들뿐 아니라 일반 독자들도 그의 어법이 다소 거만하거나 과장되었다는 평을 내리곤 했다. 그럼에도 지브란은 이 책에서 진정한 예술가이자 학자로서, 자신이 몸소 체험한 지혜를 보여준다.

이 책은 오팔리즈라는 섬에 머물고 있는 알무스타파('선택받은 자')라는 인물의 이야기로 시작한다. 예언자 알무스타파는 이 섬에서 12년간의 유배를 마치고 자신을 고향으로 내려다줄 배를 기다리고 있다. 어느 날, 그는 마을 언덕에서 고향으로 향하는 배가 들어오는 것을 목격한다. 지금까지 알고 지내던 사람들과 이별해야 한다는 생각에 그는 문득 슬픔에 잠기고, 마을 원로들은 떠나지 말라며 그를 붙잡는다. 그때 한 주민이 앞으로 나와, 어쩔 수 없이 떠나더라도 여기 모인 사람들에게 마지막으로 진리의 말을 남겨달라고 간청한다. 이 부탁을 받고 그가 한 말들이 바로 이 책의 근간을 이룬다.

『예언자』는 주는 것, 먹는 것, 마시는 것, 옷 입는 것, 사고파는 것, 죄와 벌, 법, 시간, 쾌락, 종교, 죽음, 아름다움, 우정 등 폭넓은 주제(책에서는 '태어남과 죽음 사이의 모든 일'이라고 표현한다-옮긴이)에 대해 불후의 영적 지혜를 전해준다. 각 장에는 지브란이 직접 그린 의미심장한 그림들도 실려 있다. 여기서는 그중 몇 가지 주제만 살펴보겠지만, 이 책은 반드시 전부 읽어야 할 책이다.

사랑과 결혼: 서로의 그늘 속에서는 자랄 수 없나니

예언자는 말하기를, 사랑이 주는 평안과 즐거움만을 구하는 사람은 어리석다고 이야기한다. 인생의 달콤함만 알고 쓴맛은 맛보지 않는다면, 삶의 깊이에 무지한 사람이 되고 말기 때문이다. 예언자는 말한다.

"사랑이 여러분을 손짓해 부르거든, 그를 따르십시오.
비록 그 길이 힘들고 가파를지라도."

우리는 사랑이 어느 정도까지 이르리라 기대할 수도 없고, 사랑의 흐름을 좌우할 수도 없다. "우리에게 사랑할 자격이 있음을 알게 되면, 오히려 사랑이 우리의 흐름을 좌우하기" 때문이다. 사랑은 우리를 성장시키기도 하지만, 한편으로는 우리가 곧고 높이

자라도록 성장에 방해가 되는 곁가지를 쳐내는 아픔을 주기도 한다.

결혼에 대해 이야기해달라는 부탁을 받자, 예언자는 두 사람이 하나가 된다는 통상적인 지혜 대신, 참된 결혼은 두 사람이 각자 나름의 개성을 계발할 수 있는 공간을 허락하는 것이라고 말한다. "참나무도 삼나무도 서로의 그늘 속에서는 자랄 수 없기 때문"이다. 그가 전하는 훌륭한 동반자가 되는 법칙은 "서로의 잔을 채워주되, 한쪽 잔만을 마시지는 말라"는 것이다.

일: 일은 저주인가, 꿈인가?

실업자가 비참함을 느끼는 이유는 무엇일까? 단순히 돈을 벌지 못해서일까? 이에 대한 답은 일의 참된 의미에 대한 예언자의 설명에서 찾을 수 있다.

> "여러분이 일을 하는 것은 대지와 대지의 영혼과 보조를 맞추기 위한 것입니다.
> 게으름을 피우는 것은 계절의 바뀜을 모르는 것입니다. 또한 무한을 향해 당당하고 자랑스럽게 순응하며 행진하는 생명의 행렬. 여기에서 낙오하는 것입니다."

직업을 잃었을 때 비참함을 느끼는 것은 돈이나 체면 때문이 아니라, 정상적인 삶에서 낙오되었다는 느낌 때문이다.

돈만을 위해 일하는 것은 만족을 가져다주지 못한다. 예언자는 말한다. 일을 저주로 여기는 사람들이 있지만 "우리가 일을 할 때면 우리는 대지의 가장 심원한 꿈, 태어날 때부터 우리에게 우리에게 맡겨진 그 꿈의 일부를 실현하는 것"이다.

일을 하는 것은 우리의 도움을 필요로 하는 사람들에게 사랑을 표현하는 방법이자, 우리 자신의 내적 필요를 충족시키는 행위이다. 자신의 일을 즐기는 사람들은 알고 있다. 일하는 것이 충족감을 얻는 비결이며, 그 일을 통해 구원받을 수 있다는 것을.

슬픔과 아픔: 삶의 다른 계절에 이를 때

예언자는 말한다. 슬픔은 우리의 존재를 칼로 도려내는 것이라고. 그러나 그것이 만들어주는 공간은 삶의 다른 계절에 이르렀을 때 느끼는 기쁨을 더욱 크게 만들어준다. 기가 막히도록 아름다운 다음 구절을 보라.

"우리의 아픔은 깨달음을 가두고 있는 조개껍질을 깨는 것입니다."

아픔을 삶의 소중한 또 다른 경험으로 여기고 경이롭게 받아들이라는 것이다. 그렇게 할 수 있다면, 우리 속에서 일어나는 감정을 마치 사계절이 지나가는 것처럼 차분하게 받아들일 수 있다. 그러나 아픔이 우리 자신을 치유하는 수단이며 "우리 속에 있는 신이 우리의 병든 자아를 고치기 위해 쓰는 쓴 약"이라는 사실을 아는 이는 별로 없다.

그러니 이제 아픔을 느끼면, 그것이 존재의 어느 수준에서 우리 자신을 더욱 훌륭하게 만들고자 우리가 스스로 선택한 아픔일 수 있다고 생각해도 좋다. 무언가를 구하고자 애쓰지 않는다면, 삶에서 아무것도 배울 수 없다.

소유: 집이 닻이 아닌 돛이 되게 하라

예언자는 집이나 소유물을 지나치게 사랑하지 않도록 조심하라고 말한다. 그런 안락함이 영혼의 힘을 갉아먹을 수 있기 때문이다. 호화로운 삶에 집착하게 되면 우리의 집은 "돛이 아니라 닻이 되어" 배가 가라앉을 때 거기에 묶이고 말 것이다.

자유: 자유롭고 싶다는 말의 진정한 의미

자유에 목매는 것 자체가 일종의 속박이다. 사람들이 자유롭기를 원한다고 말할 때, 사실은 도피하고 싶은 자신의 어떤 부분을 이야기하는 경우가 많다.

선과 악: 악이란 곧 배고픈 선

악이란 없다. 악이란 단지 선이 배고프고 목마른 상태일 뿐이며, 어두운 곳 이외에서는 결코 채워지지 않는 결핍에 지나지 않는다. 빛이 있을 뿐, 빛이 없을 뿐이다. 빛이 없는 상태가 곧 악이다. 악에 빛을 비추라. 그러면 그것은 사라질 것이다.

기도: 무엇을 구해야 하는가

우리는 무언가를 달라고 간청하는 기도를 드릴 필요가 없다. 하느님께서는 우리의 가장 깊은 필요까지 이미 아시기 때문이다. 하느님은 우리가 가장 필요로 하는 것 그 자체이시기에, 다른 무엇을 구하는 기도를 하지 말고 하느님을 더욱 구하는 기도를 해야 한다.

분열된 자아: 이성과 감성의 전쟁터

예언자는 우리의 영혼이 전쟁터와 같다고 말한다. 우리의 이성과 감성이 영원히 대립하는 그런 전쟁터. 그러나 서로 맞서 싸우는 것은 결코 좋은 일이 아니다. 우리는 평화의 사자가 되어 우리 안의 대립적 요소들을 모두 사랑해야 한다. 그렇게 할 때 비로소 우리는 자신을 치유할 수 있다.

경계 없는 자아: 우리 속의 지고선을 찾아서

예언자는 자기 앞에 모인 사람들에게, 우리가 이 지상에서 사는 삶은 더 큰 자아의 일부에 지나지 않는다는 사실을 전하려 한다. 우리 모두는 내면에 '거대한 자아'를 지니고 있다. 먼저 해야 할 일은 그 자아가 존재함을 인정하는 것이다. 예언자는 말한다.

"선이란 여러분의 거대한 자아를 사모하는 마음에 있는 것입니다."

그러므로 자아를 아는 앎을 추구한다는 것은, 우리 속에 있는 지고선을 찾아 나서는 일이다.

이 책이 힘이 되는 순간

전체적으로 『예언자』는 우리가 이 세상에 왔다가 다시 우리가 온 곳으로 돌아간다는 삶의 신비, 그에 대한 은유라 할 수 있다. 배를 타고 떠나기 직전에 예언자가 한 말을 보면, 그의 여정은 단순히 바다를 건너 어디론가 가는 것이 아니라, 태어나기 전 그가 떠났던 세계로 되돌아가는 것임을 분명히 알 수 있다. 지금 그의 삶은 짧은 꿈과도 같다.

이 책은 비록 우리의 삶이 아픔으로 가득 차 보일지라도, 우리가 삶에서 겪는 모든 경험을 기꺼이 여겨야 한다고 말한다. 죽음 이후 우리는 깨닫게 될 것이다. 삶에는 일정한 목적과 의미가 있었음을, 그리고 지금 우리에게 '좋은 것' 혹은 '나쁜 것'처럼 보였던 모든 것이 결국은 우리 영혼의 성장을 위한 좋은 것이었음을. 그때 비로소 감사하게 될 것이다.

예언자는 자신이 떠나는 것을 지켜보는 사람들에게 놀라운 말을 남긴다.

"잠시 후, 바람 위에서 한순간 쉬고 나면, 또 다른 여인이 나를 낳을 것입니다."

그는 자신의 하늘 근원을 잊고 무기력하게 살아가는 이들을 깨우기 위해, 더 앞선 영혼으로 다시 올 것을 약속한 섯이다.

독자에 따라서는 예언자가 말하는 '나'가 환상이며, 예언자가 이 지상에 머무는 동안 느꼈던, 다른 사람들과 생명들이 분리되어 있다는 생각은 진실이 아니라는 점을 강조하는 것이라고 이해할 수도 있다. 우리는 지금은 잊어버린, 더 큰 '하나'로부터 갈라져 나온 개체적 표현에 지나지 않는다는 것이다.

　실제로 알무스타파는 긴 여정을 앞두고 이렇게 말한다.

"저는 끝없는 물방울 되어 가없는 바다 당신에게 가리이다."

　그는 자신을 끝없는 바다에 스며드는 물방울로 비유한다.

　이처럼 우리가 무한한 근원으로부터 잠시 나왔다가 다시 돌아가는 존재라는 생각은 큰 위로를 준다. 많은 사람들이 『예언자』를 읽으며 평화와 해방감을 느끼는 것도, 이런 위로를 받을 수 있기 때문이다.

BOOK 12

평화로운 전사의 길
Way of the Peaceful Warrior
댄 밀먼 | 1980

자존심을 버리고
비합리적인 행복 작전을 채택하라

댄 밀먼 *Dan Millman*

밀먼은 로스앤젤레스에서 성장해 버클리에 있는 캘리포니아 주립대학을 졸업했다. 그는 전 세계 체조 챔피언으로 미국 체조 명예의 전당에 올랐으며 스탠포드 대학에서 체조 코치를, 오벌린 대학에서 교수를 역임했다. 『평화로운 전사의 길』은 그가 슬럼프를 이기고 육체와 정신의 균형을 맞추며 행복을 찾아가는 여정을 그린 책으로, 초판은 절판되었지만, 재판이 입소문을 타고 널리 알려졌고 현재는 20개 이상의 언어로 번역되었다. 다른 저서로『평화로운 전사의 성스러운 여정(Sacred Journey of the Peaceful Warrior)』, 『영의 법칙(The Laws of the Spirit)』, 『비일상적 순간들(No Ordinary Moments)』 등이 있다.

"소크라테스, 나는 평생 시시하기 짝이 없는 개인적 문제에 몰두한 채 쓸데없는 허상과 씨름해왔소. 나는 나 자신을 계발하는 데 일생을 바쳤지만, 정작 처음부터 찾아 헤매던 것은 하나도 얻지 못했소. 세상만사를 나에게 도움이 되는 방향으로 움직이게 하려 했지만, 결국 나는 언제나 내 마음속으로 다시 빨려 들어갈 뿐이었소. 늘 '나, 나, 나' 하며 나 자신에게만 몰두하면서 말이오."

『평화로운 전사의 길: 삶을 변화시키는 책』(국내에는 『평화로운 전사』라는 제목으로 번역·출간되었다-옮긴이)은 주인공 댄이 캘리포니아주 버클리 대학에서 첫해를 보내는 이야기로 시작한다. 그는 학업에서도 성공적이었고, 체조와 트램펄린 챔피언으로서 평탄한 삶을 살고 있었다.

그러나 마음 한편에는 늘 뭔가 부족하다는 느낌이 들었고, 악몽을 꾸기 시작한다. 어느 날 밤, 악몽에서 깨어난 그는 다시 잠들지 못한 채 거리를 배회하다가 그때까지 문을 연 '텍사코 주유소'를 발견한다. 그곳에서 일하는 사람은 댄보다 약간 나이가 많아 보이는 남자였는데, 반짝이는 눈을 가지고 있었다 둘은 대화를 나누기 시작한다.

댄이 이름을 묻자, 남자는 이렇게 대답한다.

"내 이름 같은 건 중요하지 않지. 자네 이름도 마찬가지야. 중요한 건 이름 너머에, 질문 너머에 있는 것이지."

이 모호하면서도 의미심장한 말을 들은 댄은 그에게 '소크라테스'라는 이름을 붙인다. 이 신비로운 주유소의 도사는 이후 댄의 정신적 스승이 된다.

짐작했겠지만, 여기서 '댄'이라는 인물은 바로 이 책의 저자 댄 밀먼 자신이다. 밀먼은 극적 효과를 위해 자신의 실제 경험을 약간 각색하여 소설 형태로 꾸몄다. 출간된 지 20여 년이 지난 이 책은 얼핏 보기에는 10대들을 위한 가벼운 소설처럼 보이지만, 책의 마지막 부분에 이르면 영적 진리를 이야기하고 있음을 알 수 있다. 여기에 로맨틱한 사랑과 험난한 모험 등 흥미로운 요소들이 어우러져, 이 책을 영원한 베스트셀러로 만들었다.

나를 가둔 창살을 보라

소크라테스는 댄으로 하여금 일련의 정신적·육체적 시련을 겪게 하여 그의 에너지를 모두 소진시킨다. 이는 댄이 추구하는 모든 것이 결국 그의 이기적 자아를 위한 허상에 불과하다는 것을 깨닫게 하기 위함이다. 소크라테스는 이러한 허상에서 벗어나려면 영화 속 영웅들보다도 더 큰 용기와 힘이 필요하다고 일러준다.

사실 이런 환상에서 깨어나는 것은 우리에게 일어날 수 있는 최선의 일이다. 우리 삶에서 진정한 의미를 갖지 못한 일들이 무엇인지 밝히게 되기 때문이다. 우리는 영화를 보러 가고, 섹스를 하고, 스포츠를 즐기지만, 사실 이 모든 것은 일상적인 사고의 마음이 가져다주는 불안에서 도피하기 위한 것이며, 우리가 겪고 있는 고통의 근원과 정면으로 마주하는 것을 피하려는 행위일 뿐이다. 소크라테스는 우리가 원하는 바를 얻지 못해서 고통을 겪지만, 원하는 것을 얻어도 역시 고통을 겪는다고 말한다. 사람들이 이러지도 못하고 저러지도 못하는 곤경에 빠지는 것은 이 때문이다. 그는 댄에게 단 한 가지 결론을 제시한다. "당신의 '마음'이 당신을 곤경에 빠뜨리는 것"이라고 말이다.

댄은 자기가 왜 체조를 좋아하는지 그 이유도 깨닫게 된다. 체조에서 정해진 동작을 수행하는 동안에는 아무 생각도 나지 않기 때문이다. 그것은 곧 마음으로부터의 휴가였던 셈이다.

댄은 자기가 언제나 새로운 것과 변화를 즐겨왔다는 데 자부심을 느꼈다. 그러나 소크라테스는 그런 변화들은 모두 피상적이며, 오히려 그가 참된 마음에 이르지 못하도록 가로막는 장애물이라고 말한다. 우리는 모두 스스로 만든 감옥 속에 갇혀 있지만, 그 창살을 보지 못한다는 것이다. 이 감옥에서 벗어나려면 우선 자신이 감옥에 갇혀 있다는 사실을 깨달아야 한다. 댄은 자신이 엄청나게 많은 잡생각과 뿌리 깊은 부정적 태도에 사로잡혀 있음을 깨닫기 시작한다. 이런 것들 때문에 다른 것이 들어올 자리가 없었던 것이다.

평화로운 전사의 검, 명상

소크라테스는 자신을 우주의 신비 앞에서 웃기는 바보라고 묘사한다. 그렇다면 댄은 어떨까? '심각한 멍청이'로서 자기가 뭔가 좀 안다고 생각하지만, 사실은 몽유병 환자처럼 인생이라는 꿈속을 배회하고 있다.

소크라테스에 따르면, 댄도 다른 사람들과 마찬가지로 자기 밖에서 정보를 받으라는 가르침을 따랐기 때문에 그의 마음은 자동차 휘발유통처럼 "선입견이 넘쳐흐르고 쓸데없는 지식으로 가득 차" 있었다. 뭔가를 알기 위해서는 먼저 그 휘발유통을 비워야 한다. 댄은 자신이 뭔가를 이해한다고 생각했지만, 소크라테스에 따르면 그 '이해'란 사물을 직접 체험하지 않고도 뭔가 알게 해주는 지력(知力)의 산물에 불과하다. 반면에 깨달음은 머리와 가슴을 모두 사용하여 무언가를 직접 체험할 때, 진리를 몸으로 느낄 때 비로소 찾아온다.

소크라테스는 이런 꽉 막힌 마음을 깨끗하게 하는 가장 좋은 방법은 명상이라고 가르쳐준다. 명상은 평화로운 전사의 검과 같아서 "마음을 가르고 생각들을 잘라냄으로써, 생각들이 실체가 없음을 밝혀준다."

소크라테스는 알렉산더 대왕의 이야기를 들려준다. 알렉산더가 군대를 이끌고 사막에 이르렀을 때, 서로 얽힌 굵은 밧줄 두 가닥이 그의 앞을 가로막았다. 이른바 '고르디우스의 매듭(Gordian Knot)'으로, 그때까지 어느 누구도 이 매듭을 풀어본 적이 없었다. 그런데 알렉산더 대왕은 검으로 이 밧줄을 간단히 잘라버리고 앞으로 계속 전진해 나갔다.

전사는 행동하고 바보는 반응한다

이와 마찬가지로 우리도 마음의 매듭을 끊어야 한다. 단순히 논리로 애써 생각하는 것이 아니라, 완전히 다른 차원에서 문제에 접근해야 한다. 앉아서 하는 명상은 전사들의 첫 수행에 불과하다. 참된 전사는 명상의 명료성을 얻을 뿐만 아니라, 동시에 행동하는 전사여야 한다.

소크라테스의 설명에 따르면, 전사는 "행동을 명상한다." 일상적인 행동에서는 그 행동을 하는 나 자신을 의식한다. 그 행동을 하는 '나'가 언제나 거기 있다. 그러나 '행동을 명상할 때'는 행동이 힘차고 자유롭다. 그 행동에는 행동을 억누르는 야망이나 두려움이 없기 때문이다.

소크라테스는 댄의 감정과 행동이 예측 가능하다고 이야기한다. 자극을 받으면 일정한 유형으로 반응하는 기계와 다름없다는 것이다. 소크라테스는 말한다. "자넨 아직도 자네가 자네의 생각들이라 믿고, 그것을 마치 무슨 보물이라도 되는 양 지키려 하는군."

소크라테스는 주유소에서 댄에게 이런저런 힘든 일을 시킨다. 댄이 어떻게 받아들이는지 보기 위해서다. 댄은 감정적으로 상처를 받고 반응하는데, 이로써 자기를 유일한 실체로 보는 생각이 얼마나 강한지 드러난다. 보통이라면 그냥 웃어넘길 일에도 자신을 방어하고, 작은 자극에도 자존심을 세우는 모습을 보면, 그가 얼마나 자신의 생각과 자신을 동일시하고 있는지 알 수 있다. 댄은 자기의 반응을 조절할 능력이 부족한 셈이다.

이와 대조적으로 그의 스승은 언제나 창조적인 자발성으로 행동한다. 책 후반부에서 댄은 일반적인 사람과 전사의 차이를 소크라테스의 다음 말로 요약한다. "전사는 행동하고…… 바보는 반응할 뿐이다."

이유 없는 행복

댄은 복잡한 감정과 많은 짐을 지고 사는 젊은이였다. 소크라테스의 깨달은 눈으로 보면, 댄의 문제는 사실 자기 자신이 만들어낸 것에 불과하다. 이 책의 결정적 장면은, 댄이 자신의 분노와 우울을 불러일으킨 것이 어떤 상황 자체가 아니라, 그런 상황에 대한 자신의 반응이었음을 깨닫는 순간이다.

우리는 사물을 볼 때 행·불행이나 득·실로 나누어 판단하곤 한다. 그러나 이 책에서 소크라테스의 태도는, 성·패에 동일하게 반응해야 한다는 동양적 사상을 보여 준다. 우리는 실패를 불운, 성공을 행운이라 여기지만, 이 둘은 모두 그대로 현실일 뿐이다. 물론 그렇다고 해서 사물을 개선하거나 더 훌륭한 습관을 형성하려는 노력을 망각해도 된다는 뜻은 아니다. 행·불행에 의연해야 한다는 것은, 단지 현실을 있는 그대로 애정을 가지고 받아들이라는 의미다.

소크라테스는, 욕심을 충족시켜 얻는 행복은 바보의 행복이라고 말한다. 전사는 '이유 없이' 행복하다. 댄은 자신이 삶이라는 경기에서 승리하여 행복을 얻으려 했기에, 승리한 후에도 행복을 느끼지 못했다는 슬픈 깨달음에 이른다. 삶이 야망과 기다림 같은 것으로 가득 차 있고, 삶에서 무엇을 얻을지만 생각하느라 정작 삶 그 자체를 즐기지 못했던 것이다. 소크라테스를 통해 그는 마음의 평화를 얻고, 진정으로 삶을 사랑하는 유일한 길이 바로 '이유 없는 행복'이라는 사실을 발견한다.

삶은 몇 번의 중요한 순간으로 귀착된다는 말이 있다. 그 순간들은 바로 우리가 지금 누리고 있는 순간들이다. 댄은 이러한 깨달음이 가져다주는 새로운 자유를 누리기 시작한다. 그의 '유레카' 순간은 그가 "일상적인 순간이란 없다!"고 외칠 때 찾아온다.

한순간, 그는 우리가 천국에 들어가기 위해서는 모두 어린아이 같이 되어야 한다는 성경 말씀의 참뜻을 깨닫는다. 어린아이는 현재를 완전히 살아가며, 단순한 사물의 경이로움에서 즐거움을 느낀다. 거대한 야망이 아니라, 바로 이런 길을 통해서만 행복의 나라에서 영원히 살 수 있다. 댄은 자신의 야망이 그가 행복에 이르지 못하게 발목을 붙잡고 있었음을 깨닫고, 자신을 덜 심각하게 생각할 때 오히려 더 큰 개인적 힘이 생긴다는 사실을 발견한다.

이 책이 힘이 되는 순간

일반적으로 개인의 발달을 자기계발이라고 이해하지만, 이 계발은 종종 이기적 자아를 만족시키는 수준에서 그치고 만다. 이 책에 나오는 소크라테스처럼 '자기'라는 테두리에서 벗어나 사고하는 사람에게, 자기 안에 빠져 사는 댄은 비정상으로 보일 수 있다. 자기라는 테두리 안에 갇힌 사람들은 세상을 자기의 위대함을 자랑하는 놀이터로 여기지만, 실제로는 위대한 순간들을 놓치고 살아간다. 개인의 진정한 발전은 우리가 자신에 대해 가진 특수한 자화상, 정신적 습관, 틀 같은 것을 하나씩 없애 나가는 것과 밀접한 관련이 있다.

이처럼 우리가 단순히 생각과 감정, 과거의 총체가 아니며, 매 순간 새로워질 수 있다는 이야기가 처음에는 이상하게 느껴질 수 있다. 대부분의 사람은 과거의 고정관념과 반응 방식에 달라붙어, 여기서 오는 긴장과 스트레스를 깨닫지 못하기 때문이다. 이 책에서 말하는 참된 평화의 전사는 잘못된 관념을 죽이고, 그렇게 함으로써 비참하고 허약한 자아를 파괴하는 존재이다.

『평화로운 전사의 길』 출간 20주년 기념판 발문에서 밀먼은 독자들이 가장 궁금해할 질문에 답한다. 소크라테스는 실재 인물인가?

그의 대답은, 책에 등장하는 인물은 모두 '상징과 이정표'일 뿐이라는 것이다. 우리의 정체성은, 우리가 진정으로 자비를 보일 수 있는 능력이 있는가 하는 문제에 비하면 그리 중요한 것이 아니다. 자비란, 그것을 느끼는 사람이라면 누구나 알듯이, 우리 자신보다 더 큰 무엇을 가리키는 것이다.

BOOK 13

마음 다함의 기적
The Miracle of Mindfulness

틱낫한 | 1975

매 순간 우리의 생각과 행동을
의식하며 산다면

틱낫한 *Thich Nhat Hanh*

틱낫한은 16세에 출가하여 스님이 되었다. 명상 수행과 변화를 위한 평화 활동을 바탕으로 '참여 불교' 운동을 시작했으며, 그 일환으로 '사회봉사를 위한 젊은이 학교'를 운영하고 피란민 구호 활동에 참여했다. 40대 이후 고향인 베트남을 떠나 프랑스로 망명한 후, 전 세계를 다니며 강연을 하고 다양한 수행법과 명상 프로그램을 전파했으며, 이스라엘과 팔레스타인 사람들을 위해 '마음 다함' 수련회를 진행하기도 했다. 『화(Anger)』, 『평화로움(Being Peace)』, 『모든 발걸음마다 평화(Peace Is Every Step)』, 『살아 계신 붓다 살아 계신 그리스도(Living Buddha, Living Christ)』 등 100권이 넘는 저서를 남겼으며, 한국어로도 약 50종이 번역되어 소개되었다.

"사람들은 보통 물 위나 희박한 공기 속에서 걷는 것을 기적이라 생각합니다. 그러나 저는 참된 기적이란 물 위나 희박한 공기 속에서 걷는 것이 아니라 땅 위를 걷는 것이라 생각합니다. 우리는 우리가 알아차리지도 못하는 기적을 경험하고 있습니다. 파란 하늘, 흰 구름, 푸른 잎, 까맣고 호기심에 가득한 아기의 눈동자, 우리 자신의 두 눈―이 모든 것이 기적입니다."

베트남 출신의 틱낫한 스님은 1968년, 미국이 베트남 촌락에 폭탄을 퍼붓던 시기에 미국 전역을 돌며 강연을 했다. 그는 이 강연에서 고향의 농촌 생활을 이야기하며, 이른바 '원수'라 불리는 사람들도 다른 이들과 다르지 않다는 점을 강조했다. 마틴 루터 킹 목사가 월남전에 반대하기로 결심한 것도, 부분적으로는 틱낫한 스님의 영향 덕분이었다. 킹 목사는 노벨평화상 후보로 틱낫한 스님을 추천하기도 했다.

『마음 다함의 기적: 마음 다함 수행 서론』은 틱낫한 스님이 프랑스에서 난민으로 지내던 시절에 쓴 긴 편지 형식의 글이다(여기서 '마음 다함'이라 번역한 영어 단어는 'mindfulness'이다. 이는 불교의 사제팔정도(四諦八正道) 가운데 일곱 번째 항목으로, 산스크리트어로는 'smrti', 한자로는 '念(염)'이라 한다. 다만 '염'이라는 한자는 이해하기 쉽지 않아 '마음 다함'으로 옮겼다. '마음 챙김', '마음 모음'이라 번역하기도

한다. 이 책은 국내에 『틱낫한 명상』이라는 제목으로 번역·출간되었다-옮긴이).

편지의 수신인은 스님이 몇 해 전 베트남에 세운 불교 학교의 고참 직원인 '쾅' 형제이다. 당시 학교는 분쟁의 양측 모두에게 싸움을 멈추라고 촉구하고 있었다. 틱낫한 스님의 편지는 설령 새로운 방침을 택하는 것이 정당해 보이더라도, 이미 세운 원칙을 따르며 바른 호흡 수행을 계속 이어가야 한다는 내용을 담고 있다. 이 책은 전쟁과 평화 같은 거대한 주제보다는, 우리의 개인적 세계를 이루는 습관적 사고와 행동을 면밀히 들여다보게 한다.

한 번의 발걸음마다 평화가

책은 흥미로운 대담으로 시작한다. 틱낫한 스님이 한 젊은이에게 "가정을 이끌며 살아가는 것이 얼마나 힘드냐"고 묻는다. 젊은이는 직접적인 대답을 피한 채, 자신의 하루를 아들이나 딸과 함께 보내는 시간, 아내와 함께 보내는 시간, 그리고 집안일이나 직장 일로 보내는 시간으로 나누고, 그러고도 시간이 남으면 그것을 '자기 시간'이라 여긴다고 말했다. 그런데 이제는 다른 사람들과 함께 보낸 시간도 결국 자신이 원하는 바에 따라 쓴 시간이니, 그것 또한 '자기 시간'이 아닌가 하는 생각이 들었다고 한다. 그가 깨달은 놀라운 사실은 "이제 나는 나의 시간을 무한정 가진 셈이구나!"라는 것이었다.

틱낫한 스님은 이 말이 의미하는 바를 정확히 알고 있었다. 오래전 베트남에서 행자 시절, 그는 절에서 쏟아져 나오는 산더미 같은 밥그릇을 재와 코코넛 껍데기만으로 닦는 일을 맡은 적이 있었다. 이 일을 통해 그는 설거지를 끝내는 유일한 방법이란, 아무 생각 없이 그저 '지금 내가 설거지하고 있음을 의식하는 것'이라는 사실을 깨달았다. 그렇게 하자 설거지도 즐거운 일이 되었고, 그 순간 완전히 살아 있는 생기를 느낄 수 있었다.

틱낫한 스님은 대부분의 사람들이 해결해야 할 문제도 많고 바쁘기 때문에 마음을 다하는 수련을 할 시간이 없다는 사실을 인정한다. 그러나 그는 묻는다. 그런 일상의 활동을 초조와 분노 속에서 한다면, 그것이 무슨 가치가 있겠느냐고. 반면에 마음 다함은 한 번에 한 발짝씩 발걸음을 옮길 때 얻어지는 평화를 되찾도록 해준다. 마음을 다하지 않으면 우리의 에너지는 분산되고, 쉽게 잊어버리며, 삶 자체가 몸부림처럼 되고 만다. 그러나 마음을 다하면 매 순간 새로운 에너지와 생명력을 얻을 수 있다.

마음 다함의 길

마음 다함의 한 가지 역설은, 정작 실천하는 것을 잊어버리기가 너무나 쉽다는 데 있다. 이 책은 극심한 스트레스와 복잡한 감정 속에서도 마음 다함을 꾸준히 실천할 수 있는 여러 방법과 전략을 제시한다. 주요 내용을 요약하면 다음과 같다.

1) 숨쉬기

틱낫한 스님은 말한다.

"숨쉬기를 조절할 수 있다는 것은, 우리의 몸과 마음을 조정할 수 있다는 뜻이다."

사람들은 흔히 흥분하거나 걱정이 많을 때 명상이나 마음 다함의 실천이 불가능하다고 생각한다. 그러나 '숨쉬기로 돌아감'을 통해 이러한 혼란은 제자리를 찾을 수 있다. 머릿속이 생각으로 가득 찼을 때, 몸으로 돌아와 숨쉬기를 의식하면 몸과 마음이 화해하게 된다. 숨이 점점 깊어질 때까지 숨 쉬기를 살펴보고 우리 모든 생각을 의식하면, 생각들이 가만히 가라앉아 결국 평화가 찾아든다. 숨쉬기를 제대로 아는 사람은 어떤 상황에서도 차분함을 유지할 수 있으며, 스스로의 몸을 끊임없이 재활성화하는 열쇠를 지니게 된다.

2) 자신을 살피기

마음을 조용히 할 수 없거나 생각과 감정을 멈출 수 없을 때라도 염려할 필요는 없다. 걱정하지 말고, 단지 떠오르는 생각을 있는 그대로 관찰하면 된다. 예를 들어 슬픈 생각이 올라오면 '내 안에 슬픈 생각이 떠오르고 있구나.' 하고 알아차리면 된다. 다만 들고 나는 것이 누구이고 무엇인지 확인하지 않은 채 무심히 통과시키지 말라. 궁전의 수문장이 아무나 들이지 않듯, 우리의 마음도 그러해야 한다.

마음 다함을 실천하는 또 하나의 방법은, 자신이 하고 있는 일을 마음속으로 조용히 말해보는 것이다. 예를 들어 "나는 지금 이 길을 따라 마을로 걸어가고 있다." 하고 말하면서 한 걸음 한 걸음 내딛는 행동이 주는 경이로움을 느껴보라. 이처럼 마음 다함은 명상 시간에만 하는 것이 아니다. 하루 24시간, 일주일 내내 언제나 실천하는 것이어야 한다.

무슨 일을 하든 그 일을 하는 순간만큼은 그것이 나에게 가장 중요한 일이 되어야 한다. 그저 해치우는 일이 되어서는 안 된다. 대화를 하거나 모임에 참석할 때, 지금 내가 하는 일이 바로 그것임을 완전히 의식하고, 내 앞의 사람에게 온전히 주의를 기울여야 한다. 이때 추상적인 생각이나 앞으로의 일은 잠시 내려놓는다.

3) 반쯤 미소 짓기

마음 다함을 지속하는 재미있는 방법 중 하나는 아침에 일어나 반쯤 미소를 짓고, 그 미소를 하루 종일 유지하는 것이다. 자유로운 시간에, 혹은 속상할 때, 음악을 들을 때에도 반쯤 미소를 지어보라. 반쯤의 미소는 우리가 감정에 휩쓸리지 않게 도와주며, 그 순간의 생생함을 다시 일깨워준다.

4) 마음 다함의 하루

틱낫한 스님은 독자들에게 일주일에 하루쯤은 온종일 마음 다함을 실천하라고 권한다. 충분한 시간을 두고 집을 청소하고, 목욕을 하며, 어떤 일을 하든 결코 서두르시 않는 것이다. 모든 일을 천천히, 그리고 지금 내가 무엇을 하고 있는지 의식하면서 하되, 귀찮거나 억지로 하지 말라.

이렇게 일주일에 단 하루라도 온전히 마음 다함을 실천하면, 그 효과가 일주일 내내 이어진다. 이 정도도 하지 않으면 바쁨과 걱정에 휩쓸려 정신을 차리지 못하고, 결국 모든 일에서 비효율적인 사람이 되고 만다.

5) 마음을 다하는 명상

틱낫한 스님은 행자 시절 '시체를 보고 명상하라'는 말을 들었다. 처음엔 이런 명상은 나이 든 사람이나 하는 것이라 생각해 무시했다. 그런데 나중에 열다섯 살 남짓한 어린 군인의 시신을 보고 '나는 아직 젊지만 죽을 준비를 해야 한다'는 사실을 깨달았다.

"이제 나는 사람이 자신이 어떻게 죽을지를 알지 못하면 자신이 어떻게 살지도 알기 힘들다는 사실을 깨닫게 되었다."

이처럼 명상에는 내가 싫어하는 것을 극복하고 생명의 귀중함을 느끼기 시작하는 시점이 있다.

마음 다함을 수행하는 또 다른 길은 만물이 상호 의존하고 있다는 사실을 명상하는 것이다. 틱낫한 스님은 인간이 "시공을 초월해 서로 아무 영향도 받지 않고 여행하는 개별적 존재"라는 생각을 거부한다. 모두가 연결되어 있으며, 분리된 자아는 허구일 뿐이다. 다른 사람은 다른 형태로 나타난 나 자신이라는 사실을 보지 못하거나 보려고 하지 않는 데서 생겨난 생각이다. 두려움, 고통, 의심, 화, 불안 등은 모두 자아가 다른 것과 분리되었다는 감정에서 나오는 것이다.

내가 가장 멸시하는 사람에게조치 지비심을 가지라는 것은 틱낫한 스님의 도전적인 또 하나의 수행법이다. 이것은 다른 사람을 분리된 개별적 사람으로 보지 않는 것이다. 사실 그 사람은 다른 상황에서 내가 가질 수도 있었던 생각이나 감정을 표현하고 있을 뿐이다.

틱낫한 스님의 놀라운 가르침은 우리가 우리의 마음을 자유롭게 한 다음에야 비로소 자비로 가득해질 수 있다고 말한다. 거꾸로 자비가 있어야 마음이 자유로워지는 것이 아니라는 뜻이다. 자비는 다른 사람들이 볼 수 없는 것들을 볼 수 있게 하는 힘이 있다.

지금 내 곁에 있는 사람을 행복하게 하라

틱낫한 스님은 톨스토이가 들려준 이야기, 즉 세 가지 질문에 대한 답을 찾고 있던 어느 왕의 이야기를 다시 끄집어낸다. 그 세 가지 질문은 다음과 같았다.

매사를 하는 데 가장 좋은 시간은 언제인가? 같이 일할 사람들 중 가장 중요한 사람은 누구인가? 언제나 해야 하는 일들 가운데 가장 중요한 일은 무엇인가?

이는 바쁘게 살며 무언가를 성취하려는 사람들이 던질 수 있는 질문들이다. 그러나 여기서 제시하는 대답은 우리가 기대하는 것과는 다르다. 가장 중요한 시간은 지금이며, 함께해야 할 가장 중요한 사람은 지금 내 곁에 있는 사람이고, 해야 할 일 중 가장 중요한 일은 그 사람을 행복하게 해주는 것이다.

이 이야기를 통해 스님은 인류를 위해 무슨 큰일을 하겠다는 생각을 버리고, 지금 있는 자리에서 할 수 있는 일을 하라고 말한다. 지금 내 곁의 사람을 행복하게 하지 못한다면, 어떻게 더 큰 세상을 도모하겠는가.

이 책이 힘이 되는 순간

이 책을 베트남어에서 영어로 번역한 모비 호는 옮긴이 서문에서, 이 책이 본래 일반 독자를 대상으로 쓰인 것은 아니지만, 단순한 메시지와 친근한 문체 덕분에 세계의 많은 독자에게 사랑받게 되었다고 말한다.

일관되게 명상 수련을 안내하는 책이긴 하지만, 이 책에는 그보다 더 깊은 무언가가 담겨 있어 독자들에게 평화롭고 새로워지는 경험을 선사한다. 그 '무엇'이란, 비록 기분이 좋지 않거나 고통을 겪고 있을 때라도 우리의 모든 순간을 한 차원 높은 경지로 끌어올릴 수 있다는 믿음이다. 일시적인 행복보다 더 중요한 것은 언제나 마음을 다해 자신의 생각과 행동에 집중하는 일이다. 그렇게 할 때 우리는 삶의 모든 경험을 진정으로 조율할 수 있다.

틱낫한 스님은 불교의 참된 가치는 고통 그 자체가 아니라, 현실을 어떻게 대면하느냐에 초점을 맞추는 데 있다고 말한다. 명상의 목적은 무지의 베일을 걷어 올리는 것이다. 그렇게 했을 때, 그 결과로 안온함과 행복이 찾아온다. 깊은 명상을 하면서 동시에 불행할 수는 없다. 놀라운 현재를 진정으로 의식하기 때문이다. 비참함이 다가오는 때는 오직 우리가 마음을 다하지 않을 때, 그리고 과거나 미래를 붙잡을 때뿐이다.

그렇다면 '마음 다함'과 평화는 어떻게 연결되는가? 단순히 말해, 마음 다함은 우리로 하여금 고통의 뿌리를 이해하게 하고, 그 깨달음은 다시 우리를 이끌어 자신과 타인에게 자비를 베풀도록 한다. 이렇게 되면 갈등이나 분노가 줄어들 수밖에 없다.

BOOK 14

네 가지 약속
The Four Agreements
돈 미겔 루이스 | 1997

내 삶을 스스로 조종하는
네 가지 방법

돈 미겔 루이스 *Don Miguel Ruiz*

멕시코 출신의 영적 스승 돈 미겔 루이스는, 고대 톨테크(Toltec) 문명의 지혜를 현대적으로 되살려 인간의 내면적 자유와 행복을 탐구했다. 한때 의사로 일했으나, 생사를 넘나드는 경험을 계기로 삶의 방향을 완전히 바꾸고 '의식의 각성'과 '자기 인식'의 길로 들어섰다. 그의 대표작 『네 가지 약속』은 단순하지만 강력한 원칙들을 통해 삶의 고통에서 벗어나 진정한 자유와 평화를 찾는 법을 제시하며, 오랜 세월 전 세계 독자들의 사랑을 받았다. 이후 『사랑의 정복(The Mastery of Love)』, 『다섯 번째 약속(The Fifth Agreement)』 등으로 자신의 가르침을 확장했다.

"우리의 마음 전체는 톨테크인들이 '미토테'라 부르는 안개와 같다. 우리의 마음은 마치 천 명의 사람들이 한꺼번에 떠들어대지만, 누구도 서로를 이해하지 못하는 꿈속의 혼란과도 같다. 이것이 인간의 마음 상태다. 그 거대한 미토테 속에서는 우리가 진정으로 무엇인지 알 수 없다."

미겔 루이스는 1970년대 초 의과대학 최고 학년 시절, 인생의 방향을 바꾸게 되는 끔찍한 자동차 사고를 당했다. 엄청난 사고였지만 그는 기적적으로 다치지 않았고, 도저히 설명할 수 없는 영적 체험을 하게 되었다. 그 후 그는 가족의 조상인 톨테크인(마야 문명의 뒤를 이어 등장한 토착 아메리카 원주민-옮긴이)의 지혜로 돌아선다.

어린 시절 루이스는 멕시코 시골에서 '쿠란데라(치유사)'였던 어머니와 '나구알(남자 무당)'이었던 할아버지의 손에서 자랐다. 그러나 한때 그는 그런 전통을 떠나 있었다. 그러던 그가 다시 스스로 나구알이 되어, 사람들을 더 큰 지적 자유의 세계로 이끌겠다고 결심한 것이다.

『네 가지 약속: 개인적 자유로 가기 위한 실제적 안내서』는 미국의 유명 코미디언이자 토크쇼 진행자인 엘런 드제너러스가 오프라 윈프리 쇼에 출연해 이 책이 자신의 삶에 어떤 변화를 가져다주었는지를 이야기하면서 널리 알려졌다. 삶을 살아가면서 네 가지 지침을 실천한다는 것은 생각만큼 단순하지 않다. 여기서는 루이스가 톨테크인의 지혜를 어떻게 해석했는지, 그리고 그가 제시한 네 가지 약속이 무엇인지 살펴보기로 하자.

꿈속에 길들어 사는 우리들

톨테크 지혜의 본질적인 핵심은 이 세상, 즉 우리가 사는 현실이 집단적으로 꾸는 꿈이라는 생각이다. 이러한 인식의 '안개'를 일컫는 말이 '미토테'이며, 이는 힌두교에서 허상을 뜻하는 '마야'와 비슷한 개념이다. 이 꿈은 밤에 꾸는 꿈과 같지만, 이해와 행동의 법칙과 관습이 이것을 더욱 진짜처럼 보이게 한다.

우리는 언어와 문화와 종교와 가정을 포함하여 이미 만들어진 꿈속에 태어난다. 그것을 거부하기란 너무 어렵기 때문에 대부분은 그저 그 꿈에 순응하며 살아간다. 루이스는 이 과정을 '인간 길들이기'라고 부른다.

우리는 잘 지내기 위해 배우자, 자녀, 사회, 신 등과 보이지 않는 약속을 맺는다. 그러나 가장 중요한 약속은 나 자신과의 약속이다. 그중 일부는 우리에게 도움이 되지만, 많은 약속은 오히려 고통을 준다. 우리는 그러한 약속이 없으면 뭔가 부족할 것이라고 믿으며 그것에 집착한다. 톨테크의 지혜에 따르면, 대부분의 사람들이 겪는 문제는 자신만의 법칙이 아니라 다른 사람들의 법칙에 따라 자신을 평가하려 한다는 데 있다.

자라나고 창조하는 말의 힘

우리가 지켜야 할 자신과의 첫 번째 약속은, "자기가 하는 말에 책잡힐 일이 없도록 하라"는 것이다. 루이스는 이것이 단순히 자신과의 약속을 지키는 것만을 의미하지 않는다고 말한다. 우리가 세상이나 자신에게 하는 말은 우리의 인격과 우리가 사는 세상에 영향을 준다는 사실을 자각하는 것이다.

우리가 하는 말에는 창조하는 힘이 있다. 이 말은 분노나 질투를 만들어낼 수도 있고, 치유를 위해 사용될 수도 있다. 우리의 말은 세상으로 나갔다가 완전히 자란 현실이 되어 다시 우리에게 돌아오는 씨앗이다. 인간처럼 말할 수 있는 동물은 없다. 우리처럼 놀라운 현실이나 비참한 현실을 창조할 수 있는 능력을 가진 동물도 없다. 그러나 우리는 종종 말을 잘못 사용하여 서로를 두려움과 의심 속에 가두곤 한다. 루이스는 험담이나 소문을 이야기하는 것도 말을 잘못 사용하는 것이라 주장하는데, 이는 해로운 의도를 가진 '컴퓨터 바이러스'와 같다.

첫 번째 약속을 채택하고 잘 실천하면, 다른 사람이 우리에게 거는 '말의 마법'에 저항할 힘을 얻게 된다. 그러나 더욱 중요한 것은, 이 약속을 통해 마음속에 있는 감정적 독성을 깨끗이 할 수 있다는 점이다.

상대방이 건네 감정의 쓰레기를 피하는 법

우리는 왜 상처를 받는가? 사람들이 사소한 것에도 상처를 받는 것은 결국 자기들이 만사의 중심에 있다고 믿기 때문이다. 우리는 흔히 상대방의 말이나 행동이 나와 관련된 것, 나를 두고 한 것이라고 생각하고 바르르 떨며 자신을 방어하며, 상대방의 잘못을 증명하려고 덤비지만, 루이스는 바로 이런 자세가 문제라고 말한다. 그러면 갈등만 증폭될 뿐, 풀리는 것은 아무것도 없다.

루이스의 관찰에 의하면, 사람들이 우리에게 혹은 우리에 대해 하는 말 중에는 진정한 의미에서 우리와 관계되는 것이 거의 없다. 그들의 말은 우리에 대한 것이라기보다, 말하는 사람의 마음 상태나 상황과 더 깊은 관계가 있다. 그러므로 두 번째 약속, "무엇이나 나와 관련된 것이라 여기지 말라"는 다른 사람의 비판이 나에 대한 것처럼 보이더라도, 그것을 나 자신의 진실과 직접 연결짓지 말라는 의미이다.

우리는 루이스가 말하는 '흑색 마술사', 곧 말로써 우리에게 상처를 입히는 사람들의 먹이가 되지 말아야 한다.

> "우리가 그들의 감정적 쓰레기를 다 먹고 나면, 그것은 이제 우리의 쓰레기가 된다. 하지만 그 쓰레기를 나 자신과 관련된 것이라 여기지 않으면, 지옥 한가운데에서도 면역성을 유지할 수 있다."

넘겨짚지 말고 그냥 물어보라

우리 인간의 마음에 낀 안개 때문에 우리는 사물을 정확하게 볼 수가 없다. 따라서 어쩔 수 없이 넘겨짚거나 추측하게 되는데, 이렇게 되면 점점 더 진실에서 멀어지게 된다.

우리는 넘겨짚기 선수이기 때문에 사물을 있는 그대로 보지 못한다. 인간은 무지를 두려워한다. 그러기에 자신이 가진 모든 의문에 대해 맞든 틀리든 일단 해답을 만들어내어 안전감을 확보하려 한다. 따라서 나 자신과의 세 번째 약속은 "아무것도 함부로 넘겨짚지 말라"는 것이다.

넘겨짚는 것, 추정하는 것, 가정하는 것은 인간관계에서 엄청난 문제를 불러일으킨다. 예를 들어, 우리는 흔히 어떤 사람이 나를 사랑하면 그 사람은 내가 무슨 생각을 하는지까지도 알아야 한다고 가정한다. 이보다 더 큰 문제는 다른 사람들도 나처럼 세상을 볼 것이라 가정하는 데서 일어난다.

루이스는 이렇게 넘겨짚지 말고 직접 물어보라고 권한다. 물어서 분명히 확인하라는 것이다. 이러한 명확성은 우리의 인간관계와 더 크게는 세상과의 관계를 좀 더 안전하게 이끈다. 많은 사람들이 들어가 살고 있는 '지옥의 꿈'이란, 한 가지 틀린 추측을 거듭하면서도 결코 물어보지 않는 태도에서 비롯된다.

지금 있는 것으로 최선을 다하라

네 번째 약속, "언제나 최선을 다하라"는 다소 뻔하게 들릴 수 있다. 그런데 루이스는 왜 이것을 훌륭한 삶을 살아가는 데 필요한 중심 원칙으로 제시할까?

우리가 흔히 겪는 문제들 중에는 어떤 외적인 척도에 따라 자신을 거칠게 판단하는 것이 있다. 그러나 매사에 최선을 다하면 자신을 판단하거나 죄책감, 혹은 후회에 사로잡힐 필요가 없어진다. 이처럼 최선을 다하는 삶은 진정한 자유를 가져다준다.

언제나 최선을 다하면 행동을 취하고 노력하는 그 자체로 행복할 수 있다. 결과나 보상에 연연하지 않고 행동 그 자체를 즐기는 것이다. 이 순간 내가 하는 일에 완전히 몰입한다면, 완전히 살아 있음을 느낄 수 있다. 무언가나 누군가가 없다고 섭섭해하거나 그리워할 시간도 없다.

루이스는 이 네 번째 약속이 처음 세 가지 약속을 푸는 열쇠라고 말한다. 우리는 언제나 책잡히지 않을 정도로 완벽하게 말할 수 없고, 남이 하는 말을 나와 상관없는 것으로 여길 수도 없으며, 넘겨짚기를 하지 않을 수도 없다. 그렇기 때문에 그저 언제나 최선을 다하려고 노력할 뿐이다.

이 네 가지 약속은 우리의 참된 자아를 되찾고, 진정한 나와 내가 진정으로 믿는 바에 대해 의연할 수 있는 방법을 보여준다. 세상은 우리가 이런 약속을 어길 수밖에 없도록 꾸며져 있지만, 우리는 끈기를 가지고 실천해야 한다. 마음을 비우고 그릇된 약속에 근거한 안개를 걷어내는 것은 마치 산을 오르는 것과 같다. 처음 오를 때는 어렵지만, 습관이 되면 쉽게 오를 수 있다.

이 책이 힘이 되는 순간

카를로스 카스타네다의 『익스틀란 기행』에 보면, 나이든 '나구알' 돈 후안이 저자에게 삶을 위한 작전을 세우라고 말하는 대목이 나온다. 작전을 세우지 않으면 단순히 사회가 하는 대로 따를 수밖에 없으므로, 본성적 자아는 묻혀버리고 만다는 것이다. 『네 가지 약속』의 전제 조건도 이와 비슷하다. 다만 그 작전이 우리가 택하는 길을 정당화하기 위해 우리가 스스로에게 들려주는 이야기로 구성되어 있다는 점이 다르다.

루이스의 질문은 이 이야기가 정말로 우리 자신의 것이냐, 아니면 다른 사람의 것이냐 하는 것이다. 우리는 사회와 획일화되면서 그 밑에 우리의 참된 인격을 감춰놓는데, 이상한 것은 많은 이들이 그것을 그대로 감춘 채 살아가려 한다는 점이다. 루이스는 우리가 어떤 삶의 작전을 짜든, 혹은 자신에게 어떤 이야기를 하든 간에, 스스로 그것을 의식하고 만드는 것임을 확실히 인식하라고 말한다.

『네 가지 약속』은 기본적으로 샤먼적 지혜를 해석한 것이라고 볼 수 있지만, 자아가 여러 가지 제약의 거품을 뚫고 다시 출현해야 한다는 영감적 메시지는 매우 강력하다. 불후의 명작까지는 아니더라도, 자신의 참된 정체성을 확인하고 의연하게 살아보려는 이들에게 하나의 선물 같은 책임은 분명하다.

BOOK 15

선심 초심
Zen Mind, Beginner's Mind

스즈키 순류 | 1970

그저 조용히 앉아 숨 쉬는 것으로도
평화를 얻을 수 있나니

스즈키 순류 木俊降

스즈키 순류는 1905년 일본에서 태어나, 열두 살 때 아버지의 제자였던 교쿠준 소온 선사의 제자가 되었다. 1959년 미국 여행 중 샌프란시스코를 주거지로 정하고 영주하게 되었으며, 미국 최초의 선원을 비롯해 세 곳의 선원을 창설했다. 『선심 초심』은 스즈키 선사의 제자인 마리안 더비가 로스알토스에서 행한 스승의 설법을 바탕으로 구성한 책이다. 이후 트루디 딕슨과 리처드 베이커(스즈키의 공식 후계자)가 이를 편집하여 출판했다. 스즈키 순류는 1971년 샌프란시스코 선원에서 입적했다.

"마음이 비어 있으면 무엇이든 받을 준비가 된 것이다. 모든 것에 열려 있다. 초심자의 마음에는 가능성이 많지만, 숙련된 사람의 마음에는 그 가능성이 적다."

"초심자의 마음에는 '내가 뭔가를 이루었다'는 생각이 없다. 이런 이기적인 생각은 우리의 광대한 마음을 제한할 뿐이다. 아무것도 이루었다는 생각이 없을 때, 우리는 참된 초심자가 된다. 그제야 진정으로 배울 수 있다."

선(禪, Zen)이라는 말은 이제 우리에게 친숙하다. 그렇다면 이것은 무엇을 의미할까? 불교가 일본으로 전파된 후, 일본 불교는 자체적인 특성과 수행법을 발전시켰고, 그 종파 중 하나가 선불교로 알려져 있다(중국에 들어온 불교는 삼론, 법상, 천태, 화엄, 정토, 선 등 여러 종파를 형성했으며, 이러한 종파들은 한국과 일본 등지로 퍼졌다. 20세기 중반 '선'을 서양에 소개한 사람들이 일본인이었기에, 서양에서는 선과 관련된 용어들이 일본 발음으로 통한다-옮긴이). 선에서 행하는 수행이 바로 좌선(坐禪)인데, 이는 앉아서 숨 쉬는 자세 외에도 좀 더 다양한 명상의 요소를 포함한다.

스즈키 다이세쯔(木大拙)가 선 철학을 서양에 소개한 최초의 인물이라면, 스즈키 순류는 1960년대 샌프란시스코에 선원을 설립하여 선의 영향력을 공고히 한 사람이라 할 수 있다. 『선심 초심 : 참선과 그 수행에 대한 비공식적 이야기』(국내에는 『스즈키 선사의 선심초심』이라는 제목으로 번역·출간되었다-옮긴이)는 그가 저술한 유일한 책으로, 아름다운 표현과 깊이 있는 통찰로 많은 이들에게 사랑받고 있다.

그렇다면 그가 말하는 '초심'이란 무엇일까? 선 수행의 목적은 모든 가능성에 열린 단순하고 순수한 마음을 갖는 것이다. 우리의 일상적인 마음은 어떤 것을 얻으면 기뻐하지만, 자신을 기쁘게 하려는 이기적인 마음이 있으면 진정으로 배울 수도, 볼 수도 없다. 초심자의 마음은 이러한 '나'를 넘어, 그것이 더 큰 우주적 마음의 한 표현임을 깨닫게 한다. 이렇게 되면 자연스럽게 자비의 마음이 우러나오게 된다. 이러한 마음은 선악, 미추(美醜) 등과 같은 이분법적 사고를 멈추게 하고, 지금 있는 그대로의 이 순간이 주는 충만함에 집중할 수 있도록 한다.

삶이 혼란스럽고 평화롭지 않다고 느끼는 사람에게 추천하고 싶은 책이다.

질서 있는 마음, 질서 있는 삶

좌선 수행은 특정한 마음 상태를 '얻고자' 하는 것이 아니다. 그렇게 해서는 도리어 마음만 산란해질 뿐이다. 이 책은 좌선 수행의 핵심이라고 할 수 있는 느긋한 좌선 자세에 대해 간결하게 가르친다. 적절한 자세를 취해야 안정을 얻을 수 있고, 쉬지 않고 일어나는 폭군 같은 생각에서 벗어나 우리를 자유롭게 하는 마음 상태에 몰입할 수 있다.

숨쉬기도 선 수행의 중요한 요소이다. 마음은 들숨과 날숨의 반복적인 숨쉬기 리듬을 따르며, 이렇게 함으로써 우리는 잡생각을 일으키는 작은 자아, 즉 '나'에게 맞추어진 초점에서 벗어나 우리의 보편적 본성인 '불성'에 초점을 맞추게 된다. 작은 마음에서 스즈키가 말하는 대로 큰 마음으로 옮겨가는 것이다.

그럼 숨쉬기가 왜 그렇게 중요할까? 숨쉬기에 주의를 집중하면 우리가 주위의 세계, 숨 쉬는 공기 그 자체에 완전히 의존하고 있다는 사실을 상기하게 된다. 우리가 숨을 쉬면서 생기를 얻고, 그로 인해 독립적이라는 사실도 함께 깨닫는다. 이렇게 우리가 의존적이면서 동시에 독립적인 존재라는 사실을 몸으로 느낄 때, 비로소 자유를 얻게 된다. 이것은 머리로 아는 지식이 아니라 실제로 몸으로 체험하는 사실이다.

좌선 수행을 통해 우리는 세상이 근본적으로 균형을 잃었다는 사실, 그리고 그것이 언제나 변하고 때로는 혼돈스럽다는 사실을 깨닫게 된다. 이런 사실을 알게 되면 세상과 그 속에서 살아가는 우리의 삶이 괴로움으로 가득 차 있다는 것도 깨닫는다. 그러나 이 세상의 배경이 되는 보이지 않는 그 무엇, 세상을 만들어내는 그 경지는 완전하다. 우리가 좌선에서 경험할 수 있는 것은 바로 이러한 완전한 조화에 대한 인식이다. 이런 경험은 자연스럽게 세계와 그 속의 만물을 보는 안목을 바꾸어준다 '세상은 다 그런 것'이라는 진정한 달관의 자세는 이러한 변화, 혹은 깨달음에서 비롯된다.

그러나 그렇다고 해서 우리가 적극적인 행동을 취할 수 없다는 뜻은 아니다. 오히려 좌선을 한 후 취하는 행동은 완전함에 주파수를 맞춘 것이기 때문에 필연적으로 올바를 수밖에 없다. 우리의 일상적인 행동은 평화로운 순간에서 나오는 것이 아니다. 오히려 욕망이나 야심 같은 것에 의해 뒤틀려, 무질서를 조장할 수밖에 없다. 따라서 명상을 많이 하면 할수록 우리의 세상은 더욱 질서정연해진다. 참되고 안정적인 것에 접하며 차분한 마음을 갖게 되면 우리의 삶은 저절로 정리된다. 이것이야말로 현명하고 자연스러운 존재 방식이다.

조용히 앉아서 숨 쉬라

스즈키는 마음의 극단들을 부드럽게 하는 최선의 방법은 조용히 앉아서 숨을 쉬는 것이라고 말한다. 이때 우리의 잡생각들은 파도와 같다고 상상한다. 이 파도가 꾸준한 숨쉬기와 함께 점점 작아지면서 결국 우리 마음의 물결도 잔잔해진다. 마음을 가만히 두기만 하면 반드시 그렇게 된다. 그럴 때 '나'의 마음은 큰 마음, 혹은 순수한 존재의 장(場)이 될 것이다.

조용히 앉아서 숨을 쉬는 것은, 자신이 뭔가 특별하다고 생각하는 이기적인 자아로부터 우리를 해방시켜준다. 우리는 뭔가 특별한 것을 원하는 우리 자신의 일부가 곧 우리 자신이라고 생각한다. 그러나 선 수행으로 드러나는 우리의 참된 본성은 이보다 더욱 힘이 있다. 그것은 더 큰 마음에 파장을 맞추고 있기 때문에, 그것과 접하게 되면 '나'를 초월하게 되는데, 역설적으로 이렇게 될 때 우리는 더욱 큰 자비와 즐거움을 갖게 된다. 우리가 계속 몸부림치는 것은 모든 것이 '나'에 바탕을 두고 있기 때문이다.

스즈키는 좌선 수행을 통해 뭔가를 얻겠다는 생각을 버리라면서, 그냥 그 수행 자체를 위해 수행하라고 일러준다. "음식을 만드는 것은 다른 사람이나 나 자신이 먹을 것을 준비하는 것이 아니다. 그것은 우리의 성실성을 표현하는 것이다." 이 말은 참선이야말로 최고 형태의 자기표현이라는 뜻이다.

그럼에도 불구하고 좌선 수행에는 훈련이 요구된다. 반복, 끈기, 한결같음이 선의 방법이다. 흥분이나 지나친 즐거움은 우리의 본성을 잃어버렸다는 뜻이므로, 이런 것을 찾지 말고 '현존성(is-ness)'과 매 순간의 아름다움을 보도록 해야 한다.

스즈키는 개구리를 예로 들어 선 수행을 설명한다. 개구리들은 자기들이 특별하다는 생각을 하지 않고 그냥 앉아 있지만, 그렇게 앉아 있다고 해서 개구리의 정체성이 바뀌는 것은 아니다. 개구리들은 여전히 그대로 개구리들이다. 여기서 스즈키는 수행의 순수성을 말하고 있다. 그의 말은 사람들이 순수해야 한다거나 나쁜 것을 좋은 것으로 만든다는 뜻이 아니라, 사물을 그저 있는 그대로, 그 '특질'을 본다는 이야기다.

깨침이란 무엇인가?

'깨침'이라고 하면, 흔히 깨달음이란 것이 몇 십 년간 열심히 수행한 끝에 번개 치듯 닥쳐오는 것이라 생각하기 쉽다. 스즈키에 의하면, 대부분의 경우 깨침은 지극히 일상적이다. 그저 단순한 사실을 이해하는 정도일 뿐이다. 우선 사실을 이해하는 것이 오고, 그 다음에 우리 스스로 그것을 상기하는 수행이 뒤따르며, 그것이 다시 우리의 생각과 행동으로 표출된다.

그럼 사실이라는 것은 무엇인가? 모든 것이 무(無)에서 나왔다고 하는 것, 우리가 알고 있는 세계에 끊임없이 색깔과 모양을 주는, 색깔도 없고 모양도 없는 무엇이 있다는 것이다. 모든 것이 이 무에서 나왔기에 '무'는 무엇일 수밖에 없다. 그것은 말로 표현할 수 없는 특성이다.

정신을 그대로 유지하려면 진정한 삶의 실재로서 창조적인 잠재력의 장(場)을 믿어야 한다. 그것은 그것이 만들어내는 모든 형태 너머에 실재한다. 매일의 수행에서 우리는 '무문(無門)'을 통과하여, 우리가 습관적으로 참이라 생각하는 허상을 마음에서 말끔히 지워야 한다. 누구나 우리가 지금 살고 있는 이 현상 세계가 '실재'라 생각하지만, 그것은 그것을 지어내는 것의 표상이요 현현일 뿐이다. 누구나 이런 표상이나 현현의 일부를 소유하고 있기 때문에 자기가 뭔가를 가지고 있는 듯이 행동하지만, 이것을 불변하는 것, 우리의 것이라 생각하면 문제가 생긴다.

스즈키는 우리 생각의 99%가 자기 자신과 자기가 당면한 문제들에 관한 것이라고 지적한다. 그렇다고 우리가 마음속에서 경험하는 고통을 과소평가하는 것은 아니다. 그러나 삶이란 본질적으로 변화와 문제투성일 수밖에 없다는 사실을 인정하고, 그러면서도 이 모든 것의 심장부에 뭔가 완전한 무엇이 존재한다는 것을 받아들인다면, 삶이 어떻게 전개될지 걱정만 한다고 해서 문제가 해결될 수 없다는 진리를 보게 될 것이다. 이 모든 것의 근원을 다시 경험해야만, 지금 이대로의 삶을 완전히 받아들이고 그것을 올바른 시각에서 바라볼 수 있게 된다.

삶이 어려움투성이라는 것을 사심 없이 받아들이는 사람은 진정으로 자유로워질 수 있다. 삶이란 어쩔 수 없이 그럴 수밖에 없음을 알고 있기 때문이다. 이렇게 함으로써 우리가 삶의 중심이라는 생각을 없앨 수 있고, 이와 동시에 자기중심주의의 아픔에서도 벗어날 수 있다. 스즈키에 의하면, 우리는 '진리를 일시적으로 체화하고 있을 뿐'이다. 무(無)에 속한 근본적 진리를 잠시 표출한 상태라는 것이다. 이런 사실을 인정하면 우리의 문제는 문제가 되지 못한다. 스즈키는 더욱 강한 어조로 말한다.

"우리는 몸과 마음을 가지고 있다고 생각하기 때문에 외로움을 느낀다. 모든 것이 단순히 우주로 명멸하는 한 줄기 빛이라는 사실을 깨닫는다면, 우리는 더 강해지고 우리의 존재는 더욱 의미 있게 된다."

스즈키는 자기가 가르치는 수련의 가치가 크게 드러나리라 기대하지 말라고 경고한다. 수행자는 그저 앉아서 숨 쉬기만 할 뿐, 다른 특별한 일을 하지 않는다는 사실을 기억하라. 그는 이런 힌트를 준다. "이런 차분하고 보통적인 수행을 계속하기만 하면 우리의 성격이 향상될 것이다."

수행을 통해 무슨 갑작스럽고 대단한 영적 깨우침을 경험하지 않을 수도 있다. 그러나 수행 그 자체는 우리의 삶에 영향을 미친다. 이런 수행을 통해 사물이 있는 그대로의 모습을 이해할 수 있고, 그 나머지의 것은 모두 '망상'일 뿐이라는 사실을 알게 된다. 이것 자체가 깨달음이고, 우리가 살아가는 방식에 엄청난 혁신을 가져다줄 수 있다.

이 책이 힘이 되는 순간

『선심 초심』은 우리가 지금 누구인지, 어디에 있는지를 보려 하지 않고, 다른 곳에서 구원이나 행복을 얻을 수 있을 것이라는 믿음을 부숴버린다. 우리는 괴로움 때문에 이 세상에서 도피하려고 한다. 그러나 스즈키에 의하면, 우리가 고(苦)라고 이름 붙이는 이런 하루살이 같은 삶 자체에서 기쁨을 찾으려는 것이 이 세상에서 성공적으로 살아가는 유일한 길이다.

고통의 경험을 삶의 한 부분으로 받아들이고, 심지어 즐기기까지 한다는 시각이 급진적으로 보일 수도 있다. 그러나 이런 생각이, 우리가 완전한 존재를 갖게 될 때만 행복해질 수 있다는 믿음보다 현실에 더 가깝지 않을까? 한결같은 마음을 갖는 것은 아마도 최대의 영적 선물일 것이다. 물론 이런 마음을 가지라는 것은 운명론적인 의미에서가 아니라, '불완전' 속에서도 삶의 아름다움을 긍정할 줄 알라는 뜻이다.

스즈키의 사상 중에는 이해하기 어려운 점도 있다. 그러나 『선심 초심』은 지적인 학습을 위해 읽는 책이 아니다. 이 책에서 어떤 영감을 받았다면, 노자의 책 『도덕경』을 함께 읽으면 좋을 것이다.

무색 무미한 무(無)로서의 도(道), 혹은 우주적 에너지야말로 스즈키가 우리 마음을 이끌고 가려고 하는 궁극의 경지이다. 그 '있는 그대로'의 도를 알고 거기에 맞추어 살아갈 때, 우리는 무한한 평화의 보고를 얻게 된다.

우리는 일반적으로 지식을 쌓는 것을 '정보를 수집하는 것'이라고 생각한다. 그러나 스즈키에 의하면, 불교에서는 그 반대 방식을 취한다. 정보를 수집하는 것이 아니라, 마음속에 있는 '잡동사니'를 깨끗이 없애고 마음을 비우는 것을 목적으로 삼는 것이다. 이렇게 하는 것은 바보가 되는 것이 아니라, 우주의 끊임없고 완전한 지혜에 접하는 일이다.

BOOK 16

지금 이 순간을 살아라
The Power of Now

에크하르트 톨레 | 1998

당신이 가지고 있는 유일한 시간이란 오직 이 순간뿐

에크하르트 톨레 *Eckhart Tolle*

에크하르트 톨레는 독일에서 태어나 열세 살까지 살았으며, 이후 스페인과 영국에서 성장했다. 런던에서 개인 상담과 소그룹 강의를 통해 영적 지도자로서의 길을 걷기 시작했고, 1995년에는 캐나다 밴쿠버로 이주하여 현재까지 활동을 이어가고 있다. 톨레의 대표작 『지금 이 순간을 살아라』는 17개 언어로 번역되었으며, 전 세계 수백만 독자에게 현재 순간의 중요성과 내적 평화의 길을 일깨워주었다. 톨레의 다른 책으로는 『삶으로 다시 떠오르기(A New Earth)』, 『고요함의 지혜(Stillness Speaks)』 등이 있다.

"지금 처한 상태 이외의 상태를 찾으려 하지 말라. 그렇게 하면 내적 갈등과 무의식적인 저항에 부딪히게 될 것이다. 평화롭지 못한 자신을 용서하라. 당신의 평화롭지 못함을 완전히 받아들이는 순간, 그것은 평화로움으로 변하게 된다. 무엇이든 당신이 온전히 받아들이기만 하면, 당신은 그곳에 이르게 될 것이며 그것이 바로 당신을 평화로 이끌 것이다. 이것이 순복(順服)이 가져오는 기적이다."

현대의 영성에 관한 책 중 명작으로 손꼽히는 이 책은 처음 캐나다에서 출간되었다. 그리고 미국에서 베스트셀러가 되면서 에크하르트 톨레는 많은 이들이 찾는 스승이 되었다.

영성에 관한 책이나 뉴에이지 출판물 대부분이 '초월에 이르라'는 식의 뜬구름 잡는 이야기를 하는 데 반해, 이 책은 지금 우리가 겪고 있는 문제, 지금 이 순간의 나의 상태에 완전히 초점을 맞추고 있다. 아마도 이 책은 자기계발서나 성공, 혹은 깨달음을 다룬 고전 가운데서도 가장 실제적인 책일 것이다. 무엇보다 현재를 돌보지 않으면서 찬란한 미래만을 상상하는 우리의 일반적 경향을 부정하기 때문이다.

이 책은 불교, 기독교, 도가 사상 및 다른 전통에서 비롯된 사유를 훌륭한 솜씨로 종합함으로써, 전통적 종교의 속박에서 벗어나 생각해보려는 21세기적 욕구를 충족시켜준다. 그리고 궁극적으로 모든 종교는 같은 이야기를 하고 있다고 말한다.

톨레가 영적인 책에 깊이 빠져들게 된 것은 스물아홉 살 때 '번쩍' 하고 떠오른 깨달음 속에서, 그 책들이 담고 있던 진리의 편린을 직접 보게 된 이후부터였다. 그는 이 경험을 책의 첫머리에서 다시 이야기하는데, 이 부분은 마치 위대한 성현들의 자서전을 읽는 듯한 분위기를 풍긴다. 서론 격의 이야기가 끝난 후에는 묻고 답하는 형식의 글이 전개된다.

그가 자신을 혐오하던 태도에서 갑자기 지속적인 내적 평화를 얻었다는 사실이 처음에는 믿기지 않을 수도 있다. 그러나 계속 읽다 보면, '그럴 수도 있겠다'는 생각이 자연스럽게 들게 된다.

생각 중독에서 벗어나기

톨레에 의하면, 우리의 문명은 '생각'이 이루어놓은 업적 위에 세워져 있다. 이런 업적은 상당 부분 놀라운 것이다. 그래서 우리는 자연스럽게 생각, 즉 끊임없이 사유하는 그 생각을 자기 자신이라 착각하는 우를 범하곤 한다. 그러나 생각 뒤에는 '있음 자체'가 있다. 그것이 바로 진정한 '나'라는 사실을 깨닫고 거기에 자신을 맞출 때, 우리는 비로소 생각을 다스리고 감정을 올바로 바라볼 수 있게 된다.

우리가 생각을 다스리지 못하면, 생각이 우리를 지배하게 된다. 지성은 막기 힘들 정도로 끊임없이 자신과 대화한다. 생각 속에는 여러 가지 견해가 있는데, 이것들은 모두 과거에 일어났던 일에 근거하고 있다. 그렇기 때문에 사물을 지금 새롭게 경험하기가 어렵다. 오늘은 결코 앞으로 오거나, 지나간 그날처럼 좋을 수가 없게 된다.

이렇게 계속해서 생각하는 목소리가 '자신'이라고 믿지만, 사실 그것은 자신의 일부에 불과하다. 우리는 생각하는 데 중독된 상태다. 톨레에 따르면, 의식적 자아는 우리가 끊임없이 생각하도록 함으로써 우리에게 일종의 정체성을 부여한다. 그러나 이렇게 끝없이 이어지는 생각은 우리가 지금 이 순간을 온전히 즐기지 못하도록 만드는 장애물일 뿐이다.

그렇다면 어떻게 하면 이런 '생각할 수밖에 없는 상태'에서 벗어날 수 있을까? 우선은 우리의 지성이 무엇을 말하고, 무엇을 생각하는지 주의 깊게 살펴야 한다. 우리가 날마다 경험하는 생각과 감정의 소용돌이를 차분히 들여다보는 것이다. 물론 문제를 해결하고 살아남기 위해서는 생각하는 마음을 사용할 수밖에 없다. 그러나 거기서 한 걸음 물러나 약간의 객관성을 유지한 채, 그 뒤에 있는 진정한 '자신'을 끌어안으면 깨달음으로 가는 가장 중요한 발걸음을 내딛게 된다.

한순간이라도 조용히 생각하는 마음을 잠잠히 가라앉히면, 꿈꾸는 듯한 혼수상태에 빠져들지 않게 된다. 오히려 정반대의 일이 일어난다. 지금 이 순간과 우리 주변의 모든 것을 진정으로 인식하고, 고마움을 느끼며, 이 모든 것이 하나로 연결되어 있음을 감지하게 되는 것이다.

모든 문제에서 해방되는 순간

우리의 지적인 마음이 일상적으로 작용하는 방식을 감안하면, '지금'의 상태에 접근한다는 것은 매우 어려운 일일 수 있다. 그러나 그런 상태가 있다는 사실을 인정하기만 해도 '완전히 깨어 있는 시간'을 늘리는 데 도움이 된다. 예를 들어, 과거의 걱정이나 후회의 생각과 감정에 완전히 휩쓸렸다는 사실을, 그리고 그 생각들을 멈출 수 없었다는 사실을 인정하는 것이다. 지금 현재에 살지 못했다는 것을 인정할 때마다, 앞으로 그렇게 살 수 있는 가능성은 그만큼 더 커진다.

톨레는 일상생활 속에서의 규칙적인 활동을 통해 '지금 이 순간'으로 들어가라고 제안한다. 예를 들어 세수를 하거나, 자동차에 앉아 있거나, 계단을 오르거나, 숨을 쉬는 등의 일상적인 움직임 속에서 그 하나하나를 완전히 의식해보라는 것이다. 이런 행동을 기계적으로 또는 자동적으로 하면 현재를 온전히 의식할 수 없다.

톨레의 기본 원칙은 우리가 자신의 현 상황에 저항하면 할수록, 그만큼 더 큰 고통이 따른다는 것이다. '이런 일은 일어날 수 없어'라고 생각하던 일이 실제로 일어났을 때, 그 사실이 우리를 견딜 수 없게 만드는 것이다. 예를 들어, 행복하고 잘살게 될 날만을 고대하면 할수록 지금의 상황에 대한 저항은 더욱 커진다. '내가 다른 곳에 있었더라면, 다른 사람과 함께 있었다면, 다른 일을 하고 있었다면' 하는 생각은 지금의 삶을 생지옥으로 만들 뿐이다. 그렇다면 여기서 빠져나갈 길은 없는가?

톨레는 역설적인 해결책을 제시한다. 현재의 상황을 용서하고, 그것이 지금 그대로 있을 권리를 인정하라는 것이다. 비록 지금의 상황이 싫더라도, 그 '싫어함'조차 이 상황의 일부로 받아들이라는 것이다. "이건 있을 수 없는 일이야." 같은 말을 결코 되풀이해서는 안 된다.

그는 또한 사람들이 현재에 대해 가지고 있는 기본적인 실존적 기피 현상에 대해서도 언급한다. 그의 말에 따르면, 일상적인 상태의 '생각하는 마음'이란 거의 지속적인 낮은 단계의 불안, 불만, 권태, 초조함 등 일종의 배경 잡음 같은 것이다. 그래서 우리는 그런 현재로부터 도망치려 한다. 술이나 마약에 의지하고, 미래에 대한 꿈을 꾸거나, 향수 어린 눈으로 과거를 회상하기도 한다.

사실 어떤 느낌, 후회, 그리움은 우리가 가진 유일한 시간인 '현재'의 귀중함을 알아보지 못하고, 그것에 감사하지 못할 때 생겨나는 감정이다. 반대로 지금의 상황을 있는 그대로 받아들이면, 지금 일어나고 있는 일을 처리할 수 있는 길이 열리게 된다. 우리의 삶, 즉 본질적 존재는 삶의 정황과 같은 것이 아니라는 사실을 깨닫게 되기 때문이다.

지금 이 순간은 문제에서 해방된 순간이다. 문제가 존재하려면 시간이 필요하기에, 이 순간에 살면 살수록 우리는 그런 문제들로부터 자유로워진다. 톨레는 현재의 상황을 판단하려 하지 말고, 어떤 사건이 좋다거나 나쁘다고 단정하지 말며, 그저 있는 그대로 받아들이기만 하라고 조언한다. 무서움이나 싫어함을 잠시 견디고 있으면 곧 해결의 길이 드러난다.

무언가가 되려고 애쓰지 말고, 깊은 존재감 속에서 행동하면 두려움에서 해방될 수 있다. 역설적으로 이런 느긋한 상태에 있을 때, 우리가 처한 상황에서 성공하기가 오히려 더 쉬워진다. 사물을 있는 그대로 받아들이고, 그것에 맞춰 자연스럽게 적응하기만 하면 된다. 사물들이 우리가 계획한 대로 되지 않는다고 해서 기죽을 필요는 전혀 없다.

우리는 왜 사랑할수록 두려워지는가

이 책의 제8장 「깨달은 자의 관계」에서 톨레는 이렇게 말한다. "대부분의 '사랑 관계'는 오래지 않아 애증의 관계로 변한다."

사랑이나 애정이 금세 잔혹한 증오로 바뀌고, 또다시 뒤바뀌는 것이 오히려 정상적이라는 것이다. 이른바 '그 사람과 같이 살 수도 없고, 그 사람 없이 살 수도 없다'는 식이다. 우리는 이 관계에서 부정적인 면만 없애면 만사형통할 것이라 믿지만, 톨레에 의하면 결코 그럴 수 없다. 사랑과 증오의 양극은 서로 의존적인 것으로서, '동일한 역기능의 두 가지 다른 측면'이기 때문이다.

사랑을 하면 상대방은 내가 완전한 인간이라는 느낌을 갖게 해준다. 그러나 그러면 그럴수록 상대방에게 점점 중독되어, 그 사람을 잃을까 두려워하게 된다. 우리의 이기적인 자아는 완전함을 갈망하지만, 애정 관계는 결코 그런 완전함을 줄 수 없다. 사랑하면 할수록, 우리는 우리 바깥의 무엇이나 누구에게 의존하고 있다는 자의식이 싹트기 때문이다. 우리는 모두 마음속에 아픔을 품고 살아가며, 사랑할 때면 그것이 치유되는 듯한 착각을 한다. 그러나 그 아픔은 우리 안에 그대로 남아 있다가 '신혼여행'이 끝나면 다시 모습을 드러낸다.

톨레에 의하면, 참되고 지속적인 관계의 목적은 행복이나 충족감을 얻는 데 있지 않다. 우리 안의 아픔을 끌어내어 변화시키는 것, 즉 우리 자신을 더욱 의식화하는 것이야말로 이런 관계의 진짜 목적이다. 이 점을 받아들인다면 우리는 한 단계 더 성장하게 되고, 우리의 관계는 자연스럽게 꽃피게 된다. 여기에 비현실적인 기대 따위는 없다.

만약 지금의 관계가 '정신 나간 드라마'처럼 보인다면, 그곳에서 도망치려 하지 말고 오히려 더욱 깊이 들어가 그 사실을 그대로 받아들여야 한다. 톨레는 가까운 관계를 유지하는 것이 요즘처럼 어려웠던 적이 없었지만, 이런 조건은 도리어 우리의 영적 성장을 촉진하는 기회가 될 수 있다고 말한다.

이 책이 힘이 되는 순간

이 책은 무슨 대단한 성공 비결이나 전술 같은 것을 가르쳐주지 않는다. 그저 일상생활에서 일어나는 사소한 일들에 마음을 다하라고, 그리고 매 순간을 의미 있는 순간으로 만들기 위해 노력하라고 권할 뿐이다. 후회란 다른 것이 아니다. 어떤 상황에서 좀 더 완전히 가라앉지 못했다거나, 지나가버린 관계에 좀 더 몰입하지 못했다는 것 외에 무엇이 있겠는가?

몇 가지 형태의 정신질환은 내면의 대화를 차단할 능력이 없다는 점과 관련이 있다. 반면 정신적으로 건강한 사람은 생각하는 마음을 고요히 가라앉히고, 이 고요함으로부터 우리 문제의 완전한 해결책을 가져다주는 참된 존재의 상태로 들어갈 수 있는 능력을 지닌 사람들이다.

비록 이 책 역시 다른 일반적인 영성서처럼 개인적인 체험을 밝히는 형식을 취하고 있지만, 그 내용은 실천 가능한 방식으로 우리의 삶을 변화시킬 수 있는 새로운, 심지어 혁명적인 통찰을 담고 있다.

이 책의 가장 큰 장점은 문장이 놀라울 만큼 명료하고 아름답다는 것이다. 몇 번을 읽어도 물리지 않는다. 그래서 한 번만 읽어도 책에 담긴 메시지를 모두 이해했다고 여길 수도 있지만, 알다시피 그것을 실천했을 때 비로소 내용을 온전히 이해한 것이다.

BOOK 17

영적 물질주의를 해부하다
Cutting through Spiritual Materialism

쵸감 트룽빠 | 1973

영적이 되고자 하는
우리의 욕망을 들여다보기

쵸감 트룽빠 *Chögyam Trungpa*

1939년 티베트 동부에서 태어났다. 명상을 중시하는 카규파 종통의 제11대 환생으로 추대되어, 10대 후반에는 수르망 사원의 주지로 봉직했다. 1959년 중국의 티베트 침공 때 인도로 망명했고, 영국 옥스퍼드 대학교에서 공부한 뒤 1967년 스코틀랜드에 서양 최초의 티베트 불교 수행센터인 '삼예링'을 설립했다. 그는 미국과 캐나다, 유럽을 오가며 수백 회가 넘는 강연과 세미나를 펼쳤으며 전세계에 100개가 넘는 명상 센터를 건립했다. 대표작으로, 영적 수행의 길에서 흔히 빠지는 자기중심적 함정을 지적한 『영적 물질주의를 해부하다』를 남겼다.

"일반적인 통념에 따르면 자비란 그저 친절하고 따뜻하게 대하는 것을 뜻한다. 그러나 참된 자비는 이기적 자아의 관점에서 보면 거칠기 그지없다. 자비는 자아가 자신을 지키려는 욕구를 전혀 고려하지 않기 때문이다. 참된 자비란 '미친 지혜'이다. 완전히 지혜롭지만, 동시에 미친 것이기도 하다. 그것은 자신의 안위를 지키려는 자아의 단순하고 문자적인 마음의 시도들을 거들떠보지 않기 때문이다."

『영적 물질주의를 해부하다』는 불교 스님이자 학자인 쵸감 트룽빠가 1970년과 1971년에 한 강연을 바탕으로 엮은 책이다(국내에는 『마음 공부에 관하여』라는 제목으로 번역·출간되었다-옮긴이). 당시 그는 콜로라도에 명상센터를 세우는 중이었는데, 영적인 길에 대해 비현실적인 기대를 품고 몰려드는 학생들의 모습을 주의 깊게 관찰하게 되었다. 그들은 진리에 대해 진지했지만, 그 길을 찾는 진짜 동기는 '자신에 대해 좋은 기분을 느끼고 싶다'는 욕망이었다.

여러 해 동안 다양한 영적 수련을 해온 사람들에게 이 책은 충격으로 다가올 수 있다. 영적으로 앞서간 사람들을 따르려는 마음속에도 여전히 이기적 자아가 숨어 있음을 가차 없이 드러내기 때문이다. 트룽빠는 그런 마음을 갖는 것 자체가, 곧 이기적 자아가 여전히 살아 있음을 보여주는 증거라고 말한다.

책의 앞부분에서는 우리가 깨달음을 향해 가고 있다고 착각하게 만드는 여러 함정들을 분석한다. 이어지는 장에서는 사성제(四聖諦), 공(空), 보살 등의 개념을 통해 참된 영적 길이 무엇인지를 탐구한다. 여기서는 그중 첫 부분에 초점을 맞추어 살펴본다.

물질주의의 주인들

'영적 물질주의'란 무엇인가? '영적'이라는 말과 '물질주의'라는 말은 분명 서로 어울릴 수 없는 것처럼 보인다.

티베트 불교에서는 우리가 받들고 있는 세 가지 물질주의의 '주인'이 있다고 말한다. 첫째는 모양의 주인, 둘째는 말의 주인, 셋째는 마음의 주인이다.

트룽빠에 따르면, 모양의 주인은 "다루기 편하고 안전하며 예측 가능하고 즐거운 세상"을 만들려는 우리의 시도를 나타낸다. 삶의 예측 불가능성에 대한 대응으로, "이기적 자아는 귀찮은 모든 것을 피하면서 자기 자신을 지키고 보존하려" 한다.

말의 주인은 실재를 직접 경험하지 않아도 되도록, 모든 것을 범주로 분류하고 개념으로 바꾸려는 우리의 시도를 가리킨다. 모든 것이 우리가 미리 설정해놓은 인식의 틀을 통해 걸러지는 것이다. 모양의 주인과 마찬가지로, 이러한 형태의 물질주의의 목적 역시 우리 주변 세계와 그 속에서의 우리의 자리를 공고히 히려는 데 있다.

마음의 주인은 분리된 자아가 갖고 있는 의식을 유지하려는 우리의 노력을 나타낸다. 사람들이 일반적으로 알고 있는 것과 달리, 요가나 기도, 명상을 통해 자의식을 더 큰 무엇으로 흘려보내 없애는 것이 아니라, 오히려 그 자의식을 그대로 유지하는 것이 여기에 속한다. 세상과 분리된 채 동굴 속에 살면서 신에게 더 가까이 가고자, 삶의 모든 성가신 일들을 피하려는 사람들이 바로 이러한 마음의 주인을 섬기고 살아가는 전형적 예다.

트룽빠는 이기적 자아가 자기를 독립적인 실체라 의식하는 한, 아무것도 새로운 것을 받아들일 수 없고, 그 결과 영적 수련을 흉내만 낼 뿐 그것으로 변화하려 하지 않게 된다고 말한다. 이기적 자아는 자멸할 수 있는 일은 하지 않으며, 자신의 정체성을 확인해줄 수 있는 것만 찾는다. '종교적'이 되는 것조차, 이런 목적에 부합할 때에만 또 한 겹의 자의식 껍질로 받아들인다. 이것이 바로 '영적 물질주의'이다.

반면 참된 영성은 이러한 껍질들을 하나씩 벗겨내어, 이기적 자아가 우리의 행동이나 의식을 좌우하지 못하게 한다.

단단한 자아의 허상

트룽빠는 이렇게 영적 물질주의와 참된 영성을 구분함으로써, 우리가 당연히 영성이라고 여기는 것을 다시 검토하게 한다. 우리는 단순히 자신을 훌륭한 영적 존재라고 여기며 정체성을 지탱하려 애쓰는 것일까, 아니면 정말로 자신을 열어보고 그 속에 무엇이 들어 있는지 알아볼 준비가 되어 있을까? 사실 그 안에는 우리가 무슨 일이 있어도 보호하려는 단단한 자아가 들어 있을지도 모른다.

이처럼 충격적인 사실을 인정한 다음에야 비로소 우리는, 우리가 사실 영적 길이나 그와 관련된 것을 추구하는 것이 아니며, 더 위대한 우주적 정신에 자신을 몰입시켜 스스로를 잃어버리고자 하는 것도 아니라는 현명한 결론에 이르게 된다. 우리는 생각 구석구석에 숨어 있는, 심지어 영적 삶을 살겠다는 그 숭고해 보이는 염원 속까지 파고든 이기적 자아가 실존을 사로잡고 놓아주지 않는다는 사실을 깨닫게 된다. 우리는 어쩔 수 없이 정신적 주인을 섬기는 종이라는 것이다.

트룽빠에 따르면, 바로 이때가 우리가 진정한 통찰에 이를 수 있는 순간이다. '나는 나를 보호하려는 생각의 보따리 이상이 아니구나.' 하고 자각하는 순간, 변화될 수 있는 기회가 생긴다. 생각을 많이 하면 할수록, 우리가 우리의 생각에 불과하다는 확신은 더욱 강해진다. 이처럼 걱정하고 불안해할 때, 생각하는 자아보다 더 현실적으로 보이는 것은 없다. 이기적 자아는 우리에게 '생각 이상은 아무것도 없다'고 믿으라 한다. 그렇게 해서 이기적 자아는 바위처럼 단단하고, 빠져나올 수 없이 견고한 현실 혹은 실재가 된다.

명상이나 참선의 진정한 목적은 이와 정반대로, 우리가 가진 기존의 범주나 고정관념들을 증발시키고, 튼튼해 보이는 것이 본래의 모습대로 드러나도록 하는 것이다. 우리가 존재를 증명하려 몸부림칠 필요가 없음을 보게 될 때, 우리는 올바른 정신과 깨달음으로 나아가는 길에 들어선 것이다.

특별할 것 없는 영적 길

트룽빠의 관찰에 의하면, 이기적인 자아는 수련회나 피정(避靜)에 참석하는 것, 채식주의자가 되는 것 등 영적 추구와 관계된 영웅적 행동을 좋아한다. 이런 경험들은 무지하고 부정적인 자아를 뒤로 하도록 하는 것 같기 때문에, 이를 통해 뭔가 되는 듯한 기분을 맛볼 수 있다. 그러나 언제나 이런 경험에서 내려와 우리의 옛 자아로 돌아갈 수밖에 없다. 트룽빠에 의하면, 우리는 "아슈람에 들어가기 위해 양복을 벗어던지지만, 이런 멋들어진 변화도 결국 이제 나는 나의 삶을 바꾸기로 했다고 하는 '나'라는 의식으로 무장하는 결과를 낳게 된다."

이기적인 자아가 그 이기적인 자아를 '잃어버리려는' 의도마저 좌지우지한다는 사실을 똑똑히 볼 수 있을 때, 그제야 비로소 어떤 대단한 깨달음을 얻고자 했던 분투(노력)를 멈추고 사물을 있는 그대로 받아들일 수 있게 된다. 그럴 때 비로소 우리는 영적 쇼핑을 그만두고, 이런 경험들을 통해 우리가 이룰 수 있을 것이라 믿는 그 대단한 자아가 아니라, 있는 모습 그대로를 가지고 살아갈 결의를 다질 수 있다. 우리가 영적인 척하는 언행에 대해 스스로 '허허' 하고 웃을 수 있을 때, 그제야 비로소 우리는 진정한 영적 길을 갈 수 있는 것이다.

반면, 열광적인 신앙 집단에 속한 열성파는 유머 감각을 상실한 사람들이다. 모든 것을 이분법적으로 보는 그들은 스스로 "길을 찾았다"고 여긴다. 그들이 안심하는 것은 이 세상을 단순화해서 보기 때문이다. 그들은 현실을 있는 그대로 받아들이지 않고,

자신을 현실에서 멀어지게 하는 신념에 따라 살아간다. 그들은 자기들이 안정을 찾아 헤맨다는 사실을 인정하지 않지만, 사실 이것이 그들이 얻은 바의 전부이다. 트룽빠가 지적하듯, 이 모든 것이 이기적 자아가 하는 일이다. 만사를 더욱 확실히 하고, 제 자신을 더욱 안전하게 지키려는 것이다.

참된 영성은 좀 더 일상적이고, 심지어 지루하기까지 하다. 우리는 희망을 접고, 실망에 익숙해져야 한다. 실망이란 지성의 표지이다. 트룽빠에 의하면, 실망이란 "이기적인 자아의 존재와 그 꿈에 동조하지 않을 때 오는 것이기 때문이다. 실망이란 이기적 자아 너머에 무엇인가가 있다는 것, 자기 기만적이지 않은 자아가 있다는 것을 알려주는 것"이기도 하다. 우리는 자신에게 다짐해야 한다. "나는 즐겨 눈을 열어 삶의 환경을 있는 그대로 보겠다. 나는 그 환경 자체를 영적이나 신비적인 것으로 보지 않겠다."

스즈키의 『선심 초심』에도 비슷한 이야기가 나오지만, 영적 길이란 일단 그 길에 있으면 전혀 특별할 것이 없다는 것이 이 책이 보여주는 역설이다. 신조니 이론이니 구원 환상이니, 우리 삶 위에 옥상옥(屋上屋)처럼 쌓여 있는 그렇게도 많은 정신적 구조물 없이 삶을 그저 있는 그대로 보라는 것이다.

어떤 영웅도 대신해줄 수 없는 길

트룽빠는 사람들이 길거리나 식당에서 우연히 부딪히면 누구도 자기 말에 귀 기울이지 않지만, 자기가 티베트 출신으로 트룽빠 툴쿠의 11대 환생이라는 사실을 알면 갑자기 열광적인 태도를 보인다고 말한다. 그는 이와 비슷한 현상이 영적 지도자를 찾은 사람들에게서 흔히 나타난다고 지적한다.

사람들은 이른바 영적 지도자를 만나면, 그가 우주의 신비를 여는 열쇠라도 가진 양 열광한다. 그러나 이 단계를 지나면, 참된 영적 길에서는 아무도 자신을 대신해 뭔가를 해줄 수 없다는 것, 지루한 현실을 통해 우리가 직접 해야 한다는 사실을 발견하고 충격을 받는다.

트룽빠가 말하는 또 하나의 비밀은, '좋은 것만을 찾거나 빛에만 초점을 맞추는 일'을 하지 말아야 한다는 것이다. 참된 영성은 좋은 것, 나쁜 것, 밝은 것, 어두운 것을 전체의 일부로 여기고, 모두 다 그대로 받아들이는 것을 의미한다. 좋기만 하려 하고 나쁘지 않으려는 것은 이분법이다. 우리는 있는 그대로를 모두 경험하기를 원해야 한다.

이 책이 힘이 되는 순간

수많은 뛰어난 저작과, 미국을 비롯한 세계 곳곳에 명상센터 및 교육기관을 창설한 업적 등으로 트룽빠는 20세기 불교계에서 손꼽히는 중요한 인물이 되었다.

그러나 그는 전형적인 티베트 승려와는 거리가 있었다. 자기의 서원을 어기고 결혼했으며, 그의 이른 죽음이 간경화증 때문이라고 할 정도로 음주와 흡연을 즐기고, 제자들과의 성적 관계도 있었다. 그러나 그는 이 모든 것이 자기가 영적 교사로서 하는 일들과 모순된다고 여기지 않고, 오히려 이를 '미친 지혜'나 자연스러운 자발성으로 보았다.

그에 대한 평가가 엇갈릴 수는 있지만,『영적 물질주의를 해부하다』는 동양철학과 영성 사상 전반에서 획기적인 저작임은 분명하다. 스즈키 순류나 파라마한사 요가난다처럼 전통적 동양 종교를 서양에 가져와 그 특성을 그대로 유지한 인물들과 달리, 트룽빠는 현대 미국인의 삶을 살며 세속적 의식 구조를 정면으로 바라보고 영성의 본질을 드러냈다.

그는 영적 길을 찾는 이들이 스스로 베푸는 존재가 되지 못하고, 단순한 문화 체험 수집가로 전락할 위험이 있다고 경고한다. 또한 영성에 접근할 때는 지나친 경건함이나 카리스마 있는 구루(종교 지도자)보다, 엄격한 지성이 필요하다고 강조했다.

이러한 현실적 관점은 단순한 영감이 아닌 진정한 해답을 찾는 이들에게 강한 울림을 준다. 수많은 영적 길과 경험이 난립하는 시대에, 그의 가르침은 영적 암초에 부딪혀 길을 잃지 않도록 안내하는 등대와 같은 역할을 한다.

3부

신을 만나고, 우주를 알다

존 니이하르트,
『블랙 엘크 말하다』

에픽테토스,
『엔키리디온』

아브라함 조슈아 헤셸,
『안식일』

윌리엄 제임스,
『종교적 경험의 다양성』

카를 구스타프 융,
『기억, 꿈, 성찰』

C. S. 루이스,
『스크루테이프의 편지』

존 오도나휴,
『아남 카라』

헬렌 슈크먼·윌리엄 테트포드,
『기적 수업』

이드리에스 샤,
『수피의 길』

스타호크,
『나선무』

파라마한사 요가난다,
『어느 요기의 자서전』

BOOK 18

블랙 엘크 말하다
Black Elk Speaks

존 니이하르트 | 1932

보이는 것, 보이지 않는 것,
그리고 우리 모두

존 니이하르트 *John G. Neihardt*

존 니이하르트는 미국 시인이자 작가로, 서부 개척 시대의 서사적 전통과 원주민의 이야기를 글로 기록했다. 1930년, 정보를 수집하고자 네브래스카를 여행하던 중 그는 라코타족의 영적 지도자 '블랙 엘크'를 만나 그 파란만장한 생애와, 유럽 문명 아래에서 자기 민족이 처할 어두운 미래에 관해 그가 받은 환상에 대해 듣는다. 존 니이하르트는 이 이야기를 『블랙 엘크 말하다』라는 책으로 정리해 출간했다. 시적이고 서정적인 문체로 기록된 이 작품은 1960년대 미국 원주민 문화와 종교에 대한 관심이 높아지면서 베스트셀러가 되었고, 심리학자 카를 융이 관심을 표명한 후 더욱 널리 알려졌다.

"이것은 거룩한 삶에 관한 이야기이며, 들려주고 싶은 이야기다. 네 발 달린 것들, 하늘을 나는 날개 달린 것들, 땅의 푸른 것들과 함께 살아가는 우리 두 발 가진 모두의 이야기다. 이 모든 것은 한 어머니의 자손이요, 그들의 아버지는 한 영이시다."

"내가 받은 환상이 나보다 더 큰 자격을 지닌 이에게 주어졌다면 얼마나 좋았을까, 후회스럽기 그지없다. 왜 아무 힘도 없는 늙은이인 나에게 그것이 주어졌는지 알 수 없다. 나는 그 환상이 준 힘으로 남녀노소의 병을 고쳐주었지만, 정작 내 민족을 구할 수는 없었다."

이 책의 핵심은 블랙 엘크의 환상들이다. 그에게 나타난 환상은 분명히 신령한 성격의 것이었다. 그러기에 니이하르트와 이를 함께 나눈다는 것이 그렇게도 중요한 것이었다. 블랙 엘크는 겨우 다섯 살밖에 안 된 나이에 이 음성을 듣기 시작했다. 그러나 무서워서 어느 누구에게도 이런 이야기를 할 수 없었다. 이런 현상은 그의 어린 시절 내내 계속되었다. 그러다가 아홉 살 때 가장 중요한 환상을 목격했다.

이 환상은 그의 몸까지 병들게 했다. 환상 속에서 블랙 엘크는 그의 백성들이 받들고 있는 '여섯 할아버지들(정신적인 주인들)' 앞에 서 있었는데, 그들은 그를 데리고 우주여행을 하며 여러 가지 위대한 신비를 밝혀주었다. 그들은 블랙 엘크에게 세상에서 그가 차지하는 위치와, 그가 그의 백성들을 위해 해야 할 의무에 관한 더 큰 그림을 보여주려는 것 같았다.

그러나 그때는 너무 어려서 자기가 본 것이 무슨 뜻인지 전혀 종잡을 수 없었고, 그래서 자기가 본 환상의 뜻을 실천하기까지는 여러 해가 흘렀다. '스탠딩 베어'라는 그의 친척의 이야기에 의하면, 블랙 엘크는 이런 환상들을 본 다음부터 다른 아이가 되었고, 시간이 지나면서 그런 환상이 그에게 초능력이나 치유 능력 같은 것을 주는 것이 분명했다.

환상을 보는 소년

블랙 엘크의 유명한 사촌인 크레이지 호스의 죽음 이후 서서히 침입해 들어온 '와시추(백인)'들은 라코타족에게 인디언 보호구역으로 이사하라고 명령했다. 블랙 엘크를 포함하여 몇몇은 동족을 떠나 '할머니의 땅' 캐나다로 가기로 했다. 캐나다는 백인들의 위협에서 안전할 수 있으리라 생각했다. 그러나 혹한으로 그들은 아사 지경에 이르렀다. 블랙 엘크가 심령술을 통해 자기들이 먹을 음식이 들소의 형태로 그들에게 이르리라는 것을 알아낸 다음에야 그들은 살아날 수 있었다.

하지만 10대 소년인 블랙 엘크에게 이런 초능력은 혼자 감당하기에 너무나도 버거운 것이었다. 새와 짐승들까지 그에게 말하기 시작했다. "때가 되었다, 때가 되었다!" 그는 무엇을 할 때가 되었다는 건지 도통 알 수가 없었다. 마침내 블랙 엘크는 나이가 많은 박수(남자 무당)에게 자기가 본 환상을 이야기했다. 박수는 당장 블랙 엘크가 전에 본 '말 춤(horse dance)'을 추도록 주선했다. 백인들과 전쟁을 벌일 때 이 춤은 인디언 병사들에게 힘을 실어주고, 또 부상을 고쳐주기도 했었다.

그러나 블랙 엘크는 자기가 동족을 진정한 의미에서 도울 수 있는 자격이 없다는 사실에 늘 괴로워했다. 그는 다른 훌륭하고 자격을 갖춘 사람들이 있는데 왜 자기에게 이런 짐이 지워졌는지 계속 의구심을 품었다. 그는 자기가 백성들에게 실패를 안겨주었다고 생각하고, 또 자기의 힘이 백인들의 강제 점령으로 생긴 문제를 해결하기에 역부족임을 안타까워했다.

비록 많은 환상에서 눈부신 아름다움을 목격하고, 또 우주의 하나 됨과 자연 속에서 서로 연결되어 있다는 것을 깨닫기도 했지만, 환상은 또한 잔혹한 압박이라는 그들의 어두운 미래를 비추기도 하고, '네모난 회색 집들'에 살고 있는 수많은 인디언들과 무차별로 살육되는 들소를 보여주기도 했다. 불행하게도 블랙 엘크는 그의 환상에 나타난 더욱 곤혹스러운 광경들이 실제로 벌어지는 것을 보아야만 했다.

신령한 활을 들고 나선 전사들

책에는 수많은 인디언들과 백인들 사이에 있었던 중요한 전투 광경이 놀라울 정도로 생생하게 묘사되어 있다. 블랙 엘크는 미국 역사상 손꼽히는 잔혹한 광경, 운디드니 대학살에 대해 시종일관

차분하게 이야기한다. 그래서 그 이야기가 더 큰 감동을 안겨준다.

운디드니에 500명의 병사들이 집결해 있다는 사실을 알고, 블랙 엘크는 전투 바로 전날 밤 뭔가 엄청난 것이 다가온다는 것을 감지했다. 다음 날 그는 신령한 능력을 지닌 '귀신 옷'을 입고, 얼굴에 칠을 한 다음 말을 타고 전장으로 나갔다. 그가 소지한 무기란 신령한 활밖에 없었다.

이 악명 높은 사건은 사실 단순한 오해에서 비롯되었다. 당시 백인 장교 한 명이 탄약을 수집하던 중 총에 맞았다. 라코타 인디언들은 무장한 백인 군인들의 공격을 받았지만, 공격 전에 이미 총을 다 넘겨준 터라 방어할 무기가 없었다. 블랙 엘크는 특히 백인 군인들이 도망가는 라코타족 사람들을 뒤쫓아 무차별로 사살하는 바람에 죽어간 무고한 갓난아이와 어린이, 여자들의 시체 더미를 처절하게 묘사한다.

사실 라코타족은 전투에서 마냥 당하지만은 않았다. 블랙 엘크도 백인 병사들을 죽여 머리 가죽을 벗긴 일이 있다고 썼다. 그러나 그는 그 행동을 후회하지 않는다. 그곳은 자신들의 땅이었고, 자기는 전사로서 마땅히 그 땅을 방어해야 했으니까.

백인 세계로 떠난 자연의 영혼

『블랙 엘크 말하다』는 미국 원주민 문화, 특히 그들이 품고 있는 동물과 자연에 대한 깊은 애정을 보여주는 일화와 묘사로 가득하다. 블랙 엘크가 새들과 네 발 달린 짐승들, 하늘, 식물 등과 맺은 친밀한 관계는, 이에 대한 이해 없이는 그의 삶을 상상할 수 없을 정도로 중요한 자리를 차지한다. 그래서 책에는 1년 열두 달의 이름처럼 자연을 가리키는 인디언 원주민의 낱말이나 어구가 양념처럼 등장한다. 예를 들어 9월을 '송아지 털이 자라는 달'이라 한다든가, 12월을 '펑 소리 나는 나무들의 달'이라 하는 것 등이다.

그러나 아무리 자연과 더불어 살더라도 사람들이 언제까지나 고립된 채로 살 수는 없는 노릇이었다. 블랙 엘크는 백인들의 생활 방식을 직접 체험해보고, 백인들에게 자기들의 존재를 알리고자 스물세 살 나던 해에 '큰물'을 건너 유럽으로 갔다. 집이 몹시 그리웠지만, 그는 6개월 동안 런던에 머물면서 버펄로 빌의 유명한 '와일드 웨스트 쇼'에 진귀한 볼거리로 출연하기도 했다. 이런 굴욕적인 경험을 하면서 그의 환상도 점차 사라지기 시작했다. 그는 이것을 정신이 약해지는 증거라고 생각했다.

물론 유럽에서 우울한 일만 있었던 것은 아니다. 그는 빅토리아 여왕을 만나고 버킹엄 궁전에 초대까지 받았다. 블랙 엘크의 말에 따르면, 빅토리아 여왕은 그와 그의 동족인 라코타 남자들이 자기가 본 남자들 중에서 가장 잘생겼다며 "당신이 나에게 속한 남자라면, 이런 쇼에 데리고 다니게 하지는 않을 것"이라고 말했다.

블랙 엘크는 맨체스터에서 7개월을 보낸 뒤 파리로 건너갔는데, 그러는 내내 한시도 동족의 안위를 생각하지 않은 적이 없었지만 미국으로 가는 여비를 구할 수가 없었다. 그는 파리에서 또 하나의 중요한 환상을 보았다. 이 환상에서 그는 자신의 정신이 몸을 떠나 집으로 돌아가는 경험을 했다. 이 부분은 책 전체를 통틀어 가장 감동적인 장면 중 하나로, 특히 사랑하는 이들과 오래

떨어져 지낸 적이 있는 사람에게는 더욱 깊은 울림을 준다.

이 책이 힘이 되는 순간

특정한 신앙 체계를 다룬다는 점에서 『블랙 엘크 말하다』는 전통적인 의미의 영적 고전에는 속하지 않는다고 할 수도 있다. 그러나 영과 물질을 분리해 보는 서양식 사고방식과 달리, 세상이 영적 의미로 충만하며 자연의 모든 것이 신령하다고 믿은 한 종족의 이야기를 이보다 감동적으로 기록하기는 어렵다.

비록 나중에 책의 내용 중 얼마만큼이 블랙 엘크의 말이고, 얼마만큼이 니이하르트의 글인가 하는 논란이 있었지만, 블랙 엘크의 회고라는 원재료를 책의 형태로 바꾼 니이하르트의 노고가 없었다면 이러한 감동적인 문학작품이 되기는 어려웠을 것이라는 점은 확실하다. 두 사람은 깊은 유대감 속에서 블랙 엘크의 환상을 라코타 인디언 사회 밖의 사람들에게 알리고, 더 나아가 그것을 인류 공동의 유산으로 만들겠다는 더 큰 목적의식을 분명히 공유하고 있었다.

블랙 엘크는 자신이 자기 백성들을 위해 해야 할 임무를 완수하지 못했고, 또 그가 진정으로 걸어가야 할 삶을 살지 못했다는 절망감을 계속해서 토로하지만, 그는 자신의 환상을 다른 사람들과 나눔으로써 더 큰 이해라는 유산을 남긴 셈이다. 만약 그가 지금까지 살아 있었다면, 자신의 말과 삶이 동족을 넘어 외부 세계에 끼친 영구한 영향력에 놀라워하고 기뻐했을 것이다. 그는 읽고 쓸 줄조차 몰랐지만, 니이하르트가 암시하듯 진정한 의미에서 홀

룽하게 교육받은 사람이었다. 비록 여러 가지 어려움 끝에 얻은 것이었지만, 그는 보통 사람들이 결코 알 수 없는 것들을 깊이 통찰하는 힘을 지니고 있었다.

BOOK 19

엔키리디온
Enchiridion

에픽테토스 | 1세기

원하는 대로가 아니라,
있는 그대로

에픽테토스 *Epictetus*

에픽테토스는 서기 55년, 오늘날 터키 파묵칼레 지역인 히에라폴리스에서 태어났다. 소년 시절 에파프로디투스의 노예 신분으로 로마에 이주했으며, 스토아 철학자 무소니우스 루푸스에게서 공부했다. 89년경 도미티아누스 황제에 의해 추방된 뒤, 그리스 니코폴리스에 학교를 세워 귀족 자제들을 가르쳤고, 그의 가르침은 제자 플라비우스 아리아누스에 의해 『강화(Discourses)』와 『엔키리디온』으로 전해졌다. 에픽테토스는 결혼하지 않았고 자녀도 없었으며, 철학자로서 긴 생애를 마치고 135년에 세상을 떠났다.

"그대는 배우이며, 연극의 배역은 작가가 정한다는 것을 기억하라. 짧은 역할이면 짧은 대로, 긴 역할이면 긴 대로 최선을 다하라. 가난한 이의 역할이든, 관리나 사사로운 개인의 역할이든 주어진 배역을 자연스럽게 소화하라. 주어진 역할을 잘 해내는 것이 그대의 의무이고, 무슨 역을 선택할까 하는 것은 다른 이의 소관이기 때문이다."

"사람을 괴롭히는 것은 사건 그 자체가 아니라, 그 사건에 대한 그들의 생각이다."

에픽테토스는 고대 로마의 노예였다. 그의 상전 에파프로디투스는 네로 황제의 개인 경호원이었다. 에픽테토스는 상전이 네로의 계승자인 도미티아누스에게 죽임을 당한 후 노예 신분에서 벗어났다.

에픽테토스가 노예 신분일 때 철학 강의를 들을 수 있는 기회를 얻지 못했다면, 또 어른이 되어 자유인으로서 스토아 학파의 전통에 속하는 훌륭한 철학자가 되지 못했다면, 그의 삶은 그야말로 별 볼 일 없는 것이 되고 말았을 것이다. 노예에서 철학자가 되었다는 것은 놀라운 도약이었으며, 이러한 개인적 경험은 그로 하여금 인간의 조건에 대해 비상한 통찰을 갖게 했을 것이다.

에픽테토스는 직접 저술을 남기지 않았다. 나중에 알렉산드로스 대왕의 전기를 쓴 그의 제자 아리아누스가 스승의 사상을 기록하여 여덟 권의 『강화』를 지었는데, 오늘날에는 그중 네 권만이 전해진다. 이 『강화』의 정수를 뽑아 만든 책이 바로 『요람』, 곧 『엔키리디온』이다. '엔키리디온'은 그리스어로 '핸드북(Handbook)'이라는 뜻이다.

그렇다면 스토아 철학이란 무엇인가? 기원전 300년 무렵 그리스에서 발생한 스토아 철학은 하나의 사상 체계로서 주로 고대 로마에서 큰 영향력을 발휘했다. 이 철학의 지적·영적 특성을 살펴보면, 섭리 혹은 보편적 원리에 순응하는 것 외에도 마음의 독립성, 삶과 감정의 절제, 상실이나 죽음을 두려워하지 않는 태도 등이 포함된다. 여기서는 에픽테토스가 이러한 스토아적 방식을 어떻게 정리했는지를 살펴보기로 한다.

수용의 철학

오 제우스시여, 저를 인도하소서.
그리고 오 당신, 운명이시여,
당신께서 제게 걸어가라 명하신 그 길을
이제 따를 준비가 되었나이다.
만약 제가 따르지 않기로 한다면,
저는 저 스스로를 비참한 인간으로 만드는 것이니,
그럼에도 여전히 따라야 하리이다.

이것은 『엔키리디온』의 마지막에 나오는 구절로, 스토아 학파의 '수용(受容)의 철학'을 요약한 말이다. 인간은 그리스 신화의 창조신 제우스에게 순복함으로써 우주와 조화를 이루며, 이를 깨달을 때 고귀한 마음의 평정을 얻을 수 있다는 뜻을 담고 있다. 누구나 삶에서 맡은 역할이 있기 때문에, 그 분명한 운명에 맞서 싸우려는 것은 우리를 비참하게 만들 뿐이라는 것이다.

또 한 명의 위대한 스토아 철학자인 마르쿠스 아우렐리우스는 이 생각을 다음과 같이 표현했다. "그대에게 주어진 운명의 무늬로 짜여져 그대에게 이르는 그것만을 사랑하라. 그 이외에 무엇이 그대의 필요에 더 적절히 부응할 수 있겠는가?" 에픽테토스의 가르침에 따르면, 우리가 가장 극심한 고통을 느끼는 순간은 어떤 사건이 일어난 사실을 그대로 받아들이기를 거부할 때이다.

그는 「인간이 어느 경우에나 적절한 성품을 유지할 수 있는 방법」이라는 글에서 이렇게 말했다. "무엇이든 '참을 수 없다'고 느껴지는 일이 있을 때, 그것에는 반드시 합리적인 이유가 있다고 생각해보라. 그러면 참을 수 있게 된다."

사건 자체는 반드시 고통스러운 것은 아니다. 그것이 아무런 이유 없이 일어난 것이라 느낄 때 우리는 더욱 비참해진다. 그러므로 신의 섭리를 합리적인 것으로 받아들일 수 있다면, 모든 일에는 반드시 그럴 만한 이유가 있다는 사실을 사실을 알고(물론 우리의 제한된 안목으로는 그것을 완전히 알 수는 없지만) 일단은 안심할 수 있다.

소크라테스는 자발적으로 감옥에 가고 죽음을 맞이했다. 그는 왜 몸부림치지 않았을까? 자신의 운명을 차분히 받아들인 덕에 덕에 정신적인 자유를 유지할 수 있었기 때문이다. 에픽테토스는 이런 태도를 보여주는 다른 예로 아그리피누스의 이야기를 들려준다. 아그리피누스는 로마 상원이 자신을 재판에 회부했다는 소식을 듣고도 평소처럼 운동을 하고 목욕을 했다. 그 재판의 결과로 유배되거나 사형당할 수도 있었지만, 유죄 판결 소식을 듣자 괴롭게 울부짖는 대신 조용히 판결의 내용을 물었다. '유배'라는 말을 들은 그는 담담히 떠날 채비를 했다.

아그리피누스는 이렇게 말했다. "나는 나 자신에게 방해가 되지 않는다." 사나운 감정으로 자신의 내적 평화와 결의를 깨트릴 수 없다는 뜻이다. 그는 운명을 완전히 받아들임으로써 평정심을 얻을 수 있었다. 그는 이것을 그 어떤 명예나 재물보다도 더 귀하게 여겼다.

다리가 아프다고 마음까지 아파야 하는가

에픽테토스는 인간도 먹고 마시고 성생활을 하고 잠을 잔다는 면에서 동물이기는 하지만, 인간의 책무는 이 세상이 무슨 뜻인지 알고 이 세상에서 자기가 차지하는 위치를 이해하는 것이라고 했다.

이러한 깨달음에 이르면 우주의 움직임을 주관하는 지적 존재에게 고마움을 느끼고, 또 사물을 초연하게 바라볼 수 있게 된다. 우리 존재가 주는 선물은 물질적인 것만이 아니다. 그것은 무엇이든 견딜 수 있는 힘, 그리고 영혼의 위대함을 이끌어낼 수 있는 힘이기도 하다. 이 선물은 청각이나 시각과 마찬가지로 우리의 일부분이다.

에픽테토스는 우리가 겪는 어려움들을 '링에서 상대를 붙들고 씨름해야 하는 젊은이'에 비유한다. 신의 목적은 우리가 패배당하도록 하는 것이 아니라, 그런 싸움을 통해 우리가 올림픽 선수가 되도록 하는 데 있다. 그래서 정욕의 유혹을 받으면 그것을 자제심을 기르는 기회로 삼고, 육체적인 고통을 당하면 그것을 지구력을 키우는 절호의 기회로 여기며, 누가 소리를 치면 인내심을 배양하는 데 이보다 더 좋은 기회가 어디 있겠는가 생각하라는 것이다.

본인이 노예였기 때문에 에픽테토스는 집안일과 관련된 예를 많이 든다. 주인은 노예가 기름을 조금 흘리거나 포도주를 약간 훔치더라도 그것을 용서해야 한다. '이런 약간의 비용으로 마음의 동요에서 벗어나는 자유를 살 수 있기' 때문이다. 다른 사람이 화나게 만들면, 그 사람도 우리와 마찬가지로 '제우스 신께 바쳐질 귀한 제물'이라는 사실을 기억하면 된다. 그렇지 않고 그들을 공격하면 우리는 스스로 해를 입히는 것이고, 또 우리가 모두 공유하는 같은 인간됨을 망각하는 것이다.

에픽테토스는 우리를 못살게 하는 것은 어떤 실제적 사건 자체가 아니라, 그 사건을 보고 내리는 우리의 해석이라는 유용한 가르침을 전한다. "다리를 저는 것은 다리가 아픈 것이지, 우리의 마음이 아픈 것은 아니다." 불편한 다리로 인해 걸을 수 없을지는 모르지만, 그 때문에 왜 우리가 불행해져야만 하는가? 이처럼 에픽테토스가 보기에는 어떤 사건에도 단 한 가지 반응만 있으라는 법이 없다.

더 나아가, 삶에 따라오는 모든 불편과 고통은 우리가 이 세상의 경이로움을 목도하는 목격자로 만들어준다는 점을 고려하고 헤아려야 한다. 삶의 여러 가지 곤경에도 불구하고 이런 관점을 지니는 것은 그 어느 것보다 귀하다.

삶의 주사위 앞에서 우리가 할 수 있는 일

에픽테토스는 말한다. 어떤 것은 우리 힘으로 할 수 있고, 어떤 것은 그렇게 할 수 없다고. 삶의 주사위가 어떻게 던져질지 우리는 조종할 수 없다. 우리가 조종할 수 있는 것은, 일단 주사위가 던져졌으면 그 결과를 가지고 어떻게 할 것인가 하는 것뿐이다. 이런 차이를 감지하지 못하면 끝없는 불안의 늪으로 빠질 수밖에 없다.

질병이나 죽음이나 가난을 피하려고 하면 비참하게 살 수밖에 없다. 이 중 어느 것도, 특히 죽음의 경우, 우리가 어찌할 수 없기 때문이다. 행복은 우리의 생각이나 행동이나 반응처럼 우리가 조종할 수 있는 것들을 잘하는 데서 생겨난다. 평화는 우리가 생각을 다스리고, 욕망과 싫어하는 마음을 최소한으로 줄이고 사는 단순한 삶에서 온다.『엔키리디온』제21조에 다음과 같은 말이 있다.

죽음이나 추방, 그리고 무섭게 여겨지는 다른 모든 것들, 특히 죽음이, 매일 그대의 눈앞에 나타나게 하라. 그러면 그대는 결코 비열한 것을 생각할 수도 없고, 지나치게 욕심을 부릴 수도 없을 것이다.

불행이 닥쳐올 때, 그것이 다른 사람의 일일 때는 "세상 일이 다 그런 거야."라고 말한 적이 있을 것이다. 그러나 가까운 이가 죽거나 하면 상황은 달라진다. 우리는 눈물을 흘리며 "어떻게 이런 일이 있을 수 있는가!" 하며 슬퍼한다. 이처럼 다른 사람과 나에게 적용하는 판단 기준은 다르다. 깨달은 사람은 "다 그런 거야."라는 말을 '자신'의 인생사에 적용하는 사람이다. 아무리 불행한 일이라 하더라도 그것이 자연의 법칙에 따라 일어난 일임을 인정하는 것이다.

사람들이 가장 무서워하는 일이 배우자나 자녀가 죽는 일임을 감안할 때, 우리가 스토아 철학자처럼 되기는 어렵다. 그러나 에픽테토스는 우리가 더 큰 시각을 갖는 데 도움이 될 생각을 제시한다. 사물이나 사람을 대할 때, 우리가 갖다 붙이는 우리 자신의 감정이 아니라 사물이나 사람의 본질이나 본성 자체를 보도록 노력해야 한다는 것이다.

그대가 그대의 아이나 부인에게 키스한다면, 그대가 키스하는 대상이 한 인간이라 말하라. 그러면 아이나 부인이 죽어도 그대는 흔들리지 않을 것이니.

우주적 생명력은 만물에게 공통되게 적용되므로 더 특별할 것도, 그렇지 않을 것도 없다는 것이다. 물론 이런 견해나 이 같은 생각을 하는 사람을 받아들이기 어려울 수도 있다. 그러나 우리 자신을 생명 그 자체와 동일시할 수 있다면, 우리의 상실감은 그렇게 무섭거나 비합리적인 것으로 보이지 않을 수 있다. 인간이 참을 수 없는 것은 비합리적인 것이다.

이 책이 힘이 되는 순간

스토아 철학은 요즘 자기계발서에서 흔히 볼 수 있는 '나는 모든 것을 할 수 있다'는 식의 사고방식과는 정반대에 가깝다. 사물을 있는 그대로 받아들이라는 주장은 자칫 운명론처럼 들릴 수 있다. 요즘 같은 세상에서 '불평하지 말라'는 말이 불편하게 느껴지는 것도 무리가 아니다.

그러나 에픽테토스를 비롯한 스토아 철학자들의 저작을 읽어 보면, 그들이 결코 비관적이거나 숙명론적인 철학자가 아님을 알 수 있다. 그들이 말하는 '유다이모니아(eudaimonia)', 즉 행복은 신의 뜻과 조화를 이루는 데서 비롯된다. 세상과 맞서 싸우거나 그것을 비난하는 것이 아니라, 우리가 주어진 자리에서 최선을 다하는 것이다.

스토아 철학은 신의 뜻, 혹은 완전자의 섭리와 조화된 삶을 강조한다는 점에서 영성적이다. 하지만 그것은 매우 '실제적인 방식'으로 드러나는 영성이다. 언뜻 딱딱해 보일 수 있지만, 스토아 철학 문헌은 세상의 신비와 경이로움, 그리고 그리고 세상이 전개되는 데 필요한 각자의 몫을 찬양한다. 스토아적 마음의 평정은 우리에게 일어나는 그 어떤 일도 우리의 운명이 아닌 것이 없다는 것, 따라서 모든 것을 다 즐거운 마음으로 껴안아야 한다는 것을 인정하는 데서 온다. 에픽테토스의 『엔키리디온』에 웅변적으로 표현된 이러한 용기는 우리의 정신을 고양시키고, 존재의 특권을 정당화해준다.

BOOK 20

안식일
The Sabbath
아브라함 조슈아 헤셸 | 1951

자신을 다스리기 위한
시간을 모으라

아브라함 조슈아 헤셸 *Abraham Joshua Heschel*

아브라함 조슈아 헤셸은 폴란드 바르샤바에서 태어났다. 유대교 고전 교육을 받은 그는, 나치가 정권을 잡은 뒤 폴란드로 추방당하여 바르샤바와 런던에서 가르치다가 1940년 미국으로 건너갔다. 오하이오 주 신시내티에 있는 히브리 연합대 학에서 교편을 잡았고, 1945년 뉴욕에 있는 유대교 신학대학에서 종교 철학을 가르치며 생애를 보냈다. 대표적인 저서로는 『인간은 홀로가 아니다(Man Is Not Alone)』, 『인간을 찾는 신(God in Search of Man)』, 『자유의 불안정성(The Insecurity of Freedom)』 등이 있다.

"세상은 우리를 지배하지만, 우리의 영혼은 '다른 분'께 속해 있다. 엿새는 세상을 다스리려 애쓰는 시간이고, 이렛날은 우리 자신을 다스리는 날이다."

"안식일은 단순한 휴전이나 휴식 이상의 의미를 지닌다. 그것은 인간과 세상 사이의 깊은 조화를 자각하는 날이며, 만물과의 동질성을 되새기고, 아래 있는 것과 위에 있는 것을 잇는 그 정신에 동참하는 날이다."

전 역사를 통해 인간은 공간 안에 있는 사물들, 다시 말해 물질세계를 조종하고 변화시켜 거기에서 힘을 얻으려고 노력했다. 인간은 자연을 정복하고, 발달된 기계를 발명하며, 도시를 건설했다. 그러나 철학자이자 신학자인 아브라함 헤셸은 이 모든 것이 우리가 가진 시간 개념을 무시한 처사라고 주장한다. 삶이 오로지 행동하거나 획득하는 일만을 중심으로 돌아간다면, 정말로 중요한 것을 놓치고 만다는 것이다.

우리는 필요하다고 생각하는 물질을 얻기 위해 일을 해야 하고, 그 일을 하는 데에는 시간이 필요하다. 그래서 일반적으로 현대인들은 시간을 부정적인 특성을 지닌 것으로 받아들인다고 헤셸은 말한다. 시간은 쉽게 사라지기에 부질없다고 생각하고, 언제나 부족하다고 느낀다. 그렇기 때문에 '안식일'이 필요하다는 것이 그의 주장이다.

안식일이란 이런 일에 대한 염려, 살아남거나 무언가를 얻으려는 염려에서 일단 해방되는 것을 의미한다. 적지 않은 사람들이 일하는 것이 자신의 영혼을 파는 것과 다름없다고 느끼는데, 안식일은 바로 그 영혼을 다시 사들일 수 있는 기회이다.

얼핏 보면 안식일에 대한 이야기로 가득한 이 책은 그 내용이나 성격이 다소 모호해 보이는 것이 사실이다. 그러나 불과 100여 쪽의 짧은 『안식일: 현대인을 위한 그 의미』는 유대교 교의의 핵심이라 할 '안식'의 참 의미를 가르쳐주는 웅변적인 지침서이다. 50여 년 전에 쓰였지만 여전히 아름다운 산문체가 심금을 울리는 이 책은, 우리의 분주한 삶에서 무엇이 모자라는가를 곰곰이 생각해볼 기회를 제공한다.

인간의 시간에서 신의 시간으로

유대교 이전에는 인간이 자연이나 거룩한 장소, 혹은 산이나 샘, 나무나 바위 같은 물체에서 신을 찾았다. 종교적 축제는 언제나 계절과 태양, 달의 주기적 움직임에 근거했다. 신은 지금 여기에 현존하는 수단으로 형상이나 토템, 사원을 통해 나타났다. 그러다가 히브리 우주론에서 위대한 도약이 일어났는데, 그것은 장소나 물체를 초월하여 '시간'을 영적인 이해의 중심으로 끌어들인 것이었다. 유대인들은 특별한 경배일을 지정하여, 하느님이 물질 너머에 계시다는 것과 인간이 물질을 초월할 수 있다는 사실을 상기시키는 수단으로 삼았다.

헤셸의 설명에 따르면, 이스라엘의 하느님은 '역사의 하느님'이 되었고, 역사상 가장 위대한 두 가지 사건이 일어났다. 그것은 바로 하느님이 이집트 땅에서 종살이하던 유대인들을 해방시킨 일과, 그들에게 토라(유대교에서 신이 계시한 생활과 행동의 원리를 담은 '모세 오경'-옮긴이)를 계시하신 사건이다. 유대인들은 금송아지 우상 대신, 금으로 된 날, 즉 하느님과의 관계를 새롭게 할 수 있는 거룩한 시간을 갖게 되었다.

헤셸에 따르면, 히브리어 성서에는 '물(物, things)'에 해당하는 단어가 없다고 한다. 후기 히브리어에서 '다바르(davar)'라는 낱말이 대략 그런 뜻으로 쓰이긴 했지만, 그것마저도 기별, 소식, 이야기, 예절, 약속 등과 같은 것을 가리키는 말이었다. 그러므로 안식일은 우리가 인간적 의미의 시간이나 윤리의 범위를 넘어, 신적 의미의 시간과 윤리 속에서 산다는 것을 상기시켜주는 것이었다.

거룩한 손님을 대접하다

영어로 '안식일(Sabbath)'은 히브리어 '샤바트(Shabbat)'라는 말에서 나왔다. 금요일 저녁 예배를 '카발라트 샤바트(Kabbalat Shabbat)'라고 하는데, 안식일에 하느님의 임재를 받아들여야 할 의무가 있다는 뜻이다. 금요일 저녁에 촛불을 켜는 것은 천지창조의 새벽에 "빛이 있으라"고 하신 하느님이 말씀을 재현하는 행위이다.

전통적으로 유대인들은 안식일을 마지못해 지키는 사람들이 아니다. 헤셸에 의하면, 그들은 안식일을 사랑한다. 유대 안식일이 주는 느낌은 중세 시대 기사들이 귀부인에게 품고 있었다고 하는 절대적 사랑을 연상시킨다. 물론 안식일에 대한 사랑은 '인간이 자기와 하느님이 공통으로 가진 것을 사랑하는 것'이라는 점에서 귀부인에 대한 사랑과는 다르다. 이런 완전한 사랑 때문에 고대 랍비(유대교의 종교적 지도자)들은 안식일과 관련하여 그렇게도 많은 규정과 제한 사항을 만들어냈다. 모두 안식일의 영광을 보호하기 위함이었다.

성서에 나오는 신화에 의하면, 하느님은 엿새 동안 세상을 창조하시고 일곱째 되는 날에는 자신이 만든 것에 만족하며 쉬셨다. 이날 '메누하(menuha)'가 창조되었는데, 이는 히브리어로 고요와 평화를 의미한다. 안식일은 그러므로 영혼을 잔잔하게 하는 고요한 물가라 할 수 있다. 이것이 안식일을 지키는 사람들을 감싸는 특별한 분위기다.

안식일 저녁에 드리는 기도의 내용은 "당신의 평화의 장막으로 저희를 감싸주소서."이다. 헤셸에 따르면, 옛 랍비들은 안식일을 신부나 여왕에 비유했다. 그날은 단순히 떼어놓은 물리적 시간이 아니라, 삶 속으로 들어온 신의 참된 실재감을 느낄 수 있는 날이기 때문이다.

시간과 다시 친구가 되는 날

시간이란 언제나 줄어드는 것으로 보이기 때문에, 우리는 공간의 영역과 사물에서 위로를 얻으려고 한다. 이를 두고 헤셸은

"소유는 우리의 억압된 감정의 상징"이라고 표현한다. 안식일은 소비문화의 광기를 없애줄 해독제 역할을 할 수 있다. 안식일은 우리가 시간과 다시 친해질 수 있도록, 뭔가를 만들거나 생산해내지 않고도 걱정하거나 후회하지 않으며, 오로지 하느님의 현존 속에 머물면서 '지금'을 고맙게 여기고 즐거워하도록 마련된 것이다.

헤셸의 말에 의하면, "탐내지 말라"는 말은 십계명 중에서 두 번 언급된 유일한 계명이다. 이렇게 두 번씩 강조된 것은, 하느님이 우리가 세상의 일들에 연연하느라 시간을 낭비하지 않고 내적 자유를 얻기를 바라시기 때문이다. 안식일은 삶이 단순히 돈을 벌거나 무엇을 만들기 위한 것이 아님을 상기시킨다. 그러기에 안식일을 지키는 유대인들은 이날 돈을 취급하지 않는다.

일주일 중 엿새는 우리의 시간으로 쓰고, 일곱째 날은 시간을 '모은다'. 이렇게 시간을 모음으로써 우리는 자신을 모은다. 헤셸은 말한다. 우리는 "창조의 결과로부터 창조의 신비로 향한다." 영원에 대해 곰곰이 생각해볼 수 있는 기회를 정기적으로 갖게 되는 셈이다.

물질 속에서 살면 지속적인 변화와 시간의 움직임을 실감할 수밖에 없다. 그러나 진리 속에서 살면 시간은 지속적이 되고, 계속 변화하는 것은 이 세상의 일들이 된다.

> 사물은 시간 안에서 소멸된다. 시간 자체는 변하지 않는다. 우리는 시간의 흐름이나 지나감을 이야기하지 말고, 시간을 통해 공간이 흐르고 지나간다고 이야기해야 한다.

시간의 진가를 알아보기란 쉽지 않다. 우리는 사물의 세계에 살기 때문이다. 그러나 시간과 친구가 되고, 물질 저 너머에 있는 더 큰 실재를 보는 것은 분명 가능하다.

이 책이 힘이 되는 순간

일주일 중 하루를 쉬는 날로 정하는 것이 뭐가 그리 대단한 일일까? 우리는 왜 무엇인가를 위해 일을 멈추어야만 하는가?

헤셸의 책은 이것이 쓰였을 당시보다 지금 더 중요한 의미가 있다. 뭔가 해야 한다는 압박을 그때보다 지금 훨씬 더 크게 받고 있기 때문이다. 하느님과의 관계를 깊이 생각할 수 있도록 일주일 중 하루를 통째로 떼어 놓는다는 것이 현실적으로 불가능한 사치라 여겨질 수도 있지만, 만약 실천할 수만 있다면 삶의 질이 달라질 것은 분명하다.

헤셸의 책은 안식일이 유대교에서 얼마나 중요한지 독자들에게 알려준다. 그러나 이 책이 고전이 될 수 있었던 것은 안식일이 한 가지 종교에만 국한되는 문제가 아니기 때문이다. 유대인들은 토요일을 안식일로 지키고, 기독교인들은 일요일을, 이슬람교도들은 금요일을 특별한 날로 삼고 있다. 이는 정기적으로 고요한 마음을 되찾고, 세상이 바쁘게 돌아가더라도 명상과 사색의 시간을 가져야 하는 인간의 기본적 요구를 시사한다. 영원으로 나 있는 이런 창문이 없다면, 우리는 세상사에 너무나 얽매인 나머지, 사물의 우주적 얼개에서 우리가 차지하는 자리를 잊어버리고 말 것이다.

BOOK 21

종교적 경험의 다양성
The Varieties of Religious Experienc

윌리엄 제임스 | 1902

종교의 목표는
결국 신이 아니라 삶이다

윌리엄 제임스 *William James*

윌리엄 제임스는 미국 뉴욕에서 태어나, 하버드대학교에서 의학을 공부한 뒤 철학과 심리학으로 전향했으며, 하버드대 교수로 재직하며 영향력 있는 학문적 업적을 남겼다. 그는 실용주의 철학의 대표적 사상가이자 '의식의 흐름(stream of consciousness)' 개념을 제시한 심리학의 선구자로 평가받는다. 1890년, 그는 12년에 걸쳐 집필한 1,400쪽짜리 방대한 저작 『심리학의 원리(Principles of Psychology)』를 출간했으며, 이후 종교적 신앙을 심리적·경험적 관점에서 분석한 『종교적 경험의 다양성』을 발표했다.

"인간 영혼 속에 잠재된 발전 가능성은 실로 헤아릴 수 없다. 그래서 겉으로는 되돌릴 수 없을 만큼 굳어 보이던 사람이 부드러워지고, 마음을 바꾸며 새롭게 태어날 때, 그 곁에서 지켜보는 이보다도 정작 그 변화를 경험하는 본인이 더욱 놀라게 된다."

"종교적 삶을 가장 넓고 보편적인 언어로 정의하자면, 그것은 '보이지 않는 질서가 존재한다'는 믿음, 그리고 우리의 지고선(至高善)이 그 질서에 조화롭게 자신을 맞추는 데 있다는 믿음으로 이루어져 있다고 할 수 있다."

『종교적 경험의 다양성』은 1901년 에든버러 대학교 강연 시리즈로 발표한 것을 책으로 엮은 것이다. 당시 하버드 대학교 심리학자였던 윌리엄 제임스는 이 강연을 준비하면서 여러 성인과 신비주의자들의 개인적 기록을 포함하여 다양한 종교 관련 고전을 읽었다.

심리학적 관점에서 종교적 경험을 분석하는 시도는 당시로서는 매우 새로웠을 뿐만 아니라, 자칫 신성모독으로 받아들여질 수 있을 만큼 파격적이었다. 당시 수많은 책들이 교리와 신학과 관련된 사소한 문제에 집착하고 있을 때, 제임스는 '개인'이 겪는 경험의 세계에 관심을 가진 것이다.

제임스가 이 책을 쓴 목적은, 종교 자체는 불합리해 보일 수 있지만 영적 심성은 여전히 인간의 가장 중요한 기능이라는 사실을 설득하기 위함이었다. 영적 심성은 인간을 인간답게 하는 것이다. 제임스는 왜 인간이 종교적 동물인지, 영성이 우리에게 어떤 '실제적' 유익을 가져다주는지를 알아내려고 했다. 무엇보다 종교가 인간에게 아무런 좋은 일을 하지 않는다면, 인간이 종교에 몰입할 필요가 없지 않은가?

이처럼 영적인 문제를 다루는 데 조직이나 기관보다 개인을 강조한 것은, 뉴에이지 운동과 개인 발달 윤리로 이어지는 흐름을 개척한 선구적인 노력으로 평가받고 있다. 이런 흐름에서는 우리의 신념 체계가 개인의 의미와 효율에 기초한다는 것을 당연시한다.

이 책에 포함된 통찰은, 친동생인 소설가 헨리 제임스의 문장처럼 우아하고 힘 있는 산문 속에 담겨 출판되는 그날부터 이 책을 고전의 반열에 올리게 했다. 이 책은 종교적인 독자들이 영적인 문제를 좀 더 합리적이고 객관적인 관점으로 바라보도록 이끌고, 반대로 과학적 사고를 하는 사람들은 종교 경험을 그 자체로 가치 있는 하나의 '사실'로 받아들이도록 했다는 점에서 적지 않은 의의가 있다.

영성의 과학

제임스의 『종교적 경험의 다양성』은 이전 시대의 맹목적인 믿음에 대한 반발로, 과학이 발전하던 세기의 막바지에 씌어진 책이다. 당시 성경은 단순히 이야기를 모아놓은 것이라는 생각이 새롭게 등장했고, 새로 등장한 심리학은 종교 경험을 심리의 산물로 취급하는 분위기가 팽배했다.

그러나 제임스는 모든 종교 경험이 뇌의 상태로 쉽게 환원될 수 있다는 생각, 영성을 '~에 불과하다'고 보는 견해에 회의적이었다. 예를 들어, 다마스쿠스로 가는 도중 사도 바울이 본 환상을 뇌전증으로 취급해버리는 식의 이론을 받아들일 수 없었던 것이다. 이런 식의 의학적 물질주의에서 보면, 걷잡을 수 없는 황홀경을 경험했던 아빌라의 성 테레사는 단순한 '히스테리 환자'에 불과했다.

물론 신체의 물리적 조건이 신비 경험을 유발할 수 있다는 것을 제임스도 인정한다. 그러나 그렇다고 해서 그 경험에 계시적 요소가 없다고 단정할 수는 없다는 것이다. 여러 세기 동안 수도사들은 단식을 하거나 잠을 자지 않거나 호흡을 조절하는 등 신체를 의식적으로 조종하였다. 이런 생리적 상태가 더 높은 의식 상태에 들어가는 데 도움이 되었기 때문이다. 그러나 종교적 경험이 이런 조종으로 새롭게 '창출'되었다고 보기는 어렵다. 그보다는 이미 있었던 것이 표출될 기회를 기다리고 있었다고 할 수 있다. 문제는 그런 경험이 표출될 수 있도록 우리의 상태가 민감해지는 것이다.

궁극적으로 이런 경험이 '뇌 속에' 있는 것인가 아니면 신과의 교통에 의한 것인가 하는 것은 하등 중요한 문제가 아니라는 것이 제임스의 생각이었다. 중요한 문제는 이런 경험이 좋은 결과를 가져오느냐 아니냐 하는 것이다.

뿌리가 아니라 그 열매로 그들을 알지니

제임스는 영적 사유를 판단하는 기준으로 세 가지를 제시했다. 직접적인 명료성, 철학적 합리성, 그리고 윤리적 유용성이다. 쉽게 말해, 그것이 우리에게 깨달음을 주는가, 수긍할 수 있는 의미를 지니는가, 그리고 삶의 훌륭한 안내자가 되는가를 묻는 것이다.

제임스는 아빌라의 성 테레사의 자서전에서 그녀가 보았다는 환상을 예로 들었다. 당시 일부 사람들은 테레사가 하느님이 아니라 마귀를 본 것이 아닌가 의심하는 사람들이 더러 있었다. 테레사는 자기가 본 것이 상상력의 작용일 수 없다고 항변했다. 그 환상이 "나의 악을 뿌리 뽑고, 나를 대장부의 용기로 채워주었다"며, 그녀의 고해성사를 받은 이가 이를 확인해주었다고 말했다. 테레사는 상상의 산물과 영적 실재를 분명히 구분했다. 순수한 상상은 마음과 영혼을 약화시키지만, '진정한 하늘의 환상'은 그것을 경험한 사람에게 활력과 힘을 불어넣는다. 실제로 테레사의 환상은 그녀를 이끌어 카멜 수도원의 개혁을 이루어내게 했다.

이것이 바로 제임스가 주목한 종교적 경험의 실제적 효과다. 이러한 '환상'은 성인의 내면에서 비롯되었을 수도 있고, 신적 계시일 수도 있다. 그러나 사도 바울, 성 아우구스티누스, 성 테레사의 사례가 보여주듯, 이러한 경험이 그들의 삶을 근본적으로 변화시켰다는 점만은 분명하다.

희망이 사라진 상태에서 찾아오는 강렬한 경험

제임스가 관찰한 바에 의하면, 심리학과 종교는 둘 다 사람이 일상적인 의식을 초월하는 힘으로 변화될 수 있다는 사실에 의견을 같이한다. 다만 심리학에서는 이 힘을 우리의 자아 속에 내재한 '무의식'으로 보고, 종교에서는 우리의 외부에서 오는 신의 선물이라 본다.

합리적이거나 과학적인 사고를 가진 사람들은 '거듭난' 사람 혹은 종교적 회심자를 균형을 잃은 사람, 심지어 정신이상자로 생각한다. 제임스는 회심이 갑작스러울 수도 있지만, 그렇다고 그것이 반드시 병리적 상태를 의미하는 것은 아니라고 말한다. 그것을 경험하지 못한 사람의 눈에는 회심이 단지 현재의 삶을 거룩하게 포장하는 일로 보일지 몰라도, 그것을 직접 경험한 사람에게는 총체적 변화를 뜻할 수 있기 때문이다. 그런 경험을 한 사람에게는 오히려 보통 사람들이 어둠 속에 갇혀 있는 것처럼 보인다.

제임스는 회심의 경험에도 일정한 유형이 있다고 보았다. 보통 회심의 경험은 극도의 절망으로 모든 것을 '포기'한 상태에서 찾아오는 경우가 많다. 희망이 사라진 진공 상태가 계시를 위한 공간을 제공하는 셈이다. 실제로 종교 문헌은 이런 이야기로 가득하다. 이기적 자아의 통제와 부정적인 면이 제거되고, 오로지 타인을 위해 또는 더 높은 목적을 위해 살기 시작한다는 것이다. 이때 신에게 완전히 의지하는 데서 오는 보상은 두려움을 떨쳐낼 수 있게 한다.

이로 인해 회심은 엄청난 해방감을 동반한 경험이 된다. 두려움이 사라지고 신 안에서 절대적 안전감을 느끼기 때문에, 회심자에게는 무엇이든 할 수 있다는 열의가 솟구친다. 완전히 '정상적'

으로 보이던 사람이 믿음 하나로 모든 것을 내려놓고 밀림으로 선교를 떠나거나, 사막의 수도원에 합류하기도 한다. 또한 이런 보이지 않는 경험이 외부 환경까지 크게 변화시킨다. 제임스는 이런 회심이나 종교적 경험이 이들에게는 하나의 '사실', 지금껏 그들의 삶에서 경험한 그 어떤 것보다도 더 실감 나는 사실일 수밖에 없다는 결론에 이른다.

왜 종교는 사람을 변화시킬까?

제임스는 종교가 반드시 신을 경배하는 것일 필요는 없다고 생각했다. 종교란 그저 보이지 않는 질서를 믿고, 그 질서에 조화롭게 적응하는 것이 우리의 임무라고 믿는 것일 수 있다고 보았다. 제임스는 자문한다. "종교는, 그것이 무엇이든 간에, 삶에 대한 인간의 총체적 반응이다. 따라서 삶에 대한 총체적 반응이라면 그것이 무엇이든 그것을 종교라 하지 못할 이유가 무엇인가?" 종교를 이렇게 이해한다면 무신론도 하나의 종교일 수 있다. 몇몇 무신론자들이 기독교를 공격할 때 보이는 열성은 일종의 종교적 성격을 지니고 있기 때문이다.

이와 비슷하게 '오불관언(吾不關焉, Who cares?)'이라는 말로 압축할 수 있는 인생관도 어떤 사람들에게는 하나의 종교가 될 수 있다. 우주를 주관하는 보이지 않는, 그러면서도 결코 틀림이 없는 법칙의 존재를 전제로 하는 초월주의자들의 영적 천학도 마찬가지다. 사람들은 개인적인 이유로 종교를 가질 수 있다. 따라서 종교는 어떤 방식으로든 그것을 믿는 사람들에게 도움이 되어야 한다. 제임스는 초기 종교 심리학자인 J. H. 류바의 말을 인용한다. "신을 알 수는 없다. 신을 이해할 수도 없다. 그러나 신을 이용할 수는 있다."

종교적 태도는 일반적으로 신이든 국가이든, 무엇인가 더 위대한 것을 위해 자기를 뒤로 하겠다는 태도와 관련된다. 이처럼 자기를 부정하는 특성 때문에 종교적 열성은 다른 종류의 행복감과는 다르며, 사람을 고양시키는 특성을 지닌다. 종교적 감정이 여타의 감정과 구별되는 또 다른 이유는 그것이 그 감정을 느끼는 사람을 고상하게 만들고, 자신이 더 큰 힘이나 법칙, 계획에 따라 살고 있다는 느낌을 주기 때문이다.

제임스에 따르면 종교는 인간이 겪는 영원한 불안감, 혹은 '무언가 잘못되었다'는 느낌을 해결하기 위해 존재한다. 그것은 사람들로 하여금 자신 안의 더 높은 부분을 참된 자아로 인식하게 하여, 낮은 부분을 버릴 수 있는 힘을 준다.

우리는 모두 그것이 우리 안에 있는 위대한 무엇이든, 아니면 우리 밖의 더 높은 힘이든 간에 '더 나은 뭔가(something more)'와 연결되기를 바란다. 우리 속에 자연적으로 내재한 두려움 대신 믿음으로 살 때 종교는 우리에게 가능한 더 좋은 것들을 경험할 수 있는 틀을 제공한다. 제임스는 단언한다. "신이 아니라 삶, 더 큰 삶, 더 크고 더 풍요롭고 더 만족스러운 삶이 결국 종교의 목표인 것이다."

이 책이 힘이 되는 순간

이 책에는 성경에서 나오는 힘 있는 말씀에 마음을 붙들어 맴으로써 정신 이상에서 벗어난 사람의 이야기가 나온다. '프랑스 통신원'이라 불리는 이 사람은 사실 제임스 본인이다. 제임스의 결론은 우리가 믿는 바가 우리 눈에는 보이지 않고, 엄밀히 말해 존재하지 않을 수도 있지만, 신앙은 삶을 완전히 변화시킬 수 있다는 것이다. 종교는 사람을 정말로 치유할 수 있다. 파편적인 것들을 하나로 통합시키는 힘이 있다.

여러 해 동안 우울증에 시달리며 소외감을 견뎌온 제임스에게는 이런 치유하고 통합시키는 힘이야말로 종교적 활동을 정당화하는 힘이었다. 그는 자기가 결코 영적으로 앞선 사람이 아니라는 것을 인정하면서도, 보이지 않는 것에 대한 믿음이 그동안 많은 사람들 속에 얽매여 있던 개성과 목적이라는 큰 힘을 풀어주었다는 사실을 분명히 직시했다.

제임스는 과학이 종교를 둘러싸고 있는 신비의 안개를 걷어내고자 계속 노력하겠지만, 그렇게 함으로써 과학은 참된 핵심을 놓치고 말 것이라고 예견했다. 과학은 언제나 추상적으로 말할 수 있을 따름이지만, 개인적 종교 경험은 주관적이기 때문에 더 힘이 세다. 영성은 감성과 상상력과 영혼에 관한 것이다. 인간에게 이 이상 더 중요한 것이 무엇이겠는가.

BOOK 22

기억, 꿈, 성찰
Memories, Dreams, Reflections
카를 구스타프 융 | 1955

"나는 신을 믿지 않는다.
나는 신을 안다."

카를 구스타프 융 *Carl Gustav Jung*

융은 1875년 스위스 케스빌에서 개신교 목사의 아들로 태어났다. 바젤대학교에서 의학을 공부하고 정신의학을 전공했으며, 초기에는 지그문트 프로이트와 협력하며 정신분석학의 발전에 기여했으나, 인간 무의식에 대한 관점의 차이로 결별하고 독자적인 분석심리학(Analytical Psychology)을 발전시켰다. 『무의식의 심리학(The Psychology of the Unconscious)』, 『인간과 상징(Man and His Symbols)』, 『자아와 무의식(The Ego and the Unconscious)』 등 많은 저서를 통해 심리학의 지평을 넓혔으며, 자서전적 회고록 『기억, 꿈, 성찰』을 남겼다.

"불행히도 인간의 신화적 측면은 오늘날 하찮은 것으로 취급된다. 인간은 더 이상 우화를 창조하지 못하며, 그 결과 많은 것을 잃고 있다. 이해할 수 없는 것들에 대해 이야기하는 것은 사실 매우 중요하고 건전한 일이다."

"비판적 이성이 지배할수록 삶은 빈약해진다. 반대로 무의식과 신화에 대한 자각이 깊어질수록 우리의 삶은 더욱 건실해진다."

    대부분의 자서전은 저자의 일생에서 중요한 물리적 사건을 다루는 것이 보통이다. 저자의 내면적 삶에 대해서는 그저 편린 정도만 볼 수 있을 뿐이다. 그러나 카를 구스타프 융의 자서전인 『기억, 꿈, 성찰』(국내에는 『카를 융 기억 꿈 사상』이라는 제목으로 번역·출간되었다-옮긴이)은 이와 대조적으로, 위대한 심리학자의 영적, 지적 깨우침에 초점을 맞추고 있다. 그가 자기의 '위대한 재산'으로 여긴 비전과 꿈, 환상 등에 대한 묘사가 책을 가득 채운다. 융이 꼭 이런 것들에 몰입해서가 아니라, 이런 것들이 인간의 집단 심리를 이해하는 데 필요한 프리즘 역할을 할 수 있을 것이라 생각했기 때문이다

    이 책은 융의 사망 당시 원고 상태로 있다가 편집을 거쳐 최종본이 완성된 탓에, 출간 당시 적지 않은 논란을 불러일으켰다. 그

러나 융이 평소 원했던 대로 일반 독자들에게 읽히게 되었고, 많은 사람들이 이 책을 읽고 융의 심리학에 관심을 가지고 심리분석가가 되기도 했다.

"나는 신을 안다"

융의 다른 저술들이 '신의 이미지'와 같은 신화학적·심리학적 개념에 대한 사상을 개진하는 데 반해 『기억, 꿈, 성찰』은 이 책을 편집한 아닐라 야페의 말에 따르면 세상에 대한 융의 '종교적 증언'에 가깝다. 그의 개인적 신(神) 체험을 본격적으로 털어놓은 글은 이것이 유일하기 때문이다.

융의 집안에는 친가와 외가 양쪽 모두에 목사와 신학자가 많았으며, 그의 아버지는 꽤 교조적인 목사였다. 이러한 환경에서 자라면서 융은 자연스럽게 종교적 문제에 천착하게 되었다. 그가 상상한 신은 인격적이거나 깨우침을 주는 신이 아니라, 우주의 빛과 어둠, 우연과 무한성 등에서 드러나는 우주의 힘을 상징하는 무엇이었다.

융은 꿈을 통해 한 가지 결론에 도달했다고 믿었다. 신이 인간에게 진정으로 바라는 것이 있다면, 그것은 기존 윤리에 어긋나는 생각을 하더라도 독립적으로 다시 신에게 나아가는 것이라고 보았다. 그는 진정으로 영적인 사람이란 단순한 믿음의 소유자가 아니라 '신 체험'을 추구하는 자유로운 사상가라고 생각했다.

신적인 것이 모두 밝고 달콤한 것만은 아니라는 생각, 그리고 기독교가 악의 문제를 결코 만족스럽게 다루지 못했다는 믿음 때문에 융은 정통 기독교와 불편한 관계를 맺을 수밖에 없었다. 그러나 그는 스스로를 기독교인이라 여겼으며, 1952년 어느 목사에게 보낸 편지에서 "나는 나의 모든 사상이 마치 행성들이 태양을 중심으로 돌아가듯 신을 중심으로 돌고 있고, 거부할 수 없을 만큼 그에게 이끌리고 있음을 발견한다"고 적었다.

융은 누구나 마음속에 종교적 관념, 무한한 것에 대한 감정, 더 큰 의미에 대한 암시 등을 지니고 있다고 믿었다. 이러한 것들을 거부하는 사람들은 노이로제에 걸리기 쉽고, 만약 이들이 신화나 종교 예식, 자연과 긴밀히 얽혀 살던 옛날 방식으로 살았다면 '치명적인 분열'을 겪지 않았을 것이라고 보았다.

현대인들은 지나치게 객관적이기 때문에 영적 지평이 좁다. 많은 사람들이 거의 전적으로 의식적·이성적 차원에서 살아가고 있다. 융은 이들이 이기적 자아와 무의식 사이의 간극을 메울 수 있다면 정신 건강을 회복할 수 있으리라 믿었다.

융은 정신과 환자들을 다루는 경험을 통해, 사이키(융은 인간의 내면세계를 의식세계(mind)와 무의식 세계(the unconscious)로 나누고, 이렇게 의식과 무의식 둘을 아우르는 말로 '사이키(psyche)'라는 말을 사용했다-옮긴이)는 본성적으로 종교적이라는 것, 그리고 영적 차원이 심리학의 기본 요소임을 확신하게 되었다. 우리는 흔히 융을 정신분석학의 대가로 기억하지만, 그가 진정으로 추구한 더 큰 문제는 영적, 정신적 영역이었다 과학적 물질주의 시대에 그이 이러한 견해는 더욱 큰 공명을 불러일으켰다. 한 텔레비전 인터뷰에서 '신을 믿는가'라는 질문을 받았을 때, 그는 단호히 답했다.

"나는 신을 믿지 않는다. 나는 신을 알고 있다."

우리 안의 모순된 것들을 통합하라

융은 취리히 대학에 있을 때 애초에 계획했던 의학 대신 정신신경과를 택했다. 그때만 해도 이 분야는 새롭고 생소했으며, 의심의 눈초리로 바라보는 이들이 적지 않았다.

1900년 그는 취리히에 있는 부르휠츨리 정신병원에서 조수로 일을 시작했다. 당시 정신과 의사들은 환자의 마음에 무엇이 들어오고 나가는지에 거의 관심이 없었다. 융의 표현대로 "환자의 인간적 인격, 그의 개성은 전혀 문제 삼지 않았다." 프로이트와 융은 이런 과학계의 통념에 반대하며, 환자의 의학적 상태뿐 아니라 한 인간으로서의 전체 모습에 관심을 기울였다. 융이 처음으로 쓴 정신분열증의 심리에 관한 책은 망상과 환영이 이 병의 무작위적인 증상이 아니라 환자의 인격과 밀접한 관련이 있음을 입증하려는 것이었다.

융이 말하는 '개성화'의 목표는 내면에 있는 반대되는 것들을 통합하고, 우리 자신 속에 존재하는 모순을 인정하는 데 있다. 자신에 대해 이런 지식을 갖게 되면 삶과 인격에 대해 통일된 목적의식이 생긴다.

융은 자신의 어린 시절을 회상하며 인간에게는 두 가지 기본적 양상이 있다고 했다. 그는 이를 '제1인격(우리가 흔히 '자아'라고 생각하는 것)'과 '제2인격(타자)'이라 불렀다. 소년 시절의 제1인격은 숙제를 하고 친구들과 싸움도 하는 평범한 아이였다. 그러나 그는 지혜라는 '영원불멸의 반석' 위에 세워진 제2인격의 존재도 감지했다.

융은 특히 이 부분에 귀를 기울이기 시작했다. 이것이 그에게 가장 귀중한 것이라 여겼기 때문이다. 자아의 여러 측면과 차원에 대해 융이 평생에 걸쳐 수행한 연구 덕분에, 우리는 오늘날 '그림자', '더 높은 자아', '참자아' 등으로 불리는 이 제2인격에 대해 두려움 없이 이야기할 수 있게 되었다. 또한 이러한 자아의 다양한 측면을 통합하는 것이 정신 건강에 필수적임을 알게 되었다. 이러한 통합이 결여되면 우리는 자신 안에서 인지하지 못한 것을 타인이나 사물에 투영하게 되고, 이는 많은 경우 해로운 결과를 초래한다.

프로이트 너머

프로이트와 융은 1907년 비엔나에서 처음 만났다. 두 사람은 만나자마자 13시간 동안 쉬지 않고 이야기를 나누었다. 『기억, 꿈, 성찰』에서 융은 프로이트의 『꿈의 해석』을 '획기적'이라 평가하며, "꿈을 무의식 과정에 관한 가장 중요한 정보원(source)으로 평가함으로써 그는 인류가 영원히 잃어버린 것 같았던 연장을 다시 가져다주었다"고 칭송했다.

이후 두 사람의 유명한 결별은 융이 프로이트의 생각을 끝내 받아들일 수 없었기 때문에 일어났다. 프로이트는 인간의 가장 중요한 행위와 예술, 그리고 개인에게 나타나는 모든 영적 현상을 '억압된 성욕'의 결과로 보았다. 그러나 융의 눈에 비친 프로이트는 종교적 본능을 무엇보다 두려워하면서도, 자신의 과학적 이론을 일종의 '종교'로 만들려는 사람이었다. 융은 이렇게 썼다.

"내가 프로이트와 결별했을 때, 나는 내가 미지의 세계로 들어서고 있다는 사실을 알았다. 프로이트 너머의 세계에 대해서는 아무것도 알지 못했다. 그러나 나는 어둠을 향해 발걸음을 내디딘 것이다."

이 '어둠' 속에서 융은 오늘날 널리 알려진 여러 사상들을 발전시켰다. '콤플렉스', '내향성', '외향성' 등 그가 만든 심리학 용어는 많지만, 특히 '집단 무의식'이라는 개념으로 큰 논쟁의 중심에 섰다. 집단 무의식이란 더 거대한 인간 정신의 층위로, 개인은 그 일부에 지나지 않는다. 이 집단 무의식은 모든 문화에 공통적으로 등장하는 이미지, 상징, 꿈, 신화 등으로 드러난다. 융은 또 '아키타이프(archetypes)'라는 개념을 제시했는데, 이는 사람들이 무의식적으로 채택하지만, 보다 넓은 집단적 정신 속에 자리한 존재 양식과 행동 양식의 원형을 뜻한다.

융의 사상 중에는 '동시성(同時性, synchronicity)'이라는 개념도 있다. 이는 일반적인 개연성의 법칙을 초월하는 의미 있는 우연의 일치를 가리키며, 인간이 인식하는 정신과 물질의 경계가 어떤 상황에서는 사라질 수 있음을 암시한다. 이 동시성 개념은 오늘날 뉴에이지 운동의 핵심 개념으로 자리 잡았으며, 융의 친구이자 노벨 물리학상 수상자인 볼프강 파울리 또한 그 타당성을 인정했다.

융은 수비학(숫자를 풀어서 사물의 비밀을 알아내려고 하는 유사학문-옮긴이), 특히 예술이나 신화 속에 반복적으로 등장하는 '4'

라는 숫자에 깊은 관심을 보였다. 또한 연금술, 영지주의, 성경에도 조예가 깊었다. 그는 진정한 연금술이란 흔히 알려진 것처럼 값싼 금속을 금으로 바꾸는 기술이 아니라, 인간의 심성을 변화시키고 깨달음을 가져오는 과정이라고 믿었다.

1913년, 융은 북해에서 알프스 산맥에 이르는 모든 땅이 홍수에 잠기는 강렬한 환상을 보았다. 자세히 보니 그 물은 새빨간 피였고, 그 위에는 수백만의 익사체가 떠 있었다. 융은 그것을 혁명의 전조로 여겼으나, 얼마 지나지 않아 실제로 제1차 세계대전이 발발했다.

융은 특유의 예지력으로 초심리학(parapsychology) 연구에도 관심을 기울였다. 그는 과학자로서 비물질적인 인과율을 믿는다고 밝혀, 프로이트의 조롱을 사기도 했다. 이런 비전통적인 과학 영역에서 융이 옳았는지, 아니면 프로이트가 옳았는지는 더 시간이 지나봐야 알 일이다. 다만 지난 수십 년 동안 융의 사상이 재조명되며 빛을 발하고 있고, 프로이트의 이론은 상당 부분 재검토되고 있다는 사실만은 분명하다.

이 책이 힘이 되는 순간

융은 '신화화(神話化)' 개념이, 일단 경험하고 나면 그것 없이는 살기 힘들 정도로 매력적이라는 점을 인정한다. 그는 묻는다. 그렇다면 왜 그것 없이 살아가야 하는가?

지성인들에게 꿈이나 무의식과 관련된 이야기는 시간 낭비처럼 들릴 수도 있다. 그러나 그것이 우리의 정서 생활을 풍요롭게 하고, 분열된 마음을 치유할 수 있다면 분명 가치 있는 것이다. 만약 우리가 순수하게 이성적이고 비예술적인 존재로서 꿈이나 환상을 한 번도 성찰해본 적이 없다면, 우리는 그야말로 1차원적 인간에 머물고 말 것이다. 우리는 융이 시공의 비밀이라 표현한 '이해할 수 없는 것들'을 깊이 생각하지 않는다. 그렇지만 신비스러운 것은 분명 삶에 의미를 준다.

이 책은 물질주의적 소비문화의 천박함에 질린 사람들에게 특히 권할 만하다. 융이 들려주는 아프리카, 인도, 이탈리아 여행기나, 그가 도시에서 벗어나고자 취리히 호숫가 볼링겐에 지은 탑집에 관한 대목은 매우 흥미롭다. 비록 책 전체에서 등장하는 꿈이나 환상에 대한 묘사에 모든 이가 공감할 수는 없겠지만, 그것은 분명 많은 사람들에게 일종의 지침과 지혜를 제공하며, 무의식에 대한 새로운 흥미를 일깨워줄 것이다.

BOOK 23

스크루테이프의 편지
The Screwtape Letter
C. S. 루이스 | 1942

우리 내면의 악마, 그리고
그에 저항하려는 본성을 그리다

C. S. 루이스 *C. S. Lewis*

1893년 북아일랜드 벨파스트에서 변호사의 아들로 태어난 그는 옥스퍼드 대학에서 고전문학과 영문학을 공부하고 가르쳤으며, 후에 케임브리지 대학 교수로도 재직했다. 젊은 시절 루이스는 무신론자였으나, 지적 탐구와 내적 성찰 끝에 기독교 신앙을 받아들이게 되었다. 『스크루테이프의 편지』, 『순전한 기독교(Mere Christianity)』, 『고통의 문제(The Problem of Pain)』, 『나니아 연대기(The Chronicles of Narnia)』 등 다양한 작품을 통해, 탁월한 논리와 문학적 상상력으로 신앙과 인간 존재에 대해 깊이 있는 사유를 펼쳤다.

"친애하는 웜우드에게,

네 환자가 기독교인이 되었다는 사실에 큰 불쾌감을 감출 수가 없구나. 이런 경우 정상적으로 받아야 할 벌을 피할 수 있으리라는 헛된 기대는 하지 말거라. …… 지금 우리에게 필요한 것은 절망이 아니라 최선의 대응책이야. 수백 명의 개종자들이 적의 포로수용소에 잠시 머물렀다가 결국 우리 편으로 돌아온 전례가 있지 않니. 환자의 모든 습관은 정신적인 것이든 육체적인 것이든 아직 우리에게 유리한 쪽에 머물러 있다."

스크루테이프는 고참 악마로서, 그의 일은 지구에 악과 불운이 많이 쌓이도록 하는 것이다. 그는 이 목적을 달성하기 위해 하수인이 될 만한 인간들을 조심스럽게 물색하고, 그들의 마음을 하느님에게서 멀어지게 하려고 온갖 수단으로 유혹한다.

스크루테이프의 수하에는 신참 악마인 그의 조카 웜우드가 있다. 이 둘이 주고받는 편지는, 이들이 새로 기독교를 받아들인 한 젊은이를 다시 '땅 아래 계신 우리의 아버지', 곧 사탄에게 돌려보내려고 얼마나 노력했는지를 보여준다. 웜우드는 스크루테이프에게서, 그 사람의 약점을 이용해 영원히 죄를 지으며 살도록 만들 방법에 대한 상세한 지시를 받는다.

충격적이기도 하고 재미있기도 한 C. S. 루이스의 풍자소설

『스크루테이프의 편지』는 출간 당시 50만 부 이상 팔린 베스트셀러였다. 이 책은 당시 널리 퍼져 있던 무신론과 실존주의, 물질주의에 대한 명쾌한 반격으로, 기독교를 단순한 윤리적 지침 정도로만 여기던 독자들까지 끌어들였다. 이 소설에서 스크루테이프는 희생자들을 죄로 빠져들게 할 뿐 아니라, '이 세상의 길'을 버리도록 하여 인간의 발전을 부정하게 만든다.

그러나 이 책을 이해하기는 쉽지 않다. 모든 것이 윤리적으로 뒤집혀 있기 때문이다. 여기서 '적'이라고 하는 존재가 하느님이라는 것, 스크루테이프가 옹호하는 삶의 방식이 훌륭한 기독교인이 되는 것과 정반대라는 점을 기억해야 한다. 예를 들어 적이 인간들에게 선을 선택할 자유의지를 주었고, 하느님이 '인간 기생충'을 정말로 사랑한다는 사실을 스크루테이프가 슬퍼하는 식이다. 편지 중에는 이런 내용도 등장한다.

> 인간에 대한 하느님의 사랑을 다룬 모든 이야기, 그리고 완전한 자유라는 그의 봉사에 관한 모든 이야기가 (즐거이 믿고 싶은 것처럼) 단순한 선전에 불과한 것이 아니라, 호소력이 있는 진리라는 사실에 직면하지 않을 수 없다. 하느님은 우주를 자기의 징그러운 작은 복제품들로 채우길 정말로 원하고 있다.

책의 각 장은 이웃 사랑의 결여, 자만, 정욕 등 다양한 유혹을 다룬다. 루이스는 이러한 유혹을, 불신자들이 흔히 자신을 더 똑똑하고 재치 있다고 생각하는 태도와 결합시켜 보여준다.

악마의 공격 개시

스크루테이프와 웜우드의 첫 번째 희생자는 한 청년이다. 그들은 이 청년이 별로 좋지 않은 여자들과 어울리도록 유도한다. 그런데 이 청년이 평판 좋고 훌륭한 가문의 기독교인 처녀와 사랑에 빠지자, 둘은 경악한다. 여기서 그들은, 청년을 그의 자라나는 영성으로부터 돌아서게 한다는 것이 쓸데없는 짓임을 깨닫고, 대신 그의 영적 감정을 타락시키려 한다.

이 희생자가 지성적인 기독교인 모임에 참가하자, 스크루테이프와 웜우드는 그가 당시 유행하던 사상에 끌리도록 조종한다. 교회란 창시자의 원래 의도를 저버린 관료주의적 구조이며, 예수는 역사적 인물로서 실제로 신이 아니라는 사상이다. 여기서는 말하기를, 기독교는 그 자체로 불충분하며 '더 나은 사회를 창조하기 위해' 사회적 프로그램과 협력해야 한다고 주장한다. 두 악마는 기독교가 그 자체로는 다소 '낡은 수법'이어서, 더 많은 사람들에게 진정 살아 있는 것으로 다가가기 위해서는 좀 더 매력적이어야 한다는 생각을 청년에게 심어주려 한다.

이 계획은 효과가 있었다. 청년은 자기보다 훨씬 앞선 지성인들과 어울리게 되고, 스크루테이프는 그에게 일종의 영적 교만을 심어준다. 청년은 기독교인으로서 자신이 다른 사람보다 우월하며, 지성적 기독교인으로서 특별하다고 생각하게 된다. 스크루테이프는 웜우드에게 말한다.

"핵심 조직에 속한다는 생각, 비밀을 갖고 있다는 생각은 아주 달콤하지. 그 점을 잘 살려야 해. 불신자가 말하는 것들이 재미있다는 마음을 심어주도록 해라."

한 사람의 인생을 손에 넣기 위한 계략

책의 배경은 영국이 전쟁에 휩쓸려 사방에 폭탄이 비 오듯 떨어지던 시기다. 웜우드는 신이 나서 즐거워하지만, 스크루테이프는 그에게 바보처럼 굴지 말라고 꾸짖는다. 희생자가 살아 있는 편이 훨씬 더 유리하다는 것이다. 그는 말한다. 만약 그 희생자가 폭탄 속에서도 죽지 않고 살아남는다면, 이제 그를 손바닥 위에 올려놓고 마음대로 조종할 수 있을 것이라고. 왜냐하면 나이가 들면서 그는 중년의 영적 황무지로 빠져들 것이기 때문이다. 일상이 반복되고 젊은 날의 희망과 사랑이 좌절되면 그는 결국 그들이 바라던 길로 돌아서게 될 것이다. 스크루테이프는 이렇게 희희낙락하며 쓴다.

"우리가 그들의 삶 속에 심어놓은 단조로움, 거기에 반응할 때 품도록 가르친 막연한 원망, 이 모든 것이 한 영혼을 회오심(悔悟心)으로 파멸시킬 수 있는 절호의 기회를 주는 것이다."

스크루테이프는 '희생자가 출세하면 우리의 입지가 더욱 탄탄해진다'고 이야기한다. 세상에서 지위가 높아질수록, 그의 관심은 점점 더 세속적인 것에 고착될 것이다. 세상에서 유명해지고 사람들과 어울리며 사는 그가, 과연 하느님께 무엇을 더 바라겠는가.

삶이 공포의 집이 되었을 때

스크루테이프의 더 큰 목적은 희생자가 자기 자신을 알 수 있는 길을 막는 것이다. 그는 희생자가 거친 감정에 갇혀 객관성이나 반성의 여지를 전혀 갖지 못하도록 만들려 한다.

런던에 폭탄이 떨어지자, 웜우드는 희생자에게 약간의 비겁함을 주입하자고 제안한다. 그러나 스크루테이프는 반대한다. 비겁함은 수치를 낳고, 수치는 자신을 돌아보게 하며, 더 강해지고자 하는 욕망을 일으키기 때문이다.

두 악마는 희생자가 어떤 일도 끈기 있게 하지 못하게 만든다. 결의를 좌절시키고, 헌신하지 못하게 한다. 그런 것들이 그를 더 훌륭한 사람으로 성장시키기 때문이다. 그들은 그가 스스로 하느님의 도움이 필요 없는, 자신의 운명의 주인이라 믿길 바란다. 스크루테이프는 희생자가 곤경에 처하자 이렇게 말한다.

"재미있는 건, (그가 알아차리기만 했다면) 도움이 거의 시야에 들어왔는데도 그 사람이 결국 어려움에 굴복하도록 만드는 것이지."

마침내 희생자는 폭격으로 무너진 집의 담벼락에서 불타는 시체를 바라본다. 이제 악마들은 그가 삶이란 아무 의미 없는 공포의 집이라 믿도록 만드는 데 성공했다고 생각한다. 그러나 청년은 잿더미 뒤에서 생명의 기적을 목격하고 충격을 받는다. 그는 이제 악마의 손이 닿을 수 없는 곳에 있다. 스크루테이프는 그를 두고 "이 짐승, 침대에서 태어난 이 물건"이라 부르지만, 이제 그 짐승은 하느님과 같은 방향을 바라본다.

이 책이 힘이 되는 순간

루이스가 친구인 J. R. R. 톨킨(『반지의 제왕』의 저자이자 철학자-옮긴이)에게 헌정한 『스크루테이프의 편지』를 집필하던 무렵, 이 작품은 BBC 방송의 〈10분 토크〉 프로그램을 통해 대중에게 먼저 알려졌다. 이 프로그램에서 루이스는 자신이 어떻게 기독교로 개종했는지를 비롯해 다양한 윤리적 주제를 다루었다.

『스크루테이프의 편지』는 당시 정치적 현실을 풍자한 작품으로도 읽힐 수 있다. 그러나 루이스의 진정한 관심은 우리의 내면세계와 우리가 매일 내려야 하는 도덕적 선택에 있었다. 이 책이 제시하는 '구식의 윤리'는 여전히 유효하며, 비록 루이스가 기독교인의 시각으로 쓴 글이지만 독자들은 스크루테이프와 웜우드를 자신의 내면에 존재하는 악마로 쉽게 대입할 수 있다.

물론 세상을 선과 악으로 양분하여 묘사하는 것은 현실을 지나치게 단순화하는 것일 수 있다. 그러나 루이스는 이러한 대립 구조를 사실적이면서도 익살스럽고 설득력 있게 그려냈다. 그래서 그의 글을 읽다 보면, 우리는 어느새 자신의 생각과 행동을 합리화하려는 태도를 되돌아보게 된다. 이 책이 우리에게 일깨워주는 것은, 인간 내면에는 타락에 저항하려는 본성이 있으며, 우리가 자기 자신에게 진실할 때 그 힘을 더욱 강화할 수 있다는 사실이다.

BOOK 24

아남 카라
Anam Cara

존 오도나휴 | 1997

삶의 모든 것에
우정의 정신으로 다가가라

존 오도나휴 *John O'Donohue*

존 오도나휴는 아일랜드 서부에서 태어나 켈트 문화와 자연 속에서 성장했다. 더블린 트리니티 칼리지에서 철학 박사 학위를 받고 토마스 아퀴나스 연구로 학문적 기반을 다졌다. 시인이자 철학자인 그는 아일랜드 켈트 전통의 영성과 시적 언어를 통해 인간 존재의 깊이를 탐구했다. 아일랜드어로 '영혼의 친구'를 뜻하는 그의 대표작 『아남 카라』는 인간과 인간, 인간과 자연, 인간과 신성 사이의 깊은 영적 유대와 우정을 노래한다.

"우리는 흙으로 빚어졌기에, 흙의 형태 안에 깃든 영혼들이다. 우리의 내면 깊은 곳에서 울려 나오는 '흙의 목소리'와 동경에 귀 기울이며 그 리듬에 맞추어 살아야 한다. 그러나 현대 사회에서 이 목소리는 더 이상 들리지 않는다. 우리는 그것을 잃어버렸다는 사실조차 인식하지 못한다. 영적으로 갇혀 있는 고통이 더욱 아픈 이유는, 그것을 거의 느낄 수조차 없기 때문이다."

창밖에 내리는 비, 푸른 잎, 친구와 나누는 웃음, 감미로운 음악…….

우리는 우리가 살고 있는 이 세상의 아름다움과 신비를 너무 쉽게 잊고 산다. 조용한 삶을 살아가는 사람들은 이런 것들을 올바르게 감지하고 즐긴다. 그러나 대부분의 경우, 이런 순간들은 성공하기 위해, 인정받기 위해, 영적으로 성장하기 위해 벌이는 우리의 싸움에 가려지고 만다.

존 오도나휴가 쓴 영혼이 충만한 삶에 관한 명상록 『아남 카라: 켈트인의 지혜서』는 세계적으로 유명한 베스트셀러이다((국내에는 『영혼의 동반자』라는 제목으로 번역·출간되었다-옮긴이). 그런데 이 책의 가르침은 우리가 성공 세미나에서 배우는 내용과는 모든 면에서 대조된다. 무엇보다 이 책은 성공이라는 회전목마에서 내려와 참되게 살라고 가르친다.

이 책이 말하는 켈트인의 지혜가 무엇인지 분명히 언급되지는 않지만, 책을 읽고 나면 그것이 기발한 언동과 순발력 있는 정신, 자연에 주파수를 맞추는 삶, 그리고 우리 영혼의 신비를 즐기는 것과 관계된다는 걸 알 수 있다. 우리는 쾌락을 위해 자신 안의 잠재력을 자기도 모르게 죽이고 있다. 그것은 우리의 삶을 계획이나 프로그램에 따라 미리 결정된 형태로 만들려 하기 때문이다. 그 결과, 우리는 감각이나 계절의 리듬에 주의를 기울이기는커녕, 점점 더 기계적인 존재로 남게 되었다.

켈트인의 마음

오도나휴에 의하면, 켈트인의 상상력은 동그라미와 나선형을 좋아하고 직선을 싫어한다. 켈트 문화는 사계절의 리듬에 따른 삶의 순환 운동과 관계가 있다. 이 고대인의 인식은 끊임없는 진보의 직선을 좋아하는 현대 사상과 맞지 않는다.

켈트인의 마음은 체계적이지도 않고 이분법적이지도 않다. 켈트인의 지혜에는 정신과 물체, 시간과 영원 사이에 확연한 분별이 없다. 우리는 육체적인 영역과 정신적인 영역에서 동시에 살아가고, 그러기에 '흙적인' 존재인 동시에 영적인 존재, 곧 '흙의 형태 속에 있는 영혼'이다.

'아남(anam)'은 게일어로 영혼을 뜻하고, '카라(cara)'는 친구를 의미한다. 고대 아일랜드에서 '영혼의 친구'는 자신의 가장 깊은 자아를 함께 나눌 수 있는 스승이나 영적 안내자를 가리켰다. 오도나휴의 책은 우정에 관한 것이지만, 여기서 말하는 우정이란 우리가 다른 사람과 맺는 그런 우정이 아니다. 이 책은 우리에게 우리 자신과, 자연과, 심지어 죽음과도 친구가 되라고 한다. 이 세상의 모든 것을 우정의 정신으로 대하면 두려움이 없어진다고 말한다.

여기서 말하는 '켈트인의 지혜'는 일상적인 삶 속에서 영원을 보는 것이기도 하다. 시, 미술, 우정, 사랑이란 우리가 세상이라 부르는 이 한정된 시공에서 영원이 스스로를 드러내는 방법이다. 영원은 언제나 우리 주위에 존재하면서, 그것이 진실하다는 것을 우리에게 보여주고자 표출되고 싶어 한다. 그런데 우리가 사는 이 세상은 '보이는 것만이 진실된 것'이라는 허상을 만들어내고 있다. 사물에 대한 우리의 초점이 분산되었기 때문에 우리는 이런 상상력을 잃어버리고 불쌍한 존재가 되었다.

사람이 오는 것은, 평생의 기억과 경험이 오는 것

오도나휴는 우리가 감각에 몰입하여 단순한 것을 재발견하면, 이런 육체적 통로를 통해 삶의 깊은 영적 즐거움을 회복할 수 있게 되는데, 이것이야말로 역설이라 보았다. 특히 촉각, 후각, 미각은 말이나 생각과 전혀 관계없는 지혜를 가져다준다. 우리는 좀 덜 생각하고, 좀 더 느끼며, 우리가 느끼는 바를 신뢰해야 한다.

우리는 흙의 형태 속에 있는 영혼이므로, 영적인 것으로 나아가는 우리의 통로는 우리의 흙적인 것을 인정하는 데서 시작된다. 예를 들어 켈트 시(詩)는 산을 보는 것, 우리 몸으로 바람을 느끼는 것, 파도가 부서지는 소리를 듣는 것 등의 경험을 높이 찬양하는 말로 가득하다.

오도나휴는 말한다. "우리가 외적인 것에 중독되어 있으면, 우리의 내적인 것이 우리 속에서 유령처럼 출몰한다." 그는 우리가 형광등의 거친 불빛에 비추어 보듯 자신과 남들을 보지만, 영혼의 불빛은 렘브란트의 그림에 나오는 불빛과 같아서 보면 볼수록 부드럽게 주변을 비추며 신비를 드러낸다고 말한다. 그러므로 모든 사람은 각자 갖고 있는 신비에 대해 경외감을 가져야 한다.

오도나휴는 기술과 미디어가 세계를 연합시키지 못하고, 오히려 사물의 친밀감이 감소했다고 본다. 우리가 관계에 대해 강박관념을 가질 정도가 된 것도 좋은 관계가 사라졌음을 반증하는 것이다. 영어권에서 가장 흔하게 사용하는 '헬로(hello)' 같은 중성적인 인사말은 켈트인의 언어인 게일어에는 없다. 그 대신 켈트 사람들은 다른 사람을 만나면, 그 사람 안에 신의 불꽃이 있음을 인정하고 '디아 듀이트'라고 인사하는데, 이는 '하느님이 당신과 함께하기를'이라는 뜻이다.

오도나휴는 사람들이 우리 집을 방문하면 좋은 이유가 무엇인지 묻는다. 그것은 일평생의 기억과 경험을 가진 존재가 방으로 들어와 우리 바로 앞에 앉기 때문이다. 그리고 그들이 떠나면, "그들의 몸이 일어서고, 밖으로 나가 이 감추어진 세계를 가지고 가버린다." 신비가 왔다 간 것이다.

마음속의 끊임없는 수다를 잠잠하게 하라

스트레스가 우리를 지치게 하는 것은 우리의 마음이 재충전될 침묵의 시간을 허용하지 않기 때문이다. 이처럼 자신을 위한 시간을 갖지 않고 외향적인 삶만 산다면, 언제든 그 대가를 지불해야 한다. 지혜를 가져다주는 우리 내면의 목소리가 침묵하게 되는 것이다.

우리는 종교 대신 심리학을 받아들였지만, 심리학은 정말로 내 안에서 무슨 일이 일어나고 있는지를 밝히기에는 깊이가 부족하다. 영혼은 가만히 있다가, 우리가 조용히 그것이 말하게 할 때 비로소 그 지혜를 밝히고 방향을 제시한다. 너무나 당연한 말인지도 모르지만 "당신의 영혼은 당신의 마음이나 이기적 자아보다 더 훌륭한 안테나를 가지고 있다."

그럼에도 불구하고 우리는 마음속의 끊임없는 수다를 잠잠하게 하여 참된 것이 드러나게 하지 않는다. 오도나휴는 프랑스 사상가 파스칼의 유명한 말, "우리가 당면하는 대부분의 문제는 방에 혼자 앉아서 조용히 있지 못하는 데서 비롯된다"는 말을 상기시켜준다.

우리가 후회할 것은 오직 '삶답게 살지 않은 삶'

『아남 카라』는 우리 스스로 부정적이라 생각하는 면을 받아들일 필요가 있다고 충고한다. 우리의 '나쁜' 성질을 급하게 없애버리려 해서는 안 된다. 이런 것들도 우리 자신에 대해 많은 것을 말해주기 때문이다. '네 원수를 사랑하라'는 계명의 또 다른 뜻은, 우리가 사랑하지 말아야 한다고 배워온 우리의 다른 면도 사랑하라는 것이다.

그러나 많은 사람들은 반대 방향으로 너무 멀리 간다. 자신의 비사교적 성격을 받아들이는 것과 의식적으로 부정적이 되려는 것 사이에는 큰 차이가 있다. 우리는 그냥 살아가기만 해도 되는데도, 너무 분석하고 너무 생각하는 문화를 갖게 되었다. 가장 나쁜 분석은 죄책감과 형벌 같은 생각을 동반한다. 예를 들어, 하느님이 우리가 오랜 고통과 '십자가를 지고 가는 것'을 보상해주실 것이라 믿는 것이다.

사실 이런 생각은 오히려 자유에 대한 권리와 우리 본성 속에 내재되어 있는 가능성을 낭비하는 것이다. 부정적인 생각은 우리 삶에 쓸데없이 생기는 부스럼 같은 것으로, 우리는 스스로 만든 마음의 상태에 여러 해 동안 갇혀서 나오지 못한다.

오도나휴의 가톨릭 배경이 그에게 죄에 대해 가르쳐주었겠지만, 그는 가장 심각한 죄에 대해서는 배운 바가 없다고 불평한다. 그 가장 심각한 죄란 '(삶답게) 살지 않은 삶'이다. 영혼은 본래 모험을 좋아한다. 모험은 참된 성장으로 이르는 관문 같은 것이다. 변화를 거부하고 현 상태를 유지하려는 것은 이기적 자아가 하는 짓이다. 오도나휴는 삶에서 완전을 이루는 것이 가능하다고 말한다. 그 '완전'이란 삶을 충만하게 살고, 프랑스의 샹송 가수 에디트 피아프가 노래했듯 "나에게는 후회할 것이 없다(Je ne regrette rien)"고 말할 수 있다는 의미에서의 완성이다.

오도나휴가 "영적인 문제는 없다"고 말하는 것을 보면 동양의 도사가 생각난다. 그의 말대로, 일상생활에 특별히 잘사는 법이나 새로운 수행법 같은 것을 덧붙이거나 영적 자라남의 계단 같은 것을 믿지 말고, 우리가 지금 처한 실존적 정황 속으로 깊이 들어가야 한다. 영적으로 풍요로운 삶이란 얼마나 많은 수도원을 방문했는지, 얼마큼 명상을 했는지와는 관계가 없다. 그보다는 내면의 두려움을 떨쳐버리고 자신의 내면을 직시하는 것과 연관되어 있다.

이 책이 힘이 되는 순간

삶이 조각난 경험들의 집합처럼 느껴지고, 공동체의 감각이나 사랑을 갈망하고 있다면, 이 책은 고향처럼 따뜻하게 느껴질 무언가를 당신에게 건네줄 것이다.

동기 부여를 강조하는 책들이 우리의 삶을 최대한으로 조종할 수 있는 법을 가르치고, 많은 영성서들이 극적인 변화를 촉구하지만, 이 책은 정반대의 메시지를 담고 있다. 편안한 마음을 가지고 평범한 것 가운데서 특별한 것을 발견하라는 것! 이것은 분명 삶에 대한 더욱 진실한 이해와 관계되어 있다.

『아남 카라』의 메시지는 간단히 말해 우리가 우리 자신의 친구가 되어야 한다는 것이다. 그럴 때 비로소 마음의 온기와 감수성이 자라난다. 오도나휴는 현대 사회의 가장 큰 특징 가운데 하나로 '무관심'을 꼽는다. 오늘날 우리는 힘과 영향력을 추구하는데, 이를 위해서는 타인에 대한 무관심이 필요하다고 믿는다. 그 대가로 우리는 자비라든가 치유 같은 더 깊은 힘을 잃어버리게 된다.

켈트인이 세상을 바라보는 방법이 『아남 카라』의 철학적 배경을 이루고 있다고 할 수 있지만, 이 책의 진정한 주제는 영혼을 다시 현대 생활로 데려오는 것이다. 이 메시지에 끌린다면 토마스 무어의 『영혼의 돌봄』도 함께 읽어보길 바란다.

BOOK 25

기적 수업
A Course in Miracles

헬렌 슈크먼 | 1976

잘못된 인식의 베일을
걷어내는 기적에 대하여

헬렌 슈크먼 *Helen Schucman*

현대 영성 서적의 이정표로 평가받는 『기적 수업』은 특별한 인연으로 생겨난 책이다. 1965년, 뉴욕의 연구 심리학자 헬렌 슈크먼과 동료 윌리엄 데트포드는 삭막한 직장 분위기 속에서 벗어나 다른 길을 찾기로 했다. 곧이어 슈크먼은 이상한 꿈을 꾸고 목소리를 듣기 시작했다. 그녀가 속기록에 쓴 첫 문장은 "이것은 기적에 대한 강좌이다"였다. 7년에 걸친 속기와 정리 끝에 완성된 1,200쪽의 『기적 수업』은 전 세계적으로 100만 부 이상 판매되었고, 다양한 연구 모임과 실천 공동체를 낳았다.

"실재적인 것은 어떤 것도 위협받지 않는다.
 비실재적인 것은 존재하지 않는다.
 여기에 신의 평화가 있다."

"우리는 자신을 마주할 때 두려움을 느낄 수밖에 없다. 스스로를 창조하지도, 창조할 수도 없었다는 사실을 깨닫기 전까지는 그 두려움에서 완전히 벗어날 수 없다."

"이것은 기적에 대한 강좌이다. 누구나 반드시 수강해야 하지만, 언제 시작할지는 각자의 자유다. 그러나 자유라고 해서 교과 내용을 학생 마음대로 바꿀 수 있다는 뜻은 아니다."

이 책은 이런 재기 넘치는 말로 시작하면서, 이것이 우주에서 인간으로 사는 데 따르는 규칙, 우리가 주의를 기울이든 말든 어김없이 작용하는 우주의 원칙을 밝혀주는 책이라고 주장한다.

그런데 왜 '기적'이라는 말을 썼을까? 기적은 물리적으로나 정신적으로 여러 가지 형태로 나타날 수 있지만, 그 기본적 요소는 우리가 가지고 있는 잘못된 인식을 갑작스럽게 없애주기 때문이다. 책에 나오는 말을 그대로 쓰면, 기적이란 "사랑이 존재한다는 사실을 인식하지 못하도록 막는 장애물들을 제거하는 것"이다.

이런 순간, 이른바 '거룩한 순간'이 오면 우리는 신의 평화를 느낄 수 있다. 우리의 자아가 가지고 있는 일상적 오만과 무지의 구름을 통하지 않고 사물을 있는 그대로 볼 수 있다. 이런 일이 일어나는 것 자체가 바로 기적이다. 그것은 영원한 것이기 때문이다. 물론 그것이 일어났다는 사실을 잊은 채 살 수도 있지만, 그것을 다시 상기하는 순간 똑같은 효과를 느낄 수 있기에 영원하다는 것이다.

이 책은 실재(reality)와 비실재(unreality), 참된 앎(knowledge)과 일상적인 인지(perception) 사이의 차이를 분간하는 것이 매우 중요하다고 강조한다. 실재나 진정한 앎은 신에 속한 것으로 신에게서 나온다. "그것은 감지되지는 않지만 변경되지 않는다." 그것은 시간을 초월하는 것이다.

이와 대조적으로 비실재와 인지는 우리가 상식적으로 인지하는 세계로서, 실재 자체가 아니라 우리의 해석을 통해 형성된 무엇이다. 우리가 인지하는 것이 진실같이 보이지만, 그것은 우리의 렌즈를 통해 볼 때만 진실로 보이는 것에 불과하다. 신이 준 것은 인지 작용을 거치지 않고 직관적으로 알게 되는 것이다. 거기에는 착오가 있을 수 없고, 따라서 믿어도 좋다.

특별한 관계와 거룩한 관계

이 책이 인기를 얻은 이유 중 하나는 관계에 대한 깊은 통찰을 보여주기 때문이다. 이 강좌에서 잊을 수 없는 대목은 '특별한 관계'와 '거룩한 관계'의 차이를 강조하는 부분이다.

특별한 관계란 이기적 자아의 욕심에 근거해서 형성되는 관계로서, 많은 사람들이 이런 방식으로만 관계를 맺는다. 이런 관계는 신을 우리의 삶에서 제외시킨다. 이와 대조적으로 거룩한 관계는 우리가 신을 내 안에 모실 때 만들어지는 관계이다. "거룩한 관계는 오래된 특별한 관계가 변화될 때 가능하다."

사실 책에서 이 문제를 다루는 부분은 읽기가 좀 껄끄럽다. 우리가 살면서 맺은 대부분의 인간관계가 우리의 이기심 때문에 만들어졌다는 사실을 자각해야 하기 때문이다.

그런데 우리가 하느님께서, 좀 더 구체적으로는 성령께서 우리의 관계 속으로 들어오시도록 간구하면 변화가 급격하게 일어난다. "당장 하느님의 목표가 우리 자신의 목표를 대신하게 된다." 거룩하지 않은 관계에서는 그 관계가 의미 있는 것이 되려면 우리가 설정한 목표대로 되어야 한다. 이런 일상적 관계에서는 그 관계를 통해 우리가 원하는 바를 얻을 수 없으면 관계를 끝내려고 한다. 여기서는 유일한 관심사가 내가 혹은 내 이기적 자아가 원하는 바를 얻을 수 있는가 하는 것이기 때문이다.

이런 관계에는 견고한 기반이 없기 때문에 언제나 불안감을 느낄 수밖에 없다. 우리는 스스로 우리에게 가장 좋은 것이 무엇인지 잘 아는 것 같지만, 사실 이기적 자아가 우리의 관계를 이익을 위한 수단으로 이용한다는 것 외에는 아는 바가 없다.

반면 하느님은 모든 관계에서 분명한 목표를 가지고 있다. 그러므로 그 목표가 드러나기를 바라는 믿음을 갖는 것이 중요하다. 성령이 우리와 함께하는 체험을 하면 우선 믿음이 생기게 되고, 그 믿음이 확신으로 변한다. 그러면 우리의 관계를 우리 자신의 이기적 자아로부터 구해낼 수 있게 된다. "하느님과 하나가 된 사람은 자아가 이 하나 됨을 갈라놓을 수 없다."

『기적 수업』의 주제 중 하나는 용서하라는 것이다. 용서는 좋은 일이기 때문이 아니라, 우리가 세상을 잘못 인식하는 것에서 벗어나 진리를 볼 수 있도록 해주기 때문이다.

"용서는 우리가 세상을 올바로 볼 수 있도록 해주는 수단이다. 용서를 통해 세상에 대한 우리의 생각은 완전히 뒤바뀔 수 있다."

용서를 한다는 것은 한 사람의 본질적 순수함, 밖으로 드러난 것 뒤에 있는 진실을 꿰뚫어보는 것이다. 끊임없이 남을 비판하고 공격해야 할 필요에서 벗어나 용서를 할 수 있게 되면, 그때 비로소 우리는 치유된 관계를 맺을 수 있다.

우리가 던져야 할 정직한 질문

이 책에 거듭 나오는 주장은 "사랑만이 참되다"는 것이다. 이것은 사랑 이외에는 모든 것이 허구라는 뜻이다. 기도와 명상의 목적은 이 사실을 깨닫지 못하는 우리의 잘못된 인지 방법을 바로잡는 데 있다. 그대로 내버려두면 우리의 자아는 빛을 보지 못한다. 참된 실재를 보려면 자아에서 해방되어야 한다.

갈등 속에서는 정답이 나올 수 없다. 해답이 그 갈등으로 변형될 것이기 때문이다. 우리는 모든 문제를 우리의 생각으로만 해결하려 하지만, 그렇게 하면 문제와 해답이 모두 우리의 이기적 자아와 관계되는 결과를 초래한다.

우리가 던져야 할 정직한 질문은 "우리가 알지 못하는 것을 물어보는 것"이다. 참된 대답은 오늘도 맞고 내일도 맞는, '거룩한 순간'에 오는 것이다. 하느님이 선물로 주시는 번개 같은 깨달음의 순간에 주어지는 것이다. 진리를 경험하게 되면 그것은 기적과 같다. 그것이 우리가 지금 알고 있는 대로의 우리에게서 온 것이 아니라, 언제나 하느님과 하나 된 자아에서 나오는 것이기 때문이다. 우리가 하느님으로부터 분리되어 있다고 하는 것은 허상일 뿐이다.

이러한 안내를 받으려면 스스로 생각하는 일을 잊어버리고 그저 조용히 기다려야 한다. "조용한 중에 모든 해답이 찾아와 문제가 조용히 해결된다."

이기적 자아가 원하는 것

우리는 종종 내가 누구이고 무엇인지 혼란을 겪는데, 이 말은 우리의 이기적 자아가 원하는 것과 자연적으로 원하는 것 사이에서 우리가 갈팡질팡하고 있다는 뜻이다. 우리의 이기적 자아는 분주함을 좋아해서 문제를 만들고 이를 유지한다. 이기적 자아가 만들어내는 문제들은 우리가 생각하듯 참된 것들이 아니고, 그저 현 상태를 계속 유지하려고 만들어낸 것일 수 있다는 이야기다.

『기적 수업』에 의하면, 우리가 세상에 외롭게 떠다니는 독립적 존재라는 믿음은 '광기의 극치'이다. 우리는 결국 우리를 창조하신 하느님과 하나이고, 또 언제나 그래 왔기 때문이다. '속죄'를 뜻하는 영어 단어 'atonement'는 '하나 됨(at-one-ment)'으로서 하느님과 하나 됨을 기억한다는 뜻이다. 이 사실을 인정하면 의심하거나 불안해할 여지가 없어진다. 『기적 수업』에서는 이렇게 말한다.

> "모든 것은 합동하여 선을 이룬다. 우리의 이기적인 자아의 판단에서 보는 일만 없다면, 이 사실에는 예외가 없다."

이 책은 나아가, 왜 많은 사람들이 하느님이나 영적인 문제를 생각하기 싫어하는가 하는 문제를 다루고 있다. 그것은 하느님을 인정하는 순간, 사람들이 자신의 진정한 정체성의 바탕이 된다고 믿는 이기적 자아의 존재를 부정해야 하기 때문이다. 이기적 자아는 자기 자신을 중심적 실체로 믿기 때문에, 신의 전체성을 받아들일 수 없다.

그리스도의 재림은 무엇을 의미하는가? 그리스도가 육체적으로 이 땅에 다시 온다는 뜻이 아니라, 나의 이기적 자아가 끝난다는 것이다. 성령은 이 사실을 가져다주는 하느님의 메신저로서, 우리의 이기적 자아가 우리에게 진짜라고 믿도록 강요하는 잘못된 생각들을 고치도록 보내심을 받은 것이다.

이 책이 힘이 되는 순간

하늘의 목소리를 받아 썼다는 책은 셀 수 없이 많지만, 『기적 수업』은 그중에서도 금본위 화폐에 비견될 만하다. 이 책은 새천년을 위한 성서로까지 불리며, 이는 단순한 비유가 아니다.

『기적 수업』은 성서처럼 거의 모든 문제에 대한 해답을 담고 있으며, 그 분량이 방대해 처음부터 끝까지 읽는 일이 쉽지 않다. 성경에 나오는 말투와 인용법을 차용했지만, 비유 대신 명확한 논리와 치밀한 대비로 독자들을 사로잡는다.

기독교 용어 때문에 거부감을 느끼는 독자들도 있을 수 있다. 그러나 이는 특정 교리를 전하려는 것이 아니라, 모든 종교에 공통된 보편적 진리를 표현하기 위한 형식일 뿐이다. 기독교적 언어를 사용하지만, 정작 근본주의 기독교인들은 이 책을 신성모독적인 뉴에이지 사상과 결합된 것으로 보고 반대한다. 주류 종교들 역시 신의 지혜가 한 개인을 통해 직접 전달되었다는 주장 때문에 이런 종류의 책에 거부감을 드러낸다. 그러나 거의 모든 종교가 이런 식으로 시작되지 않았는가? 신의 메시지를 수신한 개인이 있었고, 그 후 추종자들이 그것을 수행 체계로 발전시킨 것은 역사 속에서 반복되어 온 보편적 현상이다.

그 근원이 신이냐 아니냐와 상관없이, 열린 마음으로 이 책을 읽는다면 영감과 통찰을 피할 수 없다. 갑작스러운 깨달음이나 더 큰 이해라는 의미에서 '기적'을 경험해본 사람이라면, 그 기적이 어디에서 오는지 자연스럽게 공감할 수 있을 것이다. 모든 종교는 만물의 분리기 현상에 불과하며, 우리가 신과 하나임을 깨달을 때 모든 것이 가능해진다고 가르친다.

『기적 수업』은 우리가 더 높은 힘과 자신을 일치시킬 때 기적이 일어나는 것이 오히려 '정상적'임을 상기시키며, 삶이란 결국 우리를 행복으로 이끄는 영적 법칙을 이해하는 여정임을 전해주는 책이다.

BOOK 26

수피의 길
The Way of the Sufi

이드리에스 샤 | 1968

형식 없는 진리,
수피즘을 말하다

이드리에스 샤 *Idries Shah*

이드리에스 샤는 인도 심라에서 태어난 수피 사상가이자 작가로, 이슬람의 수니파 전통 가정에서 성장하고 영국에서 교육을 받았다. 그는 사회적·문화적 문제에 활발하게 참여했고, 문화 연구소를 창설하여 여러 나라에서 강의도 했다. 박학다식함으로 명성을 얻어, 도리스 레싱이나 로버트 그레이브스 같은 문인들과 교류하기도 했다. 다수의 베스트셀러를 펴냈으며, 그중에서도 『수피의 길』은 수피즘의 역사와 철학, 전통, 수행법을 쉽고 명료하게 소개한 책으로, 서구 독자들에게 수피 사상을 본격적으로 알리는 계기가 되었다.

"왜 수피 지도자가 사람들 앞에 나서 종교적으로 헌신적인 삶을 보여주지 않느냐는 질문을 받았을 때, 니자무딘 오릴야는 이렇게 대답했다.

'왕들은 보물을 두 곳 중 한 곳에 숨긴다. 첫째, 누구나 예상할 수 있는 곳, 곧 도둑이 침입하지 못할 튼튼한 방 속이다. 둘째, 더 안전한 곳, 곧 누구도 찾을 생각조차 하지 않는 폐허의 땅 밑이다.'"

윌리엄 셰익스피어, 로저 베이컨, 제프리 초서, 단테 알리기에리 같은 인물들에게서 발견되는 공통점은 무엇일까? 힌두 철학, 카발라 전통, 장미십자회(17세기 유럽에서 시작된 신비주의적 사상 운동으로, 영적 계몽과 내면의 지혜를 추구하는 비밀결사-옮긴이), 프리메이슨단(중세 석공 조합에서 발전한 조직으로, 이성과 형제애, 도덕적 성장을 중시하는 세계 최대의 비밀결사-옮긴이)의 가르침, 일본 선(禪)의 이야기 등을 연결시키는 기본 고리는 무엇일까? 이드리에스 샤는 이것들이 모두 우리가 지금 '수피즘'이라 부르는 가르침의 영향을 받았다고 주장한다.

수피즘이라고 하면 일반적으로 이슬람 전통 중에서 좀 더 신비주의적이고 개인적인 차원을 대표하는 종파라고 이해되지만, 샤는 수피의 지혜가 무함마드 시대보다, 어쩌면 고대 이집트의 헤르메스 시기보다도 더 멀리 거슬러 올라간다고 말한다.

샤의 책들은 서양 사회에 수피 철학과 글들을 소개하는 데 크게 기여했는데, 그중 『수피의 길』이 가장 유명하다. 주제에 대한 명쾌한 서론으로 시작하는 이 책은 앞부분에서 페르시아의 가잘리, 유명한 오마르 카이얌, 니샤푸르의 아타르, 스페인의 이븐 엘 아라비, 시라즈의 사디, 하킴 사나이, 잘랄루딘 루미 등 샤가 수피의 대가로 여기는 유명 이슬람 인물들을 간단히 소개하고 있다. 수피의 네 가지 주요 교단, 치스티·카디리·수라와르디·나크쉬반디에 대한 소개도 포함되어 있다.

이 책의 진가는 수백 가지 수피 이야기, 수수께끼, 격언들을 한데 모아놓은 부분에서 가장 잘 드러난다. 이 부분은 그것을 완전히 음미하고 이해하려면 일생이 걸릴 수도 있는 보석 같은 내용이다. 여기서 모든 것을 하나하나 다 다룰 수는 없으므로, 지성적이고 영적인 자유에 대한 수피의 도덕관이라는 더 큰 문제를 중심으로 살펴보기로 한다.

엉겅퀴만 찾는 당나귀처럼
'수피'라는 말의 어원에 관해서는 아랍어, 그리스어, 히브리어 등 여러 가지 주장이 있지만, 이드리에스 샤는 그 어근이 특정 언어에 연결된 것이 아니라 단순히 '수피'라는 글자가 내는 '소리'와 그것이 두뇌에 미치는 영향 때문에 생겨났다고 주장한다. 이를 보면 수피 대가들이 두뇌의 작용에 대해 깊은 지식을 갖고 있었음을 알 수 있다.

사실 오늘날 우리가 귀중하게 여기는 것은 심리학과 인간의 조건에 대한 통찰이다. 그런데 12~13세기로 거슬러 올라가는 수피 문헌들을 보면, 서양에서 프로이트나 융 같은 심리학자들이 20세기에 들어서야 '발견'했다고 여기는 심리 상태나 심리 작용에 대한 이야기가 이미 많이 나온다.

샤에 의하면, 파블로프보다 8세기나 먼저 가잘리가 진정한 영성의 적으로서 조건반사나 세뇌 같은 문제를 크게 다루었다. 대부분의 사람들이 독립적이지 못한 것은 주어진 신념 체계를 아무런 질문 없이 그대로 받아들이기 때문이다. 사람들은 종교에서도 참된 깨달음보다는 안정만을 구하려 한다. 이 문제에 대해 샤는 7세기 수피 지도자인 압둘 아지즈의 말을 인용한다. "당나귀에게 샐러드를 주어보라. 이게 무슨 엉겅퀴로 만든 것이냐 물어볼 것이다." 엉겅퀴만 알고 있으면 다른 것이 아무리 좋아도 그것을 알아볼 수 없다는 뜻이다. 마찬가지로 우리의 마음도 놀라운 지혜가 있다는 사실을 알지 못하고, 언제나 지식이라는 '엉겅퀴'만을 찾는다.

『수피의 길』은 한 가지 종교나 철학만이 진리라고 믿는 착각에서 벗어나, 나의 생각과 다른 생각들을 조화시킬 수 있는 열린 자세를 키워나가는 것을 뜻한다. 샤에 의하면 수피들은 왕들의 고문이 되는 경우가 많았는데, 그것은 그들이 사람들 사이나 종교 사이에 다리를 놓는 막후 역할을 수행했기 때문이다. 어쨌든 사람들은 자기 종교에서 가장 큰 편안함을 느낀다. 그것이 사고와 관습의 벽 속에서 그들을 보호해주기 때문이다. 그 결과, 그 벽 너머에 있는 진정한 자유는 맛보지 못하고 만다.

수피의 지혜를 얻으려면

샤에 의하면, 수피즘을 문화나 종교 운동으로만 연구하면 거기서 어떤 의미 있는 것도 발견하지 못할 수 있다. 그는 수피 사상가인 시라즈의 사디의 다음 말을 인용한다. "말만 하는 학자들은 결코 인간의 내면적인 마음으로 뚫고 들어갈 수 없다."

수피의 지혜는 학문적인 노력으로만 얻어질 수 없다는 뜻이다. 그러기에 그들은 언제나 이야기나 전설, 수수께끼, 농담을 통해 가르치는 방식을 채택했다. 불교에서 말하는 공안(公案)이나 화두(話頭)처럼, 마음에 충격을 가하거나 놀라게 하여 갑작스럽게 지혜를 깨닫도록 하려 한 것이다.

위대한 수피 신비주의 시인 루미는 자신의 시들은 개인의 실제적인 자기계발에 비하면 쓰레기에 불과하다고 했다. 예술이나 문학, 종교를 학문적으로 이해하려는 것 자체가 나쁜 것은 아니다. 그러나 이 모든 것은 수피의 경지에 이르려는 더 큰 과업을 위한 보조 수단일 뿐이다.

이븐 엘아라비는 자신을 따르는 사람들에게 지식에는 사실을 수집하는 지적 지식, '영적 느낌'에 대한 지식, 모든 것에 전제되어 있는 참된 실재에 대한 지식 등 세 가지 형태가 있다고 말하며, 그 가운데 세 번째 지식에 대해 이렇게 말했다. "여기에 대해서는 학문적 증명이 있을 수 없다. 그것은 감추어져 있고, 감추어져 있으며, 또 감추어져 있는 것이다."

지도자 아부 나세르 사라즈는 문화를 세 가지로 나누었다. 일상적인 의견과 지식에 기반을 둔 세속 문화, 훈련이나 도덕적 행동을 강조하는 종교 문화, 그리고 우리를 진리의 문으로 인도해주는 자기계발의 수피 문화가 그것이다. 샤는 이런 지혜의 초종교적·초학문적 성격을 요약한 이븐 엘잘라이의 짧은 글을 인용한다. "수피즘은 형식이 없는 진리다."

『수피의 길』을 관통하는 생각 중 하나는, 사람들이 신을 찾는 척만 할 뿐 실제로는 자신의 실망에 위안을 얻고, 자신의 문제가 해결되기만을 바란다는 것이다. 샤는 시라즈의 사디를 천재적인 사람으로 보았는데, 그래서 사람들은 그를 영웅으로 만들려 했다. 그러나 사디 본인은 사람들이 자기 자신을 위해 더 열심히 정진하기를 바랐다.

"뭔가를 추구하는 사람들은 얼마든지 있다. 그러나 그들 대부분은 자신의 개인적 유익을 추구하는 사람들이다. 진리를 추구하는 사람을 보기가 왜 이렇게도 힘든가?"

그대를 위한 것을 얻게 되리니

오늘날 이슬람 세계에는 여러 수피 조직이 존재한다. 그러나 수피즘의 가르침은 언제나 조직화된 종교나 형식적 구조보다 개인의 영적 성장과 자기계발을 우선시해왔다. 형식보다 진리를, 조직보다 개인을 중시하는 이러한 전통 덕분에 수피 사상은 지금까지도 그 명맥을 이어오고 있다.

수피즘은 사람들이 밀의적이고 신비주의적인 가르침을 이해하는 능력이 제각기 다르다는 사실을 인정한다. 이러한 가르침은 여러 층의 의미를 지니고 있어, 독자들은 각자의 수준에 따라 이해할 수밖에 없다. 잘랄루딘 루미가 시를 쓴 것도 이 때문이다. 그는 사람들이 시를 좋아한다는 것을 알고, 벌을 끌어들이는 꿀처럼 아름다운 시 속에 더 깊은 뜻을 심어놓았다. 그는 말한다. "그대는 거기에서, 그 속에, 그대를 위해 있는 것을 얻게 될 것이다."

진정한 수피는 자신이 속한 문화를 부정하거나 초월하려 들지 않는다. 그 지역의 언어와 관습, 편견, 심지어 종교를 '통해' 일함으로써 최대의 효과를 낸다. 이러한 변장된 교육 방식이 수피들의 가르침이 세대를 넘어 지속될 수 있게 해주는 힘이다.

이 책이 힘이 되는 순간

많은 수피 이야기는 인간이 가질 수 있는 진정한 재산은 지식과 지혜뿐이며, 다른 모든 것은 덧없다는 사실을 보여준다. 수피 학도들은 교리에 집착하지 않고, 어떤 형태로 나타나든 진리 그 자체를 보려 한다. 수피즘의 역설은, 비록 신비주의적 전통을 지니고 있지만 그 목적이 오히려 이 세상에 합리적 진리를 널리 퍼뜨리는 것에 있다는 데 있다.

수피 사상은 우리가 중요하다고 여기는 많은 것들이 실은 표피적인 것에 불과할 수 있으며, 다른 시각에서 보면 삶의 근본이라 여겨지는 것조차 쉽게 무너질 수 있음을 일깨운다. 이런 이유로 어떤 이들은 수피 사상을 위험하거나 비정통적인 것으로 보기도 한다. 그러나 수피즘의 이상은 진리의 핵심을 꿰뚫어 보고, 허영심과 이기심에 가려진 세상의 본질을 간파할 수 있는 '완전한 인간'을 길러내는 데 있다.

수피 문헌은 때로 모호하고 난해하게 느껴질 수 있지만, 그 안에는 수세기를 거슬러 전해 내려온 인간의 지혜가 담겨 있다. 그 속에서 우리는 몽유병처럼 삶을 떠도는 위험을 줄이고, 더 높은 차원의 깨달음에 이르는 길을 찾을 수 있다.

BOOK 27

나선무
The Spiral Dance
스타호크 | 1979

마녀, 혹은
가장 오래된 종교

스타호크 *Starhawk*

1950년 출생으로, 현대 위치크래프트(Witchcraft)와 여성주의 영성 운동을 대표하는 작가이자 활동가다. UCLA에서 심리학, 예술, 인류학을 공부하고 영화학 대학원에 재학하던 중 글쓰기를 시작했으며, 이후 샌프란시스코에서 현대 위치크래프트 운동에 적극 참여했다. 그녀의 대표작 『나선무』는 여신 중심의 영성과 위치크래프트 전통을 현대적으로 재해석해 대중에게 소개한 저서다. '되찾기(Reclaiming)' 운동을 공동 설립해 정치, 환경, 사회 정의 운동에 앞장선 스타호크는, 오늘날까지도 영성과 사회 변화를 결합하는 대표적 사상가로 평가받는다.

"위치크래프트는 자연에서 가르침을 얻고, 해와 달과 별들의 움직임, 새들의 비행, 나무의 느린 성장과 계절의 순환에서 영감을 얻는다."

"현대의 마녀라고 하면 밀랍인형에 바늘을 찔러 저주를 내리는 사람들, 참 종교가 가지고 있는 깊이나 위엄이나 진지한 목적 같은 것은 없는 괴상한 컬트 집단의 일원으로 오해하기 쉽다. 하지만 위치크래프트는 하나의 종교이며, 아마도 서양에 남아 있는 종교 가운데 가장 오래된 전통일 것이다."

『나선무: 고대 위대한 여신 종교의 재생』은 스타호크가 20대 중반에 집필한 책이지만, 그 씨앗은 그녀가 열일곱 살이던 시절 이미 뿌려졌다. 고등학교를 졸업하고 대학에 입학하기 전, 자동차를 얻어 타고 캘리포니아 해안을 따라 여행하던 그녀는 캠핑을 하고 바닷가에서 잠을 자며 난생처음 자연과 거의 에로틱할 만큼 강렬한 교감을 경험했다. 대학에 진학한 후에는 인류학을 전공하며 부수 과제로 위치크래프트 세미나를 시작했다.

유대교 가정에서 성장했음에도, 스타호크는 여신 영성과 자연, 그리고 여성의 몸을 찬미하는 의식에 깊이 매료되었다. 특히 당시 신부, 목사, 구루, 랍비 등 종교 지도자 대부분이 남성이었던 상황에서, 유대교와 이슬람, 불교, 힌두교, 기독교 등 남성 중심의 종교들이 등장하기 전에는 사람들이 본질적으로 여성 중심의 우주론을 가지고 살았다는 사실을 발견한 것은 그녀에게 놀라운 계시로 다가왔다.

어머니는 딸의 위치크래프트에 대한 관심은 일시적인 것이라서 시간이 지나면 사그라들 것이라 생각했다. 그러나 스타호크는 이 방면으로 독서와 수행을 멈추지 않았고, 결국 베스트셀러가 된 개론서를 집필하기에 이르렀다. 이로써 그녀는 새롭게 부상한 현대 영성 운동의 핵심 인물로 자리 잡았다.

그녀의 본명은 미리엄 사이모스(Miriam Simos)였는데, 이후 매(hawk)에 관한 꿈과 타로카드의 별(star)에서 영감을 얻어 '스타호크(Starhawk)'라는 새 이름을 짓고 본격적인 활동을 시작했다. 그녀의 사명은 서양 문화 속 거룩한 여성성에 대한 인식을 일깨우고, 여성들에게 힘을 부여하며, 위치크래프트를 합법적인 종교로 확립하는 것이었다.

여성 중심이었던 태고의 종교

스타호크에 의하면, 위치크래프트는 3만 5천 년 전 북유럽에서 시작되었다. 당시 얼음은 훨씬 남쪽까지 덮고 있었고, 북유럽 사람들은 살아남기 위해 무슨 수단이든 강구해야 했다. 그런데 샤먼은 동물들에게 주파수를 맞추는 능력을 가지고 있었다. 그들은 특정한 동물의 마음속에 들어가 그 동물이 어떻게 움직일지를 미리 예측했고, 그 덕분에 사냥이 훨씬 쉬워졌다. 앵글로색슨 말 중

'위케(wicce)'라는 낱말에서 이 종교의 이름이 나왔는데, 이 말은 본래 '구부리다', '모양을 만들다'라는 뜻이었다.

초기 인류는 자유롭게 의식을 변화시키는 능력이 있어서, 종족의 필요에 따라 주변 세계의 형태를 만들어낼 수 있었다. 그들은 끝없는 생사윤회를 상징하는 겹나선을 통해 우주 전체가 나선형의 춤을 추고 있다고 이해했다. 각 종족이나 집단에는 이러한 밀의적 지식에 통달한 지혜로운 자들의 정예 집단, 즉 영어로 '카번(coven, 마녀회)'이라 불리는 집단이 존재했다.

픽츠(Picts), 패리즈(Faeries)라는 이름을 가진 종족을 포함하여 이런 종족들이 가지고 있던 종교는 신성한 여성을 중심으로 돌아갔다. 이 여성은 아버지 하느님이 아니라 여신(Goddess), 즉 생명을 주는 존재였다. 그런데 이 종족들이 거주지에서 쫓겨나고, 가부장적 전사 문화를 가진 켈트족 같은 종족들이 그 자리를 대신하기 시작했다. 그러나 이전 종족들이 가지고 있던 '옛 종교'의 신화나 예식 등은 기독교가 들어와도 죽지 않고 형태만 바뀐 채 살아남았다.

기독교의 신화는, 어머니 여신과 제물로 바쳐졌다가 새로 태어나는 신성한 아기에 관한 고대 신화와 놀랄 만큼 비슷하다. 중세에 마리아를 찬양하기 위해 수많은 성당이 지어졌지만, 마리아는 사실상 여신에 대한 전통적 경외심과 관련된 인물이다. 옛 종교의 또 다른 흔적은 12~13세기 유럽의 음유시인들로, 이들은 겉으로는 특정한 여자들을 향해 시를 짓고 노래를 부른 척했지만, 실제로는 여신에 대한 사랑을 위장한 것이다.

'마녀'라는 이름을 되찾다

14세기부터 교회는 위치크래프트를 악과 결부시키기 시작했다. 1484년 교황 인노첸티우스 8세는 '옛 종교'의 잔재를 완전히 없애버릴 목적으로 이단 재판을 열었다. 그런데 이 과정에서, 위카 전통에서는 거칠게 보이지만 비폭력적인 남성성을 상징하는 뿔 달린 남성 신을 악마와 동일시했다. 두 명의 도미니코 수도회 신부가 쓴 악명 높은 『말레우스 말리피카룸(Malleus Maleficarum, 마녀들의 망치)』은 합법적인 교리와 수행으로 인정받을 수 있었던 위치크래프트의 권리를 죽이고, 그 관에 마지막 못질을 한 셈이었다.

중세 기독교의 기본적인 여성 혐오증을 감안할 때, 여신을 중심으로 돌아가는 종교는 교회에 엄청난 위협이었다. 그 결과, 여자들은 자녀를 낳는 거룩한 성의 위치에서 죄된 성욕의 상징으로 전락하게 되었다. 스타호크에 의하면, 마녀재판은 마을에서 건방지고 못생긴 여자들을 제거하고, 직장과 정치에서 남성 지배를 고착시키는 절호의 기회였다. 그렇다면 마녀재판으로 여자들이 몇 명이나 죽었을까? 적어도 수십만, 많게는 수백만 명에 이른다.

스타호크는 옛 종교가 이렇게 악마시된 데에는 더 깊은 이유가 있다고 말한다. 여성 중심적이라는 사실에 더해, 위치크래프트의 기본적인 정치적 견해나 구조가 반(反)제도적이고 비독단주의적이며 탈중심주의적일 뿐만 아니라, 개인적 진리에 초점을 맞추기 때문에 결코 가부장적 교회와 융화될 수 없다는 것이다.

스타호크의 관찰에 따르면, 19세기에 나타난 변화는 위치크래프트가 박해의 대상에서 불신의 대상으로 바뀌었다는 점이다.

합리적인 과학의 시대에 그것은 그저 또 하나의 미신으로 전락했다. 여러 세기에 걸친 인격 말살 이후 그것을 악마적인 것과 결부시키는 일반적 편견을 떨쳐버린다는 것은 결코 쉬운 일이 아니지만, 그래도 위치크래프트를 적절한 종교로 재정립하려는 시도가 시작된 것이다.

'witch(마녀)'라든가 'coven(마녀회)' 같은 말이 아직도 대부분의 사람들에게 무섭고 부정적인 어감을 주는 것이 사실이지만, 스타호크는 "이제 'witch'라는 말을 되찾는 것이 여자로서의 권리를 되찾는 것, 힘을 얻는 것"이라고 주장한다. 영어의 'craft'라는 말에도 솜씨라는 뜻과 함께 술책, 교활함 같은 부정적인 의미가 있지만, 이제 와서 일반인들의 의견에 동조하기 위해 그 말을 감추거나 변경할 필요는 없다.

마녀회와 마술

일반 교회에 회중이 있듯이 위치크래프트에도 마녀회(coven)가 있다. 본래 마녀회는 더 큰 종족이나 부족을 지도하던 원로들의 집단이었다. 오늘날에는 '크래프트의 심장부'로서 후원 그룹이 되거나 훈련원의 역할을 한다.

마녀회는 일반적으로 열세 사람(보통 여자들로 구성되었지만 남자가 들어간 경우도 있다)으로 구성되며, 모여서 손을 잡고 원형을 이룬다. 회원들은 '천의(天衣, sky-clad)'를 입고 모였는데, 이는 나체로 모인다는 뜻이다. 나체는 가려지지 않은 진리를 상징한다.

회원들은 신을 불러들이기, 주문, 예식 등을 통해 '라이스

(raith)' 혹은 영(靈)을 발현하는데, 이것은 각 개인의 에너지를 모은 총합보다 더 큰 에너지 장(場)을 만들어낸다. 거석(巨石)으로 된 원도 같은 원리로 작용한다. 에너지가 유지되면 그 힘이 증가한다. 이때 중요한 의식으로 반복해서 각 사람의 '이름 부르기'가 있는데, 이것은 강한 정체성을 확인하는 역할을 한다. 또 다른 의식은 각자를 향해 "당신은 여신이십니다"라고 주문을 외우는 것이다.

파편화된 생활과 그로 인한 정체성의 위기라는 현대인의 상황을 생각할 때, 이런 예식이 강력한 느낌을 불러일으킬 거라는 점은 충분히 이해할 수 있다. 스타호크는 대부분의 의식이 갖고 있는 목적은 '내면으로부터의 힘을 이끌어내는 것'이라고 본다. 이것은 가부장적 사회의 밑바닥에 깔려 있는 '외부의 힘으로 남을 다스리려는 것'과 정반대된다. 마녀회는 악의 무리들이라는 인식이 일반적이지만, 그들은 주로 개인의 발달을 이루기 위한 모임임이 밝혀졌다. 마녀회 지도자는 동료 회원들에게 자제력, 용기, 정직성, 책임감 등과 같은 일정한 덕목을 인정받아 선출된다.

여러 마녀회에 직접 참석한 경험이 있는 스타호크는, 마녀회에도 가정처럼 다툼이 있을 수 있음을 인정한다. 마녀회는 일반적인 목적으로 모임을 열기도 하지만, 치유 의식 같은 특수한 목적 때문에 생기기도 한다. 모임에서 전적으로 여신에게만 초점을 맞추기도 하지만, 뿔이 있는 남신에 대한 경배를 포함시키기도 한다. 모든 의식의 목적은 회원들이 인간적 뿌리의 신비로 되돌아가 자연의 힘에 다시 연결되도록 하는 것이다.

물론 이런 힘에는 책임도 뒤따른다. 스타호크는 마녀들이 점꽤나 보고 자기들이 좋아하지 않는 사람들에게 주술을 거는 데 시간을 쓴다는 오해를 없애고자 이 부분을 길게 설명한다. 마녀회가 마술하는 법을 가르치는 것은 사실이다. 그러나 그것은 그들이 필요로 하는 것들을 끌어오는 수단으로, 그리고 힘을 얻는 형식으로 가르치는 것이지 나쁜 목적을 위한 것이 아니다. 어떤 능력이나 기술도 나쁜 목적에 쓰일 수 있지만, 그런 오용이나 남용은 위치크래프트에 불명예를 끼치는 것으로 여겨진다. 마술의 힘은 『반지의 제왕』에 나오는 반지와 같아서, 잘못 사용되면 그것을 가진 사람을 파멸시킨다.

쾌락과 교감의 종교

스타호크는 위치크래프트가 지성적이거나 신학적인 종교가 아님을 거듭 강조한다. 위치크래프트에는 성경도 없고, 살아가면서 지켜야 할 확정된 계명도 없다. 그 대신 삶과 감각을 마음껏 즐기라고 요구한다. 일반적으로 생각하는 것과 달리 위치크래프트는 엄숙한 종교가 아니다. 오히려 쾌락과 즐거움이 신에게 다가가는 통로라 여긴다. 섹스는 우주를 움직이는 생명력의 근원이기 때문에, 따라서 성스러운 것이다.

다른 종교와 달리 위치크래프트는 자기부정이나 가난, 정조, 순종 같은 덕목을 요구하지 않는다. 일부러 '없이 지낸다'는 개념은 위치크래프트의 사고방식에 낯선 것이다. 우주는 물리적으로 풍요로운 곳이며, 그것은 초월의 대상이 아니라 즐김의 대상이다.

위치크래프트의 또 다른 특징은 '신'의 개념에서 찾을 수 있다.

기독교에서는 일반적으로 '아버지 하느님'이 세상을 떠나 저 높은 하늘 보좌에 앉아 계신 존재로 여겨지지만, 위치크래프트의 여신은 그 어느 것과도 분리되어 있지 않다. 여신은 나라를 다스리는 통치자가 아니라, 우리가 보고 듣고 느끼고 냄새 맡는 모든 것 속에 존재한다. 둥근 돌에서도, 다양한 색의 나뭇잎에서도, 찬란한 달빛 속에서도, 따스한 햇살 속에서도 여신은 드러난다. 따라서 위치크래프트는 시적이면서 동시에 생태학적인 종교인 셈이다.

스타호크에 따르면, 인류의 종교사는 대부분 '위대한 남자'가 등장해, 그를 경외하는 대중에게 위대한 진리를 밝혀주는 역사였다. 반면 위치크래프트는 순종이나 계시된 진리에 의존하지 않고, 내면의 열정과 지혜를 경축하는 영적 체계를 회복시켰다. 여신은 여성이 지닌 강렬한 힘을 일깨워 그것이 다시는 전통적인 역할로 밀려나지 않도록 해준다.

이 책이 힘이 되는 순간

위치크래프트에 대해 잘 알지 못하는 사람에게 이 책은 훌륭한 입문서가 될 수 있다. 『나선무』 20주년 기념판 서문에서 스타호크는 위치크래프트의 발전 과정을 되돌아보며, 초판에서는 유럽 이외의 문화에 뿌리를 둔 강력한 위치크래프트 전통을 충분히 다루지 못했다고 밝힌다.

이 말은 곧 위치크래프트가 단순한 '옛 종교'를 넘어, 여신 숭배라는 공통된 토대를 지닌 세계적 종교 전통임을 뜻한다. 역사적으로 후대의 종교들이 이 고대의 유산을 왜곡하거나 흡수하거나,

혹은 말살하려 했다는 점도 시사한다. 일부 비평가들은 이러한 자연종교가 신학적 정교함이 부족해 기독교나 이슬람처럼 높은 영적 경지로 올라설 수 없다고 비판한다. 물론 위치크래프트에는 토마스 아퀴나스나 가잘리 같은 신학적 거장이 없는 것은 사실이다. 그러나 그 빈자리는 강력한 예식의 힘으로 채워지며, 특히 생태학적 감수성과 여성의 힘을 강조하는 전통은 주류 종교와 뚜렷이 구별되는 지점이다.

『나선무』는 광범위한 영적 전통인 위치크래프트의 핵심 요소를 명확하게 정리하고, 풍부한 주석과 참고문헌으로 그 내용을 뒷받침한다. 그러나 대부분의 독자들은 이 책에 담긴, 긴 주문과 매혹적인 의식에 더 이끌릴 것이다.

BOOK 28

어느 요기의 자서전
Autobiography of a Yogi

파라마한사 요가난다 | 1946

우주의 신비로 들어가는
입장권과도 같은 책

파라마한사 요가난다 *Paramahansa Yogananda*

요가난다는 자서전 마지막 문장을 쓸 때 이렇게 말했다고 한다. "이 책은 수백만 사람들의 삶을 바꾸어줄 것이다. 이것은 내가 가고 난 후 나의 메신저가 될 것이다." 실제로 1946년 처음 출판된 후 『어느 요기의 자서전』은 널리 사랑받는 꾸준한 베스트셀러가 되었다. 인도를 배경으로 하는 이 책은 요가 수행과 명상, 신비 체험, 그리고 보편적 진리에 대한 그의 깨달음을 생생하게 담고 있으며, 영성 서적으로서는 보기 드물게 재미있고 따뜻한 장면들을 많이 포함하고 있다.

"일반적으로 '기적'이라 하면 법칙이 없거나 법칙을 초월해 일어나는 사건으로 생각한다. 그러나 정밀하게 조화된 우주에서 일어나는 모든 일은 법칙에 따라 이루어지고, 또 그 법칙으로 설명될 수 있다. 이른바 위대한 스승의 기적적 능력 또한 우리의 내면에서 작용하는 오묘한 법칙을 정확히 이해한 결과일 뿐이다."

요가난다는 '무쿤다 랄 고쉬'라는 이름으로 1893년 인도 동북부에서 여덟 형제 중 넷째로 태어나 콜카타에서 젊은 시절을 보냈다. 그의 어머니는 그가 열한 살 때 세상을 떠났다. 아버지는 큰 철도회사의 간부직에 있다가 베나레스에 있던 라히리 마하사야의 제자가 되었다. 이 성자는 무쿤다에게 신에게 나아가는 길인 '사다나'를 가르쳐준 최초의 스승이 되었다. 스승은 그에게 영적인 삶이 그를 기다리고 있다며 용기를 북돋워주었다.

식구들은 무쿤다에게 산야시, 곧 출가승이 되지 말라고 권했지만, 그는 스와미 법계의 스리 육테스바르를 두 번째 스승으로 삼았다. 이 스승은 동양의 방식을 존중하면서도 서양의 방식을 존경하고, 남성 제자뿐 아니라 여성 제자도 받아들였으며, 책을 거의 읽지 않는 것처럼 보였지만 과학에 대해서도 많은 것을 알고 있었다. 또한 젊은 요기들이 무서워할 정도로, 특정한 사람의 마음에 주파수를 맞춰 그 마음을 읽어낼 뿐 아니라 그 마음에 여러 가지 생각을 넣어줄 수도 있는 특별한 신통력이 있었다. 요가난다는 이 스승이야말로 베다경에서 '신의 사람'이라 부르는 그런 사람이라 여겼다. "친절함이 필요한 곳에서는 꽃보다 더 부드럽고, 원칙이 문제 되는 곳에서는 천둥보다 더 힘세다."

그러나 본인의 뜻과는 상관없이 무쿤다는 콜카타에서 대학에 다니게 되었다. 그가 서양으로 가게 되면 대학 교육을 받아두어야 더 큰 존경을 받을 것이라는 이유에서였다. 이처럼 육테스바르의 지도를 받으며 그의 운명은 형태를 갖추어가기 시작했다. 그는 '요가난다'라는 법명을 택했는데, '거룩한 하나 됨(요가)을 통한 희열(아난다)'이라는 뜻이다.

요가난다, 미국 땅으로 향하다

'구루(guru)'나 '요가(yoga)' 같은 말은 이제 널리 쓰이는 단어가 되었다. 그러나 1930년대 요가난다가 미국에 처음 갔을 때만 해도 동양의 영성이나 철학 세계는 여전히 이상하고 낯선 외국풍으로 여겨졌다. 요가난다는 어떻게 서양을 여행하게 되었을까?

그는 란치에 일반적인 수업에 요가와 베다 철학을 결합한 학교를 창설했다. 하루는 그가 학교에서 명상하고 있는데 눈앞에 미국 사람들이 보였다. 그는 이것을 미국으로 가라는 징조로 여겼다. 비록 영어도 유창하지 않고 주머니 사정도 넉넉지 못했지만(그의 아버지가 미국에 가서 살라고 얼마간의 돈을 주긴 했다), 그는 1920년 정말로 미국으로 떠났다. 자기가 알고 사랑하던 모든 것을 뒤로하고 떠나면서, 그는 15년 동안 인도로 되돌아가지 않겠다고 결심했다.

배를 타고 가는 데만 두 달이 걸렸다. 미국에 도착한 요가난다는 보스턴의 한 국제 종교 모임에서 연설을 했다. 이것이 이후 요가난다가 하게 될 무수한 연설의 시초가 되었고, 이러한 활동을 통해 미국 내에서 힌두교에 대한 인식이 점차 확산되었다. 수십만 명의 사람들이 요가에 대해 알게 되었다. 1925년에는 로스앤젤레스의 워싱턴 산에 근거지를 세우고, 당시 캘빈 쿨리지 미국 대통령의 초청까지 받는 유명인이 되었다.

마침내 그는 인도로 금의환향했다. 이때 그는 스승과 아버지를 마지막으로 뵙고, 자기가 세운 학교와 관련된 일을 정리한 다음 '자기 깨달음 친교회(Self-Realization Fellowship, SRF)' 기구를 확장시켰다(미국, 인도, 영국에 있는 SRF 센터에서는 아직도 요가난다의 사업을 계속하고 있다).

그가 만난 성자들

이 책에는 요가난다가 인도나 해외, 혹은 아주 외진 곳에서 여러 성자들을 만나는 이야기가 실려 있다. 이렇게 성자들을 찾아다닐 때 요가난다는 스스로 '디트로이트의 자부심'이라고 부른 포드 자동차를 타고 다녔다. 이 차는 그를 따르는 사람이 기증한 것이었다.

그가 만난 성자들 중에는 자기가 원하는 대로 향내를 만들어 내는 '향수 성인', 호랑이들과 씨름하여 이긴 '호랑이 스와미', 물려받은 재산이 많았지만 요기가 되고자 모든 것을 포기한 '공중부양 성자' 바두리 마하사야 등이 있었다. 공중부양 성자는 허상에 불과한 속세의 사물들을 위해 신과 교통하는 즐거움을 포기한 세속인들이야말로 어느 면에서 정말로 귀한 것을 버린 사람들이라고 말했다.

요가난다는 나이가 많은 요기니(남자 요가 수행자를 '요기', 여자 요가 수행자를 '요기니'라고 한다-옮긴이) 샨카리 마이 지우, 그리고 대부분의 시간을 선정(禪定) 상태에서 지내던 아름다운 모습의 '기쁨 스며든 어머니' 니르말라 데비도 만났다. 요가난다에 의하면, 우리 대부분은 '백만 근심의 안개 속에' 있지만, 이 어린아이 같은 여인은 신과 하나가 됨으로써 삶의 근본 문제를 해결했다.

요가난다는 또 기리 발라라는 요기니를 찾아 벵골 심장부로 여행했다. 이 여인은 특별한 수련법을 사용하여 수십 년 동안 먹지 않고 지내면서도 아무런 병이 없다는 것이 입증되었다. 그런데 특이하게도 이 여인은 다른 사람을 위해 음식을 만드는 것을 좋아했다. 먹지 않는 이유를 물어보면, 사람은 본질적으로 영적 존재이기 때문에 자기가 그러는 것처럼 별빛에서 나오는 에너지로 사는 법을 배울 수 있음을 보여주기 위해서라고 답했다.

요가난다는 특히 독일의 신비주의자 테레사 노이만을 만난 이야기에 한 장을 할애한다. 이 여인은 하루에 '성스러운 떡' 한 조각만 먹고 살며, 예수님의 십자가 수난을 묵상하면서 일주일에 한 번씩 손과 옆구리에서 피를 흘리는 성흔(聖痕)을 가지고 있었다.

이 밖에 요가난다는 과학자 자가디스 찬드라 보즈, 위대한 인도 시인 라빈드라나트 타고르, 선구적 식물학자 루터 버뱅크, 아루나찰라의 성자 스리 라마나 마하리쉬 등을 만나고 사귄 일을 탁월하게 묘사한다. 마하트마 간디를 좋아하는 사람이라면, 간디가 인도 중부 와르다에 있을 때의 이야기가 흥미로울 것이다.

요기의 능력과 기적의 법칙

『어느 요기의 자서전』(국내에는 『요가난다 영혼의 자서전』이라는 제목으로 번역·출간되었다-옮긴이)은 사람들이 죽었다가 살아나는 등 기적적인 치유의 이야기와, 이상한 중보기도(남을 위한 기도) 등으로 가득하다. 요가난다는 얼른 보기에는 불가능한 일들이 어떻게 요기들에게 일상으로 일어나는지를 실감나게 상세히 이야기한다. 그는 아인슈타인의 상대성 이론을 언급하며, 우주가 궁극적으로 에너지와 빛으로 구성되어 있다는 사실을 강조한다. 물질이란 본질적으로 에너지가 응축된 상태일 뿐이며, 우리가 '고체'라고 부르는 것도 일정 부분 환상에 불과하다는 것이다. 아인슈타인은 물질이 빛의 속도를 따라잡을 수 없음을 증명했다. 우리는 그 한계 때문에 물질을 '고정된 것', 빛을 '유동적인 것'으로 구분해왔을 뿐이다.

요가난다에 따르면 요기나 성자들이 기적을 일으킬 수 있는 이유는, 자신을 육체나 물질적 존재로 동일시하지 않는 경지에 이르렀기 때문이다. 그들은 물질세계가 본질적으로 '마야', 혹은 허상이라는 사실을 자각함으로써, 자신의 세포 구조를 물질에서 빛에너지로 전환하거나, 두 장소에 동시에 존재하는 것과 같은 능력을 발휘할 수 있다고 한다. 요기에게는 자신이 우주와 하나라는 인식이 자연스러운 것이며, 그 상태에서 물질을 자유롭게 형성하거나 사라지게 하는 일도 가능해진다.

빛과 합일하는 이 능력 때문에, 거의 모든 종교에서 신의 현현은 눈부신 빛으로 묘사된다. 요가난다는 영적 거장들이 우주가 창조되기 이전의 분화되지 않은 '빛의 상태'를 직관적으로 본다고 설명한다. 힌두 성자나 기독교 성인 모두 이 빛과 합일함으로써 물질의 제약을 초월하고, 기적이 일어나도록 할 수 있다는 것이다.

이러한 기적들은 우주의 법칙을 거스르는 일이 아니라, 오히려 그 법칙과 완전히 조화를 이루는 것이라 요가난다는 말한다. 다만 대부분의 사람들은 이를 인식하지 못할 뿐이다. 실제로 그가 만난 테레사 노이만은 "나는 빛과 공기만으로 에너지를 얻는다"고 말했다. 요가난다는 "창조 세계의 본질이 빛임을 깨닫는 사람이라면 누구나 기적을 행할 수 있다"고 강조한다.

요기는 초능력이 있더라도 그것을 남들을 즐겁게 하는 데 사용하지 않는다. 요가난다는 자신의 스승 스리 육테스와르가 바로 "자신의 지혜를 숨길 줄 모르는 어리석은 사람"이라고 말한다. 그의 스승은 주변의 사소한 주목을 받기 위해, 자기를 둘러싼 우주의 법칙을 남모르게 악용했다.

이 책이 힘이 되는 순간

이 책의 제목만 보면 동양의 어느 현자가 들려주는 삶의 여정을 떠올리기 쉽지만, 사실 『어느 요기의 자서전』은 우주의 신비로

들어가는 입장권과도 같은 책이다.

요가난다는 서두에서 예수의 말씀 "너희는 표적과 기사를 보지 못하면 도무지 믿지 아니하리라"(요한복음 4:48)를 인용한다. 그가 이 구절을 선택한 이유는 기적이야말로 많은 사람들에게 영적 세계를 향한 관심을 불러일으키는 강력한 자극임을 잘 알고 있었기 때문이다.

일반적으로 많은 구루들은 초보자의 주의를 산만하게 하여 진정한 길에서 벗어나게 할 위험 때문에 이런 특별한 능력에 대해 말하기를 꺼린다. 그러나 요가난다는 기적적 사건들은 벌을 영적 단지로 끌어들이는 '꿀'이라고 말한다. 물론 그렇다고 해서 그가 말하려 하는 메시지가 변하는 것은 아니다. 그 메시지란, 요가 수련을 통한 자아실현이나 자각은, 누구나 배울 수 있는 하나의 '과학(자아실현의 과학)'이라는 것이다.

이 자서전은 베다경, 우파니샤드, 마하바라타 등 힌두교 경전을 탁월하게 소개할 뿐 아니라, 성경을 새롭게 바라보게 만드는 통찰을 선사한다는 점에서 특별하다. 요가난다는 예리한 시각을 지닌 성경학자이기도 했다. 책 곳곳에는 힌두 경전의 개념과 성경 구절을 비교한 각주가 풍부하게 실려 있으며, 그는 예수를 '갈릴리의 스승'이라 부르며 위대한 요기들과 마찬가지로 물질을 다루는 능력을 지닌 인물로 이해했다.

『어느 요기의 자서전』은 책에 담긴 기적 이야기를 전혀 믿지 않더라도 끝까지 읽을 수 있는 책이다. 마지막 페이지를 덮고도 자신의 회의주의가 흔들리지 않을 수 있을지 시험해볼 일이다. 책에는 1952년 요가난다가 세상을 떠난 후 그의 시신을 안치했던 로스앤젤레스의 포레스트 론 장의사가 쓴 편지가 실려 있다. 여기에는 그의 시신이 3주가 지나도록 전혀 부패하지 않았다는 놀라운 내용이 담겨 있다. 이 일화는 이 책에 등장하는 기이하고도 신비로운 수백 가지 이야기들 가운데 하나일 뿐이다. 나머지는 직접 책장을 넘기며 확인해보는 편이 좋다.

4부

그들은
무엇을 깨달았는가

성 아우구스티누스,
『고백록』

G. K. 체스터튼,
『아시시의 성 프란체스코』

람 다스,
『지금 여기 있으라』

헤르만 헤세,
『싯다르타』

마저리 켐프,
『마저리 켐프의 서(書)』

말콤 엑스,
『말콤 엑스의 자서전』

W. 서머싯 몸,
『면도날』

BOOK 29

메카로 가는 길
The Road to Mecca

무함마드 아사드 | 1954

이슬람으로 향하는
가장 흥미진진한 모험기

무함마드 아사드 *Muhammad Asad*

유대계 오스트리아인 가정에서 태어나. 젊은 시절 독일 일간지 〈프랑크푸르트 자이퉁〉의 외신부 기자로 중동 곳곳을 누볐다. 이슬람 문명에 대한 깊은 감화 끝에 1926년 이슬람으로 개종했으며 이후 이름을 무함마드 아사드로 바꾸고 이슬람 세계에서 활동을 이어갔다. 52세에 외교관을 사직한 이후 집필 활동에 전념하며, 자전적 회고록 『메카로 가는 길』을 펴냈다. 이 책은 1932년의 사막 여행을 배경으로, 한 유럽인이 이슬람을 알게 되고 매료되어 가는 과정을 담고 있다.

"세상에는 이보다 더 아름다운 풍경이 많을지 모른다. 그러나 우리의 정신을 이토록 압도적으로 형상화해 보여주는 곳은 어디에도 없다. …… 사막은 꾸밈이 없고, 깨끗하며, 타협을 모른다. 그곳은 우리 마음속 허망한 소원을 치장하던 온갖 화려한 환상을 말끔히 씻어내고 우리를 자유롭게 한다. 그리하여 형상이 없는 절대자, 모든 먼 것 중 가장 멀고, 모든 가까운 것 중 가장 가까운 그 존재 앞에 자신을 겸허히 굴복시킬 수 있는 힘을 준다."

아사드는 1900년 오스트리아에서 3형제 중 둘째로 태어났다. 그의 아버지는 변호사였고, 집안은 안락했다. 부모가 엄격한 유대인이었기에 그 역시 히브리어와 성서 교육을 받았지만, 유대인이 선민(選民)이라는 생각은 그대로 받아들일 수 없었다. 그런 의식이 있으면 어쩔 수 없이 다른 사람에게 배타적 태도를 가질 수밖에 없을 것 같았기 때문이다. 그는 오스트리아의 빈 대학에서 예술사와 철학을 공부하며, 빈의 지식인들과 어울렸다. 당시 정신분석이 한창 유행이었지만, 그는 그것을 '정신적 허무주의'로 보고 유럽인들이 영혼에 깃든 공허함을 주시했다.

1920년 스무 살이 된 아사드는 학교를 그만두고 아버지에게 작별 인사도 없이 베를린으로 건너가, 얼마간 무일푼 떠돌이 생활을 한 뒤 저널리스트 일자리를 얻었다. 그러나 그는 일에 큰 흥미를 느끼지 못하다가, 예루살렘에 사는 친척 아저씨에게 건너와서 함께 살자는 초청을 받고 그 제안을 기꺼이 받아들였다.

이 대목에서 아사드는 자기도 일반적인 '오리엔탈리스트'의 판에 박힌 선입견을 가지고 있었음을 인정한다.『아라비안 나이트』에 나오는 사랑 이야기라든가, 이슬람 문화 하면 떠오르는 이국풍 정취, 그리고 이슬람은 기독교나 유대교에 비해 그다지 중요하지 않은 종교라는 유럽인들의 통념을 그 역시 그대로 갖고 있었다는 것이다.

아사드는 팔레스타인에 온 유대인이었지만, 시온주의(유대인들의 옛 영토를 회복하자는 유대 민족주의 운동-옮긴이)의 목적 같은 것에는 별로 관심이 없었다. 유럽의 유대인들이 지난 2천 년 동안 자기네 땅이 아니었던 팔레스타인으로 돌아가는 것은 극히 인위적인 해결책이며, 결과적으로 문제를 일으킬 수밖에 없다고 믿었기 때문이다.

그는 유럽인들이 팔레스타인의 아랍인들을 마치 유럽 식민 세력이 아프리카인들을 보듯 별 볼 일 없는 미개인으로 취급한다는 사실을 간파했다. 아사드는 이스라엘 건국 공로자로 꼽히는 차임 바이츠만과 이 문제를 놓고 한판 논쟁을 벌였다. 그러자 시온주의자들은 아사드를 이상한 눈길로 쳐다보았다. 그들은 이 유대 젊은이가 아랍인들에게 그처럼 큰 동정심과 관심을 보이는 까닭을 도저히 이해하지 못했다.

이슬람에 뿌리내리기로 결심하다

날이 지나고 달이 바뀌면서 아사드는 유럽 문화를 다른 시각에서 바라보기 시작했다. 특히 그는 유럽인들이 가지고 있는 정서적 불안과 윤리적 모호성에 주목했다. 그러면서 유럽인들의 이런 태도와 대조되는 아랍인 특유의 형제적 유대라든가 사상과 행동의 통일성 같은 것을 느끼게 되었다.

아사드는 유럽도 한때 이런 정신적 건강을 향유했고, 그것이 바흐의 음악이라든가 렘브란트의 미술품이라든가 고딕 성당 같은 것으로 표현되었지만, 결국 유럽 대륙의 집단의식을 갈가리 찢어놓은 물질주의로 사라졌다고 생각했다. 어느덧 유럽의 문화를 대표하게 된 '발전'이라는 목표가 실질적으로 우리의 행복을 증진시키지는 못한다는 사실을 꿰뚫어본 것이다.

기독교는 서구 사회에서 그 힘을 잃고, 단순히 예의 바르게 지켜지는 관습처럼 되어버렸다. 아사드는 우주가 "하나의 계획된 의식의 표현으로서 유기체적 전체를 이룬다"는 사실을 유럽인들이 더 이상 느끼지 못하게 되었다고 결론지었다. 서양은 신앙 대신 과학기술을 삶의 중심에 놓았고, 그 결과 물리적으로 증명 가능한 사실만 받아들이게 되었다. 그 지적 체계에 더 이상 신을 위한 자리는 없었다.

아사드는 이슬람 세계에 머물기로 결심했다. 다행히도 외신원 일이 연장되어 중동 지방 여러 곳을 다녀볼 수 있게 되었다. 이후 여러 해 동안 그는 그 지역 사람들과 그들의 문제점을 분석한 수백 건의 예리한 기사를 썼다. 그리고 1926년 드디어 이슬람으로 개종하고, 이후 6년간 '현대 사우디아라비아의 아버지'로 불리는 이븐 사우드 국왕의 궁전에 머물렀다.

두 사람이 처음 만났을 당시, 아사드는 메카로 가는 첫 순례 여행에서 열대병으로 죽은 유럽인 아내 엘사의 일로 깊은 슬픔에 빠진 상태였다. 그러나 아사드는 순례를 계속했다. 서양인이라면 의심의 눈초리로 보는 것이 보통이었지만, 이슬람에 대한 아사드의 헌신은 완벽한 것이었고, 또 이븐 사우드와의 친분도 있었기 때문에 그는 서양인들에게는 출입이 금지된 곳까지 들어가볼 수 있었다. 일례로 서양인은 거의 발을 들이지 못했던 아라비아 중부의 나즈드 지방에도 국왕의 초청으로 방문할 수 있었으며, 그 여정에는 꼬박 두 달이 걸렸다. 이후 메디나에서 아랍 여인과 재혼해 아들을 얻으면서, 아사드는 이슬람 신앙 속으로 완전히 뿌리내린 삶을 살게 되었다.

문명과 야만의 경계에 맞서서

아사드는 서양인들이 자신의 개종을 이해할 수 없을 것임을 알았다. 그들은 이슬람 문화가 서양 문화보다 당연히 열등하다고 믿었기 때문이다. 유럽인이나 미국인들에게 역사란 곧 서양 문명의 흥망사였다. 비서양 문화는 세계의 지도자적 위치에 있는 유럽이나 미국에 영향을 미쳤다고 여겨질 때만 다루었다. 아사드는 이런 왜곡된 역사관이 자기들만 '문명인'이고 나머지는 모두 '야만인'이라고 여긴 그리스·로마인들에게서 비롯되었다고 보았다.

서양의 지성인들에게 힌두교나 불교는 너무나도 생소했기 때문에 오히려 관심과 공정성을 가지고 생각해볼 여지가 있었다. 그러나 유대교나 기독교와 같은 전통에서 나온 이슬람은 경쟁자이자 공포의 대상이었다. 이런 반감이 '십자군'이라는 형태로 나타났는데, 십자군은 유럽의 기독교 국가들을 결속시키는 이슬람이라는 공동의 적을 제공했다. 아사드에 의하면, 십자군은 "이슬람의 가르침과 이상을 고의적으로 왜곡하여 이슬람 세계에 적대감을 갖도록 서양인의 마음을 독살시키는 과정의 시작"이었다.

아사드가 자서전을 쓴 의도는 서양인들을 상대로 낯선 중동 지방에서 자기가 경험한 모험을 연대기적으로 펼쳐 보이려는 것이 아니라, 서양인들이 갖고 있는 이런 잘못된 견해들을 잠재우기 위함이었다. 그는 자신이야말로 이 두 세계를 두루 이해할 수 있는 독특한 위치에 있음을 자각했다. "나는 이슬람 교인이지만 동시에 서양 출신이다. 따라서 나는 이슬람과 서양 양쪽의 지적 언어를 다 구사할 수 있다."

아사드는 자기가 개종한 것은 이슬람 교인들 때문이 아니라, 자기를 이슬람 국가에 남아 살도록 용기를 준 이슬람에 대한 그의 사랑 때문이었다는 사실을 조심스럽게 털어놓는다.

단순하고 절제된 사랑

아사드는 절대자에 대한 이슬람의 절제된 사랑, 그 지혜를 해석할 공시 해석자가 따로 필요 없는 쿠란(코란)경의 단순성과 아름다움을 찬양했다. 그는 서양 종교가 부추기는 것과 같은 개인주의와는 대조적으로, 이슬람이 신도들에게 부여하는 유대감을 사랑했다. 이슬람에는 '원죄' 개념이 없기 때문에, 누구나 달리 증명되지 않는 한 모두 하느님의 사람이었다. 이런 견해는 이슬람 교인들이 쓰는 정중하고 경건한 인사 방식에도 그대로 반영되어, 이슬람교도들은 상대방을 부를 때 영어로 치면 'you'와 같은 공식적 대명사 대신 'thou'와 같은 친근감 있는 단어를 쓴다.

아사드의 책에는 그가 아랍인이나 이슬람에 대해 갖고 있던 느낌을 독자들에게 전하려고 애쓴 구절이 많다. 다음 글은 하느님의 가까우심에 대한 이슬람교인들의 느낌을 나타내는 쿠란경의 한 구절로 끝맺는다.

> 그들은 엄중한 하늘과 힘겨운 대지 사이의 침묵과 고독 속에서 자라난 백성들이다. 이 냉엄하고 끝없는 공간 한가운데 놓인 그들의 삶은 고될 수밖에 없었다. 따라서 그들은 모든 존재를 한 치의 오차도 없는 정의와 자비, 엄격함과 지혜로 감싸는 그 큰 힘에 대한 열망에서 벗어날 수 없었다. 이 힘이 바로 절대자 신이었다. 그는 무한 속에 거하시고 무한으로 퍼져나간다. 그러나 그대도 그의 하시는 일 속에 있기에, 절대자는 그대 목에 있는 핏줄보다 더 그대에게 가까이 계시다.

예언자 무함마드는 절대자에 대한 자신의 견해가 아라비아의 부족사회 사람들로서는 받아들이기 어려운 것임을 처음부터 알고 있었다. 그 당시 사람들이 원하던 것은 개인적인 신앙과 상업, 사회적 관습, 일상의 습관 사이의 구분을 그대로 유지하는 것이었다. 아사드는 이슬람이 기구와 관습을 형성하게 되었을 때 비로소 그 약속이 성취되었다고 말한다.

지식을 얻고자 애쓰라

이슬람의 역사와 문화를 연구하는 학자로서 아사드는, 이슬람의 학문이 무함마드 사후 여러 세기 동안 세계를 이끌었던 이유는 간단하다고 보았다. 이 새 종교는 바울이나 아우구스티누스 같은 기독교 교부들이 가르친 '세상을 미워하라'는 신학과는 대조적으로, 신도들에게 하느님의 창조 세계를 놀라운 마음으로 바라보고 그것을 이해하라고 권하는 극히 이성적인 종교였기 때문이다.

예언자 무함마드는 "지식을 얻고자 애쓰는 것은 모든 남녀 이슬람 교인들에게 지워진 가장 거룩한 의무의 하나"라고 했다. 그 결과 지식과 예배가 자연스럽게 연결되었고, 이런 분위기 속에서 과학이 발달했다.

그러나 그렇다고 해서 아사드가 이슬람 사회를 과학적으로나 경제적으로 낙후한 사회로 만든 그들의 지적, 물질적 부패에까지 눈감은 것은 아니었다. 아사드에 의하면, 깊은 신앙과 무함마드의 가르침을 일상생활에 적용하던 열성이 약해지면서, 이슬람 문명을 위대하게 해주던 창조적 충동과 창의력도 줄어들었다. 그는 또, 서양의 견해라면 무조건 반대한 풍조도 이슬람의 쇠퇴를 가져왔다고 보았다. "이슬람교를 위대하게 만든 것은 이슬람교도들이 아니었다. 이슬람교도를 위대하게 만든 것이 이슬람교였다."

이 책이 힘이 되는 순간

『메카로 가는 길』은 지금까지 나온 책 가운데 가장 훌륭한 여행기 혹은 모험기라 할 수 있다. 여기에는 칠흑같이 어두운 사막의 밤, 총총한 별, 오아시스, 사람들로 붐비는 장터, 메카, 메디나, 오만방자한 왕들의 독특한 버릇, 베두인족의 관습 등 한 번 읽으면 잊을 수 없는 이야기가 가득하다. 또 사우드 가문의 역사와 식민지 정책, 아랍의 자결권 등 신문사 외신원 특유의 통찰도 담겨 있다. 그러나 이 책이 위대한 문헌이 된 것은 무엇보다 한 남자가 잘 모르던 종교에 서서히 마음이 기우는 것을 자각하는 과정을 탁월하게 묘사했기 때문이다. 그래서 특히 이슬람에 대해 전혀 아는 바가 없는 독자들에게 훌륭한 선생님 역할을 해줄 수 있다.

아사드는 이 책을 반세기 전에 썼다. 그러나 서양과 이슬람 세계 간의 상존하는 이해의 간극은 그때보다 더 커졌으면 커졌지, 조금도 좁혀지지 않았다. 따라서 이 책에 담긴 그의 안목은 더욱 값진 것이 되었다. 그는 영적 순결주의자로서, 이슬람교도들이 이슬람의 높은 이상에 닿는 삶을 살지 못하는 것을 안타까워했다. 이러한 그의 비판은 유대교나 기독교에도 그대로 적용될 수 있다.

책 뒷부분에서 아사드는 독자들에게 이슬람의 신화적 인물인 다잘을 소개한다. 다잘은 한쪽 눈으로도 세상 끝만큼 먼 곳에서 일어나는 일까지 보고 들을 수 있는 능력이 있었다. 아사드는 이 인물이 기술로써 세상을 통제할 인류의 힘을 표상한다고 보았는데, 여기서 한쪽 눈이 멀었다는 것은 인간의 마음이 신에게 닫혀 있음을 상징하는 것이라 여겼다. 무릇 모든 문화에는 물질적 진보를 숭배하는 약점이 있지만, 이런 숭배가 우리 각자 안에 마련된 신성과 연결되는 자리를 결코 채워줄 수는 없다.

BOOK 30

고백록
Confessions

성 아우구스티누스 | 400

종교는 어떻게
우리에게 위안이 되는가

성 아우구스티누스 *St. Augustinus*

서양 기독교 사상과 문학에 지대한 영향을 미친 성 아우구스티누스는 젊은 시절 세속적 성공을 거두었지만, 깊은 내적 갈등과 공허함을 겪은 끝에 기독교로 개종해 교회의 초석을 세웠다. 인류 최초의 자서전이자 서양 문학을 싹틔운 배아로 꼽히는 『고백록』은, 한 인간이 이기적 욕망에서 신앙과 영성의 삶으로 나아가는 과정을 정직하고 친밀한 목소리로 담아낸다.

"나는 안전함을, 그리고 덫이 없어 평탄한 길을 혐오했다. 이는 내 안에 배고픔이 있었기 때문이다. 그 배고픔은 내적인 인간, 참된 자아, 나의 하느님이라는 음식에 대한 굶주림이었다. 그러나 그 굶주림은 나로 하여금 진정한 배고픔을 느끼도록 하지 못했다. 썩지 않을 음식을 먹고 싶다는 식욕이 없었다. 이미 배불리 먹어서가 아니라, 내 안의 공허함이 너무 커서 배고픔이 덜했기 때문이다. 그래서 나의 영혼은 병들어 있었다."

성 아우구스티누스는 354년 로마제국 말기에 북아프리카 누미디아(지금의 투니시아) 주에서 태어났다. 그의 아버지는 지방의 하급 공무원으로서 로마제국의 일상적 이교 관행에 충실한 사람이었고, 어머니 모니카는 기독교로 개종한 여인이었다.

아우구스티누스는 학교를 좋아하지 않았지만, 키케로와 베르길리우스, 플라톤, 아리스토텔레스 등을 읽는 지극히 총명한 학생이었다. 『고백록』에서 그는 그 당시 멋있는 웅변이나 글쓰기가 윤리적 가르침보다 더 중요하게 여겨지는 것이 불만이면서도, 자기는 웅변이나 글 솜씨가 뛰어났다고 말한다. 그는 더 수준 높은 교육을 받고자 집에서 30여 킬로미터 떨어진 문법 및 수사학 전문학교로 전학해 학교를 수석으로 졸업했다.

열여섯 살 때 아우구스티누스는 다시 부모 곁으로 돌아와 1년간 같이 지냈다. 이 시기에 그는 신체적으로 빠르게 성장했는데, 하루는 목욕을 하다가 아버지가 그의 만개하는 '성숙성'을 보게 되었다는 이야기를 재미있게 한다.

그는 이렇게 한 해 동안 자유롭게 보낸 것이 고통스러운 실수였다며, 이때 욕정 어린 생각과 행동으로 자신을 소진했다고 후회하는 어조로 회고한다. 그의 표현에 따르면, 당시 죄가 "기름 덩어리에서 나오는 분비물같이 흘러나왔다." 그는 부모님이 아들을 결혼시켜 넘쳐나는 에너지를 해결하지 않은 유일한 이유는, 결혼하면 아들의 야망이 좌절될까 봐 염려했기 때문일 것이라고 추측한다.

번뇌와 죄책감에 시달리는 영혼. 아우구스티누스는 많은 사람들에게 단순히 젊은 시절의 불장난처럼 여겨질 일들을 고통스러운 마음으로 써 내려간다. 그중에는 친구들과 어울려 단지 재미로 배나무를 흔들어 배를 따고서는 도망친 유명한 사건도 있다. 아우구스티누스에게 이 사건은 양심 없이 사는 삶이 어떻게 타락할 수 있는지를 보여주는 하나의 상징이 되었다.

유혹의 가마솥

아우구스티누스의 삶은 아프리카 북부 고대 도시 카르타고로 옮겨가면서 새로운 전기를 맞이했다. 카르타고는 학문의 중심지로 그가 학업을 계속한 곳이다. 그러나 그곳은 시칠리아 섬으로부터 지중해를 가로질러 있는 항구도시로서, '천박한 사랑의 가마솥이 온통 주위에 널려 있어서 귀에 대고 노래를 속삭이는 곳'이기도 했다. 그는 이곳에서 오로지 욕망을 충족시키는 데 빠져 살았고, 심지어 교회 안에서 '욕정의 행위'를 저지르기까지 했다. 밤에는 극장으로 가 연극을 구경했는데, 그는 극도로 비극적인 것이나 음란한 것을 좋아했다. 그러나 쾌락에 빠지면 빠질수록 그의 삶은 더욱 무의미해졌다.

그런 와중에도 아우구스티누스는 계속 독서에 열중했다. 특히 키케로의 『호르텐시우스』라는 책을 읽고 철학을 더욱 좋아하게 되었으며, 진리 탐구의 정신을 일깨울 수 있었다. 성경도 읽으려고 했지만, 그때는 성경의 메시지를 이해하는 데 필요한 겸손을 지니지 못했다고 스스로 인정한다.

그의 자연스러운 영적 성향은 마니교로 쏠리게 되었는데, 마니교는 영지주의(영적인 지식, 신비한 깨달음을 중시하는 사고-옮긴이), 복음, 조로아스터교 및 불교를 혼합한 기독교의 분파였다. 이것은 그의 어머니를 실망시켰다. 아우구스티누스는 9년간 마니교 신앙을 지켰고, 점성술에 심취하기도 했다.

나중에 아우구스티누스는 수사학 교사가 되어 카르타고와 고향 타가스테에서 가르치는 일을 했는데, 그는 그것이 '수다를 파는 일'이었다며 부끄럽게 여겼다. 그가 선택한 직업이 내용보다는 형식을 더 중요시하는 것이라는 사실도 그를 거북하게 만들었다. 그는 전문적인 냉소주의자가 되어 자기 마음속에 있는 진리의 샘을 즐기지 못했다.

"(내 나이 열아홉부터 스물여덟까지) 9년간 여러 가지 정욕 속에서 유혹당하기도 하고 유혹하기도 하면서, 속임을 당하기도 하고 속이기도 하면서 살았다. 공개적으로는 이른바 자유롭다고 하는 학문들에 의해, 비밀스럽게는 거짓 이름이 붙은 종교, 때로는 거만하고, 때로는 미신적이고, 언제나 허망한 그 종교와 함께. 여기서 우리는 공허한 대중적 찬양을, 심지어는 극장의 박수, 훌륭한 시에 따르는 포상, 멋있는 화환, 어리석은 쇼, 정욕의 무절제 등을 뒤쫓고 있었다.

이 와중에 아우구스티누스는 한 여자와 혼전 동거를 하고 아들을 얻고, 그 이름을 아데오다투스(라틴어로 '하느님에게서 주어진 자')라 지었다. 비록 그 여자가 그를 사랑했고 그도 아들을 사랑했으나, 그는 죄책감 때문에 이 관계를 거룩하지 못한 것, 정욕에서 잉태된 것으로 묘사한다. 두 사람은 나중에 아우구스티누스 어머니의 압력으로 헤어진다.

이외에도 아우구스티누스를 '영혼의 어두운 밤'에서 헤매게 한 일이 일어났는데, 그것은 한 친구의 죽음이었다. 그는 자기 슬픔의 깊이에 스스로 충격을 받았다. 그러나 그는 자신이 느끼는 슬픔이나 비참함이 어느 특정 사건 때문이 아니라, 더 근본적이고 더 깊은 것이라는 사실을 깨달았다. 그는 조용한 곳, 독서, 먹고 마시기, 섹스 등에서 평안을 찾으려고 노력했지만, 그 어느 것도 그에게 평안을 가져다주지 못했다.

아우구스티누스는 20대에 들어서면서 두 가지를 깨닫게 되었다. 학문이나 지성이란 그에게 질문하고 의심하게 하는 법만 가르칠 뿐, 진리를 알게 하지 않는다는 것과, 쾌락을 그토록 오래 추구해보았지만 행복은커녕 오히려 더 불행해질 뿐이라는 것이다.

그는 지성이 '또 다른 빛으로 밝혀져야만' 하는데, 그 빛이 바로 하느님이라는 결론에 이르렀다. 그러나 그는 하느님이 그의 비참함을 받아들이고 변화시킬 수 있다는 사실을 믿을 준비가 아직 되어 있지 않았다.

인간의 영혼이 슬픔으로 뒤덮이나이다

383년 아우구스티누스는 어머니를 피해 로마로 이사했다. 그리고 이듬해, 마니교에 속한 친구의 도움으로 밀라노에서 수사학을 가르치는 일거리를 얻었다. 아우구스티누스는 밀라노에서 그 유명한 암브로시우스 주교가 강론하는 것을 즐겨 보았는데, 그것은 종교적 통찰에 관심이 있어서가 아니라 웅변가로서의 화술을 보고 배우기 위해서였다. 그러나 점차 암브로시우스는 그에게 본받을 스승이 되었고, 그의 설교를 통해 전해지는 기독교의 메시지는 서서히 아우구스티누스의 마음을 파고들기 시작했다. 처음에 성경을 '부조리한 이야기로 가득한 책'이라 여겼던 그는, 점차 그 안에도 깊이 있는 진리가 있음을 부정할 수 없게 되었다.

당시 아우구스티누스는 불안과 공포에 지쳤다. 이는 외적인 것만을 추구하며 내적인 평화를 찾지 못하는 사람에게서 흔히 나티니는 증상이다. 아우구스티누스에 의하면, 언제나 성공이 손에 잡힐 듯하면서도 잡히지 않았다고 한다. 그가 특유의 솔직함으로 친구에게 한 말에 따르면, 사람들은 모두 행복의 근원이 중요하다고 하는데, 그에게 그 근원이란 자존심과 명예였다.

그러나 아우구스티누스는 그럼에도 불구하고, 언제나 고통만 당하는 것이 인간의 운명은 아닐 것이라는 깨달음에 이르렀다. 하느님과 가까이 있음으로써 얻을 수 있는 더 큰 안목을 지니게 되면 고뇌도 씻겨 나가리라. "인간의 영혼이 당신에게 향하지 않고 자신에게 향할 때, 그것은 슬픔으로 뒤덮이나이다."

"들어서 읽으라!"

아우구스티누스는 생각했다. 하느님 없이는 자기가 '자신을 쇠락으로 인도하는 안내자'에 불과한 것이 아닌가? 그러나 그는 신앙보다는 이성에 의지하는 고통스러운 과정을 계속하면서, 신이 정말로 누구인가 하는 질문에 매달렸다. 그리고 드디어 "나는 스스로 있는 자이다"라는 목소리를 듣게 되었다.

이 일로 그의 마음은 오랫동안 잠잠할 수가 없었다. 그의 가장 큰 걱정은 신부가 되었을 때 어떻게 육체의 쾌락을 거부할 수 있을까 하는 것이었다. 이 긴 내적 갈등의 고비는 그가 친구인 알리피우스의 시골집에 머물고 있을 때 찾아왔다. 아우구스티누스는 언제나처럼 절망감에 시달리면서 무화과나무 아래에 엎드려 믿음이 없는 자신의 비참함을 생각하며 울고 있었다. 얼마나 더 기다려야 구원과 치유를 얻을 수 있단 말인가! 바로 이 지점이 『고백록』의 절정에 해당하는 대목이다.

그때 그는 담 너머에서 친구들과 무슨 게임을 하던 어린아이가 "들어서 읽으라!"라고 외치는 목소리를 들었다. 이것을 하나의 계시로 여긴 아우구스티누스는 친구가 앉아 있는 곳으로 달려가, 그가 읽고 있던 성경책을 집어 들고 아무 곳이나 펼쳤다. 그런데 그의 시선이 처음 닿은 곳에 "하느님께 나아가는 길은 정욕이나 방탕함, 경쟁의 길이 아니라 주 예수 그리스도를 통해서"라는 글귀가 있었다(그가 펴서 읽은 성구는 로마서 13:14, "오직 주 예수 그리스도로 옷 입고 정욕을 위하여 육신의 일을 도모하지 말라."라고 한다-옮긴이).

아우구스티누스는 곧바로 수사학 교사직을 사임하고 북아프리카로 돌아가 신부 안수를 받았다. 그리고 396년, 오늘날 알제리의 안나바에 해당하는 힙포의 주교가 되어 죽을 때까지 그 자리를 지켰다. 그는 자신이 한때 따르던 마니교를 비롯한 여러 가지 이설들을 열정적으로 비판하고, 정통 가톨릭교회의 위대한 옹호자로 우뚝 섰다.

이 책이 힘이 되는 순간

고뇌가 깊어질수록 그에 비례해 평화와 목적의식이 선명해지는 경지에 이를 수 있다. 이는 깊은 고통을 경험한 자만이 알 수 있는 특별한 깨달음이다. 『고백록』은 분열되고 상처받은 인간이 종교적 신앙을 통해 어떻게 치유될 수 있는지를 보여주는 탁월한 저작이다.

그러나 아우구스티누스는 아시시의 성 프란체스코처럼 감동적인 인물로만 기억되지는 않는다. 그의 독선적인 교리와, 성(性)과 삶의 즐거움에 죄책감을 느껴야 한다는 주장은 후대 교회에 부정적인 영향을 남겼다. 『고백록』을 영어로 번역한 블랙록 또한 그의 인격에서 드러나는 기만, 욕정, 결단력 부족 등의 결함을 솔직하게 지적했다. 하지만 한편으로는, 젊은 시절 폭넓은 관심과 활달한 성격으로 여러 친구들과 어울리던 아우구스티누스가, 말년의 교리적이고 경직된 모습보다 더 매력적으로 느껴지기도 한다.

역사적으로 아우구스티누스처럼 자신의 잠재력을 완전히 실현한 사람은 결코 흔하지 않다. 로마 제국의 변방에서 자란 평범한 소년이 토마스 아퀴나스와 함께 1천 년간 서방 기독교를 대표하는 지성으로 자리 잡은 것은 놀라운 성취다. 장장 13년에 걸쳐 집필한 대작 『신의 도성(De Civitate Dei)』(426)은 초기 기독교 신학의 기초를 세운 초석으로 평가된다.

아우구스티누스는 430년, 반달족이 그가 살던 도시로 침공해 들어왔을 때 생을 마감했다. 이때 그의 교구민들도 많은 희생을 겪었다. 그러므로 『고백록』은 오래지 않아 변화의 소용돌이 속에서 영원히 사라진 세계의 풍경과 관습을 기록한 역사적 문헌이기도 하다.

그러나 이 책의 진정한 힘은 외부의 사건이 아니라 내면의 혁명에 있다. 아우구스티누스는 모든 종교의 근간이 되는 영적 비밀, 곧 믿음이 번뇌하는 심령에 평화와 질서를 가져온다는 진리를 발견했다.

BOOK 31

아시시의 성 프란체스코
St. Francis of Assisi

G. K. 체스터튼 | 1922

음산한 교회의 시대를
사랑으로 밝히다

G. K. 체스터튼 *G. K. Chesterton*

1874년 런던에서 태어난 길버트 키스 체스터튼은 특유의 재치와 역설적인 표현으로 당대 지성계를 사로잡은 작가이자 평론가였다. 그는 방대한 저작 활동을 통해 신앙과 이성을 아우르는 깊이 있는 사유를 전개했으며, C. S. 루이스 등 수많은 사상가에게 영향을 주었다. 대표작 『아시시의 성 프란체스코』는 중세 성인 프란체스코의 삶을 감성적이면서도 철학적으로 조명한 작품이다. 저자의 신앙적 통찰력과 문학적 감수성이 절묘하게 어우러진 이 책은, 오늘날에도 많은 이들에게 영적 영감을 주는 고전으로 남아 있다.

"주여, 저를 당신의 평화의 도구로 삼아주옵소서.
미움이 있는 곳에 사랑을 뿌리게 하시고,
상함이 있는 곳에 용서를,
의심이 있는 곳에 믿음을,
어둠이 있는 곳에 빛을,
그리고 슬픔이 있는 곳에 기쁨을 심게 하소서."

본명이 지오반니 베르나도네(Giovanni Bernadone)인 아시시의 성자 프란체스코는 1181년 태어났다. 그러니까 그가 성년이 되면서 13세기가 시작된 셈이다. 로마제국 멸망 후 기독교 교계는 내면 지향적이고 방어적 시대였던 암흑기에서 빠져나오고 있었지만, 아직 르네상스의 영광은 오기 전이었다.

G. K. 체스터튼에 의하면, 그때는 자기부정을 강조하는 수도원의 윤리가 보여주듯 일종의 영적 청결기였다. 따라서 기독교 교계는 아직도 이교주의나 야만인들의 공격에 위협을 느끼고 있었다. 청결을 추구하면서 생긴 결과 중 하나가 십자군이었지만, 그보다 더 중요한 것은 문화가 꽃피기 시작했다는 것이다.

당시 일반인 사이에서 인기를 끈 '스타'는 프랑스의 낭만적인 음유시인들로서, 그들의 열정적인 시는 젊은이들의 상상력을 휘어잡았다. 아직 소년이었던 지오반니도 이런 프랑스 시들을 좋아했기 때문에, 친구들에게서 '어린 프랑스인'이라는 뜻의 '프란체스코'라는 별명을 얻었고, 이 별명이 그의 본명처럼 되었다. 그의 아버지 피에트로는 자수성가하여 상당한 부를 모은 포목상으로, 프란체스코는 10대가 되면서 아버지의 돈으로 멋있고 화려한 프랑스식 옷을 사 입고 친구들과 어울려 동네를 쏘다녔다.

부름을 받다

모험심이 강했던 프란체스코는 군인으로서 영예를 얻고자 이웃 도시국가인 페루지아 원정에 참가했다가 포로가 되어 1년간 감옥에서 지내기도 했다. 그러나 그는 이런 일로 좌절하지 않았다. 그는 이어 아시시(이탈리아 중부에 있는 도시로, 로마 시대부터 시장 도시로 번영했다-옮긴이) 귀족을 위해 나폴리를 침공하는 전투에 참여했다. 그런데 이때부터 그가 진정으로 할 일은 칼을 들고 싸우는 것이 아니라 가난하고 병든 사람을 도와주는 것이라는 내면의 목소리가 들리기 시작했다. 그러나 그는 그 소리를 애써 외면했다.

얼마 안 있어 또 다른 내면의 소리가 들리기 시작했다. 그것은 아시시 외곽 언덕 위에 있는 허물어진 성 다미아노 교회를 보수하라는 것이었다. 그의 아버지는 아들의 이야기에 몹시 놀랐지만, 프란체스코는 자신처럼 열성적인 젊은이 몇 명과 함께 직접 그 일에 착수했다.

그러나 보수 공사비를 마련하는 것이 큰일이었다. 프란체스코는 아버지 포목점에서 포목을 내다 팔면 되겠다고 생각했다. 그런데 이 사실을 알게 된 아버지가 대노하면서 이 문제가 법적인 분쟁으로까지 번졌다. 결국 이 일은 주교가 프란체스코에게 아버지의 돈을 되돌려주라고 명령하는 것으로 결말이 났다. 프란체스코는 명령대로 따랐고, 돈뭉치 위에 자기의 옷도 벗어 던졌다. 속세를 떠나 고행자의 길을 가기로 작정한 것이다.

'신의 광대'가 되고자 한 사람들

초기에 프란체스코 수도사들은 '신의 광대'로 알려졌다. 그들은 광대가 하는 것처럼 사람들이 사물을 다른 눈으로 보게 하려고 애썼다. 사람들에게 하느님의 임재를 깨닫게 해주려고 끊임없이 노력했다.

중세 사람들이 가지고 있던 삶의 목표는 안정과 힘이었다. 그러나 이 광대들은 사람들에게 삶이 지금보다 훨씬 더 즐거울 수 있다는 것을 보여줌으로써, '현실적' 세상이 납덩이처럼 우리를 짓누르고 있음을 깨닫게 해주었다. 프란체스코 수도사들은 모든 소유, 심지어 거주지까지 버리고 참된 자유를 구가하는 사람들이었다.

프란체스코는 군인으로서의 실패를 비롯해 아버지의 노여움을 사는 등 여러 가지 인생의 쓴맛을 보았지만, 그런 일을 겪으며 자신이 정말로 다른 사람들 눈에 바보같이 보인다는 사실을 깨달았다. 만일 그렇다면 기왕이면 하느님을 위한 바보가 되리라 결심했다.

그는 거지와 나병 환자들을 돌보기 시작했다. 퀴타베이의 베르나르드처럼 돈 많은 부자나 추종자들이 후원하겠다고 제안해 왔으나, 그는 안락한 삶을 포기하고 나병 병원 옆 오두막에서 헐벗고 사는 삶을 택했다. 그러자 모두 그를 정신 나간 사람으로 취급했다.

프란체스코 수도원의 탄생

그러나 열린 안목을 지닌 사람들이 프란체스코의 정열과 기이한 생활 방식에 이끌려 그에게로 몰려들었다. 그중에는 한 동네에 살던 클라라라는 소녀가 있었는데, 프란체스코처럼 부유한 가정의 딸이었다. 클라라는 프란체스코의 가르침을 듣고 집을 떠나기로 작정했다. 프란체스코는 클라라가 베네딕토 수녀원에 들어갈 수 있도록 주선해주었다.

오랫동안 전기 작가들은 클라라와 프란체스코의 관계에 의심의 눈초리를 보냈다. 그러나 체스터튼은 그것이 플라톤적 사랑이라고 말한다. "하늘의 사랑이 지상의 사랑처럼 절실할 수 있음을 받아들여야 한다. 그것이 지상의 사랑처럼 절실할 수 있다는 것을 받아들이면, 그들의 관계에 대한 여러 가지 수수께끼가 풀린다."

오늘날과 같은 세속적인 시대에는 이렇게 스스로 독신이나 청빈 생활을 선택하는 사람들을 이해하기 힘들다. 그러나 설령 둘 사이에 남녀 간의 사랑 같은 감정이 있었다손 치더라도, 그들이 하느님께 바친 더 높은 외경심에 비하면 그것은 부차적인 것이었음이 틀림없다.

프란체스코가 수도회 창설을 청원하고자 교황 인노첸티우스

3세를 알현하러 갔을 때, 그를 수행한 일행은 남루한 행색을 한 11명의 남자뿐이었다. 처음에 교황은 그의 청원을 거절했으나, 다시 만나본 뒤에 마음을 바꾸었다. 전에 꾼 꿈 때문이었다. 교황은 촌사람 같은 사람이 '성 요한 라테란 교황교회'를 떠받들고 있는 꿈을 꾼 적이 있었는데, 프란체스코를 다시 보았을 때 조악한 갈색 두루마기를 걸치고 새끼끈으로 허리를 동여맨 모습이 꼭 꿈에서 본 그 사람이었던 것이다.

교황은 프란체스코의 수도회가 괄목할 만한 성장을 해야 한다는 단서를 내걸고 창설을 허가했다. 체스터튼에 의하면, 그로부터 10년 후 프란체스코 수도회의 상징이 된 거친 갈색 두루마기를 입은 사람의 수는 1만 명으로 늘어났다. 이 갈색 제복은 오늘날까지도 그대로 전해지고 있다. 프란체스코가 수녀가 되도록 도와주었던 어린 소녀는 성 클라라가 되고, '프란체스코 빈자 클라라(The Franciscan Poor Clares)' 수녀회의 창립 수녀가 되었다. 이 수녀회의 첫 수도원은 그 옛날 프란체스코가 친구들과 함께 보수한 성 다미아노 교회였다.

죽임을 당할 수 없는 사나이

프란체스코를 이해하는 데 핵심적인 키워드는 '감사하는 태도'라 할 수 있다. 사람들은 하느님께 매일 혹은 매주 감사를 드리지만, 프란체스코는 언제나 끊임없이 감사하며 살았다. 그는 특히 자신이 받는 고통에 대해 하느님께 감사했다. 우리 인간이 만물을 만드신 하느님께 드릴 수 있는 유일한 선물은 우리의 고통이라 여겼기 때문이다.

그러나 체스터튼에 의하면, 프란체스코는 결코 '음울한 금욕주의자'가 아니었다. 그는 단지 삶에 대한 과격한 접근법을 제시한 것뿐이다. 사물을 얻는 데서 즐거움을 얻을 수도 있지만, 프란체스코는 우리가 아무것도 소유하지 않기로 결심하는 순간 자유로워져서 정말로 중요한 것을 볼 수 있게 된다고 믿었다. "아무것도 기대하지 않는 자에게 복이 있나니, 그는 모든 것을 다 즐길 수 있을 것임이라."

무소유의 서약은 사람을 말할 수 없이 자유롭게 하는 것으로서, 하느님에 대한 정열을 끊임없이 상기시켜준다. 이런 서약을 통해 프란체스코 수도사들은 보통 사람들보다 더 큰 제약을 받은 것이 아니라 오히려 더 자유로워졌다. '(신께) 순종하기는 하지만 (물질에) 의존하지 않기' 때문이다.

그 시대의 정신에 맞게 프란체스코는 불신자들을 개종시키겠다며 성지를 여행했다. 그 과정에서 이슬람교도에게 사로잡혀 이슬람 군주 앞에까지 끌려갔다가 무사히 석방되기도 했다. 체스터튼은 이런 프란체스코를 두고 '죽임을 당할 수 없는 사나이'라고 했다. 순교자의 죽음을 원하던 사람에게는 적당한 별명이 아닐 수 없다. 아무튼 프란체스코가 처형되지 않은 것은 이교도의 눈에도 그가 너무나 유쾌하고 매력적인 인물로 비쳤기 때문일 것이다.

체스터튼에 의하면, 프란체스코는 예의의 참된 의미를 몸소 보여주는 사람이기도 했다. 그는 모든 이를 동등하게, 그리고 존경하는 마음으로 대하면서도 누구나 자기가 그의 관심을 독차지하고 있다고 느낄 정도로 따뜻하게 대했다. 계급과 명예가 중시되던 시대에 프란체스코는 "보통 사람들을 왕처럼 취급했다." 그는 아군이든 적군이든 사람을 가치 있다, 없다로 차별하는 일이 없었다.

모든 생명체와 친구가 되었던 사람

체스터튼의 주장에 의하면, 프란체스코는 사실 '자연' 자체를 사랑한 사람은 아니었다. 그는 만물을 광범위하게 범신론적으로 사랑하지 않았다. 도리어 '개별적인' 사람, 꽃, 혹은 동물을 사랑했다. 그렇기 때문에 그는 마치 친동생을 대하듯 당나귀에게 이야기할 수 있었고, 여동생에게 말하듯 참새에게 말을 건넬 수 있었다.

프란체스코는 말년에 눈이 멀게 되자 자원해서 자기 눈을 뜨거운 송곳으로 지지게 했는데, '불 형제'를 초청하여 그 일을 하게 했다고 한다. 자연을 이처럼 의인화하는 것이 지금의 눈으로 보면 다소 유치하게 보일 수도 있지만, 그가 자연계와 얼마나 가까운 관계를 맺고 있었는지를 보여주는 증거라 할 수 있다.

프란체스코는 만약 하느님께서 어떤 것이 존재하도록 하셨다면, 그것은 그 존재만으로도 놀라운 것이며, 우리의 사랑과 보호를 받을 가치가 있다고 생각했다. 성인(聖人)이라 하면 으레 등장하는 사람들을 치유한 이야기 외에도, 그가 행했다고 전해지는 기적 중에는 새소리로 교향곡을 연주하게 했다든가, 이리를 길들였다는 것 등이 있다. 그러나 우리 눈에는 기적처럼 보이는 이런 일들이, 모든 생명체와 완전한 일체감을 느꼈던 사람에게는 그저 자연스러운 현상이었을 것이다.

이 책이 힘이 되는 순간

체스터튼은 프란체스코가 후대에 끼친 영향을, 컴컴한 집에서 음산함을 몰아내고 새로운 기운을 불러들인 갓난아이의 탄생에 비유했다. 천여 년 동안 교회는 방어적으로 권력을 축적하고, 기반을 굳히는 데 여념이 없었다. 이러한 때에 프란체스코는 이제 반대 방향으로 움직여, 소유물을 버리고 사랑을 나누어줄 때가 되었다고 생각했다.

많은 개혁가들이 세상을 바꾸는 데 성공하지만, 그 때문에 증오의 대상이 되기도 한다. 개혁 과정에서 드러나는 극단주의 때문이다. 그러나 프란체스코가 품었던 사람들에 대한 진실한 사랑은 그가 이런 운명에 빠지지 않도록 해주었다. 하지만 오늘날 사람들은 프란체스코가 가톨릭교회를 위해 무슨 일을 했는지에는 별로 관심이 없다. 그에 관한 전설은 그저 그가 생명을 깊이, 너그럽게 사랑한 사람이었다고 전할 따름이다.

사실 그에 관한 이야기는 모든 사람들, 심지어 비기독교인들에게까지 따뜻한 반응을 불러일으킨다. 그에게는 뭔가 단순한 것이 있었고, 그의 메시지는 여전히 매혹적이다. 프란체스코란 사람을 한마디로 말한다면, 권력보다 사랑이 더 중요하다고 생각한 사람이었다.

만약 신의 부름을 받지 않았다면, 아시시의 프란체스코는 의심한 여지없이 전쟁에서의 명예나 여인의 사랑을 찾아다니는 평범한 인간으로 남았을 것이다. 체스터튼이 지적했듯, 사랑을 하는 사람이나 성인(聖人)이나 그 동기는 똑같다. 그것이 사랑하는 이의 발코니 아래 밤새 서 있는 것이든, 눈을 헤치며 교회를 짓는 것이든 간에, 둘 다 미친 듯한 사랑에서 촉발된다. 그런데 프란체스코는 그 대상이 인간이든, 동물이든, 식물이든, 아니면 신이든 간에 본질적으로 뜨겁게 사랑할 줄 아는 사람이었다고 체스터튼은 결론짓는다.

비록 짧은 책이지만, 체스터튼의 저서는 깊은 통찰로 가득하다. 간혹 자기주장을 펼치는 방식이나 화려한 문체가 거슬리기도 하지만, 그의 글은 프란체스코를 한 사람의 생생한 인격으로 조명해낸다.

이 책은 본격적인 인물화라기보다는 소묘에 가깝다. 그러나 피카소의 스케치처럼 대상의 진수를 포착해냈다. 체스터튼이 가톨릭으로 개종한 직후에 쓰인 작품이기에 개종자 특유의 열성이 엿보이기도 한다. 그러나 정확한 성격 분석으로 유명한 저자의 재능 덕분에 균형감을 잃지 않았다.

BOOK 32

지금 여기 있으라
Be Here Now

람 다스 | 1971

수많은 '나'로부터
자유로워지려면

람 다스 *Ram Dass*

람 다스는 미국의 심리학자이자 영적 스승, 그리고 현대 영성 운동의 상징적 인물이다. 본명은 리처드 앨퍼트(Richard Alpert)로, 하버드 대학에서 심리학 교수로 재직하던 그는 사이키델릭 실험과 연구로 파문을 일으키며 교수직을 파면당했다. 이후 인도로 떠나 깊은 영적 전환을 경험하고서, '람 다스(신의 종)'라는 이름을 받고, 서구에 명상과 요가, 힌두 영성을 전파하는 데 헌신했다. 그의 저서 『지금 여기 있으라』는 서구의 지성인이 동양의 영성을 만나 내면의 자유를 발견한 기록으로, 전 세계 젊은 세대에게 큰 울림을 주었다.

"나는 캠브리지에 골동품으로 가득 찬 아파트를 가지고 있었고, 그곳에서 종종 멋진 만찬 파티를 열었다. …… 출세 제일주의 미국 사회에서 성공한 총각 교수로 누릴 수 있는 모든 것을 누리고 있었다. 진정한 학자는 아니었지만, 학교에서 성공하는 데 필요한 관문은 어렵지 않게 통과했다. 박사 학위도 있었고, 책도 집필 중이었다. 하지만 이 모든 것을 한마디로 요약하자면, 나는 단지 매우 교활한 게임을 능숙하게 하고 있는 사람이었을 뿐이다."

동료 교수 티머시 리어리와 술친구가 되면서, 앨퍼트의 삶에 생긴 균열은 점점 더 넓어지기 시작했다. 리어리는 멕시코에서 자생하는 마법의 버섯 '티오안나크틸'을 발견했는데, 그것을 복용한 뒤 "심리학자로서 보낸 세월 동안 배운 것보다 더 많은 것을 단번에 배웠다"고 앨퍼트에게 말했다. 이 말은 앨퍼트에게 큰 충격이었다. 얼마 뒤, 리어리와 당시 MIT 방문교수였던 영국 소설가 올더스 헉슬리가 합성 형태의 마법 버섯인 '사이코시빈'을 구해 와 앨퍼트에게 실험을 제안했다.

약물을 복용한 앨퍼트는 실제로 환상을 보았다. 그 환상을 통해 그는 자신이 결국 '광대 교수'에 불과하다는 사실 등, 자신의 삶을 보다 객관적으로 바라볼 수 있게 되었다. 또한 그동안 알지 못했던 '껍데기 뒤의 나', 즉 지혜의 나, 무시간적인 의식을 체험할 수 있었다. 그것이 바로 그가 오랫동안 찾아 헤매던 '그것'이었다.

그들은 다른 사람들에게도 이 약물을 실험했지만, 대부분은 직접 복용하며 '변화된 의식 상태'에 대한 연구를 계속했다. 그러면서, 정통 학계의 심리학으로는 이러한 의식의 열림을 객관적으로 설명할 수 없다는 사실을 깨달았다. 객관성을 유지하려는 시도는 무의미했다.

앨퍼트는 약물을 복용한 뒤, 주변의 모든 것이 분화되지 않은 진동 에너지의 형태, 즉 본질적으로 '빛'과 같은 것으로 느껴졌다고 회고했다. 그는 이 의식 상태 속에서 교수로서의 삶이 진실하지 못하고 구속적이었다는 사실을 깨닫고 후회하며 '현실로' 내려왔다. 약물을 복용하면 할수록, 자신이 이 놀라운 별세계에서 다시 현실로 돌아와야 한다는 사실이 분노를 일으켰다.

이처럼 급진적인 시도는 결국 학계의 반발을 불러왔다. 앨퍼트와 리어리, 그리고 그 지지자들은 점점 '이상한 사람들'로 취급받으며 공동체의 주변부로 밀려났다. 결국 앨퍼트는 대학에서 쫓겨났고 대학 사회와의 연결을 잃었다. 한때 경험했던 의식의 상태로 돌아갈 길도 찾지 못한 채 일종의 '광야의 시기'를 보내야 했다.

인도에서 만난 '앎의 사람'

그 무렵, 한 부유한 지인이 앨퍼트에게 인도 여행을 권했다. 앨퍼트는 기꺼이 그 초청을 받아들였다. 본래는 랜드로버 자동차를 타고 돌아다니며 성자들을 찾아볼 생각이었지만, 하시시(대마 농

축물-옮긴이)를 피우고 동시에 애시드 환각제까지 사용하면서 점점 심한 우울감에 빠져들었다.

그는 내면의 비밀을 알고 있으면서도, 보통 사람이라면 괴로워할 일에도 아무런 영향을 받지 않는 이른바 '앎의 사람'을 만나고 싶었다. 그러나 결국 그들도 수많은 여행자들과 다를 바 없는, 영적인 것을 찾아 헤매는 한 방랑자에 지나지 않았다.

하지만 '학생이 준비되면 스승이 나타난다'고 했던가. 앨퍼트가 무엇을 해야 할지 몰라 인도 북부의 어느 히피 카페에 앉아 있던 때였다. 머리와 수염을 길게 기른 키 큰 서양인 한 명이 들어왔다. 순간 앨퍼트는 직감했다. '바그반 다스(Bhagwan Das)'라 불리는, 그 지방에서 구루로 통하는 이 사람이 바로 자신이 그토록 찾아 헤맨 '앎의 사람'이라는 것을. 결국 앨퍼트는 이 캘리포니아 청년을 스승으로 모시려고 그 먼 길을 달려온 셈이었다.

앨퍼트는 바그반 다스를 따라 전국을 돌아다니며 성가(聖歌)와 만트라를 배웠다. 둘 다 가진 돈은 거의 없었다. 그 여정 속에서 앨퍼트는 '진정으로 현재에 산다는 것'이 무엇인지, 그리고 삶의 이야기에서 '성공'이라는 집착을 내려놓는다는 것이 어떤 의미인지 비로소 이해할 수 있었다.

"얼마나 더 오래 이런 여행을 함께할 수 있을까요?"

앨퍼트가 물으면, 바그반 다스는 조용히 대답했다.

"미래에 대해서는 생각하지 말라. 그저 지금 여기에만 있으라."

'신의 종' 람 다스로

리처드 앨퍼트는 신의 종 '람 다스'로 거듭나면서 무엇을 꿰뚫어볼 수 있게 되었을까? 그는 정체성의 본성 자체를 깨닫게 되었다.

그는 우리가 '누구인가' 하는 것은 순간순간 변한다는 사실을 관찰했다. 수많은 '나'가 존재하지만, 각각은 내가 어떤 특정한 생각이나 욕망에 나를 일치시킬 때 나타나는 표식에 불과하다. 우리의 생각은 우리의 인격이 되고, 그 인격을 내가 누구인지와 동일시하는 순간 그것이 곧 나의 정체성이 되는 것이다. 그러나 의식에서 한 발 물러서서 이 서로 다른 자아들을 바라보게 되면, 우리는 그 허구성을 더욱 명확히 인식할 수 있다.

람 다스는 여러 자아를 바라보는 방법 중 하나로 무비판적인 증인의 위치에 서는 것을 제시했다. 자아들이 활동하는 모습을 관찰하면, 우리는 삶 속에서 자신이 맡은 역할을 보다 차분하게 수행할 수 있다. 이처럼 내 안에서 일어나는 생각을 객관적으로 '목격'하게 되면, 그 생각들이 일시적인 것임을, 그리고 생각이 곧 나의 전부가 아님을 깨닫게 된다.

람 다스는 명상의 목적을 우리가 일반적으로 '나'라고 믿는 생각들, 그리고 고통을 끊임없이 되풀이하게 만드는 생각들로부터 자유로워지는 데서 찾았다. 명상을 통해 우리는 이기적 자아와 감각으로부터 스스로를 분리한다. 명상 중에도 생각이 떠오를 수 있지만, 그것들은 궁극적으로 방해물이 아니라 직관이나 안내자의 역할을 하게 된다.

이성적인 마음을 넘어서

람 다스는 합리적이고 이성적인 마음은, 세상을 하나의 대상으로 분리해 바라보는 방식으로 작용한다고 보았다. 즉, 인식하는 사람이 인식되는 대상에서 분리되는 것이다. 문명이 이룩한 많은 업적이 이러한 차원의 사고 없이는 불가능했음은 사실이지만, 이 방식에는 분명한 한계가 있다. 아인슈타인이 말했듯이, 우리는 오늘의 문제를 애초에 그것을 낳은 것과 똑같은 생각으로는 해결할 수 없기 때문이다.

람 다스는 이성적인 마음이 역설적이거나 초논리적인 정보를 다루는 데는 어려움이 있다고 보았다. 일반적으로 획기적인 우주적 통찰은 이성적인 분석의 틀에서가 아니라, 직관의 번뜩임이나 진리의 한 장면처럼 다가오는 직관적 깨달음에서 비롯된다는 것이다. 아인슈타인 역시 "내가 우주의 근본 법칙을 이해하게 된 것은 이성적인 사고를 통해서가 아니다"라고 인정하지 않았던가.

인생의 대부분을 합리적 이성을 숭배하는 문화 속에서 살아온 람 다스는 우리가 단순히 생각의 종합체만은 아니라는 사실을 깨달으며 이성의 틀을 벗어났다. 그는 의식을 계속 탐구하면서도 객관적이고 과학적인 관찰자의 태도를 유지하는 것이 불가능하다고 여겼다. 그러면서 그는 과학과 심리학을 자신이 경험하기 시작한 더 큰 의식의 테두리 안에서 바라볼 수 있게 되었다.

이 책이 힘이 되는 순간

『지금 여기 있으라』는 히피 문화를 대표하는 영성서이자, 시대를 초월해 영적 변화를 다룬 탁월한 저서로 손꼽히기에 부족함이 없다. 이 책에는 람 다스가 하버드 교수에서 구루로 변신하는 과정이 아름답게 그려져 있다. 특히 그가 어떻게 이전의 의미 없는 삶을 죽은 허물을 벗듯 벗어버렸는지에 대한 대목은 『고백록』의 성 아우구스티누스를 떠올리게 한다.

1970년대에 출간된 초판본은 당시의 사회상과 분위기를 고스란히 담고 있다. 그가 직접 설립한 하누만 재단에서 인쇄한 이 초판본은 책의 약 3분의 2가 쪽 번호 없이 구성되어 있으며, 본문의 상당 부분이 파랑이나 갈색 잉크로 인쇄되어 있다. 내용 구성 또한 독특하다. 앞부분은 서양식으로 앨퍼트의 삶을 연도별로 비교적 일목요연하게 정리했고, 중간 부분은 영적 진리를 발견하고 이를 세상에 전하고자 하는 초심자의 목소리로 채워져 있다. 중간중간 삽입된 페이지에는 만트라와 인용문, 그리고 거칠지만 아름다운 그림들이 실려 있어 독자에 따라서는 다소 '멋을 부린 책'처럼 보일 수도 있다. 그러나 '사랑'이나 '구루' 같은 단어, 힌두 신들의 그림 때문에 이 책을 멀리하지 않기를 바란다. 올바른 마음의 틀을 가지고 읽는 독자들에게는 강력한 '여행'의 문이 될 수 있기 때문이다.

책의 마지막 부분인 '거룩한 삶을 위한 요리책'에서는 람 다스가 직접 실험한 영적 수행법 '사다나'의 결과를 소개한다. 명상에서 단식, 환가제에 이르기까지 깨달음에 도달하기 위해 시도할 수 있는 다양한 방법들을 열거하고 있다. 사다나의 장단점을 논의하면서 람 다스는 깨달음을 경험한 후 다시 옛 자아로 돌아가는 것에 좌절감을 느낄 수 있다고 말한다. 그러나 영적으로 가벼워질수록, 그만큼 우리 안의 거친 부분들이 예민하게 드러나게 된다. 많은 영적 수행자들은 처음에는 일정한 시간과 에너지를 '영적인 것'에만 바치지만, 곧 삶 전체가 영적이며, 영적이지 않은 것은 아무것도 없다는 사실을 깨닫게 된다.

람 다스의 또 다른 결론은 '자신을 너무 심각하게 생각하지 말라'는 것이다. 의식의 사다리를 따라 올라가다 보면 이기적 자아의 진짜 크기가 적나라하게 드러나고, 그 순간 우리는 자신의 허영을 마주하며 한바탕 크게 웃을 수 있게 된다.

BOOK 33

싯다르타
Siddartha

헤르만 헤세 | 1922

소란한 강에서 벗어나
강둑의 시선으로 삶을 바라보다

헤르만 헤세 *Hermann Hesse*

1877년 독일 칼프에서 태어난 헤르만 헤세는 18세에 스위스로 이주해 서점에서 일하며 문학의 세계에 발을 디뎠고, 『페터 카멘진트(Peter Camenzind)』와 『수레바퀴 밑에서(Unterm Rad)』를 통해 일찍이 작가로서의 입지를 다졌다. 1911년 인도 여행은 그의 사상과 작품 세계에 깊은 영향을 남겼다. 이후 『로스할데(Rosshalde)』, 『데미안(Demian)』, 『싯다르타』, 『황야의 늑대(Der Steppenwolf)』, 『유리알 유희(Das Glasperlenspiel)』 등 인간의 내면과 영적 성장을 탐구한 걸작들을 발표했다. 전 생애에 걸쳐 평화주의자였으며, 1946년 노벨 문학상을 수상했다.

"카말라여, 대부분의 사람들은 바람에 날려 공중을 맴돌다 땅으로 떨어지는 낙엽과 같습니다. 그러나 아주 소수의 사람들은 바람이 미치지 못하는 일정한 궤도를 따라 움직이는 별과 같습니다. 이들은 자신의 법과 궤도를 자기 안에 품고 있습니다."

위대한 작가로 이름을 날리기 전, 헤르만 헤세는 정신분열증에 걸린 아내와 함께 세 아들을 키우느라 고생했다. 아내의 병이 걷잡을 수 없는 지경에 이르자, 그는 부인을 요양소에 맡기고 세 아들은 친구에게 입양시켰다. 이후 스위스 루가노 호수 근처의 '카사 카무치'라는 크고 신비로운 집으로 이사한 뒤에야 어느 정도 안정을 되찾을 수 있었다. 그곳에서 그는 낮에는 명상하고 밤에는 글을 썼다. 산책을 즐기고, 풍경 수채화를 그리기도 했다. 부처가 생존하던 시기의 인도를 배경으로 한 짧은 소설 『싯다르타』는 이 시기에 집필된 작품이다.

헤세의 아버지와 할아버지는 모두 기독교 선교사였다. 그의 할아버지는 아홉 가지 인도어를 구사할 수 있었기에, 어린 헤세가 동양의 정신적 문헌들이 지닌 깊은 가치를 일찍부터 알아볼 수 있도록 해주었다. 헤세의 반항적이고 파격적인 성격을 고려하면(그는 열세 살에 학교를 그만두었고, 훗날 열렬한 평화주의자가 되었다), 그가 『싯다르타』와 같은 작품을 썼다는 사실은 그리 놀라운 일이 아니다. 이 책에서 그는 불교, 힌두교, 도교, 기독교의 사상을 종합하지만, 결국에는 인격적이고 개인적인 영성을 위해 이 모든 전통적 종교들을 넘어선다.

그렇다면 『싯다르타』의 이야기는 무엇이며, 지난 80여 년 동안 사람들의 영적 상상력을 사로잡은 힘은 어디에서 비롯된 것일까?

싯다르타, 수행의 길을 떠나다

이 책에서 헤세는 자신의 삶을 투영하듯, 인도 최상층 계급 브라만 학자의 아들로 태어나 어릴 때부터 힌두교의 교리에 대해 토의하고 그것을 실천하는 일에 몰두했던 인물, 싯다르타를 주인공으로 내세운다.

책 초반부에서 싯다르타는 불안한 젊은이의 모습을 하고 있다. 자라면서 풍부한 지식을 쌓았지만, 여전히 뭔가 부족하다는 느낌에 사로잡혀 있다. 주변 사람들은 모두 신에 대해, 그리고 존재하는 모든 것의 위대한 하나 됨에 대해 이야기하지만, 그는 그중 누구라도 정말로 그것을 직접 체험한 사람이 있는지 궁금해한다. 결국 그는 아버지의 뜻을 거스르고, 아이들에게서나 발견할 수 있는 순수함을 찾아 집을 떠나기로 결심한다.

싯다르타는 '스라마나'라 불리는, 이곳저곳을 떠돌며 고행하는 수행자 무리에 합류한다. 친구 고빈다와 함께 수행자가 된 그는 몸에 걸친 천 이외에는 아무것도 가지지 않은 채, 몇 주씩 단식하며 사는 삶을 시작한다. 그는 이러한 고행을 통해 모든 욕망을 벗고, 이기적인 자아를 없애려 한다. 그래서 배고픔과 목마름, 피로와 고통조차도 기꺼이 견뎌낸다.

길을 직접 걸어야만 알게 되는 것

그렇게 3년이 지난 후, 두 친구는 '환한 얼굴'을 지녔다는 한 인물, 깨달음을 얻어 삶의 고통에서 완전히 벗어났다고 전해지는 전설적인 인물, 고타마 붓다에 대한 이야기를 듣는다. 두 친구는 그를 찾아가고, 그가 영원한 인과율의 고리로 우주를 설명하는 가르침을 들으며 깊은 감명을 받는다.

그러나 싯다르타는 고통으로부터의 해방은 스승의 가르침이 아니라 오직 자신의 길을 직접 걸어갈 때만 얻을 수 있다고 믿고, 그의 제자가 되지 않는다(고빈다만 고타마 붓다의 제자가 된다-옮긴이). 이후 그는 홀로 신적인 것의 현현을 체험한다. 그전에는 이 물질적 세계를 허상(maya)이라며 무시했지만, 이제는 나무와 해와 달과 강을 '생각'하는 대신, 그저 바라본다. 내적 지혜를 찾으려 애쓴 수많은 노력이 오히려 세상의 아름다움에 눈이 멀게 했다는 사실을 깨달은 것이다.

속세에 서서히 물들다

이야기는 싯다르타가 숲을 떠나 도시로 들어가는 장면으로 이어진다. 그 와중에 그는 하인들을 거느리고 가는, '금방 벌어진 무화과 같은 입'을 지닌 아름다운 여인 카말라를 만난다. 마음이

울렁이면서 그녀의 매력에 이끌리지만, 카말라는 숲에서 막 나온 허름한 복장의 고행자가 아름다운 옷을 입고 매끄러운 머리칼을 한 여인과 사귈 수 있다고 생각하는 것 자체를 재미있게 여길 뿐이었다.

    싯다르타는 카말라에게 사랑하는 법을 배우고 싶다고 말한다. 그러자 카말라는 자신에게 그것을 배우면 무슨 보답을 해주겠느냐고 묻는다. 싯다르타는 "생각하는 것, 단식하는 것, 기다리는 것, 그리고 시를 짓는 일" 말고는 할 수 있는 일이 아무것도 없다고 대답한다. 그녀는 그의 시를 보고 마음에 들어 한다. 하지만 그와 사귀려면 옷을 사 입고, 겉모습도 멋지게 가꾸어야 한다고 일러준다.

    싯다르타는 한 상인의 조수로 일하기 시작하고, 금세 장사하는 법을 터득해 상인에게 없어서는 안 될 일꾼이 된다. 그가 장사에서 성공한 이유는 주인과 달리 장사에 집착하지 않았기 때문이다. 그는 손해를 볼까 걱정하지 않고, 욕심 부리지도 않으며 일했다. 애쓰고 고통받는 세계 속에서도 그 속에 지나치게 빠지는 일 없이 살아간다. 그의 눈에는 사람들 모두 돈과 쾌락, 타인의 인정 같은 사소한 일들로 걱정하고 다투는 모습이 우스워 보였다. 그런 것들은 삶 자체라기보다 삶을 가지고 노는 게임, 즉 '삼사라'에 불과했다. 그는 여전히 스라마나익 마음을 지니고 있었기에 그런 것들에 감동받지 않았다.

    그러나 시간이 흐르면서 싯다르타는 점차 냉정함을 잃고, 재산과 돈, 허영심 등 평범한 인간의 이기적 욕망에 관심을 갖기 시작한다. 그는 자신이 술과 도박을 좋아하게 되었고, 한때 업신여기던 '유치한 어른'이 되어가고 있음을 깨닫는다. 술을 마시고 무희들과 하룻밤을 보낸 뒤, 자신이 누구보다도 못난 인간이라는 사실을 자각한다.

단순하고 평화로운 뱃사공의 나날

참담함을 느낀 싯다르타는 숲으로 도망가서 죽으려 한다. 그러다가 강가에서 잠이 들었는데, 깨어보니 옛 친구 고빈다가 곁에 와 있었다. 친구는 그에게 지난 삶을 되돌아보고, 그 속에서 한때 가지고 있던 더 순수한 정신의 씨앗을 찾으라고 권한다.

싯다르타는 자신이 이렇게 된 것은 이 세상에 대한 욕망과 사랑의 단계를 거치면서, 그로부터는 만족을 얻을 수 없다는 것을 깨닫기 위함이었다는 생각에 도달한다. 그리고 자기가 가진 것에 역겨움을 느낀 다음에야 다시 태어날 수 있으며, 그때는 전처럼 떠도는 수도승이 아니라 세상의 일부분이면서도 그것에 유혹되지 않는 사람이 되어야 한다고 생각한다.

싯다르타는 나루터 뱃사공의 조수가 되어 노를 젓는 법을 배우며 오두막집에 기거한다. 단순한 삶이었다. 강은 어느 스승도 할 수 없는 방식으로 그에게 말을 건네고, 그는 평화를 되찾는다.

그러던 어느 날, 한 여인이 어린 아들을 데리고 임종이 가까이 다가온 부처님을 만나러 간다. 이 모자는 나루터에서 그렇게 멀지 않은 곳에 있었는데, 갑자기 여인이 독사에 물린다. 싯다르타는 모자가 울부짖는 소리를 듣고 그곳으로 달려간다. 그는 금세 그들이 누구인지 알아본다. 옛 연인 카말라와 자신의 아들이었다.

강이 들려준 지혜

그다음에 어떻게 되었는지는 독자의 상상에 맡긴다. 다만 싯다르타는 아버지가 자식에게 느끼는 단순하면서도 강력한 사랑을 배운다. 그는 이제 집착이 강한 사람들을 멸시하지 않게 된다. 또한 자기를 평화와 깨달음으로 인도하는 것은 끊임없는 영적 투쟁도 아니고, 세상의 쾌락이나 지위에 스스로를 던지는 것도 아니라는 사실을 깨닫는다. 옛 친구 고빈다와 이야기하면서 싯다르타는 결론적으로 이렇게 말한다.

"나에게 중요한 것은 세상을 사랑할 수 있는 것뿐일세. 세상을 멸시하지도 말고, 세상이나 나 자신을 미워하지도 말고, 세상과 나 자신을 사랑과 경탄과 경외심으로 보는 것일세."

그를 이와 같은 인식에 도달하도록 이끈 것은 강이었다. 그는 강이 들려주는 노랫소리에 귀를 기울였다. 그 노래는 목표를 향한 끊임없는 움직임, 몸부림, 고통, 그리고 쾌락 속에 내재한 생명력 같은 소리이면서, 동시에 이 모든 것을 하나의 화음으로 만들어낸다. 존재란 개별적인 인간, 장소, 사건, 감정이 뒤섞인 혼란스럽고 어지러운 광란처럼 보일 수도 있지만, 결국 그것은 모두 한 물살로 흐른다는 뜻에서 강과 같다. 그리고 그 하나 됨 속에서 비로소 완벽해진다.

이 책이 힘이 되는 순간

『싯다르타』의 핵심 메시지는 더 높은 신성을 체험하기 위해 삶에서 도피하지 말고, 오히려 스스로를 사물과 삶에 내맡기라는 것이다. 사건, 생각, 관계들로 가득한 우리의 삶은 때로 수없이 파편화되어 보이지만, 강둑의 시선에서 바라보면 그것은 결국 한 줄기로 유유히 흐르는 경험의 강일 뿐이다. 이 하나 됨을 인식하고 받아들일 때, 우리는 자신의 세계에서 허우적거리는 일이 줄어들고 더 큰 삶의 흐름 속에서 정체성을 찾을 수 있게 된다.

이 책이 전하는 또 다른 메시지는, 아무것도 없이 사는 고행도, 감각이나 사물에 집착하는 삶도, 심지어 지성과 지식을 추구하는 삶조차도 우리가 바라는 영적 성장을 가져다주지 못한다는 점이다. 싯다르타가 깨달은 것은 열반(니르바나)을 얻겠다는 의지를 내려놓을 때 비로소 깨달음이 찾아온다는 사실이다.

이 책은 1920년대에 독일어로 처음 출간되었고, 1951년에 영어로 번역되었다. 1960년대 미국에서 동양 사상과 종교에 대한 관심이 폭발적으로 확산되면서 영향력 있는 베스트셀러가 되었다. 영어 번역자 셰라프 콘이 지적했듯, 이 작품은 당시의 자유주의적이고 비획일적인 태도를 잘 반영하고 있다. 물질주의를 넘어선 삶이라는 주제는 시대를 초월해 지금도 여전히 매력적으로 다가온다. 이 책이 고전으로 자리매김한 데에는 단순하고도 명료한 산문적 표현, 특히 강의 치유력을 아름답게 묘사한 헤세의 문장이 큰 몫을 했다.

'싯다르타'는 산스크리트어로 '목적을 이룬 이'라는 뜻이다. 이 작품은 헤세 자신의 깊고 처절한 영적 여정이 맺은 열매라 할 수 있다. 우리는 그의 고뇌와 통찰 덕분에, 같은 고통을 직접 겪지 않고도 그가 건져 올린 깊은 깨달음의 정수를 함께 사유할 수 있는 것이다.

BOOK 34

마저리 켐프의 서(書)
The Book of Margery Kempe

마저리 켐프 | 1436

'불초한 피조물'에서
하느님의 여인으로 거듭나다

마저리 켐프 *Margery Kempe*

『마저리 켐프의 서』는 영어로 쓰인 최초의 자서전이다. 20세기까지는 원본에서 발췌한 요약본만 남아 있을 뿐, 원본은 분실된 것으로 알려졌다. 그런데 1934년, 완벽하게 보존된 원본이 어느 영국인의 개인 장서에서 발견되었다. 2부 99장에 이르는 방대한 분량의 이 책은, 평범한 가정주부였던 마저리가 신비주의자로 변모해가는 과정을 담고 있으며, 중세 영국 사회에 대한 생생한 통찰을 제공한다.

"이 불초한 피조물이 첫 느낌과 계시를 받은 지 20여 년이 지나서야 비로소 무언가를 쓰기 시작했다. 그 이전에는 아무것도 기록한 적이 없었다. 그 후 우리 주님께서 원하셔서 그녀에게 명하시고 분부하셨다. 그녀의 느낌과 계시, 그리고 살아가는 모습을 글로 남겨 그분의 선하심을 온 세상에 알리라고."

마저리는 1373년 노퍽에 있는 영국 동해 연안의 항구도시 비숍스린(지금의 킹스린)의 시의원이자 5선 시장인 유지의 딸로 태어났다. 그리고 스무 살에 젊은 상인 존 켐프와 결혼하여 금방 임신했는데, 이 아이를 필두로 모두 14명의 아이들을 낳았다.

그런데 마저리는 태어나자 곧 정신질환을 앓게 되어(그 당시에는 '마귀가 들었다'고 표현했다) 음식과 관련된 이상한 행동 때문에 집에만 갇혀 살았다. 한 번은 발작 증세가 시작됐을 때 눈앞에 자주색 비단옷을 입은 예수가 나타났다. 예수가 그녀에게 말했다. "딸아, 왜 나를 버렸느냐. 나는 너를 버린 적이 없다." 마저리는 나중에 이런 환상이 극심한 환란 중에도 하느님이 얼마나 가까이 계시는지를 보여주었고, 이를 통해 정상적인 정신으로 회복되었다고 말했다.

그러나 이런 환상을 보는 것만으로 그녀의 길이 바뀌지는 않았다. 그녀는 계속해서 남자들에게 매력적으로 보이려고 화려한 옷을 입고, 상류층 친척들을 자랑했다. 다음은 마저리 본인의 말이다. "그녀는 어떤 벌도 개의치 않았다. 하느님께서 그녀에게 주신 선한 것들에 만족하지도 않았다. 오로지 더욱더 많은 것에 욕심을 부릴 뿐이었다."

이 '순수한 욕심'을 채우고자 마저리는 꽤 큰 규모의 양조장을 시작했는데, 몇 해 지나지 않아 돈만 잔뜩 날려버리고 말았다. 나중에는 말이 돌리는 방앗간을 했으나 그것도 말을 듣지 않아 접어야 했다. 그녀는 이를 하느님이 자기를 기꺼이 여기시지 않는 증표로 여기고, 그때부터 주님의 길을 걸어가리라 서약했다.

모든 육욕이 사라지다

어느 날 밤, 마저리는 남편과 함께 잠자리에 누웠다가 아름다운 하늘의 멜로디를 들었다. 이 음악을 들으면서 마저리는 왜 자기가 죄를 지으며 살았는지 생각했다. 그 이후로 그녀는 '하늘엔 즐거움뿐'이라는 말을 자주 했고, 부부관계에 관심이 없어졌다. 그녀는 남편에게 지금부터 자신의 생각과 헌신은 오로지 하느님께 향할 뿐이라고 말했다. 남편은 그 감정을 존중한다면서 언젠가 잠자리를 같이하는 일을 포기하겠지만, "아직은 아니다"라고 대답했다. 마저리는 남편이 하고 싶은 대로 하게 했으나, 마음은 이미 다른 데 가 있었다.

마저리는 금식을 하고 털옷을 입고, 자신의 죄를 생각하며 계속 울었다. 사람들은 그녀가 사람들의 '주의를 끌려고' 그러는 것이라고 여기며, 그녀의 이런 행동을 극도로 눈에 거슬려 했다. 이렇게 되자 그녀는 친구들과도 사이가 멀어졌다.

　남편과의 관계에도 고비가 찾아왔다. 어느 더운 여름날, 마저리는 남편과 함께 길을 걷고 있었다. 그때 남편이 그녀에게 물었다. 만약 어떤 사람이 나타나서 정상적인 성생활로 돌아가지 않으면 남편의 목을 치겠다고 하면 어떻게 하겠느냐는 것이었다. 그녀는 그러면 그 사람이 당신의 목을 치게 놓아둘 수밖에 없다고 대답했다. 실망한 남편은 말했다. "당신은 좋은 아내가 아니오."

　그러나 결국 두 사람은 일종의 절충에 이른다. 남편이 마저리에게 먼저 요구하지는 않겠지만, 순례 여행을 떠나기 전에 그녀가 그에게 밀린 '빚'은 갚기로 한 것이다. 마저리 켐프는 이제 자신이 세상의 헛된 욕망을 초월했고, '그 속의 육욕은 모두 사그라졌다'고 생각했다. 아직 약간의 유혹이 남아 있기는 했지만, 하느님이 계속 도와주시리라 믿고 그녀는 영영 독신주의자가 되었다. 몇 년 후 남편도 그녀의 진심을 받아들여 정조 서약을 했다.

계속되는 순례자 생활

　마저리 켐프는 두 가지로 유명하다. 발작적인 울음과 순례가 그것이다. 그녀는 14명의 자녀를 낳고 40대에 이르러서야 비로소 순례자 생활을 시작해, 잘 알려진 교회 지도자나 신비주의자들을 찾아다녔다.

　1414년, 마저리는 순례 여행을 떠나 자신이 사랑한 성 브리지트의 시성식에 참석하기 위해 로마에서 얼마간 지내다가 집으로 돌아왔다. 1417년에는 배를 타고 스페인으로 건너가 콤포스텔라

데 산티아고로 순례하였고, 나중에는 성치 않은 몸으로 바다를 건너 아헨과 단치히를 순례했다. 그 틈틈이 영국 내의 성지나 교회를 방문하기도 했다. 이런 여행은 대부분 혼자서 불편함을 무릅쓰고, 돈도 거의 없이 하는 것이었다.

그녀는 십자가에 매달린 예수의 환상을 볼 때마다 눈물을 참지 못했다. 사람들은 그 발작적인 울음이 남을 속이려는 위장술이거나, 심지어 마귀의 장난이라 여기기도 했다. 오늘날 같으면 이렇게 울음을 터뜨리는 여자를 '드라마 여왕'이라며 비꼬아 부를 수도 있을 것이다. 그러나 배리 윈디에트가 지적하듯, 하느님의 부르심이 이런 형태로 나타나는 것은 그 당시에는 별스러운 일이 아니었다. 프랑스 신비주의자 오이니의 마리아나, 폴리뇨의 복자(福者) 안젤라, 몽토의 도로티아도 모두 울보였다. 이 중 마지막 두 여인은 마저리처럼 부인이자 어머니였다.

하느님의 여인

마저리는 교회를 개혁하려는 이단으로 몰려 고발되기도 했다. 당시 이런 죄는 화형까지 받을 수 있는 중죄였다. 그녀가 요크 지방으로 순례를 갔을 때의 일이다. 그곳의 대주교는 마저리가 마을 사람들을 타락시킬까 염려하여 그녀를 체포했다. 심문 과정에서 그녀는 믿는 바를 말하라는 명령을 받았는데, 다행히 교회의 교리를 잘 알고 있어서 무사히 풀려나 마을을 떠나도 좋다는 허락을 받았다. 마저리는 비록 학문적으로는 배운 것이 없었지만, '기지와 지혜' 면에서는 당시 많이 배운 성직자나 신부들에게도 뒤지지 않는다고 자평했다.

그러나 대부분의 영국 여성들이 집에서 길쌈이나 하며 지내던 시대에, 마저리가 보여준 독립심과 불굴의 정신은 기성 질서에 대한 위협으로 받아들여져 그녀를 끊임없이 힘들게 했다. 그녀는 비웃음을 사고 조롱과 위협을 받는 고통을 겪어야 했다. 또 자기가 진정 하느님의 여인임을 계속해서 입증해야만 했다. 그녀의 책에는, 자신을 '이 피조물'이라 부르며 사람들의 신임을 얻기 위해 얼마나 애썼는지 보여주는 흔적이 가득하다.

"그 후, '이 피조물'은 아시시로 향했다. 그곳에서 그녀는 영국인 마이노어 수도자를 만났다. 그는 헌신적인 성직자로 널리 인정받고 있었다. 그녀는 그에게 자신이 살아가는 방식과 느끼는 감정, 자신이 받은 계시, 그리고 하느님께서 거룩한 영감과 깊은 관상을 통해 그녀의 영혼 속에 역사하신 은혜에 대해 이야기했다. 또한 주님께서 어떻게 그녀의 영혼과 농밀한 관계를 맺으셨는지도 털어놓았다."

대부분의 사람들이 마저리를 의심의 눈길로 보았지만, 이 수도자만은 달랐다. 그는 그녀가 말하는 '대화식 기도'의 방식에 깊은 감명을 받았고, 주님이 그녀의 영혼과 '농밀한 관계를 맺는다(dallying, 당시에는 '대화하다'라는 뜻)'는 말을 진심으로 믿었다.

마저리 켐프의 이야기를 읽다 보면, 그로부터 백여 년 뒤 예수의 환상을 보며 황홀경에 빠졌던 아빌라의 테레사를 떠올리지 않을 수 없다. 테레사는 주님에 대한 사랑을 표현하기 위해 감각적이고 열정적인 언어를 사용했는데, 마저리 역시 자신의 책에서 비슷한 방식으로 사랑을 이야기한다. 그녀는 예수와 나눈 대화를 기록하며, 예수가 자신에게 이렇게 말씀하셨다고 적었다.

"나의 사랑하고 귀한 딸아, 나의 위엄으로 맹세하노니 내가 결코 너를 버리지 아니하리라. 그리고 딸아, 나를 사랑하기 때문에 네가 겪는 수치와 모욕과 질책이 클수록, 나는 그만큼 더 너를 사랑하노니, 나는 자기 아내를 깊이 사랑하는 남자와 같음이라. 사람들이 자기 아내를 질시할수록 그 남편은 아내의 원수들을 물리치고 더욱 아름답게 치장시켜 주느니라. 바로 그와 마찬가지로, 나 또한 너와 함께하리라."

보이지 않는 임재(臨在)에서 오는 이런 확신의 말들은, 그 모든 어려움에도 불구하고 마저리가 새로운 기독교인의 삶을 계속하는 데 필요한 전부였다.

네 영혼을 결코 떠나지 않으리니

『마저리 켐프의 서』에는 저자가 자신의 삶 전체를 조망하는 이야기는 많지 않다. 대신, 허영과 교만으로 가득했던 여자가 어떻게 하느님의 여인으로 변화되는지를 보여주는 데 초점을 맞춘다. 마저리는 자신이 과거에 얼마나 허영심이 강했고 도덕적으로 문란했는지를 돌아보며 경악한다.

이러한 객관성은 그녀가 진정으로 영적 진리를 보고 느꼈기 때문에 가능했다고 볼 수 있다. 마저리는 유명한 여성 은둔 성인인 '노르위치의 줄리안'과 동시대에 살았으며, 책 속에는 그녀를 만난 이야기도 등장한다. 줄리안은 『거룩한 사랑의 계시(Revelations of Divine Love)』라는 명상록을 남기는 등, 신학적 소양과 통찰 면에서 분명 마저리보다 앞서 있었다. 그러나 마저리의 책에도 문맹이었던 한 여인에게는 기대하기 어려운 미묘한 신학적 요점들이 다수 담겨 있다.

예를 들어, 하느님과 인간의 영원한 하나 됨에 대해 하느님이 그녀에게 말씀하셨다는 다음과 같은 아름다운 구절이 있다.

"딸아, 하느님이 하느님이신 것처럼 너는 하느님의 사랑 안에서 안전하도다. 영혼은 네 자신의 몸보다도 하느님의 사랑을 더욱 확실히 알고 있다. 네 영혼은 네 몸에서 떠날 수 있지만 하느님은 네 영혼에서 결코 떠나지 않으리니, 네 영혼과 하느님은 영원히 하나임이라."

하느님은 마저리에게서 맹목적 숭배자가 아니라, 자기의 믿음과 그 믿음이 자기를 어떻게 변화시켰는지를 생각할 준비가 된 여인을 보셨던 것이다.

이 책이 힘이 되는 순간

정숙함과 경건함을 훌륭한 여인이 지녀야 할 규범이라 여기던 시대에, 마저리는 분명 '다루기 힘든' 여인이었다. 더욱이 무엇이든 거리낌 없이 말하는 성격은 다른 사람들의 신임을 얻는 데 걸림돌이 되었다. 그러나 그녀의 이야기는 영적 깨달음이 조용히 헌신하는 사람들뿐만 아니라 누구에게나 열려 있다는 사실을 보여준다는 점에서 충분히 아름답다. 『마저리 켐프의 서』는 종교를 통해 인간이 어떻게 변화할 수 있는지를 보여주는 뛰어난 기록이다.

이 책은 모든 것이 연대순으로 깔끔하게 정리된 현대적 스타일의 자서전이 아니다. 따라서 익숙해지는 데 약간의 시간과 노력이 필요하다. 그러나 끈기 있게 읽는 독자라면 이 책에서 다채로운 재미를 발견하고, 셰익스피어 이전 영국을 살아간 이의 생생하고 독특한 시각을 접하게 될 것이다. 좀 더 현대적인 문체로 번역된 판본들도 있지만, 그렇게 되면 원래 어투가 지닌 풍부한 중세의 분위기가 줄어드는 것은 피할 수 없다.

이 책은 마저리가 다시 린으로 돌아오는 것으로 갑자기 끝난다. 그녀는 그곳에서 예순 몇 살이 될 때까지 살았다. 그녀의 남편은 그녀보다 조금 먼저 세상을 떠났다.

BOOK 35

말콤 엑스의 자서전
The Autobiography of Malcolm X
말콤 엑스 | 1965

할렘가의 청년,
인류의 하나 됨을 말하다

말콤 엑스 *Malcolm X*

말콤 엑스는 1925년 미국 네브래스카 주 오마하에서 말콤 리틀(Malcolm Little)로 태어났다. 목사였던 아버지는 흑인 민권운동가 마커스 가비의 추종자였고, 어머니는 웨스트 인디즈 출신이었다. 어린 시절, 아버지가 백인 우월주의자들에게 살해당하면서 가족이 뿔뿔이 흩어지는 비극을 겪었다. 이 경험은 훗날 그가 강력한 흑인 민권운동가로 성장하는 결정적인 계기가 되었다. 그의 사상과 삶은 『말콤 엑스의 자서전』에 생생하게 담겨 있다. 저널리스트 알렉스 헤일리와의 긴 대화를 토대로 완성된 이 책은, 거리의 범죄자였던 말콤이 세계적 인권운동가로 성장하는 과정을 세밀하게 기록한다.

"인류의 역사는 각 시대마다 지도자를 평가하는 참된 기준이 정신적 힘에 있음을 증언하고 있다. 사람들은 권력이 아니라 정신에 이끌린다. 권력은 사람을 강제할 뿐이다. 사랑은 정신에서 피어나고 권력은 불안을 낳을 뿐이다."

우리는 대부분 말콤 엑스를 1960년대 미국의 흑인 사회를 위해 헌신한 열혈 시민운동가 정도로 기억한다. 하지만 '인간 말콤 엑스'에 대해서는 자세히 알지 못한다.

말콤 엑스를 설득해 그가 살아온 이야기를 종이에 기록하게 한 사람은 『뿌리(Roots)』의 저자 알렉스 헤일리였다. 엑스는 처음에는 내켜 하지 않았지만, 점차 어린 시절의 가난에서부터 10대 시절의 범죄 행각, 그리고 마침내 미국의 지도자이자 세계적인 인물로 등장하게 된 사연을 상세하게 털어놓기 시작했다.

매사에 그랬던 것처럼 말콤 엑스는 이 일에도 일종의 긴박감을 느껴서, 1965년 흉탄에 쓰러지기 전에 거의 완성할 수 있었다. 이 책은 당시 미국 하류사회의 생활상과 격동을 보여주는 충실한 기록이자, 동시에 영적·지적 깨달음을 담은 훌륭한 역작이다. 이 책을 읽는 이라면 누구나, 이슬람으로의 개종이 그의 폭력적 절망을 윤리적 목적의식으로 바꾸어준 결정적 전환점이었다는 사실을 잊지 못할 것이다.

'깜둥이'에게 어울리는 일

열세 살 때 말콤은 학교에서 품행 불량으로 퇴학당하고, 미시간 주의 다른 곳에 있는 선도학교에 가라는 명령을 받았다. 그러나 그는 백인 가정에 입양되어, 그 덕에 더 좋은 학교에 7학년으로 입학했다.

흑인들이 별로 없는 학교에서 그는 일종의 희귀종처럼 인기를 얻었다. 성적도 좋아서 언제나 학급에서 3등 안에 들었고, 반장으로 뽑히기도 했다. 그는 무슨 수를 써서라도 백인이 되려고 했다. 그러나 백인 사회의 일원이 되는 것은 애초부터 불가능한 일이었다. 가장 곤란할 때는 댄스 시간이었는데, 그가 백인 여학생과 춤을 출 수 없다는 것이 분명하게 확인되었기 때문이다.

그는 담임선생에게 변호사가 되겠다고 말했다. 그 당시 식당 웨이터나 구두닦이 정도가 흑인이 얻을 수 있는 최선의 직업이었다. 흑인들은 자동차 공장에도 취직할 수 없었다. 담임선생은 그에게 말했다. "그건 깜둥이에게는 비현실적인 목표야. 넌 네가 할 수 있는 일을 생각해봐야 할 거야."라며 목수 일을 권했다.

그때 말콤은 자신이 양부모나 담임에게 애완동물이나 마스코트 같은 존재에 불과하다는 생각이 들었다. "그들은 나에게도 같은 위치에 있는 백인 학생들에게 인정받을 준비와 용의가 있고, 똑같은 감수성과 지력, 이해력이 있다는 사실을 인정하려 하지 않았다. …… 그래서 그들은 결코 있는 그대로의 '나'를 보려고 하지 않았던 것이다."

말콤은 양부모 곁을 떠나 보스턴에 있는 에라 아주머니와 함께 살기로 작정했다.

할렘가의 건달

보스턴은 젊은 말콤에게 도시가 무엇이며, 대도시 흑인 사회가 어떤 곳인지를 가르쳐준 곳이었다. 그는 그곳에서의 삶을 발판 삼아 열일곱 살 때인 제2차 세계대전 초기 뉴욕으로 옮겼다. 뉴욕과 워싱턴을 오가는 기차의 승무원으로 일하며, 그는 할렘의 요란한 음악에 빠져들었다.

이 시기의 경험을 상세히 기술한 부분은 『말콤 엑스 자서전』의 하이라이트 중 하나다. 그는 이 대목에서 범죄와 도덕적 타락의 세계로 빠져들었던 과정을 적나라하게 묘사한다. 당시 할렘의 클럽에는 흑인 특유의 '소울' 분위기를 즐기려는 백인들이 몰려왔다. 백인 남성들은 만취한 채 흑인 웨이터를 껴안으며 "너도 나처럼 그거 잘하지. 잘 알아둬!"라며 조롱하듯 말하곤 했다. 겉으로 점잖은 백인들도 흑인 여성에게 회초리질을 당하는 등 온갖 성적 욕망을 채우러 할렘을 찾았다. 그들에게는 '검으면 검을수록 좋았다'.

할렘의 사람들은 누구나 '숫자 놀음'을 좋아했다. 일종의 로또 같은 것이었는데, 이 일을 하는 사람들은 수를 다루는 데 뛰어났다. 말콤의 말에 따르면 "만일 이런 사람들이 다른 종류의 사회에 살았다면, 그 예외적인 수학적 재능이 더욱 훌륭한 방법으로 활용되었을 것이다. 그러나 그들은 흑인들이었다."

말콤은 다른 이들을 괴롭히고, 마리화나와 코카인을 팔며 직접 애용하기도 했다. 약간 붉은빛이 도는 머리카락 때문에 '디트로이트 레드'라는 별명을 얻었고, 창녀와 마약 장사꾼들이 사는 건물에서 함께 지냈다. 나중에는 무장 강도짓을 하거나 밀조한 술을 배달하기도 했다.

언뜻 보면 디트로이트 레드로 살던 시절은 짜릿한 청춘처럼 보일 수도 있다. 하지만 말콤은 세밀한 필치로 당시 자신과 주변 흑인들이 느꼈던 깊은 좌절감을 생생히 전한다. 모든 기회가 봉쇄된 채, 그들은 똑같은 삶의 굴레를 반복할 수밖에 없었다. 이 시절을 회고하며 말콤은 신이 자신을 보살펴주었다고 말한다. 그대로 있었다면 다른 건달들의 손에 죽었을 것이다.

그러나 그는 '다행히' 죽지 않고 감옥에 갔다. 1946년, 이제 겨우 스무 살이 된 말콤은 법정에서 10년형을 선고받았다. 그때 그는 '아직 면도도 시작하지 않은 나이'였다.

감옥 속에서 최고의 자유를 느끼다

말콤이 감옥에 있을 때, 필버트를 비롯한 그의 형제들이 엘리야 무함마드라는 시카고 사람이 이끄는 '이슬람 국가(The Nation of Islam)'라는 조직에 가담했다. 이 조직은 흑인을 짓밟으려는 '백인 악마들' 때문에 흑인들이 고통받고 있다고 가르쳤다. 흑인들은 영광스러운 과거를 기억하고, 백인이 되려는 행위, 곧 머리카락을 곧게 펴고 백인 여자들과 데이트하려는 시도를 그만두어야 하다. 기독교는 노예 소유주들이 흑인들을 조종하고자 흑인들에게 강요한 백인들의 종교이다. 반면 이슬람은 흑인과 흑인 권력을 위한 자연스러운 종교라는 것이 이 조직의 가르침이었다.

어느 때부터인가 감옥에서 말콤에게 '사탄'이라는 별명이 붙었다. 성경이나 하느님에 대한 이야기를 극도로 싫어했기 때문이다. 그는 가족들의 권유에 따라 담배, 마약, 돼지고기를 끊고, 이슬람의 길이라 여겨지는 것에 순복했다. 그는 이슬람에서 말하는 '신에게의 순복'이 무엇을 뜻하는지 이해하기 시작하고, 기도하는 법도 배웠다.

말콤은 통신 교육으로 문법과 라틴어 과목을 이수했다. 그는 매사추세츠 주 노픽에 있는 감옥으로 이송되었는데, 이 감옥은 수감자 재교육을 강조하고 훌륭한 도서실을 갖추고 있었다. 그는 독방을 쓰는 사치스러움을 즐기면서 하루 15시간 동안 독서에 열중하기 시작했다. 주로 종교, 동양과 서양 철학, 역사 등에 관한 책을 읽었다. 그 결과, 역사란 거의 예외 없이 백인들의 시각을 담고 있다는 결론에 이르렀다. 말콤은 특히 영국의 식민 지배에서 인도를 해방시키려 노력한 간디의 이야기에서 깊은 감명을 받았다.

독학을 통해 말콤은 지식과 언어의 힘이 얼마나 큰 것인지 깨닫게 되었다. 그는 낱말의 본래 뜻을 찾는 어원학에 관심이 많았다. "내 인생에 이처럼 정말로 자유롭기는 처음이었다." 이 말처럼, 미친 듯이 신을 증오하던 죄수 말콤은, 비록 그 분노는 가시지 않았지만 영적, 정치적 목적의식을 가진 지성인으로 새롭게 태어났다.

잃어버린 기회에 대해 말하다

1952년 감옥에서 석방된 말콤은 '엑스(X)'라는 성을 쓰기로 했다. 백인의 성을 쓰도록 강요받았던 흑인 노예들이 버려야만 했던 진짜 아프리카 성을 기념하기 위해서였다. 그는 잠시 포드 자동차 공장 조립라인에서 일하다가 '이슬람 국가'의 성직자로 일하고자 그만두었다.

말콤은 엘리야 무함마드가 총애하는 제자로 점점 더 많은 추종자를 끌어 모았고, 미국 흑인들에 대한 백인의 지배를 신랄하게 비판하는 장광설로 전국적인 명망을 얻었다. 비록 담배, 음주, 놀음, 영화 관람, 스포츠 등을 금하는 이슬람 국가의 엄격한 도덕 규범 때문에 많은 사람들이 등을 돌렸지만, 백인들이 원하는 것이 흑인들을 조종하기 쉽도록 가난과 도덕적 비참함 속에 살게 만드는 것이라는 그의 주장은 호응을 얻었다. 이 같은 논리에 따라 말콤은 미국 흑인들이 자신들만의 학교와 비즈니스 등을 소유하여 독립해야만 현재 그들이 처해 있는 비참한 상태에서 벗어날 수 있다고 주장했다.

이런 생각은 자유주의적 백인과 마틴 루터 킹 목사 같은 흑인 지도자들이 주장한 분리 반대주의 생각과 정면으로 배치되는 것이었다. 그래서 말콤은 가능한 한 인종 문제를 거론하지 않으려고 하던 흑인과 백인에게 눈엣가시 같은 존재가 되었다. 그러나 그가 보기에 대부분의 백인들은 유색 인종들이 받는 불공정한 대접을 객관적으로 바라볼 수 없었다. 그것이 그들의 문화의 일부분이기 때문이다. 말콤은 미국으로 들어오는 백인 이민자가 미국 땅을 밟는 순간 얻게 되는 권리와 존경이, 미국에 거의 400년간 살아온 흑인들이 갖고 있는 것보다 더 크다고 보았다. 흑인 거주지에 살면서 잃어버린 기회에 대해 그는 이렇게 말했다.

"우리는 모두 우주를 탐색하거나 암을 고치거나 산업을 세울 수 있었다. 그렇게 하지 못한 것은 백인들이 만든 미국의 사회제도에 희생되었기 때문이다."

'닫힌 방식'으로는 앞으로 나아갈 수 없다

이슬람 국가에 대한 TV 다큐멘터리와 책,《라이프》와《플레이보이》에 실린 글 덕분에 말콤 엑스는 전국적인 인물로 떠올랐다. 그는 미국 전역에 100개 이상의 모스크(이슬람 사원) 건립을 도왔고, 전국을 종횡무진 누비며 연설과 인터뷰를 이어갔다.

그러던 중 그는 엘리야 무함마드가 도덕적인 이슬람교인과는 거리가 먼 인물이며, 불륜을 일삼고 제자의 명성을 질투하고 있다는 사실을 알게 되었다. 이 일은 말콤에게 큰 실망을 안겼고, 결국 그는 조직 내에서 점점 고립되었다. 또한 자신을 암살하기 위해 조직에서 암살단이 파견되었다는 사실도 알게 되었다.

이 무렵 그는 새로운 길을 모색하기로 결심하고 메카로 순례여행을 떠났다. 자서전에서 그는 이 순례를 두 개의 장에 걸쳐 자세히 기록했다. 이슬람의 심장부에서 그가 경험한 형제애와 하나 됨의 감정은 숨이 막힐 만큼 강렬했다. 인종과 빈부의 차이 없이 모두가 함께 기도하고 식사하며 한 지붕 아래에서 잠을 자는 모습은 그에게 하나의 계시였다. 이 경험은 미국의 인종차별이 얼마나 허망한 신화인지를 깨닫게 했고, 동시에 그 역시 아직 자신에 대한 잘못된 생각에서 완전히 자유롭지 못하다는 사실을 확인시켜

주었다. 그는 이렇게 썼다.

"지상에서 보낸 39년 중 처음으로, 나는 성스러운 도시 메카에서 만물의 창조자 앞에 서서 스스로 하나의 완전한 인간이라는 느낌을 가질 수 있었다."

순례를 마친 뒤 열린 기자회견에서, 기자들은 '흑인 우월주의자'로 알려졌던 말콤이 기존의 입장을 한결 누그러뜨린 듯한 태도에 놀라움을 감추지 못했다. 말콤은 이렇게 말했다.

"나는 진리만을 위한 사람이다. 그 진리를 누가 말했는지는 상관하지 않는다. 나는 정의만을 위한 사람이다. 그 정의가 누구에게 유리하고 불리한지는 중요하지 않다. 나는 철두철미 인간이다. 인간 전체에 이로움이 된다면, 그것이 누구이든 무엇이든 그 편에 선다."

성지 순례를 계기로 말콤은 엘리야 무함마드가 이끄는 흑인 민족주의적 이슬람이 아니라, 정통 이슬람으로 나아가게 되었다. 하지만 동시에 종교 그 자체는 그의 마음에서 중심적인 자리를 잃었다. 그에게 더 중요한 것은 그가 메카에서 체험한 형제애의 감정이었다. 과거에는 백인 문화가 흑인을 억압한다고만 믿었지만, 이제 그는 진정한 고통의 근원이 사람들을 갈라놓는 '분리주의적 사고방식'이라는 사실을 깨달았다.

그는 자신이 싸워야 할 대상이 바로 '닫힌 사고방식과 닫힌 사회'라는 점을 분명히 인식하게 되었다. 과거 흑백 분리를 강하게 주장하던 그가, 역설적이게도 이제는 신 앞에 모두가 하나라는 진리를 깨닫고 그에 감사하게 된 것이다. 그의 싸움은 더 이상 피부

색의 문제가 아니라, 사람들 사이에 그릇된 차별을 만들어내는 사고방식과 구조를 부수는 것이 되었다.

이 책이 힘이 되는 순간

말콤 엑스는 사후에 가장 비타협적인 방식으로 흑인의 권익을 위해 싸운 상징적 인물로, 마틴 루터 킹 목사의 '부정적 보완재'쯤으로 여겨지곤 했다. 킹 목사가 위대한 웅변가이자 성실한 기독교인이었던 반면, 말콤의 이슬람 신앙, 빠른 말투, 전과자라는 경력은 그를 조롱거리로 만들기에 충분했다.

그러나 그의 삶의 궤적을 진지하게 들여다보면 이런 평가는 불공평하다. 아버지가 인종주의자들의 손에 암살되고, 보험회사의 비양심적인 처사로 어머니가 정신병원에 수용되며, 형제자매들이 뿔뿔이 흩어졌다고 상상해보자. 그런데도 기성 사회에 훌륭히 적응할 수 있을까? 삶의 절반 이상을 면전에서 '깜둥이'라고 조롱하는 사람들과 함께 살면서 인간의 하나 됨을 실감할 수 있을까?

말콤의 경우, 놀랍게도 이 두 질문에 대한 대답은 모두 '예스(Yes)'였다. 비록 그의 분노가 그에게 동기를 부여했지만, 그는 자기 삶에서 경험한 부정적 요소를 기적적으로 선한 것으로 바꾸었다. 성공적인 결혼과 가정을 이뤘고, 수많은 삶의 많은 고비에서 심연의 나락으로 떨어질 수 있었으나, 알라신의 보호를 받았다고 믿었다.

말콤에게는 두 번의 결정적인 대각성이 있었다. 첫 번째는 감옥에서, 두 번째는 메카 순례에서였다. 감옥에서의 각성은 그에게 미국의 인종차별이라는 외형적 괴물과 싸울 자존심과 목적의식을 부여했다면, 메카에서의 각성은 편견을 버릴 수 있는 용기를 주었다.

그는 미국 흑인들에게 힘을 주어야 한다는 사명을 분명히 자각했다. 하지만 메카 순례 이후, 그것이 단순히 흑백 갈등의 문제가 아니라 닫힌 사고방식과 고집불통의 벽을 깨뜨리는 더 큰 싸움의 일부임을 보게 되었다. 초기의 말콤은 이슬람을 백인 기독교의 억압에 맞서는 흑인의 종교로 받아들였지만, 결국 이 신앙을 통해 모든 종교와 인종을 넘어선 인류의 하나 됨이라는 진리에 도달했다. 간디의 경우와 마찬가지로, 말콤의 정치도 이러한 정신적 깨달음이 없었다면 공허한 외침으로 끝났고 말았을 것이다.

BOOK 36

면도날
The Razor's Edge
W. 서머싯 몸 | 1944

우리는 저마다
어떤 삶을 살기로 선택하는가

W. 서머싯 몸 *W. Somerset Maugham*

1874년 파리 주재 영국 대사관 고문변호사의 아들로 태어나 어린 시절 영국과 프랑스를 오가며 자랐다. 런던에서 의학을 공부하던 중 첫 소설 『램베스의 라이자(Liza of Lambeth)』가 성공하면서 전업 작가의 길로 들어섰다. 그는 결혼했지만 동성애자임을 공개했고, 1927년 프랑스 남부로 이주해 사교계에서 활발히 활동했다. 최고의 걸작으로 평가받는 『인간의 굴레(Of Human Bondage)』를 포함하여 『달과 6펜스(The Moon and Sixpence)』, 『서밍업(The Summing Up)』 등 70여 편의 작품을 남기며 20세기 문학을 대표하는 작가로 자리매김했다.

"그에게는 야망이 없다. 유명해지고자 하는 욕망도 없다. 공인 같은 것이 되는 건 딱 질색이다. 그래서 자기가 선택한 삶을 살아가는 데 만족하고, 지금의 자신 이상이 되려 하지 않는지 모른다. 그는 너무나도 겸손하여 다른 사람들에게 자신을 모범으로 내세우지 못한다. 그러나 몇 명의 불확실한 영혼이 마치 좀벌레가 촛불에 다가가듯 자기에게 다가오면, 진정한 만족은 결국 영적인 삶에서만 발견될 수 있다는 자신의 빛나는 신념을 나누어줄 수 있을 것이라 생각하는지도 모르겠다."

『면도날』은 소설의 형식을 띠고 있지만, 사실은 서머싯 몸이 실제로 알았던 사람들을 회상하며 쓴 작품이다. 그는 이야기의 화자이자 동시에 등장인물로, 사건에 직접 관여하며 서사를 이끌어간다. 그런데 왜 이런 제목이 붙었을까?

몸은 책 서문에서 힌두교 경전 우파니샤드의 한 구절을 인용한다. "날카로운 면도날은 그 위를 밟고 지나가기 어렵다. 이와 같이 구원에 이르는 길도 어렵다."

이 소설은 사람들이 자신의 삶을 어떻게 살아가는지, 그리고 영적 성장을 향한 길을 선택하는 것이 얼마나 어려운 일인지를 다룬다. 면도날의 한쪽에는 안정과 사회적 성취를 추구하는 삶이, 다른 한쪽에는 삶의 의미를 찾아 자아를 초월하려는 길이 있다.

대부분의 사람은 전자를 택하지만, 몸은 후자의 길을 걷는 사람에게 깊은 관심을 보이며 이 작품의 씨앗으로 삼았다.

몸의 작품들은 영어권에서만 4천만 부 이상 판매되었고, 그중에서도 이 책이 가장 많은 사랑을 받았다. 1920~1930년대의 파리, 시카고, 런던, 프랑스 남부를 배경으로 한 서사는 시작부터 독자를 강하게 끌어당기며, 특히 인물 묘사가 탁월하다. 그러나 이 작품이 시대를 넘어 읽히는 진짜 이유는 주인공 래리 대럴을 통해 전해지는 영적 탐구와 신비의 여정 때문이다.

래리와 이사벨의 사랑

래리 대럴은 전쟁 중 프랑스에서 전투기 조종사로 복무했던 미국의 젊은이다. 그에게는 시카고의 명문가 출신의 매력적인 약혼녀 이사벨 브래들리가 있다. 그러나 두 사람의 결혼에는 단 하나의 장애가 있었다. 래리가 이상하게도 일자리를 구하려 하지 않는다는 점이다. 약간의 수입으로 생활은 가능했지만, 이사벨과 그녀의 어머니는 남자라면 매일 사무실로 출근해 사회의 경쟁 속에서 앞서 나가려 노력하는 것이 정상이라고 생각한다.

약혼녀 집안의 친구인 그레이 마투린은 백만장자 아버지를 둔 유쾌하지만 다소 단조로운 청년이다. 그레이의 아버지가 래리에게 안정적인 직장을 제안했지만, 래리는 이를 거절한다. 사람들은 그의 태도를, 전쟁 후 사회에 적응하느라 그러는 것이라고 여긴다. 그가 파리로 떠나겠다고 할 때도 이사벨과 어머니는 젊은 혈기 때문이라고 치부한다. 결국 래리와 이사벨은 약혼을 유지한 채, 래리가 1~2년간 파리에서 시간을 보내기로 합의한다.

파리에 도착한 래리에게 이사벨의 아저씨 엘리엇 템플턴은 상류사회에 발을 들일 수 있도록 돕겠다고 하지만, 래리는 변변한 파티복 하나 가져오지 않았고 호텔도 싸구려 호텔을 잡는다. 그렇게 1년, 2년이 흐르고, 이사벨이 그를 찾아온다. 여전히 서로 사랑하지만, 삶의 방향은 극명하게 갈려 있었다. 이사벨은 언젠가는 래리도 안정적인 삶을 선택할 것이라 믿는다. 좋은 물건도 들이고 아이들도 낳으며 어엿하게 살기를 바라고 또 그렇게 되리라 기대한다. 하지만 래리는 지금 그의 삶이 말할 수 없이 풍요로우며, 이사벨도 자기와 함께 여행도 하며 지적, 영적 추구에 동참했으면 좋겠다고 설득한다. 두 사람이 완전히 다른 삶의 목표를 가지고 있다는 것이 명백해지자 결국 두 사람은 파혼에 이른다.

1년 후, 이사벨은 그레이 마투린과 결혼한다. 래리처럼 사랑하지는 않지만, 현실적으로 안정을 줄 수 있다고 생각했기 때문이다.

래리의 영적 여정

서머싯 몸은 래리가 삶에는 물리적 안락함보다 더 귀중한 무엇이 있음을 어느 순간엔가 깨닫는, 어쩌면 가장 정상적인 젊은이라는 사실을 보여주려고 한다. 래리는 어차피 삶에는 안전함이란 것이 있을 수 없음을 알고, 그전처럼 낙천적으로 아무렇게나 살 수 없었던 것이다.

래리는 전쟁터에서 전날까지 생기가 넘치던 친구들이 다음 날 싸늘한 시체로 변하는 것을 보고, 살아 있는 동안의 매 순간을 귀하게 여기게 되었다. 그는 자기가 무엇을 찾고 있는지 아직 알지 못하지만, 삶에는 더 위대한 차원이 있다는 사실을 의식한다.

처음 래리가 등장하는 장면에서, 몸은 래리가 스피노자와 데카르트를 읽고 있다는 것을 발견한다. 그러나 몸을 더욱 놀라게 하고 래리에게 큰 흥미를 느끼도록 한 것은, 래리가 벨기에 서부 플랑드르의 신비주의자 루이스브뢰크에게 관심이 있다는 사실이다. 몸은 궁극적으로 래리에게 영적 가치를 추구하는 것이 사랑보다 더 중요하다는 사실을 알게 된다.

그다음 해부터 래리는 프랑스 수도원에 머물며 신비주의 서적을 읽으면서 '머리를 비우는 일'에 최선을 다한다. 그러기 위해 프랑스 석탄 광산과 독일 농장에서 노동자로 일하기도 하고, 동아시아를 오가는 선박의 갑판 선원으로 취직하기도 한다. 그러던 어느 날, 배가 인도 뭄바이에 3일간 정박한다. 정박 마지막 날, 래리는 인도가 자기에게 뭔가를 가르쳐 줄 것이 있다고 생각하고 그곳에 남는다. 그리고 2년이 지난다.

몸은 주인공들을 몇 년 간격으로 다시 만나 그들이 어떻게 지내는지 들려준다. 래리는 쉬리 게네샤라는 구루가 지도하는 수행 공동체 '아슈람'에서 시간을 보내고, 산꼭대기에서 삶을 뒤바꾸는 신비한 체험을 한다. 한편 이사벨과 그레이는 1920년대에 크게 재산을 모았으나, 대공황으로 모든 것을 잃어버린다. 두 사람은 재기하려고 애쓰면서 파리에 있는 엘리엇 템플턴의 아파트를 빌리지만, 전 재산을 잃은 그레이는 심한 두통에 시달린다. 그러던 어느 날, 이 부부에게 인도에서 돌아온 래리가 찾아온다. 그는 일종의 최면술 같은 방법으로 그레이의 두통을 치유해준다.

이후 몸은 프랑스 남부로 이사해 템플턴의 이웃이 된다. 템플턴은 건강이 좋지 않으면서도 "안 나타나면 잊히고 말지"라며 사교계 파티에 계속 얼굴을 내밀지만 점차 잊혀져 간다. 몸은 템플턴에 대해 특히 자세하게 묘사하는데, 이름이나 지위, 부와는 무관하게 살아가는 래리와의 뚜렷한 대비를 위해서다. 템플턴은 쓸쓸히 생을 마감한다. 한편 래리는 수도원이나 아슈람에 갇혀 사는 것보다 세상 속에서 세상을 사랑하며 살아가는 길이 자신에게 더 잘 맞는다는 결론에 이른다.

저마다의 가치를 좇아 사는 사람들

이 책의 주제 중 하나는 사람들이 인생에서 자기들에게 가장 의미 있는 것을 추구하지만, 많은 경우 다른 사람의 사랑은 최고의 가치가 되지 못한다는 것이다. 잃어버린 사랑으로 상심하는 이사벨에게 몸은 열정이 사람의 삶을 망치거나 생산적인 삶을 방해할 수 있다고 말해준다. 사실 래리는 그녀를 진정으로 사랑한 것이 아니며, 궁극적으로 래리가 그녀와 함께 있을 때 얻은 즐거움은 절대자를 찾아서 얻은 기쁨에 비하면 아무것도 아니다.

이런 면에서 『면도날』은 감상적인 책이 아니다. 이 책은 각 인물들의 동기를 분명히 밝히고, 각자 삶의 목적을 정하고 그 목적에 따라서 사는 것이 우리의 인생임을 부여준다. 그러니 어느 특정한 사물이나 인물을 삶의 목적으로 삼기보다는, 우리 행동의 방향을 제시해줄 포괄적 가치를 택하는 편이 더 현명하다고 말한다.

그레이는 돈을 많이 버는 것을, 이사벨은 안락한 삶을 추구하지만, 래리는 신의 현실성을 체감하는 것에서 행복을 찾았다. 래리의 삶은 우리가 우연히 영적 은혜를 받게 되지는 않는다는 것, 그리고 깨달음을 삶의 목표로 삼고 곁길로 가는 일 없이 꾸준히 매진해야 한다는 것을 보여준다.

몸도 인정하듯이, 그의 책은 남녀 간의 사랑이라는 면에서 해피엔딩이 아니다. 그러나 그는 래리의 삶에서 진정으로 성공한 삶을 보았다고 생각한다. 래리는 자유의지를 가지고 자기의 원칙대로 사는 사람인 데 반해, 다른 인물들은 자신의 강박관념과 사회적 통념의 노예가 된 사람들이다. 이들이 자신의 고정관념과 불안감에 따른 운명을 가지고 살아가는 동안, 래리는 진정으로 자기 운명을 개척해간다.

몸이 마지막으로 래리의 소식을 접한 것은 래리가 자기가 쓴 책을 그에게 보냈을 때이다. 그 책은 술라, 루벤스, 괴테 같은 역사적 인물들에 대한 에세이로 구성되었는데, 몸의 생각에 이들은 모두 특별한 의미에서 인생에 성공한 사람들이다.

이 책이 힘이 되는 순간

『면도날』은 소설의 형식을 띠고 있지만, 영적 탐구의 길을 보여주는 안내서로도 손색이 없다. 무엇보다 이 책은 독자에게 어떤 가치나 결론을 강요하지 않는다. 서머싯 몸은 다소 회의주의자적인 시각으로, 래리의 삶을 변화시킨 것이 무엇인지 설명할 수 없다고 말한다. 어쩌면 래리를 둘러싼 신비로운 분위기 속에서 신적인 숨결 같은 것을 느꼈을지도 모른다. 그는 현명하게도 모든 판단을 독자의 몫으로 남긴다.

몸은 특별히 종교적이지 않은 세속적인 사상가였고, 인간의 본성을 예리하게 해부하는 작가였다. 그는 래리에게서 특별한 무엇을 분명히 보았다. 다른 인물들이 생존과 타인의 인정이라는 기준에 따라 살아가는 반면, 래리는 지금 모습 그대로 살면서 좀 더 큰 문제에 대한 해답을 얻을 수 있다는 사실에 만족한다.

몸이 처음 래리를 만난 것은 그가 스무 살 때였다. 그 나이에 래리는 이미 허영과 욕망, 세속적 불안으로부터 자유로워 보였다. 일종의 영적 비밀을 발견한 그는 남보다 앞서는 것 따위에 연연하지 않고, 오로지 활력을 가지고 살아 있음에 황홀함을 맛볼 수 있는 사람이다. 래리는 『장자』에 나오는 '지인(至人)', 즉 욕망과 두려움의 굴레를 벗고 안온한 중심에 도달한 인간을 떠올리게 한다.

『면도날』의 강점은 특정 종교나 교리를 설파하지 않으면서도, 사람들이 삶에서 선택하는 다양한 길과 그 결과를 차분히 보여준다는 점이다. 우리는 결심과 행동을 통해서 각자가 생각하는 삶의 목적을 분명히 드러내며, 우리가 어떻게 사는가 하는 것은 결국 영적인 문제임을 이 책은 일깨워준다.

5부

신에게 이르는 길

가잘리,
『행복의 연금술』

다그 함마슐드,
『이정표』

다니엘 C. 매트,
『에센스 카발라』

마이클 뉴턴,
『영혼들의 여행』

아빌라의 테레사,
『내면의 성(城)』

마더 테레사,
『단순한 길』

닐 도널드 월쉬,
『신과 나눈 이야기』

릭 워렌,
『목적이 이끄는 삶』

시몬 베유,
『신을 기다리며』

에마누엘 스베덴보리,
『천국과 지옥』

BOOK 37

행복의 연금술
The Alchemy of Happiness

가잘리 | 1097

평범한 우리가
최고의 행복에 닿을 수 있는 방법

가잘리 *Ghazzali*

이슬람 세계의 가장 위대한 지성 중 한 사람으로 꼽히는 가잘리는 1058년 현재 이란 북부의 투스에서 태어났다. 그는 평생 동안 '사물의 깊은 진실'을 탐구하고자 했으나 아이러니하게도 자신의 전문 분야에서 정점에 이르렀을 때, 이성적 사고만으로 진리에 도달할 수 있는가 하는 깊은 의문을 품게 된다. 자신이 알고 있다고 믿었던 모든 것에 대해 회의하며, 방랑과 수행의 길에 들어선 끝에 마침내 이성적 사유를 넘어선 '직접적인 체험의 지혜'를 깨닫는다. 이 여정의 끝에서 집필한 책이 바로 『행복의 연금술』이다.

"사물의 본질을 꿰뚫어볼 수 있는 사람이라면 누구나 행복이란 반드시 신을 아는 것과 깊이 연결되어 있다는 사실을 발견하게 될 것이다. 우리의 신체는 각 기능이 지닌 고유한 목적을 사랑한다. 욕정은 거기 따르는 욕망을, 화는 복수하기를, 눈은 아름다운 것 보기를, 귀는 화음 듣기를 좋아한다. 이와 마찬가지로 인간 영혼의 가장 고귀한 기능은 진리를 인식하는 일이며, 영혼은 바로 이 진리를 깨닫는 데서 최고의 기쁨을 맛본다."

가잘리는 정신적 위기를 맞이하고 회의의 시간을 거치는 동안, 우리의 감각이 제공하는 증거가 틀리는 경우가 많다는 것을 발견했다. 그 증거는 더 높은 질서에 속하는 진리로 반증될 수 있었다. 예를 들면, 우리의 육안으로 보면 하늘의 별이 아주 작게 보이지만, 수학에서는 그것이 지구보다 훨씬 크다는 것을 증명할 수 있다. 이와 비슷하게 꿈을 꿀 때는 환상적인 것들을 보고 느낄 수 있지만, 깨어나면 그런 것이 실재에 근거하지 않았다는 것을 깨닫는다.

가잘리는 우리가 일상의 일을 구성하고 설명하는 데 사용하는 이성적 사고라는 것도, 좀 더 높은 차원의 '깬 상태'에서 보면 허구처럼 보일 수 있는 것이 아닌가 하는 의문을 품게 되었다. 그는 수피 신비주의자들이 "더 높은 의식 상태에서 보면 이성적 사고라는 것은 무용지물이다"라고 한 말을 기억하고, "사람들은 자고 있다. 죽으면서 깨어난다"라는 예언자 무함마드의 말을 떠올렸다. 허상의 베일이 벗겨지고 비로소 진리를 보게 되는 것이 오로지 죽을 때, 그리고 이성적인 마음을 뒤로할 때라니!

이런 문제들을 놓고 골몰하고 있을 때, 가잘리는 '현현(顯現)'을 경험하게 된다. 밝은 빛줄기가 그의 심장을 꿰뚫고 들어오는 것 같았고, 지금껏 자기가 진리에 대한 근거라고 여겨오던 '잘 짜인 논증들'이 거룩한 진리를 직접 체험하는 순간에 전혀 무의미한 것이 되고 말았다.

신의 존재 증명을 찾아서

그러나 이런 경험만으로 그의 깨달음을 지탱하기란 역부족이었다. 그는 자기가 목격한 진리에 가장 잘 어울릴 수 있는 철학, 종교, 신비주의 등을 찾기 위해 혼신의 힘을 다해 독서하고 연구했다. 그 연구의 결과가 바로 그가 쓴 『종교학의 부흥』이라는 기념비적 저술로 태어났다. 이것은 수피 사상 이외의 모든 철학 체계의 허구를 폭로하는 것이었다. 그가 보기에는 수피 사상만이 이슬람이 잃어버린 직접적인 신(神) 체험으로 나아가는 길을 제시하는 것 같았다.

그러나 가잘리는 연구를 너무 열심히 한 나머지 신경쇠약에 걸려 말조차 제대로 할 수 없게 되었고, 이로 인해 강의도 계속할 수 없었다. 그는 교수직을 사임하고 가족과 동료들의 곁을 떠나, 10년이 넘는 세월 동안 시리아에서 방랑하며 신비주의자의 삶을 살았다. 그리고 여러 해가 지난 후 교직에 복귀했다.

행복의 연금술

시간이 흘러, 이슬람 종교를 부흥시키려는 그의 노력이 인정을 받아 가잘리는 '하자트 알이슬람(Hujjat al-Islam)', 곧 '이슬람의 증거'라는 특별한 칭호를 얻게 되었다. 그가 수피 신비주의자로서 이슬람 주류의 밖에 있었다는 사실을 감안하면, 이는 상당한 영예였다. 가잘리는 중세 기독교에서 토마스 아퀴나스가 차지했던 것과 같은 위치를 중세 초기 이슬람 세계에서 얻은 셈이다. 차이점이 있다면, 가잘리의 사상은 유럽에서도 영향력을 발휘했다는 것인데, 유럽에서 그는 '알가젤(Algazel)'이라는 이름으로 알려졌다.

비록 신학자로서 중량급 학자였지만, 가잘리는 『종교학의 부흥』을 요약하여 더 많은 독자들이 쉽게 접할 수 있도록 했다. 그 결과물이 바로 『행복의 연금술』, 아랍어로 '키미야이 싸아다트(Kimiyā-yi Saʿādat)'이다.

가잘리는 이 책의 첫 네 장에서 '하디스(hadiths)', 곧 무함마드의 어록을 따라가면서, 하느님과의 밀접한 관계를 떠나서는 참된 행복이란 불가능하다는 점을 논증한다. 오늘날 서양에는 잘 알려져 있지 않지만, 이 책은 지난 900년간 이슬람의 위대한 영감의 문헌 중 하나로 남아 있다.

가잘리는 평균적인 사람이 '동물에서 천사로' 탈바꿈하기 위해 필요한 네 가지 요소에 대한 이야기로 글을 시작한다. 그 네 요소는 다음과 같다.

- 나 자신을 아는 지식
- 하느님을 아는 지식
- 이 세상을 있는 그대로 아는 지식
- 다음 세상을 있는 그대로 아는 지식

나 자신을 아는 지식

가잘리는 우리가 자신에 대해 알지 못하면, 인간으로서 지닌 잠재력을 충분히 발휘할 수 없다는 단순한 사실에 주목한다. 나 자신을 아는 가장 중요한 열쇠는 마음이다. 그가 말하는 마음은 육체적 심장이 아니라, 하느님께서 우리에게 주신 마음이다. 그 마음은 '나그네처럼 낯선 땅에 찾아왔다가 이제 그 고향으로 돌아갈 것'이다.

세상일과 근심으로 우리의 마음을 잃어버리는 것은 곧 우리의 참된 근원을 잃는 것이다. 반면, 하느님께서 주신 그 마음을 알면 우리가 누구이고 왜 이 세상에 있는지를 분명히 깨달을 수 있다. 가잘리에 따르면 많은 사람들이 정욕에 굴복하는데, 그것은 '천사를 힘센 개에게 넘겨주는 것'과 마찬가지다. 또 다른 비유를 들자면, 쇠를 잘 닦으면 거울이 되듯 우리 마음도 훈련을 통해 잘 다스리면 그 속의 지적, 영적 녹이 사라지고 거룩한 빛을 참되게 비출 수 있다.

가잘리는 인간의 신체 기능이 각자 주어진 역할을 다할 때 기쁨을 얻는다고 말한다. 화는 복수함으로써, 눈은 아름다움을 봄으로써, 귀는 음악을 들음으로써 기쁨을 느낀다. 그러나 인간이 가진 최고의 기능은 '진리를 감지하는 능력'이기에, 우리는 진리를 찾는 데서 가장 큰 기쁨을 맛볼 수 있다. 욕정과 음식에 사로잡힌 사람들은 식욕을 채우는 것을 최고의 기쁨으로 여기지만, 그것은 자신과 하느님을 아는 데서 오는 더 큰 기쁨을 모르기 때문이다. 성자들과 신비주의자들이 황홀한 기쁨을 맛보는 것도 바로 이 때문이다.

우리가 죽으면 모든 육체적 욕망은 즉시 사라지지만, 살아 있는 동안 하느님을 통해 얻은 지식은 죽지 않는다. 그것은 우리 영혼의 일부가 되어 영원히 함께한다. 따라서 자신의 영혼에 주목하지 않는 이들은 이 세상에서도, 내세에서도 실패한 사람들이다. 반면 자신을 동물의 수준에서 더 높은 의식의 차원으로 끌어올리는 사람들은, 자신에게 행복을 가져다주는 '개인적 연금술'에 몰두하는 사람들이다.

물론, 그렇게 사는 일이 쉽지 않다는 사실을 가잘리도 잘 알고 있었다. 우리에게 좋지 않은 것들은 대개 매력적으로 보이지만, 최선의 것들은 '고생과 수고 없이는 얻을 수 없는 것'이기 때문이다.

하느님을 아는 지식

가잘리는 쿠란의 한 구절을 인용한다. "인간은 인간이 아무것도 아닌 때가 있었다는 것을 알지 못하는가?"

사람들은 자신을 창조한 참된 원인이 무엇인지 찾아보려 하지 않는다. 가잘리는 물리학자들이야말로 글씨가 쓰인 종이 위를 기어다니면서, 그 글씨가 펜 하나만으로 쓰인 것이라 믿는 개미와 같다고 말한다.

　우울증에 걸린 사람이 자기 병의 원인을 알아보려고 할 때, 의사를 만나느냐 점성술사를 만나느냐에 따라 각각 다른 대답을 얻을 수밖에 없다. 하느님이 자기에게 특별한 이유로 병을 주어, 삶이 주는 정상적인 쾌락에 만족하지 못하도록 함으로써 하느님께 더욱 가까이 이르게 하려 한다는 생각은 하지 못한다. 밖으로 드러난 원인 뒤에는 언제나 참된 원인이 있게 마련인데, 그 참된 원인이란 하느님이 주신 원인이다.

　사람들은 누구나 죽음 이후에 반드시 계산을 치르게 된다는 생각을 무시하는 경향이 있다. 그러나 가잘리는 이런 태도를, 의사가 약을 먹으라 해도 '어차피 의사는 신경 쓰지 않을 거야'라며 복용을 거부하는 환자에 비유한다. 문제는 의사가 신경 쓰느냐의 여부가 아니라, 약을 먹지 않는 사람이 결국 자기 몸을 해치듯, 불순종으로 인해 스스로를 파멸로 이끈다는 데 있다.

　마찬가지로 하느님은 우리의 경배를 아름답게 보시지만, 만일 우리가 하느님을 경배하지 않는다면 그것 때문에 하느님이 손해를 보시는 것이 아니라, 우리 스스로 우리의 참된 정체성, 곧 우리가 인간의 삶을 받아 나온 신령한 존재라는 사실을 망각하게 되고 만다는 것이다.

이 세상을 있는 그대로 아는 지식

　가잘리는 몸이란 우리의 영혼이 이 삶의 여정을 지나가면서 타고 가는 말이나 낙타와 같다고 말한다. 그러므로 영혼은 낙타를 타고 메카로 가는 순례자가 자신의 낙타를 보살피듯, 몸을 잘 돌보아야 한다. 그러나 순례자가 낙타를 먹이고 꾸미는 등 낙타를 보살피는 데 너무 많은 시간을 쓰면, 순례자도 낙타도 목적지에 이르지 못한 채 사막에서 죽고 만다.

가잘리는 대부분의 사람들이 하느님께 나아가는 도중에 여정을 포기하는 것은 무슨 대단한 결정을 내려서 그렇게 하는 것이 아니라고 말한다. 사소한 것으로 시작해서, 이 사소한 것이 커져서 결국에는 사람을 통째로 삼켜버리게 된다는 것이다.

"세상의 쾌락에 끝없이 빠져든 사람은 임종의 순간, 맛있는 음식을 실컷 먹고 난 후 모두 토해내는 사람과 같다. 향락은 사라지고 추함만 남는다."

이에 반해 영원을 바라보는 사람은 "자신의 몫만큼만 먹고 향을 즐기며, 집주인에게 감사 인사를 남기고 떠나는" 길손과 같다

다음 세상을 있는 그대로 아는 지식

쿠란에 의하면, 영혼은 스스로 원하지 않았지만 이 세상으로 보냄을 받았다. 이것은 좀 더 많은 지식과 경험을 얻을 수 있도록 하기 위함이었다. 영혼은 두려워하거나 놀라지 말고, 어떻게 사는 것이 좋은지 하느님의 지시를 기다리기만 하면 된다는 권고를 받는다. 그러나 이 권고를 받아들이지 않은 영혼은 지상에서의 삶을 일종의 지옥이라 생각한다. 그래서 쿠라에서는 "지옥이 믿지 않는 자들을 둘러싸고 있다"고 했다.

가잘리는 땅에 사는 동물과 하늘에 있는 천사들은 자기들에

게 주어진 계급이나 위치를 바꿀 수 없다고 말한다. 인간만이 행동을 통해 동물 수준으로 내려가거나, 천사의 높이로 올라갈 수 있는 선택권을 갖고 있다. 이런 극단적인 자유의지는 인간에게 주어진 짐이기도 하다. 그저 아무 생각 없이 살아가는 대로 살아가는 것이 아니라, 어떻게 살 것인지를 심각하게 고민해야 하기 때문이다.

이 책이 힘이 되는 순간

가잘리는 본인이 직접 영적 신비를 경험한 신비주의자이기는 하지만, 그의 진정한 영향력은 이성만으로도 신의 존재를 설득력 있게 논증한 데에서 비롯된다. '이슬람의 증거'라는 영예로운 별칭에도 불구하고, 그의 저술은 특정 종교에 국한되지 않고 보편적으로 진리의 가능성을 보여주는 정교한 논증으로 가득하다. 의심하는 이나 신앙을 잃은 이들을 다시 이끌어오는 데 있어 그의 저서 『행복의 연금술』은 독보적인 영향을 발휘한다.

900년이 지난 지금까지도 이 책이 여전히 영향력을 지니는 데에는 몇 가지 이유가 있다. 먼저, 제목부터 독자에게 큰 약속을 건네며, 내용은 쿠란에 기록된 무함마드의 말씀이라는 권위에 기초하고 있다. 또한 방대한 원전이 간결하고 명료하게 요약되어 있어 읽기 쉽다. 1909년 번역자인 클로드 필드는 가잘리 글의 힘을 이렇게 설명했다. "그의 문장은 독자의 마음에 섬세하고도 구체적인 그림을 그려주어, 난해한 영적·철학적 사유를 쉽게 이해하게 만든다." 위대한 수피 시인 루미 또한 이를 인정해, 자신의 대표작 『마트나비』에서 가잘리의 『종교학의 부흥』에 등장하는 여러 비유를 차용했다.

가잘리가 남긴 가장 큰 유산은 무엇일까? 그는 이슬람 문화가 제 길을 잃었다고 생각했다. 사람들이 형식적인 예배만 반복할 뿐, 진정한 내적 변화를 추구하지 않는다고 보았다. 이슬람 신앙을 회복시키려는 그의 노력은, 이슬람 세계에 큰 영향을 미쳐 통속적 철학을 멀리하게 했고, 서구 사회가 교회와 국가를 분리하던 시기에도 이슬람에서는 신앙과 사회 제도의 결합을 강화하는 결과로 이어졌다.

『행복의 연금술』이 전하는 보편적 메시지는 이슬람교도에게만 해당되지 않는다. 진정한 행복은 우리가 신의 피조물이며, 어떤 목적을 위해 창조되었다는 자각에서 비롯된다는 것이다. 우리가 잠시 이 세상을 떠도는 나그네에 불과하며, 머지않아 모든 것의 근원이자 영원의 세계로 돌아가리라는 깨달음에서 평화는 온다.

BOOK 38

이정표
Markings

다그 함마슐드 | 1963

곧은 길을 택할 것인가,
넓은 길을 택할 것인가

다그 함마슐드 *Dag Hammarskjöld*

스웨덴 출신의 경제학자이자 정치인 다그 함마슐드는 1953년부터 1961년까지 UN 사무총장을 지냈다. 중동의 평화를 위해 힘쓰던 그는 콩고 사태 협상 도중 비행기 추락 사고로 사망했다. 그의 사후 뉴욕 사무실에서 유고가 발견되었는데, 그가 신과 자신에게 쓴 개인적 이 비망록은 친구 라이프 벨프라게의 손에 의해 출판되었다. 1925년부터 함마슐드가 죽기 한 달 전까지의 기록을 담은 이 책을 통해, 소박한 10대 시절의 야망부터 냉혹한 현실 정치를 향한 날카로운 사색까지 엿볼 수 있다.

"성공이란 무엇을 위한 것인가? 신의 영광을 위한 것인가, 아니면 나 자신의 영광을 위한 것인가? 인류의 평화를 위한 것인가, 아니면 나 자신의 평화를 위한 것인가? 이 질문에 대한 답이 곧 내 행동의 결과를 결정한다."

"나의 행위가 점점 내 이름과 무관해지고, 땅을 딛는 나의 발걸음이 점점 가벼워질 때, 이를 감사히 여기리라."

　함마슐드는 세상적인 기준으로 보면 매우 성공한 사람으로, 비교적 젊은 나이에 많은 것을 성취하여 주변의 부러움을 한몸에 받았다. 대학 시절엔 수석을 차지하고, 20대에 조교수가 되었으며, 35세에 스웨덴 은행 총재가 되고 이어서 외무부 장관, UN 사무총장의 자리에 올랐다. 그러나 『이정표』에서 그는, 억지로 손에 넣으려 하는 성공이나 성취는 아무것도 아니라고 말한다. 우리가 하는 것은 무엇이든 더 높은 목적을 위한 것이어야 한다. 그 목적은 우리가 의도적으로 창출해내는 것이 아니라, 가만히 있어도 우리를 찾아오는 것이다.

　함마슐드는 어릴 때부터 지도자 혹은 미래의 지도자로 인정받았다. 그러나 그는 이런 성공에도 불구하고 '실제로는 아무것도 이룬 것 없는 것이 아닌가.' 하는 걱정에서 언제나 벗어나지 못했다. 나에게 동기를 부여하는 것이 남에게 존경을 받겠다는 생각인가, 아니면 진정한 목적 그 자체인가?

책에서 함마슐드는 허먼 멜빌의 소설『모비 딕』에 나오는 에이허브 선장을 예로 든다. 에이허브는 고래를 추격하면서 "도망가는 목표물을 따라 바다 너머로 내몰린" 상태이다. 무엇을 이루겠다는 것을 목표로 하는 삶을 살면, 그것이 언제 성취되느냐에 따라 다르겠지만, 미래를 위해서만 살 뿐이다. 반면 내면 깊숙한 곳에서 우러나오는 목적에 따라 살면, 바로 지금 이 순간 완전히 풍요로운 삶을 살 수 있다.

곧은 길을 택할 것인가, 넓은 길을 택할 것인가

함마슐드가 유명 인사로 살면서 얻은 교훈은, 비록 그가 대단한 성취를 이루었더라도 그것을 자랑해서는 안 된다는 것이다. 성공한 사람들에게서 볼 수 있는 역설은, 그들은 자제력을 발휘해 높은 위치에 도달하지만, 참된 성공은 자기를 높이려는 자기중심적 생각을 버리고 오로지 신의 도구가 될 때 가능하다는 것이다.

우리는 우리의 자아를 없애야만 완전해질 수 있다. 그러나 이것은 실천하기 어려운 일이다. 책 초반에서 함마슐드는 우리가 자의식 때문에 어떻게 뒤틀린 생각을 할 수 있는지 이야기한다. "칭찬은 나를 역겹게 하지만, 내 가치를 인정하지 않는 이들에게는 분노가 치민다."

함마슐드는 우리가 '곧은 길'을 택할 것인가 '넓은 길'을 택할 것인가 결정할 수 있다고 말한다. 곧은 길을 가는 것은 남의 유익을 위해 사는 것이다. 그러나 내가 하는 일이 나 자신을 위한 것이 아니라는 것을 알기 때문에 우쭐대지 않는다. 넓은 길을 가는 것은 자신의 명예를 위해 사는 것이다. 이 길을 가면 언제나 '후세'에, 혹은 남이 나의 행동을 어떻게 생각할지를 신경 쓴다.

성공을 찬양하는 문화에서는 성공을 맹목적으로 추구할 때 따르는 치명적 결과를 거의 이야기하지 않는다. 그러나 『이정표』는 헛된 명예를 좇는 이들에게 하나의 강력한 해독제를 제시한다. 함마슐드는 이렇게 말한다.

"위대한 능력, 충성, 야망이라는 화려한 가면 뒤에 숨은 한 인간이 이토록 송장 같을 수 있다니. 그대가 이 사실을 인정하고 불편함을 느낀다면 복이 있을지어다. 이는 그대 속에 아직도 생명력이 있다는 증거이기 때문이다."

그의 결론은 분명하다. 허영심에서 벗어날 때 비로소 진정한 성공이 가능하다.

세계 평화보다 어려운 개인의 변화

함마슐드는 UN 사무총장이 되는 것이 세속적 교황이 되는 것과 같다는 농담을 한 적이 있다. 사무총장직을 수행하려면 공평무사하고 정치적 이해관계를 초월해야 하지만, 이 직책은 동시에 그에게 상당한 힘을 사용할 수 있는 특권을 주었기 때문이다.

언제나 최선을 다하겠다는 그의 진지한 어망으로 인해 그 책임에서 오는 중압감이 대단했을 것이다. 그는 거대한 일에 헌신하겠다고 큰소리치는 것이 각 개인의 삶에 실제적인 변화를 가져오는 것보다 쉽다는 사실을 꿰뚫어보았다. 일반 대중을 위해 힘쓴다고 하는 것은 우리 개인의 정진을 위해 특별히 신경 쓰지 않는다는 것, 혹은 주변 사람들에게 관심을 갖지 않는다는 것을 의미한다. 함마슐드는 자기도 자칫 이런 길을 갈 수 있었다는 사실을 분명히 알았다. 세계에 평화를 가져오려고 노력하는 일이란 누가 보아도 거창한 일임이 분명했다. 그러나 그는 어떤 큰 협정이나 친선도 거기에 관여하는 사람들 각자가 자신의 가치와 중요성을 느낄 수 있어야만 성사된다는 사실을 깨닫게 되었다.

『이정표』에서 함마슐드는 이기적 자아가 강한 사람일수록 어떤 일에 자신을 온전히 내맡기거나, 실패할 수도 있는 가능성 앞에 마음을 열기 꺼린다고 말한다. 그러나 그는 바로 그러한 개방과 헌신을 통해서만 개인적으로나 직업적으로 진정한 진전이 가능하다고 강조한다.

이 책이 힘이 되는 순간

만약 『이정표』가 불의의 사고로 세상을 떠난 UN 사무총장의 유고가 아니었다면, 깨달음이나 영성 분야의 고전으로 자리 잡지 못했을 수도 있다. 그러나 우리는 저자의 공인으로서의 외적 삶을 알고 있기 때문에, 그가 남긴 내면의 사유를 들여다보는 일이 더욱 깊은 울림을 준다.

유명인이든 아니든, 우리는 누구나 삶의 의미를 묻지 않을 수 없다. 함마슐드의 결론은 간결하면서도 강렬하다. 우리가 존재한다는 사실 자체만으로 이미 갚아야 할 빚을 진 셈이며, 그 빚은 과거나 미래를 걱정하는 것이 아니라 지금 이 순간을 온전히 살아감으로써 갚을 수 있다는 것이다. 삶의 한편은 아름다움을 보고 즐기는 일이며, 다른 한편은 자화자찬하지 않고 타인을 위해 묵묵히 헌신하는 일이다.

이 책은 스웨덴어 원본이 출판되고 이어서 영어 번역판이 나왔다. 책의 제목 'Vägmärken'은 함마슐드가 사고로 죽기 전, 원고에 붙인 제목이다. 영어 번역을 맡은 시인 W. H. 오든은 스웨덴어 'Vägmärken'에 해당하는 정확한 영어 단어가 없어서 'Markings'라 옮기기로 했는데, 이는 산길을 갈 때 길을 안내하는 '표지판'이나 '이정표'와 같은 뜻이다.

『이정표』에는 간단히 요약할 수 없는 깊은 사상들이 담겨 있다. 잠들기 전이나 명상할 때 천천히 읽기에 좋은 책이다. 저자가 생전에 한 번도 정식 편집을 거치지 않았기에 다소 모호한 부분도 있지만, 이 책의 제목처럼 각 항목을 '왜 나는, 또 우리는 존재하는가.' 하는 존재의 신비를 향해 걸어간 오솔길의 이정표로 이해하면 충분하다.

함마슐드는 시, 그림, 음악을 사랑했으며 스키와 등산을 즐겼다. 그의 사후, 노벨평화상이 추서되었다.

BOOK 39

에센스 카발라
The Essential Kabbalah

다니엘 C. 매트 | 1994

신과 하나 되는
태초의 방법을 엿보다

다니엘 C. 매트 *Daniel C. Matt*

다니엘 C. 매트는 현대 유대교 신비주의 연구의 세계적인 권위자다. 스탠퍼드와 예루살렘 히브리 대학교에서 강의했으며, 캘리포니아 버클리의 연합신학대학원 유대교연구센터에서 교수로 재직했다. 그는 유대 신비주의의 핵심 경전인 『조하르(Zohar)』를 현대 영어로 새롭게 번역한 대규모 프로젝트의 주역으로, 첫 책이 2003년에 출간되어 큰 주목을 받았다. 학문적 엄밀성과 문학적 아름다움을 겸비한 그의 번역은 영어권에서 『조하르』를 본격적으로 읽을 수 있는 결정적 계기가 되었다.

"영혼이 우리 몸에 들어오는 목적은 그 능력과 작용을 이 세상에 드러내기 위함이다. 영혼은 자신을 표현할 도구를 필요로 하며, 세상으로 내려옴으로써 그 힘의 흐름을 확장시켜 인간이 삶의 길을 잘 걸어갈 수 있도록 이끈다. 이 과정을 통해 영혼은 위와 아래, 모든 차원에서 자신을 충만하게 하여 더 높은 상태로 나아간다. 만약 영혼이 위와 아래에서 모두 충족되지 못한다면, 그것은 완전한 존재라 할 수 없다."

모든 종교에는 신비주의적 요소가 있기 마련이다. 거룩한 존재와의 더욱 친밀한 관계를 강조하는 이런 신비주의적 요소는, 종종 그 종교의 교리나 제도와는 대조를 이룬다. 이러한 신비주의적 요소는 헌신, 명상, 통찰의 지평을 넓혀 신자들을 고취시키고 기본 신앙에 활기를 주는 역할을 한다. 예를 들어 이슬람교에서 수피즘이 나오고, 기독교에서 중세의 신비주의자들이 나왔으며, 유대교에서 나온 것이 바로 '카발라'이다.

만사가 그렇듯 영성에도 유행이 있다. 카발라('받음'이라는 뜻-옮긴이)는 미국 연예계 인사들을 끌어들이며 크게 유행한 적이 있다. 세속적인 입장에서 볼 때 카발라에는 뭔가 성스러운 신비감, 혹은 꿰뚫어볼 수 없는 비밀스러움 같은 분위기가 있는 것이 사실이다. 또한 카발라를 다룬 책들은 카발라가 독자들의 문제를 해결할 수 있는 도구가 된다고 선전하며 책을 팔고 있다. 카발라가 더욱 매력적인 것은 그것이 유대교의 여성적인 면을 부각시키고 있기 때문이다.

다니엘 매트가 쓴 『에센스 카발라: 유대교 신비주의의 핵심』은 이런 유행이 일기 전에 집필된 책이지만, 카발라 운동의 기원과 기본 사상을 쉽게 설명한 현대적인 입문서로 손색이 없다. 마치 이드리스 샤가 쓴 『수피의 길』이 수피 신비주의에 대한 고전적 서론서로 손꼽히는 것과 같다. 매트의 책은 기본적으로 위대한 카발라 해석자들의 글을 모은 것으로, 카발라 전통 특유의 조심성을 그대로 유지하면서도 독자들이 그 지혜를 맛볼 수 있도록 한다.

음지에서 양지로 나온 카발라

카발라의 뿌리는 고대부터 있었지만, 이것이 하나의 정신적 운동으로 태어난 계기는 1100년대 프랑스 남부에 살던 박식한 유대인 공동체의 활동이었다. 카발라 운동은 피레네산맥을 넘어 스페인으로 퍼져갔는데, 그 과정에서 피타고라스, 신플라톤주의, 수피의 신비주의적 요소 등을 받아들였다.

1280년, 모세 드 리온이라는 스페인 유대인 신비주의자가 책을 펴내며 그것이 자신이 직접 계시를 통해 받은 내용이라고 주장했다. 이 책의 내용은 점점 방대해져 마침내 『세퍼 하조하르(Sefer ha-Zohar)』, 곧 '빛의 책'이라는 뜻의 아람어(고대 페르시아를 비롯한 서아시아에서 널리 쓰인 언어-옮긴이) 문헌이 되었다. 기본적으로 유대 율법 '토라'에 대한 픽션 형식의 주석서인 이 문헌이 오늘날 우리가 알고 있는 『조하르』이다. 『조하르』는 토라가 창조의 역학, 곧 세계가 어떻게 '아인 소프(Ein Sof)'라고 하는 무한자로부터 나오게 되었는지를 보여주는 암호문으로 알려져 있다.

1492년 유대인들이 스페인에서 추방당하자, 상당수의 카발라 신봉자들도 팔레스타인, 특히 갈릴리 호수 위에 있는 사페드 계곡으로 이주했다. 이 중 가장 유명한 스승은 모세 코르도베로로, 그의 저서 『석류 과수원』은 3세기에 걸친 카발라의 지혜를 요약한 것이다. '사자(獅子)'라는 뜻의 '하아리'라고 불린 그의 제자 이삭 루리아는 동유럽에서 유행한 하시딕 유대교에 심대한 영향을 끼쳤다.

흥미롭게도 르네상스 철학자 피코 델라 미란돌라는 라틴어로 번역된 모든 카발라 문헌을 읽고, 그것들이 예수의 신성을 확인해주는 서적이라며 적극적으로 변호하고 나섰다. 이러한 비유대계 철학자들에 대한 카발라의 영향력은 독일의 고트프리트 라이프니츠, 에마누엘 스베덴보리, 윌리엄 블레이크 등으로 이어졌다.

근래에 와서 카발라 해석자로 가장 잘 알려진 인물은 19세기 말의 아브라함 이삭 쿡이다. 그러나 오늘날 카발라가 다시 큰 관심사가 된 직접적인 원인은 유대 철학자 게르숌 숄렘이라 할 수 있다. 그가 쓴 『유대 신비주의의 주요 흐름(Major Trends in Jewish Mysticism)』(1961)은 카발라를 음지에서 끌어내어 누구나 접할 수 있는 지적 전통으로 자리매김하게 했다.

신과 하나되는 의식

카발라를 실천하는 목적은 사람을 '우주의식'으로, 혹은 아담과 하와로 상징되는 선과 악을 아는 지식으로, 신과 신비롭게 합일할 수 있었던 '타락' 이전의 상태로 되돌아가게 하는 데 있다.

매트의 관찰에 따르면, 이러한 신비적 목적을 성취하면서도 여전히 일반적 유대교 안에 머물기 위해 초기 카발라 신봉자들은 유대교의 전통적인 가르침과 율법을 철저히 지킬 필요가 있었다. 그들은 유대교의 율법과 이야기, 그리고 관습의 기초가 되는 탈무드와 성경을 충실히 받들었다. 그런데 탈무드나 성경은 율법에 나타나 있듯이 전통적으로 신을 남성으로 표현하고 있다. 카발라 신봉자들은 여성적 원형, 곧 여신 '세키나'로 상징되는 신의 여성적인 면이 신비적 합일을 가능하게 한다고 믿었으며, 이러한 여성성을 부각시켜 전통적인 남성 중심적 가치관을 보완하려 했다.

이러한 깨달음은 단순히 지적 연구를 통해 이루어지는 것이 아니다. 그래서 카발라 신봉자들은 '세피로트'라는 '의식의 지도'에 입각한 교육 시스템을 창안했다. 이 지도는 창조와 인간됨의 모든 국면을 일깨워주는 작용을 한다고 여겨졌다.

신의 본질, 10개의 세피로트

카발라가 출현하기 전에는 유대교 신비주의의 초석이 되는 책으로 『세퍼 옛시라(Sefer Yetsirah, 창조의 서)』가 있었다. 여기에 따르면 하느님이 말씀으로 세상을 창조할 때, 성스러운 문자와 숫자를 조합하여 말씀하셨는데, 그때 나온 개념이 바로 10개의 세피로트이다. 이 10개의 세피로트는 알 수 없는 신적 본질, 즉 시간과 장소를 초월하는 신적 무한성인 '엔 소프(En Sof)'에서 비롯되었다.

초기 카발라의 스승 이삭 루리아는 세피로트에 입각한 가르침을 통해 세계의 시작과 인간 실존의 의미를 설명하려고 했다. 그의 생각은 이러했다.

엔 소프의 텅 빔 혹은 공허 속에 빛이 나타났고, 그 빛이 영적 그릇들(세피로트)로 유출되기 시작했다. 그러나 그 그릇들 중 일부는 이 성스러운 빛을 감당하지 못하고 부서지고 말았다. 대부분의 빛은 근원으로 되돌아갔지만, 부서진 그릇에 남아 있던 빛의 조각, 그리고 그때 생긴 불꽃은 이 물질세계에 갇히게 되었다. 인간 삶의 과제는 '이 불꽃을 높임'으로써 그것들이 지니고 있던 본래의 신성한 위치로 회복시키는 것이다. 이것은 거룩한 삶을 사는 것으로만 달성될 수 있다. 일상적인 삶에서 일어나는 모든 행동은 거룩한 불꽃을 회복하는 데 도움이 되거나, 혹은 방해가 되거나 둘 중 하나이다.

엔 소프와 세피로트를 설명하는 또 하나의 방법은 채색된 유리창을 통해 들어오는 하느님의 빛을 상상하는 것이다. 세피로트 하나하나를 일반적으로 피조물 속에서, 혹은 특별히 인간 안에서 발견될 수 있는 원형적 표현이자 신의 속성이라 생각하는 것ㅇ

세피로트와 그 특성들은 다음과 같다. 케트(다른 모든 것이 나오는 왕관), 호크마(지혜), 비나(이해), 헤세드(사랑), 제브라(능력), 티페레트(아름다움), 넷사(영원), 호드(영광), 예소드(기초), 세키나(신의 임재).

매트는 세피로트에 대해 자세히 설명하며, 이것들이 어떻게 인간의 성격과 삶의 안내자가 될 수 있는지를 보여준다. 이것들은 우리 안에서 활성화되기를 기다리는 잠재력들이다. 사람들은 각기 특정한 세피로트의 표현이 될 수 있다. 예를 들어, 성경의 아브라함은 헤세드형 인간, 이삭은 제브라형 인간, 요셉은 예소드의 달인으로 설명된다.

한 조각의 존재로부터 신을 감지하다

카발라에 의하면, 신적 영역이 세상으로 하여금 그 잠재력을 완성하도록 하는 데는 인간의 행동이 필요하다. 인간이 없으면 신도 불완전하다. 따라서 신과 피조물의 신비를 숙고하는 것은 우리에게 달린 일이다. 매트는 모세 드 리온의 말을 인용한다.

"신이 모든 존재를 창출한다는 것을 아는 것은 얼마나 귀한 일인가. 한 조각 존재로부터 영혼은 시작도 끝도 없는 신의 존재를 감지할 수 있다."

신의 광대함을 자주 생각하면 우리는 겸손해지고, 단순히 신의 표현을 위한 도구가 될 수 있다. 18세기 하시딕 스승 도브 바에르는 다음과 같이 말했다.

"그대 자신이 뭔가 되는 것처럼 스스로 생각하면 하느님은 그대 속에 거하실 수 없다. 하느님은 무한하시기 때문이다."

카발라는 자아 완성에 관한 것이다. 그러나 우리의 모든 잠재력을 참되게 완성시키는 일은 '하느님께 헌신'함으로써만 이루어질 수 있다. 드 리온에 의하면, 영혼이 인간의 형태를 받은 것은 그것이 완전하지 못하고 '모든 차원에서' 완성될 필요가 있기 때문이다. 이 지상에서 우리의 삶은 하느님이 의도한 목적을 성취하기 위한 것으로, 카발라는 이 목적을 발견하는 데 필요한 자아에 관한 지식으로 나아가는 길을 가르쳐준다. '불꽃을 높임'이라는 생각은 결국 하느님이 우리 속에 심어주신 잠재력을 인식하고 완성시킨다는 것을 의미한다.

이 책이 힘이 되는 순간

카발라의 가르침이 유독 비밀스럽게 전해져온 데에는 이유가 있다. 전통적으로 카발라를 배우려면 일정한 조건이 필요했다. 예컨대 40세 이상, 결혼한 사람, 건전한 심성을 가진 사람만이 배움의 자격이 있었다. 이러한 제한은 오늘날 다소 느슨해졌지만, 그 속에 담긴 의도는 여전히 유효하다.

카발라는 자아와 신이라는 가장 심오한 주제를 다루기 때문에 자칫하면 여기에 심취한 사람들을 정상적인 사고의 궤도에서 벗어나게 만들 수 있다. 전통적 스승들도 신비주의적 지식이 올바른 세계관 속에서 이해되지 않으면 위험해질 수 있음을 잘 알고 있었다. 매트는 '악코의 이삭'의 경고를 인용한다.

"초월적인 빛을 보려고 노력하라. 내가 그대를 광대한 대양으로 인도했으니. 조심하라. 보되, 익사하지 말라."

이 때문에 카발라 스승들은 결코 제자를 적극적으로 모집하지 않았다. 수영할 준비가 되지 않은 이에게 깊은 물에 들어가라고 강요할 필요가 없기 때문이다. 그러나 진정으로 영적 성장을 추구하는 이에게 카발라는 놀라울 만큼 풍부한 영감과 지침을 제공한다.

카발라에 관한 개론서는 많지만, 다니엘 C. 매트의 『에센스 카발라』는 학문적이면서도 지나치게 어렵지 않아 입문서로 높이 평가받는다. 더 깊이 공부하고 싶다면 게르숌 숄렘의 『카발라의 근원(The Origins of the Kabbalah)』과 『카발라와 그 상징주의(On the Kabbalah and Its Symbolism)』, 모쉐 이델의 『카발라: 새로운 안목(Kabbalah : New Perspective)』 등을 참고할 수 있다. 물론 가장 근본적인 방법은 『조하르』를 직접 읽는 것이다.

BOOK 40

영혼들의 여행
Journey of Souls

마이클 뉴턴 | 1994

지구에서의 여정을 마친 후
시작되는 새로운 여행

마이클 뉴턴 *Michael Newton*

마이클 뉴턴은 로스앤젤레스에서 자랐다. 상담심리학 박사 학위를 취득하고, 이후 '마스터 최면사' 자격을 얻었다. 그는 오랜 기간 대학에서 학생들을 가르쳤으며, 로스앤젤레스에서 개인 상담가로도 활동했다. 대표작 『영혼들의 여행』은 전 세계 10여 개 언어로 번역되며 큰 반향을 일으켰다. 이후 그는 『영혼들의 운명(Destiny of Souls)』을 통해 70여 가지 추가 사례를 소개하며 영혼의 세계에 대한 탐구를 더욱 확장했다.

"사람들은 흔히 죽음을 생명력을 잃는 것이라고 생각하지만, 사실은 그 반대다. 죽음은 육체를 벗어나는 순간일 뿐, 우리의 영원한 생명 에너지는 신성한 우주혼과 하나가 된다. 죽음은 어둠이 아니라 빛이다."

"나는 종교적인 사람은 아니지만, 죽음 이후의 세계에는 분명한 질서와 방향이 존재한다는 사실을 발견했다. 삶과 죽음 모두를 아우르는 거대한 계획이 있다는 사실에 감사하게 되었다."

상담가이자 최면치료사로서 뉴턴은 내담자들이 현재 심리 상태에 영향을 끼친 과거의 경험들에 대한 기억에 이르도록 도와주었다. 이것은 그런대로 효과가 있었다. 그런데 놀랍게도 내담자들 중 일부가 최면 상태에서 과거 일만 기억하는 것이 아니라 전생까지 이야기하는 것이었다.

뉴턴은 환생에 관심이 있었지만, 이런 분야에 개입하는 것은 병리학적 자세가 아니라고 여기며, 이른바 전생 체험에 대한 요청이 있어도 이를 거절했다. 그런데 어느 날 어떤 사람이 찾아와 옆구리가 칼로 쑤시듯 아프다고 호소했다. 그래서 이 사람에게 최면을 걸어 치료를 시도했는데, 최면 상태에서 이 사람이 전생으로 돌아가 자신이 전생에 프랑스 군인으로 대검에 찔려 죽었다고 하는 것이었다. 이런 비슷한 사례들을 겪으면서 뉴턴은 현재의 문제가 더러는 전생의 경험과 관련이 있을 수 있다는 사실을 받아들이기 시작했다.

내담자들의 전생을 알게 되는 것도 놀라운 일이었지만, 뉴턴이 더욱 큰 관심을 갖게 된 것은 그들이 환생 '사이'의 공간에 대해 이야기한다는 사실이었다. 뉴턴은 세심하게 질문을 던지며 자료를 수집했다. 이런 자료들은 종교에서 그토록 오래 받들어오던 믿음, 곧 마음이나 영혼은 몸이 죽어도 죽지 않고, 명확한 몇 단계를 거쳐 새로운 몸을 입고 다시 태어난다는 믿음을 뒷받침해주었다. 뉴턴의 내담자 중에는 종교가 있는 사람도 있었지만 비종교인도 있었다. 그런데 뉴턴은 이들이 이야기하는 환생 중간 상태의 경험에 놀라운 일관성이 있다는 사실에 충격을 받았다.

『영혼들의 여행: 환생 사이의 사례 연구』에서 제시된 주장들은 여전히 심리학계의 주류 바깥에 머물러 있지만, 뉴턴은 객관적인 전문가로서 자신의 입장을 제시하고, 과거 무신론자였던 증인들의 사례를 제시함으로써 책의 신빙성을 높였다. 그는 영혼과 환생이라는 주제가 매우 급진적이라는 사실을 잘 알고 있었기에, 서문에서 최면술의 과학적 기반을 신중하게 설명하고, 그것이 왜 믿을 만한 진리의 근원이 될 수 있는지를 설명한다.

육체를 떠난 영혼

『영혼들의 여행』에는 최면 상태에서 보고된 매우 흥미로운 29개의 이야기가 실려 있다. 예를 들어, 최면 상태에 들어간 한 남자는 마지막 전생에서 자신이 죽던 순간을 생생하게 들려준다. 그 남자는 1918년 독감이 유행할 때 죽었다. 이 남자의 이야기를 그대로 옮겨놓은 것을 보면, 그는 죽은 직후 자기 몸 위에서 떠 있는 자신을 도저히 믿을 수 없었고, 무서웠다고 한다. 그는 곧 자신이 생각하는 주체로서는 죽은 것이 아님을 깨닫게 되었다.

"이건 정말로 믿을 수 없습니다. …… 간호사들이 침대보를 꺼내 제 머리를 덮네요. …… 내가 아는 사람들이 울고 있습니다. 나는 죽어 있어야 하는데, 아직 살아 있군요!"

뉴턴의 다음 내담자는 여러 해 동안 목구멍에 뭔가 불편함을 느끼는 남자였다. 최면을 걸어보니 그는 바로 전생에 샐리라는 이름의 여자였는데, 1866년 마차를 습격한 아메리칸 인디언에게 죽임을 당했다고 했다. 샐리는 인디언들이 쏜 화살에 목이 관통당해 죽었다. 이런 사례들은 어떤 사건은 다음 생에까지 영향을 끼친다는 것을 보여주었다.

일반적으로 영혼들은 자신의 육체적 죽음에 충격을 받지만, 그렇다고 해서 완전히 파멸되지는 않는다. 사람으로 살 때 겪었던 정서적·육체적 아픔을 더 이상 겪지 않아도 되기 때문이다. 그러나 젊어서 죽을 경우, 그 영혼은 자신이 사랑한 사람들을 위로하려 며칠 동안 죽은 자리에서 떠나지 않는다. 그리고 결국은 영의 세계와 그 찬란한 빛에 끌려들어가 엄청난 기쁨과 평화를 맛보게 된다.

뉴턴의 내담자들은 자신들이 몸을 떠난 직후 '고향'으로 되돌아왔다는 느낌을 가졌다고 말한다. 반대로 지상으로의 여행은 자신들의 참된 존재감이라는 의식을 상실하게 만들었다. 참된 존재감이란 영으로 존재하는 것을 말한다. 이는 우리가 태어나면 어디서 왔는지를 잊어버리고 일부러 고립되게 되어 이 생애의 삶을 충분히 경험하도록 되었다는 플라톤의 생각과 일치하는 것이다.

지상에서의 삶을 판단하는 시간

임사경험을 한 사람들은 터널을 지나 환한 빛으로 향했다가 다시 의식으로 되돌아왔다는 이야기를 자주 한다. 이 경험은 다른 여러 문헌에도 잘 나와 있다. 『영혼들의 여행』은 여기서 더 나아가, 이 단계를 지나 영혼이 영의 세계로 완전히 들어간 다음 무슨 일이 생기는지를 말해준다.

터널에서 나온 영혼은 혼자만의 영적 안내자(혹은 '수호천사')를 만나게 된다. 어떤 사람은 오래전에 이별한 친구나 친척들을 만나기도 하는데, 그들의 진술을 적어놓은 기록을 보면 사랑하는 사람을 뜻밖에 다시 만나게 된 내담자들의 놀라움과 황홀감이 잘 나타나 있다.

그러고 나면 안내자를 따라 자신이 방금 끝낸 삶을 분석하는 과정이 뒤따른다. 이때 그 영혼이 지상에서의 삶을 시작하기 전에 가지고 있던 기대에 얼마만큼 도달했는지를 가늠해본다. 이 과정의 정점은 '원로들의 회의' 앞에 서는 것이다. 이 원로회의는 훌륭한 존재들로 구성된다. 그들은 영혼을 심판하는 대신, 그 영혼이 지상에서 보낸 삶을 스스로 판단하도록 도와주는 역할을 한다. 사후 세계는 텔레파시의 세계이므로, 영혼은 다른 영혼들에게 아무것도 감출 수가 없다. 영혼은 이제 본래 속했던 특수 공동체로 흡수되어 들어간다.

여기서 뉴턴이 배운 것은 다음과 같다. "이 정교하게 조직된 집단은 공통된 목표를 위해 함께 작업하는 영혼들의 무리이며, 이들은 대개 지상으로 환생할 때 친구나 가족으로 함께 사는 삶을 택한다." 이는 우리가 살면서 중요하게 여기는 사람들은 다른 생애에서도 가까운 사람들이었을 가능성이 높다는 뜻이다. 실제로 어떤 사람을 처음 만났는데 마치 오래전부터 알던 사람처럼 느껴지는 것은 이 때문이다. 뉴턴은 사람들을 분류하는 도표를 제시하고, 그들이 서로 어떻게 상호작용하는지를 보여준다.

그렇다면 영혼은 지금 갖고 있는 육체의 행동에 어느 정도 관여할 수 있는가? 뉴턴이 제시하는 결론은 놀랍다. 내담자들이 말한 내용을 종합해볼 때, 육체와 두뇌가 영혼이 소원하는 바를 좌지우지하는 경우가 많다는 것이다. 인간의 감정이 영혼의 조용한 염원이나 양심을 쉽게 지배할 수 있다는 것이다. 뉴턴이 면담한 사람들에 의하면, 악한 영혼이란 없다. 삶을 지배해서 파괴의 나락으로 떨어뜨리는 것은 우리의 이기적 자아와 우리가 처한 환경이다.

사람이 영원히 고통을 받는 지옥도 없다. 그 대신 이생에서 나쁜 일을 한 영혼들은 얼마 동안 영의 세계에서 분리된 채 혼자 생각할 시간을 갖는다. 그들은 영의 안내자와 함께 바로 전 생애에서 무엇이 잘못되었는지를 보고, 다음 생에서 전생을 어떻게 카르마의 법칙에 따라 시정할 수 있을지 판단한다. 예를 들어, 전생에서 여자아이를 성폭행한 영혼은 성폭행이 성행하는 환경에서 여자로 태어나기로 선택하는 식이다.

우리가 거듭 태어나는 이유

우리가 생을 거듭하며 태어나는 목적은 무엇일까? 영혼들은 여러 차례의 지상 생활을 거치며 배워나간다고 볼 수 있다. 자연 세계에서 육체를 지닌 채 살아가는 경험을 통해서만 영혼은 자신을 정화할 수 있다. 한 영혼은 뉴턴에게 이렇게 말한다.

"여러 육체를 겪어보고 다양한 환경에 처해보는 일이, 우리가 가진 참된 자아의 본성을 확장시켜줍니다."

이 지상에서의 삶의 목표는 우리가 상상하는 것보다 훨씬 정교하게 계획되어 있지만, 결국은 개인의 발전을 위한 것이다. 수천 년 동안 인간은 삶의 의미를 자문해왔고, 이에 대한 뉴턴의 대답은 '영혼의 정체성이 자아실현을 이루는 것'이라는 것이다.

만약 삶의 의미가 영혼의 발전에 있다면, 왜 우리는 전생의 기억 없이 태어나는가? 뉴턴이 만난 내담자들의 대답은 간단하다. 전생을 기억한다면 그것이 이생에서 우리가 세운 목표를 방해할 수 있기 때문이다. 그러나 우리의 영적 안내자는 섬광 같은 직관을 통해 우리가 올바른 선택을 할 수 있도록 돕는다. 명상, 기도, 성찰을 통해 우리는 그 방향을 더 분명히 알 수 있으며, 결국 영혼이 진정으로 바라는 바에 따라 살아갈 수 있다.

신은 왜 고통을 허락하는가?

뉴턴은 최면 상태에 있는 내담자들에게, 인류가 오래전부터 품어온 고뇌에 찬 질문을 던진다. 왜 신은 고통을 허락하는가?

뉴턴이 들은 대답은 이렇다. 고통이란 우리 삶을 균형 있게 만드는 과정의 일부라는 것이다. 모든 것이 완전한 상태에서는 아무것도 배울 수 없다. 고통에서 벗어나려 애쓰는 동안 우리는 생각하고, 창조하고, 몸부림치며, 그 과정에서 잠재력을 실현해간다. 심지어 수호천사처럼 우리 곁을 따라다니며 작은 일까지 돕는 영의 안내자조차도, 때로는 부정적인 일이 우리에게 일어나도록 허용한다. 그들은 더 먼 관점에서, 무엇이 우리에게 유익한지를 아는 큰 그림을 보기 때문이다. 그것이 참된 사랑이다.

불교의 진리 중 가장 위대한 가르침도 '삶은 고통이다'라는 것이다. 그러나 『영혼들의 여행』은 여기에 새로운 의미를 덧붙인다. 고통은 고통 그 자체를 위해 존재하는 것이 아니라, 우리가 현재의 불만족스러운 상태를 딛고 새로운 차원으로 나아가도록 자극하기 위해 존재한다. 삶은 문자 그대로 쉽게 통과할 수 있도록 '디자인'된 것이 아니다. 도전은 우리가 그것에 올바르게 응전할 때, 영혼이 성장하도록 돕는다.

인간의 삶은 영혼이 스스로에게 부과할 수 있는 가장 어려운 과업 중 하나다. 이를 완수하려는 노력은 영계에서도 인정받고 감사의 대상이 된다. 뉴턴은 어려운 삶의 과업을 자원해 맡는 영혼들도 있다고 말한다. 다카우 수용소에서 18세의 나이로 세상을 떠난 한 유대인 여인이 그 예다. 그녀는 동료 수인들을 위로하며 용기와 헌신을 보였다. 역설적으로, 그 고통스러운 삶이야말로 그녀의 영혼이 성공적으로 성장했음을 의미한다. 우리의 영적 안내자는 내면의 목소리로 나타난다. 더 위험한 과업을 맡으라고, 가장 큰 저항을 받는 길을 택하라고 우리를 초대한다.

영혼은 신에 속하고, 육체는 인간에 속한다. 그리고 그 둘 사이에는 '자유의지'라는 틈이 있다. 이 생에서 에마누엘 스베덴보리가 말한 '선하고 진실한 것'을 택하는 사람들은 분명 영혼으로서 진전을 이룰 것이고, 반대로 육체의 만족과 파괴적인 감정에 휘둘리는 사람들은 더 나은 선택을 배우기 위해 다시 육의 세계로 돌아오게 될 것이다.

이 책이 힘이 되는 순간

이 책에 나오는 이야기들을 모두 '꾸며낸 것'이라며 냉소적으로 바라보는 독자도 있을 것이다. 그러나 뉴턴의 내담자들이 묘사한 사후 세계가, 18세기 최고의 물리학자이자 신비주의자 스베덴보리가 『천국과 지옥』에서 정교하게 그린 세계와 놀라울 정도로 유사하다는 점을 알면 생각이 달라질 수도 있다.

물론 이런 책들을 무비판적으로 진리로 받아들이는 것은 경계해야 한다. 그러나 『영혼들의 여행』은 단순한 미신으로 치부하기 어려운 지점을 제시한다. 내담자들이 최면 상태에서 이생의 경험을 사실로 이야기한다면, 그들이 전생에 대해 말한 내용만 특별히 사실이 아니라고 할 근거는 무엇인가?

이 책은 생과 사에 대한 기존의 관념에 균열을 낸다. 우리가 살아가는 지상의 삶이란 존재 방식 중 하나일 뿐이며, 우리가 '영의 세계'라고 부르는 곳은 물질세계를 포함하는 더 큰 차원의 현실일 수 있다는 것이다. 또한 지구는 수많은 환생의 터전 중 하나에 불과하다는 주장 역시 이 책에서 특히 인상적인 부분이다.

책을 읽어나가다 보면 이보다 더 흥미롭고 사유를 자극하는 이야기들이 이어진다. 열린 마음으로 읽는다면, 『영혼들의 여행』은 수많은 영성 관련서 중에서도 특별히 인상 깊은 책으로 기억될 것이다.

BOOK 41

내면의 성(城)
The Interior Castle

아빌라의 테레사 | 1577

우리 영혼이 머무는 방을
들여다보다

아빌라의 테레사 *Teresa of Avila*

1515년 스페인에서 태어난 테레사는 유대인 가문 출신으로, 가톨릭으로 개종한 가정에서 성장했다. 1533년 가르멜 수녀원에 들어가 서원을 맺었고, 1562년 성 요셉 수녀원을 세우며 수도원 개혁에 앞장섰다. 이후 알바 수도원에서 선종한 뒤에도 시신이 부패하지 않아 성인의 표지로 여겨졌으며, 1622년 성인으로 추대되었고 여성으로는 최초로 바티칸에서 '교회박사(Doctor of the Church)'의 칭호를 받았다. 테레사는 『내면의 성』을 석 달 만에 집필하여 펴냈는데, 오늘날까지도 영성 고전으로서 널리 인용되고 있다.

"나의 딸들이여, 만약 어떤 사람이 '당신은 누구입니까?'라는 질문을 받고도 아무 대답을 하지 못하고, 자기 아버지나 어머니가 누구인지, 어느 나라 출신인지조차 모른다면, 그것이 얼마나 큰 무지의 징표이겠습니까. 만약 우리가 우리 자신이 누구인지 알아보려 하지도 않은 채, 그저 이 몸속에 살고 있다는 정도만 알고 있다면, 그리고 귀동냥이나 교회에서 들은 말로 우리에게 영혼이 있다는 사실만 어렴풋이 알고 있을 뿐이라면, 우리의 어리석음은 훨씬 더 심각한 것이라 하지 않을 수 없습니다."

테레사 데 체페다 이 아우마다(Teresa de Cepeda y Ahumada)는 16세기 가톨릭 국가 스페인에서 태어났다. 10대 시절에는 몸치장을 즐기고, 기사들의 무용담이나 사랑을 주제로 한 소설을 탐독하던 평범한 소녀였다. 백옥처럼 흰 피부와 검은 머리카락을 지닌 그녀는 수다를 좋아하고 연애 감정에도 솔직했지만, 가문의 명예를 위해 비밀은 철저히 지켰다.

성인이 되자 결혼을 할 것인지 수녀가 될 것인지 하는 갈림길에 서게 되었다. 아빌라 교외에 있는 가르멜 수도회의 수녀원은 수녀들이 자기 독방을 가질 수 있고, 손님을 맞이하거나 독서도 할 수 있는 곳이었다. 이런 자유로운 분위기가 테레사 눈에는 매력적으로 다가왔다. 그래서 결혼을 바라던 아버지의 반대를 물리치고 이 수녀원에 들어갔다. 특별한 소명감이나 신앙의 열정이 있었던 것은 아니었다.

명석한 두뇌와 사교적인 성격 덕분에 테레사는 수녀원 원장이 될 수도 있었지만, 처음에는 조용히 지내는 길을 택했다. 그러나 어느 시점부터 신비경(神秘境)을 체험하고 환상을 보기 시작했고, 이는 그녀를 한순간에 '거룩한 인물'로 부상시켰다. 당시 스페인은 종교재판으로 들끓던 시기였고, 이런 경험은 자칫 '하느님과의 대화'가 아니라 '사탄의 유혹'으로 의심받을 수 있는 위험한 것이었다. 테레사는 자신의 경험이 진짜인지 확인하기 위해 교회 내 권위 있는 인사들에게 조언을 구했고, 이들은 신중한 조사 끝에 그녀의 신비 체험이 하느님에게서 비롯된 것이라는 결론을 내렸다.

이후 테레사는 가르멜 수도회를 개혁하고, 더욱 엄격한 규율을 지키는 교단으로 발전시키는 데 헌신했다. 그녀는 17곳의 수녀원과 2곳의 수도원을 설립하며 영적 개혁 운동을 이끌었다. 이러한 활동은 그녀의 『자서전』에 생생히 기록되어 있다. 그러나 그녀의 사상과 영성이 가장 잘 드러나는 저서는 『내면의 성』이다.

이 책에서 테레사는 영혼의 성장을 여러 단계로 묘사한다. 본래 가르멜 수녀들이 영적 시련의 외로움을 덜 느끼도록 돕기 위해 쓴 이 책에서, 그녀는 영혼을 '거대한 다이아몬드나 투명한 수정으로 만들어진 성'에 비유하며, "그 안에는 하늘에 거할 곳이 많듯이 수많은 방들이 있다"고 말한다.

이 책은 스페인어로 'Las Moradas'라 하는데, 이는 '거처'라는 뜻이다. 이제 그 방들을 하나씩 방문해보자.

첫째 거처

영혼이 살아가는 삶의 첫 단계는 성벽으로 둘러싸인 마당과 같다고 한다. 죄로 '독이 오른 생물들'이 득실거리는 곳이다. 여기서 죄된 행동의 결과를 통해 서서히 겸손을 익힌다. 영혼은 저열한 충동을 넘어서 행동하는 데 필요한 훈련을 받으라는 도전에 부딪힌다. 하느님이 영혼들을 위해 최선의 것을 해주려고 하지만, 영혼은 하느님을 알아보고 사랑할 수 있는 능력이 크지 않고, 이로 인해 자기를 아는 지식도 제한받게 된다.

테레사는 자기들 일에 바빠서 내면에 있는 보물을 알아보지 못하는 사람들에 대해 이야기한다. 이 중 얼마는 기도와 명상을 통해 성문으로 들어오려 하지만, 문제는 그들의 기도가 너무나도 드문드문하고 약하다는 것이다. 그들은 자기들이 하는 일이나 집착한 일 외에 다른 것에는 집중하지 못한다.

거의 모든 사람들이 여기 묘사된 부류에 해당된다. 그러나 테레사는 말한다. 비록 별로 대단한 것 같지 않아도 성의 첫째 거처에 들어오려고 노력하는 것 자체가 하나의 큰 발걸음이라는 것이다.

둘째 거처

이제 우리는 옛 방식에서 벗어나, 하느님과 가깝다는 위로를 느끼려면 정규적으로 기도해야 한다는 사실을 알게 되었다. 비록 우리는 아직 '이 세상의 오락과 사업과 쾌락과 논쟁'에 빠져있지만, 하느님은 우리에게 가까이 오라고 열심히 손짓하신다. 마귀는 우리가 물질적인 것들과 맺은 관계가 영원하며 가장 중요하다는 것을 믿게 하려고 계속 애를 쓴다. 테레사는 이 중요한 문제에 대해 다음과 같이 말한다.

"마귀가 불쌍한 영혼에 얼마나 큰 혼란을 가져다주었는지, 그리고 그 영혼이 얼마나 실망했는지, 그 영혼은 계속 전진해야 할지 혹은 전에 있던 거처로 되돌아가야 할지조차 모른다!"

여기서 우리는 지상의 모든 것은 덧없고, 오로지 하느님의 사랑만이 영원하다는 것을 가슴 깊이 새기고, 영혼의 성 밖의 삶은 결코 우리가 원하는 완전한 안전과 평화를 우리에게 가져다주지 못한다는 사실을 깨달아야 한다.

둘째 거처에서 영혼은 좀 더 힘을 얻기 시작한다. 그리고 영적 여정에서 그것을 유지하기 위해 하느님의 것들을 추구한다. 기도를 통해 영혼은 유혹을 이길 수 있는 힘을 받지만, 거룩한 영역에 대한 참된 사랑을 처음으로 느끼면서도 영적 특권을 찾으려고 한다. 영혼은 오히려 더 많은 고난을 당할 각오와 고난을 하느님께 바치려는 결의를 더욱 굳게 다져야 한다.

셋째 거처

이 지점에 이르면 우리는 다른 사람들 눈에 착한 사람, 종교적인 사람으로 보일 수 있다. 그러나 고매한 고지가 하느님을 찾는 사람들에게는 오히려 더 위험한 곳이다. 우리가 지금껏 이룩한 믿음이나 경건이 무엇이든지 간에, 이 셋째 거처에서 교만해지고 하느님을 두려워하는 마음을 잊어버리면 이런 것들을 다 날려버릴 위험에 처하기 때문이다.

테레사는 우리에게 겸손함을 유지하라고 권한다. "우리가 하느님을 더욱 많이 받아들일수록 더욱 깊이 하느님의 은혜에 빚진 사람으로 남아 있어야 한다." 간혹 사랑이나 믿음이 밀려옴을 느끼지 못할 때면 건조함을 경험할 수도 있다. 그러나 이를 참고 나아갈 뿐, 초조해해서는 안 된다.

내면의 성에서 이 단계에 이르면 문지방에 서 있는 격이다. 하느님께 완전히 순복하느냐, 아니면 우리 자신의 이성을 믿는 입장으로 되돌아가느냐를 결정해야 한다.

넷째 거처

여기가 성에서 처음으로 도착하게 되는 신비주의적 단계이다. 우리는 이제 우리 자신을 믿는 마음을 줄이고, 하느님께 더욱 의존하며 신뢰심을 품고 그의 품으로 들어간다. 언제나 하느님을 생각하지 않아도 무엇이든 자연스럽게 이해되기 시작한다. 테레사는 독자들에게 "생각을 많이 하지 말고 사랑을 많이 할 것"을 권한다.

이 단계의 방들은 너무나 아름다워서 이를 직접 보지 못한 사람들에게 묘사해줄 수가 없다. 이제부터는 간구하지 않고도 저절로 축복과 위로를 받게 된다. 이것은 우리의 깨달음에서 오랫동안 기다리던 이류 지점으로, 애쓰는 일은 사라지고 은혜가 그것을 대신한다.

다섯째 거처

이 방들에서 하느님과의 하나 됨이 이루어지고, 우리가 원하는 대로 기도할 수 있게 된다. 그러나 영적 일치는 하나의 신비다. 이것이 가능해질 때 그것은 틀림이 없는 것이다. 테레사는 여기서 유명한 누에 비유를 사용한다.

영혼은 하느님에게서 오는 영양분을 먹고 사는 누에와 같아서, 우리가 완전한 신뢰 상태에 있으면 하느님의 사랑 속에 꼬치를 틀고 안주하게 된다. 이런 경건의 보호막 속에서만 우리는 그전에 없었던 가벼움을 지닌 나비로 태어날 수 있다. 테레사는 말한다.

"나비는 그것이 벌레였을 때 하던 일, 천천히 실을 뽑던 일을 중요한 것으로 여기지 않는다. 나비는 이제 날개를 가졌다. 날 수가 있는데 어찌 꾸물거리면서 기는 것에 만족할 수 있겠는가?"

여섯째 거처

영혼은 하느님과 약혼 관계에 들어간다. 하느님은 결혼 전에 영혼을 조금 더 시험하려 하신다. 영혼은 더욱 큰 사랑을 받지만 시련도 그만큼 커진다. 이때가 바로 '영혼의 어두운 밤'으로서 우리가 가장 취약할 때이다.

이 방에 있는 영혼은 하느님의 얼굴에 황홀해지고 무한히 겸손해진다. 지금까지 보고 느낀 것을 감안할 때, 다시 지상으로 되돌아가는 것이 오히려 고난으로 보인다. 아직 세상에 있을 동안 하느님을 위해 할 수 있는 일을 하는 것 말고는 세상을 완전히 뒤로하게 된다.

일곱째 거처

끝으로 완전한 평화와 안정을 가지고 하느님과 혼인 관계에 들어간다. 영혼이 스스로에 대해 죽을 때, 그 사람은 지상에서 하느님을 완전히 표현하게 되는데, 이런 사람이 바로 성인(聖人)이다. 여러 가지 사건이나 시련이 아직 다가오지만, 이런 것들은 주위에서 일어날 뿐, 그 사람에게 아무런 영향도 줄 수 없다.

여정에 필요한 열쇠들

테레사는 영혼의 여정을 두 단계로 나눈다. 첫째 거처부터 셋째 거처까지는 우리가 하느님께 더욱 가까이 나아가기 위해 스스로 노력하는 단계이고, 넷째 거처부터는 하느님의 은혜로 저절로 나아가는 단계이다.

그러나 저절로 나아간다고 해서 정말로 아무런 노력도 하지 않는 것은 아니다. 기도와 명상이 있을 때만 저절로 나아가는 일이 가능해진다. 기도는 무엇을 얻으려고 하는 것이 아니라 하느님과 그의 뜻에 더욱 가깝게 나아가기 위한 것이다. 기도란 우리가 모든 것을 다 알 수 없다는 것, 그리고 우리가 우리의 문제를 해결하도록 부탁만 하면 언제든지 우리를 도와주실 더 큰 존재가 계시다는 것을 인정하는 행위이다. 우리가 기도를 통해 하느님에 대해 더 많이 생각하면 할수록, 하느님의 은혜와 은총을 경험할 기회도 그만큼 더 많아진다. 테레사는 기도가 효과가 없다고 생각될 때라도 기도하라고 말한다. 하느님의 시간 단위는 인간의 것과 다르기 때문이다.

교회에 가는 것, 기도하는 것, 성경을 읽는 것, 사람들을 용서하는 것 등은 구닥다리처럼 보일지 모르지만, 이런 것들은 우리의 쉴 새 없이 산란한 마음에서 우리를 건져내어 더 위대하고 영구적인 것으로 승화시킨다. 단순한 경배와 관상기도(직관 기도)는 복잡한 마음을 가로지르는 분명한 길을 제공하여 우리를 곧고 좁은 길에 머물게 해준다.

이 책이 힘이 되는 순간

『내면의 성』 전체를 통해 테레사는 '박학한 분들' 앞에서 자신이 무지하다고 반복해 말한다. 때로는 '날개 부러진 새'에 비유하며 자신이 새로운 것을 쓰거나 줄 능력이 없다고도 표현한다. 그러나 그녀를 단순하고 얌전한 수녀로만 보는 것은 큰 오해다.

이 책을 집필할 당시 테레사는 이미 영향력 있는 인물이었으며, 어리석음을 용납하지 않는 단호한 사람이었다. 열정적이고 때로는 무모할 만큼 집념이 강했던 그녀는 협상의 명수였고, 재정과 법까지 적극적으로 익혔다. 교양 있는 인사들과 교류하며 책에 대해 토론하기를 즐겼고, 좋은 식사와 웃음도 사랑했다. "회개할 때도 있고, 메추리 고기를 먹을 때도 있다"는 말은 그녀의 인간적인 면모를 잘 보여준다.

종교적 믿음이 없는 사람이라면 보이지 않는 대상에게 사랑을 바치는 일이 이해되지 않을 수도 있다. 하지만 테레사에게 이 사랑은 그녀의 개성과 내적 힘을 일깨우는 원천이었다. 만약 그녀가 결혼했다면 이토록 강렬한 삶을 살지는 못했을 것이다.

'그리스도의 신부'로서 테레사는 젊은 시절 읽던 기사들의 무용담이나 연애소설보다 훨씬 더 열정적이고 의미 있는 삶을 살았다. 베르니니의 조각 '황홀경의 성녀 테레사'에는 그녀가 기도 중 황홀경에 빠진 모습이 묘사되어 있는데, 그 표정은 마치 절정의 순간을 경험하는 듯하다. 성인들의 위대한 업적은 바로 이런 종류의 뜨거운 열정에서 비롯되었다.

BOOK 42

단순한 길
A Simple Path
마더 테레사 | 1994

하느님을 위한 사업가, 마더 테레사의 곧은 여정을 담다

마더 테레사 *Mother Teresa*

마더 테레사에 관한 전기는 많지만, 그녀가 직접 자서전을 쓴 적은 없다. 자서전에 가장 가까운 책이 바로 루신다 바르디가 편집한 『단순한 길』이다. 이 책은 마더 테레사의 시각을 중심으로, 그녀의 '사랑의 선교회' 수녀와 수사들, 그리고 전 세계 자원봉사자들의 증언을 바탕으로 쓰였다. 이 책은 마더 테레사가 무엇을 위해 헌신했는지를 명확하게 보여주며, 특히 가난한 이들의 삶에 존엄을 불어넣는 이야기는 깊은 울림을 준다. 1910년 알바니아 슈쿠프의 중산층 가정에서 태어난 그녀는 18세에 아일랜드로 건너가 로레토 수녀회에 들어갔고, 인도의 콜카타로 파견되며 '테레사'라는 이름을 받았다. '가난한 사람들 중에서도 가장 가난한 사람들'을 도왔던 마더 테레사는 '사랑의 선교회'를 설립해 평생을 헌신의 삶으로 채웠다.

"서양에서의 가난은 다른 종류의 가난입니다. 그것은 외로움에 의한 가난일 뿐 아니라 영성의 가난이기도 합니다."

"침묵의 열매는 기도입니다
기도의 열매는 믿음입니다
믿음의 열매는 사랑입니다
사랑의 열매는 봉사입니다
봉사의 열매는 평화입니다"

마더 테레사가 설립한 사랑의 선교회는 급성장했다. 1960년 인도 전역에 25개의 지부가 생기고, 1966년에는 사랑의 선교회 형제단이 창설되었다. 1970년대와 80년대를 거치면서 마더 테레사는 인도 이외의 다른 나라에도 호스피스, 약물중독자, 알코올중독자, 성매매 여성을 위한 요양소를 포함하여 많은 지부를 설립하고, 에이즈로 고통받는 사람들을 위해 미국과 유럽에도 센터를 세웠다. 또한 학대받거나 버려진 아이들, 나병 환자, 결핵 환자, 정신병 환자 등을 위한 시설도 건립했다. 선교회에서는 가족계획 보건소를 운영하고 성경 공부 모임을 이끄는 일도 했다.

사람들이 사랑의 선교회에 대해 갖는 가장 일반적인 이미지는 마더 테레사가 콜카타 거리를 거니는 모습이지만, 선교회는 이

제 도쿄와 보고타, 로스앤젤레스에 이르기까지 100여 개 국가에 500여 개의 선교 지부를 가지고 있다. 가톨릭 성직자가 되겠다는 지원자 수는 계속 줄어들고 있지만, 사랑의 선교회는 엄청난 규모로 성장했으며, 이 성장세는 마더 테레사가 죽은 이후에도 계속되고 있다.

사랑이 아픔을 가져올 때까지 사랑하라

『단순한 길』에서 마더 테레사는 런던의 노숙자 급식소를 방문했던 경험을 이야기한다. 당시 그녀가 판지 상자 속에서 살고 있던 한 사내에게 손을 내밀었을 때, 그 사내는 "제가 사람 손의 온기를 느껴보기는 정말 오랜만입니다"라고 말했다.

마더 테레사는 자신의 선교 본부를 찾는 사람들이 꼭 배가 고파서 오는 것은 아니라고 말한다. 사람들은 인정받고자, 평온함을 느끼기 위해서, 느긋하게 쉬기 위해 온다. 그래서 사랑의 선교회가 하는 일은 노숙자가 어떻게 혹은 왜 노숙자가 되었는지를 알아내는 것이 아니라, 사람들, 특히 죽어가는 이들이 어느 정도의 품위와 존엄을 지키도록 돕는 것이다. 마더 테레사는 말한다. "세상에는 빵 한 조각을 위해 죽어가는 사람도 많지만, 약간의 사랑을 위해 죽어가는 사람은 더 많습니다."

수녀들은 오로지 하느님의 섭리에만 의존하기 위해 청빈 서약을 한다. 그들은 옷 두 벌, 양동이 하나, 샌들, 음식을 담아 먹을 금속 접시 하나, 기초적인 침구만을 소유할 수 있다. 마더 테레사의 말에 따르면, 스스로 아픔을 겪어보지 않고 하는 일은 단순한 복지사업에 불과하다. 선교회가 이런 일을 하는 주된 이유는 언제나 종교적인 것이다. 그들의 사업은 예수님을 위한 것이다. 마더 테레사는 '사랑이 아픔을 가져올 때까지 사랑하라'는 말을 좋아했다. 수녀들은 고통이 목적을 향한 것이라면 그것은 오히려 기쁨을 준다는 역설을 잘 알고 있다. 다른 사람을 구함으로써 자기 자신을 구하는 것이다. 이것은 선교회에서 일하는 자원봉사자들을 통해서도 입증되는 진리다.

자원봉사자들이 겪는 변화

『단순한 길』의 내용 중 가장 강력한 호소력을 발휘하는 부분은 자원봉사자들의 경험을 다룬 대목이다. 누구나 선교회에서 일정 기간 자원봉사를 하고 나면 삶이 바뀌지 않을 수 없다. 또 많은 사람들이 분명히 깨닫지는 못하지만, 기존의 정상적이고 세속적인 삶에서 행복하지 못했다는 사실을 알게 된다.

미용치료사 페니는 우연히 콜카타에 있는 니르말 흐리다이 봉사센터에 갔다가 그곳에서 6개월간 머문다. 그녀가 한 일은 꼼짝하지 못하는 환자들을 씻기는 일이었는데, 비록 그곳에서 보고 한 일은 끔찍하기 그지없었지만, 그 경험은 그녀가 바라던 심리치료사로 직업을 바꾸게 된 촉매 역할을 했다.

마더 테레사는 사람들이 와서 불쌍한 사람들과 직접 접촉할 수 있도록 해주는 것, 즉 "수백만의 사람들이 아니라 실제로 몇 사람과 직접 접촉할 수 있도록" 해주는 것이 자신이 봉사센터를 개설한 주된 이유라고 밝힌다.

『단순한 길』은 부나 세속적인 것들을 추구하는 가치에 대해 다시 생각하게 해준다. 또 다른 자원봉사자 피터는 말한다. "소유가 적을수록 더욱 행복해진다는 사실을 깨달았다. 수녀들이 단순하게 사는 것을 보면 삶이 완전히 바뀌게 된다. …… 가장 단순한 길이 하느님께 나아가는 가장 쉬운 길이라 믿는다."

또 다른 자원봉사자는 고향에서 사무직원으로 일하는 것보다 사랑의 선교회에서 일하는 것이 오히려 더 현실적으로 느껴진다고 말한다. 날마다 삶과 죽음의 순간을 눈앞에서 목격하다 보면, 사소한 일들을 바라보는 시각이 달라질 수밖에 없다.

부유한 나라들의 삶은 사람들에게 고립감과 좌절감을 가져다주지만, 이런 종류의 무아적(無我的) 봉사는 세속적인 삶이 줄 수 없는 뚜렷한 목적과 정서적 통일감을 가져다준다. 사랑의 선교회를 이끄는 원칙 중 하나는 "봉사의 열매는 평화"라는 것이다.

영혼을 먹여 살리는 기도

1976년, 마더 테레사는 뉴욕에 '말씀의 수녀회'라는 선교회의 관상기도 지부를 설립했다. 이 수녀들의 소명은 하루의 대부분을 침묵 속에서 기도하는 것이었다. 마더 테레사에 의하면, 우리가 침묵할 때 하느님께서 우리에게 말씀하실 수 있기 때문이다. "피가 우리 몸에 영양을 공급하듯이, 기도는 우리의 영혼을 먹여 살린다."

책 속에는 기도의 결과로, 꼭 맞는 사람들이 꼭 맞는 시간에 도움을 주러 나타난 이야기가 나온다. 불우하고 병든 사람들을 돕느라 지칠 때, 많은 수녀와 수사들은 기도를 통해 영적 동기를 새롭게 하고 새로운 활력을 재충전한다. 마더 테레사는 말한다. "기도 없이는 나는 30분도 일할 수 없습니다. 나는 기도를 통해 하느님께 힘을 얻습니다."

이 책에서는 기도와 용서가 모든 문제를 푸는 해답으로 제시된다. 우리의 감정이 우리의 길에 방해가 되지 않도록 함으로써, 우리는 하느님이 가장 선하신 방법으로 우리를 쓰시게 할 수 있다. 그것의 시작이 바로 기도인 것이다.

노련하고 강력한 지도자, 마더 테레사

이 책을 편집한 루신다 바르디는, 마더 테레사가 로레토 학교에서 19년간을 보낸 후 사랑의 선교회를 시작하기 전 어떤 사람이었는지를 알아보기 위해 여러 수녀들을 인터뷰했다. 수녀들은 하나같이 허약한 건강을 제외하면 특별히 주목할 만한 점이 없었다고 대답했다. 바르디가 평한 것처럼, 이렇게 평범한 인물이 "진실되고 정력적 활동가, 필요를 인식하고 이를 해결하기 위해 행동하며, 모든 난관을 무릅쓰고 기관을 창설하고, 정관을 만들고, 온 세계에 지부를 설치한 사람"이 되었다.

그렇다면 마더 테레사는 어떻게 이처럼 비전을 가진 사람이 되었을까?『단순한 길』에 실린 그녀의 초상화는 강한 의지와 하느님에 대한 절대적 복종이 하나로 결합된 모습을 보여준다. 그녀는 실제성과 영성을 강력하게 조화시켜 거대한 기업에 비견될 만한 조직을 세웠고, 선함과 희망을 전하려는 단순한 열정으로 만나는 모든 이들에게 영감을 주었다. 한편으로 마더 테레사는 자신의 비전을 실현하는 과정에서 야망과 노련함 또한 분명히 갖추고 있었다. 선교회와 교회의 이익을 위해 필요하다고 판단되면 왕들과 대통령의 도움을 구하는 데도 주저하거나 부끄러워하지 않았다.

이 책이 힘이 되는 순간

마더 테레사는 단순하고 순수한 리지외의 성 테레사에게서 이름을 따왔지만, 그 삶의 궤적은 오히려 경건하지만 적극적이었던 아빌라의 테레사와 더 닮아 있다. 처음 수녀원을 설립할 때 40세였던 아빌라의 테레사처럼 마더 테레사도 비교적 늦게 일을 시작했다. 대부분의 사람들은 그녀가 콜카타 빈민가에서 유명한 활동을 시작하기 전 거의 20년간 교사로 봉직했다는 것, 그리고 테레사의 나이 40세가 되어서야 사랑의 선교회가 완전 가동되었다는 사실을 잘 모른다.

이 시점부터 마더 테레사는 '하느님을 위한 사업가'가 되어 자신의 조직을 전 대륙으로 확장시켰다. 이 성장 과정은 강한 정체성과 분명한 목적을 기반으로 운영되는 성공적인 기업과 닮은 점이 있다.

마더 테레사가 유명해진 계기는 1969년, 영국의 저널리스트 말콤 머그리지의 다큐멘터리 〈하느님을 위한 아름다운 무언가(Something Beautiful for God)〉의 방영이었다. 이후 그녀는 '거룩한 사람'으로 추앙받는 인물이 되었지만, 이 신화를 좀 더 냉철하게 바라보려는 시각도 생겨났다. 특히 언론인 크리스토퍼 허친스는 다음과 같은 점들을 지적했다.

- 그녀가 활동했던 나라들에서 정치적으로 가장 보수적인 세력과 손잡았다. 예컨대 알바니아의 독재자 엔버 호자를 찬양하고 아이티의 두발리어 일가와 친분이 두터웠다.
- 제2차 바티칸공의회 개혁에 반대한 가톨릭 근본주의자였으며, 아일랜드의 낙태 국민투표에도 개입하려 했다.
- 막대한 후원에도 불구하고 그녀가 관리하던 구호시설은 열악한 상태를 벗어나지 못했으며, 생명을 구하기보다 '훌륭한 가톨릭식 죽음'을 맞게 하는 것이 목적이라는 비판도 있었다.

이런 비난이 사실일 수도 있지만, 저울로 달아보면 마더 테레사가 한 선한 일이 그렇지 않은 일보다 훨씬 무겁다는 점은 부정하기 어렵다. 수십만 명의 나병 환자, 학대받는 아동, 중독자들의 운명이 사랑의 선교회 수녀들의 헌신적 도움 덕분에 개선된 것은 사실이기 때문이다. 어느 조직이나 큰 조직에는 어두운 면이 있기 마련이다. 사랑의 수녀회도 예외일 수 없다.

선교회의 활동을 평가할 때는 물론 육체적 돌봄이 가장 중요한 기준이 된다. 그렇지만 마더 테레사가 책 전체를 통해 얘기하듯, 사람들이 가장 굶주린 것은 그들의 눈을 들여다보고 따뜻한 손길을 내미는 사람들의 관심이다. 병원에서는 사람들의 육체를 고쳐주지만, 사랑의 선교회는 잘못된 삶도 다른 삶과 마찬가지로 존엄하다는 것, 그리고 인간이란 무엇보다 영혼이라는 점을 일깨워준다.

BOOK 43

신과 나눈 이야기
Conversations with God

닐 도널드 월쉬 | 1996

신에게 직접 묻고, 듣고, 대화할 수 있다면

닐 도널드 월쉬 *Neale Donald Walsch*

월쉬는 미국 위스콘신 주 밀워키의 가톨릭 가정에서 자랐다. 젊은 시절 라디오 방송과 신문 기자, 공보 담당관, PR 회사 운영자 등 다양한 일을 했지만 안정적으로 자리잡지 못했고 결혼과 이혼을 네 차례나 겪는 등 사생활도 혼란스러웠다. 교통사고로 큰 부상을 입고 노숙자 생활까지 겪은 뒤, 49세에 『신과 나눈 이야기』 제1권을 집필했다. 이 책은 2년 반 동안 《뉴욕 타임스》 베스트셀러에 오르며 전 세계 27개 언어로 번역되었다.

"너는 신과 동반자 관계에 있다. 우리는 영원한 대화자들이다. 내가 너에게 약속하는 것은, 네가 구하는 것은 언제나 응답받게 된다는 것이다. 그리고 네가 해야 할 약속은 단 하나, 끊임없이 묻고, 묻고 답하는 그 과정을 이해하는 것이다."

닐 도널드 월쉬는 자기 생각을 편지 형식으로 써두는 버릇이 있었다. 삶의 굽이에서 곤경에 처하면 그는 신에게 분노에 찬 항의 편지를 쓰곤 했다. 왜 자신의 삶은 이렇게 고달프기만 한지, 왜 인간관계는 언제나 이처럼 뒤틀리기만 하는지, 왜 늘 돈에 쪼들려야만 하는지 알게 해달라고 요구했다.

그런데 어느 순간 이상한 일이 생겼다. 그의 손에 들린 펜이 거의 자동적으로 움직이는 것 같은 느낌이 들면서, 그의 질문에 대한 대답이 흘러나오기 시작한 것이었다. 이렇게 해서 말 그대로 '신과 나눈 이야기'가 시작되었다. 한 가지 질문이 나오면 또 다른 질문이 이어지고, 그렇게 한 권의 책이 될 만한 분량이 쌓였다. 그의 글은 원고 상태일 때부터 사람들에게 큰 영향을 주었고, 출판되자마자 베스트셀러가 되었다.

『신과 나눈 이야기』 시리즈(여기서는 제1권만 다룬다)를 회의적으로 바라보는 시선도 없지 않다. 이것이 정말로 한 사람을 통해 전달된 신의 메시지인가, 아니면 월쉬가 영적 추구 과정에서 얻은 통찰을 정교하게 엮어낸 것인가? 생각이 후자 쪽으로 기운다 하더라도, 책 속에 담긴 여러 대답이 지닌 심오함과 급진성만큼은 부인하기 어렵다.

예를 들어 월쉬는 왜 신이 일찌감치 인간을 위해 좀 더 명확한 삶의 지침을 주지 않았는지 의문을 품는다. 이에 대해 신은 그런 지침을 주었지만 대부분의 사람들이 귀 기울이려 하지 않았고, 그 이유는 '틀렸다고 생각되는 것은 들으려 하지 않는' 인간의 태도 때문이라고 대답한다.

"계속해서 네가 아는 모든 것에 따라 행동하라. 그러나 시간이 시작된 이래, 네가 계속 그 일을 해왔다는 사실을 알아야 한다. 그런데도 세상이 어떤 모양인가 보라."

특히 이 책은 인간의 영혼, 영혼과 신의 관계, 자유의지와 같은 더 깊은 주제를 다룰 때 독자에게 성찰과 경외심을 불러일으킨다. 질의응답에서는 전쟁, 성, 윤회, 관계, 육체 등 다양한 문제를 폭넓게 다루고 있다. 여기서는 그중 창조와 개인적 능력, 풍요로움이라는 주제에 초점을 맞추어본다.

내 삶이 언제 제대로 되나요?

대부분의 사람들은 삶을 일련의 시험이나 발견의 과정이라 여긴다. 그러나 『신과 나눈 이야기』에서는 삶이 사실은 창조와 관련되어 있다는 얘기를 되풀이한다. 신은 무엇보다도 창조자이시다. 신의 표현인 우리가 해야 할 일은 다른 사람들이 만들어놓은 규정에 따르거나, 특히 통상적인 종교에서 기대하는 대로 무의식적으로 사는 것이 아니라 삶을 창조하는 것이다.

월쉬가 "제 삶이 언제 제대로 되나요?" 하고 절망적으로 물었을 때, 신은 월쉬 본인이 자기가 무엇이 되고 싶고, 무엇을 하고 싶고, 무엇을 갖고 싶은지를 유리알처럼 투명하게 알게 될 때 그렇게 되리라고 대답한다.

"너의 대부분의 생애에서 너는 네 경험의 결과로 살아왔다. 이제 너는 네 경험의 원인이 되라는 부름을 받았다."

의식적이든 무의식적이든, 우리는 모두 생각이 만들어주는 공식에 따라 말하고 행동하면서 살아가고 있다. 쓸데없는 생각이 어떻게 우리의 세계를 만들고 있는지 정확히 깨닫지 못한 채 말이다. 우리의 모호하고 부정확한 생각으로는 범상한 수준 이상으로 올라가기는 힘들다. 신은 물론 우리가 세상에서 이룬 업적에는 별로 관심이 없고, 우리가 어떤 상태로 존재하는지에 더 관심이 있다.

최선의 상태로 존재하면 힘들이지 않고 최선의 행동과 결과를 만들어낼 수 있다는 것은 자연스러운 논리적 귀결일 것이다. 우리가 완전히 우리 자신이 되면 될수록, 다시 말해서 우리가 무엇을 위해 살고 무엇을 창조하려 하는지를 분명히 알면 알수록 우리의 성공은 더욱 진실하고 오래갈 수 있게 된다.

믿기에는 너무나도 좋은 약속

인간의 눈눈이에서 보면 너무나 높은 곳을 향한 것처럼 보이는 목표가 전능자의 관점에서는 우리가 바로 해야 할 것이다. 우리는 우리도 신처럼 창조할 수 있는 능력이 우리에게도 있음을 믿고, 우리 자신에 대해 더 크게 생각해야 한다.

"너는 언제까지나 네 자신이나 너의 능력에 대해 조그만 생각, 작은 아이디어, 조잡한 개념만 고를 테냐. 더 큰 '나'와 '나의 것'이라는 말은 왜 전혀 하느냐."

여기서 신은 복종을 강요하는 무서운 주인이 아니라, 우리 속에 '크게 생각하기'라는 생각을 심어준 분임이 밝혀진다. 우리의 실수는 우리가 위대하지 않기 때문에 자신을 개선하는 데만 삶을 써야 한다고 믿는 것이다. 사실 신은 우리 인간이 본질적으로 신성(神性)을 지니고 있으며, 이미 완전하고 놀랍다는 것을 인식하기를 바라시는데도 우리는 몸부림의 삶을 살아가고 있다. 신은 우리에게 우리의 위대함을 받아들이라고 말한다. 그러면 우리가 이런 것을 받아들일 자격이 있는가 없는가 하는 내적 갈등에서 생겨나는 삶의 투쟁을 없앨 수 있다.

월쉬에 의하면, 인간이 가지고 있는 최대의 허상은 인간이 이룰 수 있는 위대한 결과를 의심하는 것이다. 신은 말한다.

"수천 년 동안 인간은 신의 약속을 믿지 않았는데, 가장 주된 이유는 그 약속들이 사실이라 믿기에는 너무나도 좋았기 때문이다."

우리의 제약된 개념으로 생각하기에는 너무나도 좋았다는 것이다. 우리가 우리와 신이 무엇을 할 수 있는지를 분명히 알게 된다면, 종교 경전에서 말하는 모든 선언이 진실된 것으로 들리게 된다.

신의 동역자답게 기도하라

『신과 나눈 이야기』에는 신에게는 우리 각자를 위한 계획이 있는데, 우리가 그것을 어기면 벌을 받게 된다는 이야기가 나온다. 우리에게는 자유의지가 주어졌다는 것이다. 논리적으로 말하면, 신과 우리는 주인과 종의 관계가 아니라, 세상을 함께 창조하는 데 동참하는 동역자 관계이다.

신은 월쉬에게 말한다. 우주에는 훌륭하게 수립된 법이 있는데, 그것을 따르면 우리가 택한 것을 그대로 얻을 수 있다. 우리는 이 법을 따르든지 반항하든지 할 수 있지만, 무시할 수는 없다. 이 법에 따라 우주가 운행되고 있기 때문이다. 신의 법 중 하나는 사람이 무엇을 요구하든 그것을 얻을 수 있다는 것이다. "구하라, 그리하면 구할 것이요, 찾으라, 그리하면 찾을 것이다!" 그러므로 우리가 할 일은 이 과정이 실제로 어떻게 작용하는지를 아는 것이다.

신과 우리의 전통적 관계에서는 우리가 기도를 하고 신이 그 기도를 들어줄 것이라 기대하는 것이다. 그러나 기도하고 기대하고 고개를 숙이고 탄원하는 것이, 창조에 같이 참여하는 동역자에게 어울리는 일인가? 월쉬는 자기가 기도로 원하는 바를 얻지 못한 까닭을 알아내고 '아하!' 하는 깨달음을 맛본다. 우리의 요구나 소원은 우리에게 없는 것을 이야기하는 것이다. 우리의 현실은 우리의 마음 상태를 그대로 반영하는 것이므로, 결핍을 전제로 한 기도는 그 결핍을 강화할 뿐이다.

이렇게 보면 무엇을 위해 기도하는 것은 우리가 의도한 바와는 정반대의 결과를 가져온다는 것을 알 수 있다. 바라는 것을 가져다주는 것이 아니라, 오히려 그것을 밀쳐내버리는 것이다. 탄원 기도는 나와 신과의 관계가 약하다는 증거이다. 그러므로 그 결과 역시 약하고 작을 수밖에 없다. 사물을 드러내는 길은 그것이 물질적 형태로 있든, 아직 형태를 갖추지 않았든, 이미 존재하고 있음에 감사드리는 것이다.

신 혹은 우주는 이런 '감사의 상태'에 있는 이들에게 힘을 준다. 우리가 신의 능력을 인정하는 순간, 그 능력은 곧바로 우리 곁에서 활용할 수 있는 것이 된다. 신은 월쉬에게 말한다. "무엇인가를 갖겠다고 선택하는 자는 이미 그것이 이루어졌음을 안다."

돈도 성공도 얻지 못하는 이들의 말버릇

월쉬는 신에게서 이렇게 듣는다. 만약 재정적인 성공을 원한다면 우리의 뿌리, 곧 돈에 대한 기본 생각을 바꾸어야 한다고. 만약 그 기본 생각이 '나는 원하는 것을 가져본 적이 없어.' 혹은 '살아가는 데 충분한 돈을 가진 적이 없어'와 같은 식이라면, 그 상태는 그대로 현실이 된다.

생각이 말이 되고, 말이 행동이 되며, 결국 현실이 된다. 이것이 단순한 인과 법칙이라고 신은 말한다. 예를 들어 돈에 대해 너그러워져 보라. 그러면 점점 풍요로운 삶을 살게 되는 자신을 발견할 것이다. 우주는 우리의 말을 반사해 현실로 되돌려 보내기 때문에, "돈이 없으니까 돈을 원한다"라거나 "성공을 못해서 성공을 원한다"라고 말하는 한, 돈도 성공도 얻을 수 없다. 이는 '존재'가 아닌 '결핍'의 상태를 창조하기 때문이다. 우주에 혼잡한 메시지를 던지면 돌아오는 것도 혼란스러운 결과일 뿐이다.

신은 말한다. 원하는 것을 구걸하지 말고, 우주와 자신을 향해 내가 원하는 것이 아니라, 내가 이미 갖고 있고 또 존재하기에 고마워하는 것들을 말하라고. 예를 들어 이렇게 말하는 것이다.

"신이시여, 제 삶에 성공을 허락해주셔서 감사합니다."

이 책이 힘이 되는 순간

희생과 오래 참음을 귀하게 여기는 전통적 기독교 관점에서 본다면, 이 책의 메시지는 다소 이기적으로 보일 수 있다. 월쉬가 만난 신은 우리에게 무엇보다 인생 여정에서 자신의 개인적 성장과 계발을 우선하라고 말한다. 전통 종교가 신을 '저 하늘 위'에 두고 인간을 '이 땅 아래'에 두는 반면, 이 책은 인간이 신과 함께 창조하는 동역자라고 선언한다.

이러한 생각은 일부에게 신성모독처럼 들릴 수도 있다. 그러나 열린 마음으로 바라보면 새로운 측면이 보인다. 기도를 통하지 않고 '창조자'의 목소리와 직접 교통할 수 있는 기회를 얻은 월쉬가 느끼는 스릴을 같이 느껴보면 어떨까.

이 책은 시리즈로 출간되어 많은 독자들에게 '새로운 성경'이 되었다. 어법이 단순하고 직접적이며, 현재의 삶과 밀접한 문제들을 다루고 있기 때문이다. 과거에는 신화나 비유가 영적 메시지를 전하는 주요 수단이었지만, 『신과 나눈 이야기』는 질의응답(Q&A)이나 자주 묻는 질문(FAQ) 형식을 통해 현대적 소통 방식을 충실히 반영했다. 물론 이런 접근법이 신과 인간의 관계에서 느껴지는 신비감을 어느 정도 희석시킬 수도 있다. 그러나 동시에 영적 지식이 '성인의 희생'이나 '특별한 계시'에서만 나올 수 있다는 고정관념에서 우리를 해방시킨다는 점에서 의미가 있다.

BOOK 44

목적이 이끄는 삶
The Purpose-Driven Life

릭 워렌 | 2002

'나는 왜 여기 있는가?'에 대한 답

릭 워렌 *Rick Warren*

릭 워렌은 미국 캘리포니아 출신의 목회자이자 베스트셀러 작가로, 복잡한 교리를 넘어 실천적 신앙과 분명한 삶의 목적을 강조하는 목회자로 평가받으며, 현대 기독교에 실질적인 영향을 미쳤다. 1980년 아내 케이와 함께 새들백 교회를 설립했고, 이 교회는 미국 최대 규모 교회 중 하나로 성장했다. '내가 왜 이 세상에 태어났는가?'라는 근본적인 질문에 답하는 그의 저서 『목적이 이끄는 삶』은 전 세계에서 3천만 부 이상 판매되었고, 수많은 사람들에게 삶의 방향을 재정립하는 계기가 되었다.

"여러분의 삶의 목적은 여러분 자신의 개인적 만족, 마음의 평화, 심지어 여러분의 행복보다도 훨씬 더 큽니다. 여러분의 가족, 여러분의 직업, 심지어 여러분이 갖고 있는 엄청난 꿈이나 야심보다도 더 큽니다. 여러분이 어찌하여 이 행성에 자리 잡게 되었는지 알고 싶다면 하나님으로부터 시작해야 합니다."

릭 워렌의 책은 대단한 주장을 한다. 이 책을 다 읽으면 우리 삶의 목적을 알 수 있게 된다는 것이다. 예수가 광야에서 40일간을 보내면서 변화된 것과 같이, 또 모세가 시내 산에서 40일간 지내면서 변화된 것과 마찬가지로, 우리도 『목적이 이끄는 삶』에 나오는 40장을 하루 한 장씩 읽으면 변화할 수 있다고 한다.

이 책은 세계적인 초대형 베스트셀러인데, 그 이유를 아는 것은 그리 어렵지 않다. 성경의 권위가 뒷받침해주는 힘찬 생각들이 매력적인 대화 형식으로 제시되어 있고, 혁명적인 내용과 분위기가 페이지마다 스며들어 있다.

이 책에서 주장하는 워렌의 기본 사상은, 하나님은 인간들이 삶의 의미를 찾도록 전깃줄을 배선해놓았기 때문에, 우리가 우리 자신을 하나님의 자녀로 알아보기 전에는 결코 잠재력을 발휘하거나 참된 만족을 얻을 수 없다는 것이다.

신만이 아시는 우리 삶의 목적

처음부터 워렌은 이 책이 삶의 목적을 주제로 한 일반적인 자기계발서와 다르다는 점을 강조한다. 이런 유의 책들은 독자들에게 삶에서 무엇을 원하는지 자문해보고 목표와 목적을 설정하라고 하는데, 이런 식으로 '나'에 초점을 맞추어서는 결코 우리의 참된 목적을 밝힐 수 없다고 하는 것이 워렌의 주장이다.

워렌은 말한다. 세상적인 성공과 목적에 따라 사는 것은, 잘하면 둘 다 가질 수도 있겠지만, 완전히 별개의 것이다. "사람들이 깨닫지 못하는 것은, 모든 업적도 결국엔 시들해지고 기록들도 깨어지고 명성도 희미해지고 찬사도 잊혀지고 만다는 사실이다." 영원히 계속될 것만 같았던 것들이 결국 역사의 쓰레기 더미가 되고 만다.

우리가 이 삶에서 하고 있는 일들이 정말로 보람되고 가치 있는 일인지 알아보는 유일한 길은, 그것이 하나님의 계획의 일부인지 확인해보는 것이다. 이 책의 첫 장 첫 문장은 "이것은 여러분에 관한 것이 아닙니다"이다. 하나님이 우리를 창조하셨기 때문에 하나님만이 우리 삶에 대해 그 마음속에 품고 계신 목적을 아신다. 그런데 이것은 세상의 지혜로 발견할 수 있는 것이 아니라 하나님의 말씀을 통해서만 알 수 있다.

워렌은 '대중심리학, 성공 처세술, 영감을 주는 이야기' 같은 것이 아니라 영원한 진리가 우리 삶의 토대가 되어야 한다고 말한다. 우리는 우리의 목적을 계획하고 생각하고 철학적으로 사유하는 일을 통해 이 진리를 발견하는 것이 아니라, 직접적인 계시로써 알게 된다. 우리가 왜 존재하느냐 담대히 물어보면, 거기에 대답이 있음을 확신할 수 있다.

운전대에서 손을 떼라

우리의 권력 지향적 문화에서는 무언가나, 혹은 누군가에게 굴복한다는 것은 실패자의 표시로 여겨질 수 있다. 우리는 성공하고 이기고 극복하기를 바라지, 굴복하거나 양보하기를 바라지 않는다. 그러나 그리스도인의 길은 우리에게 스스로 하나님께 순복하라고, '운전대에서 손을 떼라'고 요구한다. 얼핏 그러면 삶을 망칠 것 같지만, 워렌은 하나님께 맡기는 것이 자유를 가져다준다고 말한다.

순복한다고 해서 인격을 포기하라는 뜻은 아니다. 오히려 이런 자세는 우리 안에 잠자고 있는 여러 가지 능력과 함께 인격을 고양시키는 역할을 한다. 우리는 더 큰 무엇으로 확대되어 들어가고, 우리의 옛 삶을 뒤돌아보면서 왜 그렇게도 많은 시간을 허비했는지 의아해할 것이다.

우리는 능력을 찬양한다. 그러나 우리를 지금보다 더욱 큰 능력을 가진 사람으로 만들어줄 수 있는 길을 가는 것은 무서워한다. 우리가 하나님보다 더 잘 안다고 믿는 셈이다. 그래서 우리는 다급할 때만 하나님을 찾는다. 그러나 하나님의 지도하심에 전적으로 순복하지 않고는 우리의 참된 가능성을 결코 알아낼 수 없다.

워렌이 표현한 것처럼, "순복하는 삶은 가장 좋은 삶의 방식이 아니다. 그것은 살아가는 유일한 방식이다. 다른 아무것도 안 된다.

다른 모든 접근 방식은 좌절과 실의와 자기 파멸로 이끌 뿐이다."

순복하는 것은 합리적이다. 그것은 우리가 이 세상에서 좋은 계획이란 계획은 다 세울 수 있지만, 그 계획이 하나님의 계획과 같지 않으면 다 헛것에 불과하다는 사실을 인정하는 것이기 때문이다. 순복은 신앙의 도약만이 아니다. 그것은 우리가 우리의 삶을 두고 할 수 있는 가장 현명한 일이다.

신이 바라는 참된 관계

워렌에 의하면, 하나님께서 다른 어느 것보다 원하시는 것은 우리의 친구가 되는 것이다. 이것은 우리에게 일어나는 모든 것의 목적, 곧 우리를 하나님께 더 가까이 인도하기 위함이다. 하나님은 우리의 생각에 모두 그를 포함시켜주기를 바라신다. 심지어 우리와 열띤 토론을 하길 원하신다.

하나님은 '경건한 상투어'가 아니라 참된 관계를 바라신다. 대부분의 사람들은 하나님께 이야기할 때 경건해야 한다고 생각하지만, 하나님은 우리의 생각을 모두 다 아시므로 특별히 그렇게 해야 할 이유가 없다. 하나님과의 참된 관계의 근거는 정직함, 가끔씩 질문도 하고 화도 내기도 하는 솔직함이다. 워렌에 의하면, 하나님이 아직도 계시다는 것, 우리가 그것을 믿는다는 근본 생각을 유지하는 한, 하나님은 우리가 "만사가 가망 없다." 등의 말을 해도 개의하지 않으신다.

다른 무엇보다도 우리에게 요구되는 것은 믿음이다. 심지어 하나님이 우리에게 하라고 하는 일이 어처구니없어 보이더라도 믿음을 가져야 한다. 워렌은 책의 한 장을 노아에게 할애한다. 노아는 하나님의 명령에 순종하여, 비가 거의 내리지 않고 바다에서도 멀리 떨어진 곳에 살면서도 하나님이 미래에 닥칠 것이라고 일러주신 큰 홍수에 대비해 방주를 짓기 시작한다.

워렌은 다음과 같이 경고한다. "여러분은 대대적인 변화, 지연되는 약속, 해결 불가능한 문제, 응답되지 않는 기도, 억울한 비판, 심지어 뜻도 모를 비극 등으로 시련을 겪을 것이다."

하나님과 관계를 맺는다는 것은, 이런 어려움들을 피할 수 있다는 뜻이 아니라, 이런 일들이 어떤 목적을 위해 일어난다는 것, 그리고 그 목적의 일부가 우리의 품성과 충성과 사랑을 시험하는 것이라는 사실을 알아차리고 고맙게 여김을 뜻한다. 그러므로 "이런 일들은 우리를 시험하기 위해 오는 거야"라는 말은 맞는 말이다. 삶의 대소사에서 우리의 믿음을 실증할 기회는 얼마든지 있다. 결혼 관계에서처럼, 믿음이 없으면 관계를 맺을 근거가 없다. 믿음이 있을 때 하나님이 우리를 통해 할 수 있는 일에 제한이 없어진다.

우리는 왜 교회에 가는가?

삶의 목적을 발견하는 데 도움을 주겠다고 장담하는 책들은 많다. 그러나 워렌은 이런 책들에는 무언가 빠진 것이 있다고 지적한다. 우리의 목적은 부분적으로만 우리의 재능을 발휘하고 직업이나 가정생활에 공헌하게 한다. 그러나 우리가 존재하는 더욱 근본적인 이유는 예배를 통해 하나님께 영광을 돌리기 위함이다.

그가 지적하는 것은 하나님께 영광을 돌리고 그 안에서 기뻐하려는 욕망이 인간 본성의 한 부분이기 때문에, 우리가 하나님을 섬기는 피조물이라는 사실을 인정하지 않고서는 우리의 참된 가능성을 완성시킬 수 없다는 것이다. 많은 사람들이 자신의 문제를 해결하거나 공동체 의식을 갖고자 교회를 찾지만, 교회에 가는 목적은 예배를 위한 것으로, 이것이야말로 본질적으로 즐거운 것이다. 이와 관련하여 마틴 루터는 유명한 말을 했다. "목장의 소녀가 젖소의 젖을 짜는 것도 하나님의 영광을 위한 것일 수 있다."

워렌은 이 말을 통해 우리에게 하나님께 찬양과 영광을 돌릴 수 있는 기회가 얼마든지 있고, 교회에 간다는 것은 이런 일을 가능하게 하는 놀라운 기회가 된다는 생각을 뒷받침한다. 우리는 삶에서 얼마나 큰 즐거움을 얻어낼 수 있을지에 집중하는 대신, 하나님께서 우리로부터 얼마나 큰 즐거움을 얻어낼 수 있을지에 관심을 쏟아야 한다.

목적이 이끄는 삶이란

워렌이 말하는 목적이 이끄는 삶의 중심 사상은 우리가 영원의 맥락 속에서 살아야 한다는 것이다. 모태에서 보낸 짧은 시간이 밖에 나와서 살기 위한 준비 기간이었던 것처럼, 우리의 지상에서의 삶은 사후의 삶을 위한 준비 기간이라는 것이다.

또 다른 비유를 들면, 개미가 인터넷을 이해하지 못하는 것 이상으로 우리는 하늘에서 무슨 일이 일어나고 있는지 알지 못하지만, 우리가 아는 것, 성경이 우리에게 말해주는 것은 지상에서의 삶이 우리가 누릴 영원한 삶의 질에 큰 영향을 미친다는 것이다. 영원을 의식하면 자연히 우리의 일상적인 삶을 보는 눈이 바뀐다. 값싼 재미를 좇고 유행에 맞추던 우리의 옛 삶은 하나님과의 관계를 생각하기 시작하면 갑자기 천박한 것으로 보이게 된다. "우리가 하나님께 더 가까이 가면 갈수록 다른 모든 것은 그만큼 더 작아진다."

워렌은 성경에는 우리가 지상에서 보내는 삶을 외국에서 나그네로 사는 것이라고 표현한 구절이 많다고 말한다. 우리는 새로운 땅에 집착할 수도 있지만, 언제나 우리가 어디에서 왔고 어디로 돌아갈 것인지를 잊으면 안 된다. 그런데도 왜 우리는 여전히 삶에 만족하지 못할까? 워렌에 의하면, 이는 우리에게 이 세상은 결코 우리를 만족시키지 못하며, 우리의 참된 고향은 '영원'이라는 것을 깨닫게 하려는 하나님의 방법이다.

이 책이 힘이 되는 순간

어떤 독자들은 이 책에 드러난 배타성 때문에 '기독교 이외의 진리는 모두 틀린 것인가?'라는 의문을 품는 경우도 있을 것이다. 또한 워렌이 선교와 복음 전파에 큰 비중을 두는 점 역시 거부감을 줄 수 있다. 그럼에도 『목적이 이끄는 삶』은 여전히 탁월한 영성서로 읽힐 가치가 있다. 그 이유 중 하나는 이 책이 현대 소비사회에 대한 분명한 대안을 제시한다는 점이다. 물질적으로는 풍요롭지만 영적으로는 허기진 현대인에게 이 책은 삶의 방향과 목적을 새롭게 성찰하게 만든다.

책에서 워렌은 영적으로 살아가는 삶을 '반(反)문화'라고 표현한다. 그는 하나님과의 관계를 중심으로 살아가는 것이야말로 세상을 향한 강력한 증언이라고 강조한다. 목표 달성과 성취를 최고의 가치로 삼는 현대의 윤리와 달리, 워렌은 하나님께 삶을 온전히 맡기라고 권한다. 이는 '원하는 대로 가지라'고 하는 세속적 문화에서 상당히 급진적인 메시지라 할 것이다.

워렌은 독자들을 획일적으로 만들려 하지 않고, 유전과 환경을 근거로 모든 인간은 나름대로 독특하다는 사실을 반복해서 강조하며, 그렇기 때문에 우리 각자는 나름대로 이 세상에 존재할 특별한 이유가 있다고 주장한다.

무엇보다 『목적이 이끄는 삶』은 피상적인 낙관론을 제시하지 않는다. 오히려 인간 내면의 어두운 면에 주목하며, 우리가 순복을 결심할 때 그것이 변화될 수 있다고 말한다. 워렌은 하나님을 "사람들이 새롭게 시작하도록 돕는 전문가"라고 말한다. 우리 대부분은 삶을 단순히 개선하는 정도에만 그치려 한다. 그러나 우리가 할 수 있는 일은 변화하는 것이다.

BOOK 45

신을 기다리며
Waiting for God

시몬 베유 | 1951

세상을 사랑했던 지식인, 진리를 탐구하다

시몬 베유 *Simone Weil*

시몬 베유는 20세기 가장 독창적인 사상가 중 한 명으로 평가받는 프랑스 철학자이자 신비주의 사상가이다. 파리의 유대인 가정에서 태어나 소르본에서 철학을 공부했다. 그녀는 철학 교수로 활동하는 한편, 노동자와 함께 공장에서 일하고 스페인 내전에 참전하는 등 자신의 신념을 행동으로 옮기는 삶을 살았다. 『신을 기다리며』는 34세라는 나이에 짧은 생을 마감한 그녀의 유작으로, 신앙을 확신이 아닌 '기다림'으로 정의하며, 신의 부재 속에서 진리를 향해 나아가는 인간의 내면을 탁월하게 묘사한다.

"누구나 읽는 법이나 직업과 관련된 일을 배워야 하듯, 우리가 제일 먼저 그리고 거의 유일하게 배워야 할 것은 모든 사물을 보고 우주가 신에게 순종한다는 사실을 느끼는 것이다. 이것은 사실 수습 기간과 같다. 모든 수습 기간이 그러하듯 시간과 노력이 요구된다. …… 이 수습 기간을 끝낸 사람이면 누구나, 어디에서나, 언제나, 사물과 사건을 동일한 신의 무한히 감미로운 말씀의 진동이라 인지할 수 있게 된다."

어떻게 베유 같은 좌익 지성인이 20세기의 유명한 신비주의자 대열에 끼게 되었을까? 이것이 시몬 베유의 짧은 생애가 던지는 수수께끼이다.

파리에서 중산층 유대인으로 태어난 그녀는 무신론자였고, 특출한 학생으로서 고등학교와 대학교를 순조롭게 졸업했다. 1928년부터 1931년까지 엘리트들이 들어가는 고등사범학교에서 공부하며 철학자 시몬 드 보부아르보다 좋은 성적을 받아 2등으로 졸업했다.

베유는 그리스의 스토아 철학을 사랑하고, 호머와 소포클레스를 번역하긴 좋아했으며, 피타고라스에 대한 주석서를 썼다. 영국의 형이상학적 시인들을 좋아하고, 힌두교 경전 바가바드기타를 즐겨 읽고, 산스크리트어를 배우며, 아시시의 프란체스코와 십자가의 성 요한에게서 영감을 얻었다. 그러나 이때까지만 해도 그녀에게 영성이란 문화의 흥미로운 일부에 지나지 않았고, 말년에 이르기까지 기도도 하지 않았다.

20대에는 교사로서 여러 가지 직책을 맡아 일했지만, 그녀의 열정적인 관심은 프랑스 노동자들의 안녕에 관한 것이었다. 그래서 한 해 휴직을 하고 르노 자동차 공장에서 노동자들과 함께 노동일을 하기도 하고, 여러 해 동안 여름이면 포도원에서 농부들과 일하기도 했다. 그러나 언제나 좋지 못한 건강 때문에 고생하다가, 1940년 부모와 함께 지내려고 프랑스 남부 마르세유로 갔다. 거기서 만난 사람이 페렝 신부로, 이 신부는 베유가 말년을 함께 한 친구이자 스승이었다.

『신을 기다리며』는 베유가 페렝 신부에게 쓴 여러 통의 편지와 몇 편의 수필로 이루어져 있다. 애초에 출간을 염두에 두고 쓴 것은 아니지만, 그녀가 죽은 후 한 권의 책으로 묶여 나왔다. 이 책은 베유의 사상을 이해하는 데 훌륭한 입문서 역할을 한다.

소명을 놓고 갈등하다

'영적 자서전'이라 이름 붙은 장에서 베유는 자신의 우울하고 불안정한 사춘기, 천재 오빠의 그늘에 가려 살던 일 등을 이야기한다. 자기는 외적인 성공을 하지 못해도 상관이 없지만, 그래도 자기가 '지혜와 진리의 왕국'에서 제외되었다는 느낌이 마음에 걸렸다고 한다. 그러면서 일종의 계시 같은 것을 받았는데, 그것으로 그녀는 만약 우리의 마음이 진리에 정말로 집중할 수만 있다면, 진리를 찾기 위해 반드시 천재가 될 필요가 없다는 사실을 깨달았다.

학생으로서, 철학 교사로서, 그리고 사회운동가로서 베유는 세계의 문제를 지적인 방법으로 해결하려고 했다. 그러나 말년에 아시시의 성 프란체스코가 기도하던 교회를 비롯해 가톨릭 교회당과 몇 군데의 성지를 다녀보면서 일종의 영적 혼절 같은 것을 경험했고, 그 이후 자신을 '신의 종'으로 여기게 되었다.

베유는 자기에게 신의 소명이 있다는 것을 알았지만, 그렇다고 당장 영세를 받고 수녀가 된다는 것은 생각조차 할 수 없는 일이었다. 일생 동안 어느 종류의 기관이나 단체도 신뢰하지 않았던 그녀가, 그 대상이 가톨릭 교회라고 해서 쉽게 바뀔 리 없었다. 그녀는 어느 조직이나 단체의 회원이 되면 다른 이들을 배제할 수밖에 없다고 생각했다. 그래서 지금 자기가 믿는다고 해서 믿지 않는 다른 수많은 사람들과 자신을 분리시킬 마음이 없었고, 또 자신이 무슨 종교적 맹신도처럼 보이는 것도 그다지 내키지 않았다.

더구나 베유는 다른 종교와 문화를 너무나 사랑했기 때문에 스스로 자신을 기독교도로 제한하기 어려웠다. 그녀는 그리스 고전 전문가로서 그리스 스토아 철학자들 중 마르쿠스 아우렐리우스 같은 이의 영적 의도는 적어도 기독교와 맞먹는다고 여겼다. 따라서 기독교가 그리스 스토아 철학자들을 비하하는 태도를 그대로 보아 넘길 수 없었다. 더구나 교리라는 이름으로 수많은 사람들을 죽이고 고문한 가톨릭교회의 종교재판이나, 교회가 열성적으로 나서 전쟁을 지지한 역사도 문제였다.

페렝 신부에게 보낸 한 편지에서 베유는, 페렝이 '비정통적'이라고 해야 할 때 '거짓된'이라는 말을 썼다며 비판한다. 그녀는 지적 비정직성이나, 교회가 교리를 통해 사람들에게 스스로 생각하는 것을 가로막는 것 등을 받아들일 수 없었다. 비록 가톨릭교인이 될 때 얻을 수 있는 소속감은 아름다울 거라고 상상했지만, 그녀의 더 높은 소명은 종교 영역 밖에서 진리를 추구하는 것이라고 믿었다.

베유는 사람들이 어느 믿음에 속하게 되었을 때 느끼는 '애착'을 못마땅하게 여기고, 집단적 감정이 가져올 수 있는 폐해를 무서워했다. 그녀는 자신이 나치 군가가 불러일으키는 흥분에 휩쓸릴 그런 유형의 사람이라는 것을 알았다. 이런 영적 무감각 상태로 몰고 가는 경향이 아빌라의 테레사의 행동거지에도 보인다는 사실을 감안할 때, 물질주의나 무신론과의 관계에서 그랬던 것처럼, 영적 생각이나 신념에 대해서도 최대한 객관적이어야 한다고 생각했다.

이제부터는 『신을 기다리며』에 나오는 3가지 주제와 베유의 사상 전반을 간략히 살펴보자.

세 가지 사랑

베유는 신의 사랑을 대표하는 세 가지 사랑에 대해 이야기한다. 이런 사랑은 '간접적인 사랑'으로, 우리가 이 세상에 살면서 경험할 수 있는 것들이다. 구체적으로는 종교적 예식, 이웃에 대한 사랑, 세상의 아름다움이다.

우리가 재산 증식이나 사치, 혹은 아름다움을 사랑하는 것은, 베유에 의하면 물질 자체에 대한 사랑이 아니라 그 물질 뒤에 있는 무엇에 대한 사랑이다. 우리가 어떤 대상이나 예술을 사랑하는 것은 그것들이 보편적 아름다움으로 들어가도록 해주는 문이기 때문이다. 많은 경우 아름다움을 보는 것은 그 자체로 신이 마음속으로 들어오는 유일한 길이 된다. "아름다움을 사랑하는 영혼의 자연스러운 쏠림은, 신이 영혼을 얻고 그 영혼이 하늘에서 오는 숨결에 자신을 열도록 하고자 가장 애용하는 덫이다." 이 세상의 아름다운 것들은 그 근원이 되는 신의 참된 아름다움을 나타내주는 대리자들이다.

이와 마찬가지로, 이웃에 대한 사랑도 자기를 의식하는 윤리적 행위가 아니라 모든 사람 뒤에 있는 신의 사랑을 인지하고자 우리가 사용하는 방법이다. 선한 사마리아인이 죽어가는 사람을 보고 발길을 멈추어 도와준 것은, 그것이 그에게 기분 좋은 일이었기 때문이 아니라 이웃 사랑이 곧 정의였기 때문이다. 이 정의는 곧 사랑의 힘으로 움직이는 우주의 올바른 질서를 인지하는 것이다.

고통과 역경의 차이

베유의 관찰에 의하면, 일반적으로 흔한 고통과 달리 '역경'은 삶의 신비 중 하나이다 사람들이 노예가 되고, 홍수에 쓸려 내려가고, 고문을 당하는 것은 놀라운 일이 아니다. 그러나 특별히 나쁜 일을 하지 않은 사람이 '영혼의 어두운 밤'에 빠지는 것, 곧 심리적으로나 영적으로 무너지는 것은 정말로 놀라운 일이다.

베유가 발견한 고통과 역경의 또 다른 차이는, 역경은 거의 육체적 아픔과 같다는 점이다. 역경은 거의 숨이 막히는 것 같거나, 엄청난 배고픔처럼 느껴진다. 영적으로 민감한 사람들에게는 이런 고통이 신이 자기를 버렸다는 충격적인 느낌으로 다가온다. 그러나 이런 어두움에서 헤어나면 우리의 믿음은 더욱 깊어지고, 삶의 신비 중 하나를 경험하게 된다.

베유의 생각에 의하면, 진정한 이웃 사랑이란 "어떻게 지내십니까?" 하고 물을 수 있는 것이다. 경멸하거나 동정하는 것이 아니라, 그 사람이 어떠한 역경을 겪는지 알아보는 것이다.

우리는 순종할 수밖에 없다

우리가 신에게 순종하지 않을 수 있다고 믿는 것은 어리석은 일이다. 우주에 있는 모든 것이 거의 기계적으로 신의 법칙에 순응하고 있기 때문이다. 우리는 신에게 순종할 마음이 있느냐 없느냐만 선택할 수 있을 뿐, 영적인 법칙은 인력의 법칙처럼 틀림이 없기 때문에 결국은 다 순종하게 되어 있다. 범죄자는 '지붕에서 바람에 불려 날아간 기왓장'과 같다. 그들은 자유로워지고자 지붕에서 빠져나오지만, 어쩔 수 없는 인력에 이끌려 다시 땅으로 떨어진다.

베유는 노예가 주인에게 순종하면 할수록 그 둘 사이의 간극은 더욱 커지지만, 인간의 경우에는 신에게 순종하면 할수록 신을 더 잘 나타내게 된다고 말한다.

이 책이 힘이 되는 순간

고대 스토아 철학자들처럼 베유는 보편주의자였다. 세계를 너무나 사랑했기 때문에 한 종교나 신에 대한 한 가지 해석으로 자신을 제한할 수 없었다. 제도화된 종교를 경계하는 태도는 오늘날 흔한 일이지만, 그녀가 살던 시대에는 이러한 입장을 지키는 것이 큰 용기가 필요한 일이었다. 영세를 받을 것인가 말 것인가를 두고 깊이 고민했던 모습은 지금의 시선으로 보면 낯설게 느껴질 수 있지만, 영성을 철저히 사적인 영역으로 지키려 했던 그녀의 결단은 충분히 존경할 만하다.

그러나 타협을 모르는 그녀의 삶은 종종 극단으로 치달았다. 그녀의 죽음도 그러했다. 전쟁 중 나치에 점령당한 프랑스에서 병든 몸으로 피신해 있던 그녀는 의사의 만류에도 불구하고 하루 배급량 이상은 먹지 않겠다고 고집했다. 원칙이 건강보다 더 중요하다는 신념은 결국 그녀를 죽음으로 이끌었다. 어떤 의미에서 그녀는 스스로 순교자의 길을 택한 셈이었다.

『신을 기다리며』는 읽기에 결코 쉽지 않은 책이다. 그러나 천천히 곱씹으며 읽는 독자에게는 깊은 만족감을 주는 책이다. 독자는 창의적인 사상가와 함께하고 있다는 느낌을 받게 될 것이다. 가톨릭 신학을 다루는 대목은 상당히 어렵지만, 베유가 자신의 내면과 경험을 들려주는 부분은 독자들을 단숨에 사로잡는다. 그녀는 자신의 개인사가 중요하지 않다고 생각했으나, 그녀가 어떤 사람이었는가 하는 점은 많은 사람들에게, 심지어 비기독교인들에게까지 그녀의 사상을 더욱 매력적인 것으로 만드는 데 일조한다.

베유의 힘은, 신을 모르는 현대성에서 고대의 믿음으로 넘어갔으면서도 제도화된 권위에 대해 끝까지 의구심을 놓지 않았다는 데 있다.

그녀는 자기 삶을 신에게 바칠 생각이 전혀 없었다. 그저 진리를 추구했고, 그 진리는 교회의 스테인드글라스를 통해 그녀의 시야에 들어왔다. 그녀는 가톨릭 신학과 종교적 예식의 아름다움을 보았다. 그러나 실제적으로, 그리고 정신적으로, 그녀는 언제나 제도권 종교의 '외부인'으로 남았다.

BOOK 46

천국과 지옥
Heaven and Hell
에마누엘 스베덴보리 | 1758

천국을 가장
실재적으로 묘사한 책

에마누엘 스베덴보리 *Emanuel Swedenborg*
에마누엘 스베덴보리는 스웨덴 스톡홀름에서 목사이자 신학 교수의 아들로 태어났다. 유럽 여러 나라를 여행하며 과학과 철학을 독학했고, 스웨덴 왕립 광산 협회 감독관과 의회 참정원으로 활동하며 반세기 동안 공직 생활을 했다. 그는 초자연적 신비 체험을 한 뒤 신학 저술에 몰두했다. 대표작으로 『천상의 비밀(Heavenly Secrets)』과 『참된 그리스도교(True Christian Religion)』가 있으며, 생애 말기에는 교회의 이단 재판까지 받는 등 많은 시련을 겪었다. 그의 사상은 윌리엄 블레이크, 랄프 왈도 에머슨, 도스토옙스키, 헬렌 켈러, 존 웨슬리, 카를 융 등에게 영감을 주었으며, 사후에 그의 사상을 따르는 이들이 '새예루살렘 교회'를 창립했다.

"모든 것을 자연의 산물로만 여기고 신성에 대해서는 전혀 알지 못하는 사람들, 그렇게도 정교하게 조화를 이루고 있는 자신의 몸마저 단순한 자연적 요인의 집합으로만 생각하는 사람들, 심지어 인간의 이성이 자연에서 비롯된 것이라 믿는 이들. 천사들은 이런 사람들이 존재한다는 사실에 놀라움을 감추지 못한다. …… 천사들은 이들을 빛 속에서는 아무것도 보지 못하고 어둠 속에서만 보는 올빼미에 비유했다."

에마누엘 스베덴보리는 일생의 반 이상을 과학과 공학도로 이름을 떨치며 보냈다. 그는 금속학, 수학, 생리학, 해부학, 항해술 등에 관한 글을 많이 썼다. 그러나 50대 중반에 이 '북구(스웨덴)의 아리스토텔레스'는 심오한 종교적 깨달음을 얻고, 과학자에서 종교적 계시를 보는 자로 변했다. 이때부터 그의 삶은 명상적인 계시 상태에서 본 것을 위해, 그리고 성경을 새롭게 해석하는 데 바쳐졌다.

스베덴보리의 사상에서 특히 흥미로운 점은, 그가 깊은 영적 통찰을 지니고 있으면서도 과학적 관찰자의 태도를 끝까지 유지했다는 사실이다. 그는 자연과학의 탐구 방식을 비물질적 세계에 그대로 적용해 관찰하고 기록했다. 그의 객관적이고 명료한 어조는 전통적 기독교 교리 주변에 덧붙여진 미신과 음침함을 명쾌히

헤쳐 나간다. 이러한 이유로 그의 이름은 18세기 기독교 국가들에서 불신과 경계의 상징처럼 여겨지기도 했다.

'천국과 지옥(Heaven and Hell)'으로 번역된 이 책의 원제는 '하늘과 그 놀라움과 연옥에 대하여(De Caelo et Ejus Mirabilibus et de Inferno)'이다. 이 책을 읽다 보면, 당시의 저작에서 흔히 기대되는 신학적 추측이 전혀 없다는 사실에 놀라게 된다. 대신 하늘나라에 대한 냉철하고도 설득력 있는 묘사가 이어지며, 어떤 부분은 마치 여행 안내서를 떠올리게 할 만큼 구체적이다. 이러한 이유로 『천국과 지옥』은 놀라울 만큼 쉽게 읽힌다. 인간의 사후 세계나 영적 차원에 관심이 있는 사람이라면 반드시 한 번쯤 읽어볼 만한 책이다.

스베덴보리가 목격한 하늘의 구조

스베덴보리의 목적 중 하나는, 천국이 굽이치는 구름과 영들로 이루어진 형체 없는 물체라는 신화를 깊이 연구해보는 것이었다. 그는 직접 체험한 심령 여행을 통해, 사후 세계가 여러 지역과 단계, 공동체로 이루어진 질서 정연한 곳임을 알게 되었다. 사후 세계를 묘사하는 그의 글은 과학자 특유의 정확성이 두드러진다.

- 하늘에는 두 개의 왕국이 있다. 천상의 왕국과 영적 왕국이 그것이다. 천사들은 천상의 왕국에 사는데, 거기에 하느님도 계신다. 천사들은 본능적으로 하느님의 진리를 받아들이고, 이에 따라 천상의 사랑을 즐긴다. 이 천사들은 주님과 매우 가깝게 결합되어 있다. 한편 영적 왕국에 있는 천사들은 자

기들의 사랑에 더 관심이 있다. 하느님에 대한 그들의 사랑은 생각과 기억을 통해 온 것이다. 따라서 하느님에게서 한 발짝 떨어져 있다.

• 세 개의 하늘이 있다. 가장 내부의 하늘, 중간의 하늘, 외부의 하늘이다. 사람의 마음과 영도 이와 같이 정돈되어 있다. 따라서 우리는 모두 하늘의 구조를 그대로 반영하고 있다. 우리는 죽으면, 선한 것과 참된 것을 받아들인 정도에 따라 외부나 중간 하늘에 사는 천사들의 환영을 받는다. 가장 내부에 있는 이들에게는, 진리를 직접 인지하는 것과 이 진리를 행하는 것 사이에 아무런 간극도 없다.

• 하늘에 있는 빛은 공동체에 따라 여러 가지다. 하늘 중심에 가까워질수록 빛은 순수해진다. 반면 멀어질수록 사물은 흐려진다. 그러나 여전히 지상의 빛과는 비교할 수 없을 만큼 맑은 하늘의 빛에 잠겨 있다.

• 하늘은 하나의 단위로 움직이는데, 각 요소가 합해져서 전체를 대표한다. 스베덴보리는 "각 공동체는 더 작은 형태의 하늘이고, 하나하나의 천사는 가장 작은 형태의 하늘"이라고 표현한다. '여럿이 하나가 되는 것'은 하느님의 원리다.

• 하늘들 사이에는 분명한 분리가 있다. 이쪽 하늘에 있는 사람은 다른 하늘로 들어갈 수 없다. 좀 더 순수한 단계의 천국으로 들어가고 싶어도 더 높은 단계에 속하지 않은 영혼이 그곳에 들어가면 고통을 겪게 된다.

• 하늘은 순수한 사랑의 영역이기 때문에 영들은 서로 아무

것도 숨길 수 없다. "하늘에서는 자기가 가지고 있는 사랑의 상태와 다른 얼굴을 가질 수 없다." 물질 단계의 하늘에서는, 하늘이 모든 것을 공유하는 연합체이다.

• 하늘에도 지상과 마찬가지로 거할 곳과 건물들이 많다. "내 아버지의 집에는 거할 곳이 많다"(요한복음 14:2)는 예수의 말이 이를 가리킨다

천사들의 삶

하늘에 대한 스베덴보리의 지식은 대부분 천사들과 직접 대화하여 얻은 것이다. 천사들은 지상에 사는 사람들이 '맹목적 무지' 속에 살아가고 있다고 말한다. 천사들은 무엇이든 감각적인 정보에만 의존하여 믿는 사람들, 특히 영리한 사람들과 지성인들이 천사의 존재를 믿지 않는다는 사실에 놀라움을 금치 못한다. 이와 달리 진리의 내면적 감정을 근거로 무엇이든 믿는 단순한 사람들이 올바른 사람들이다. 스베덴보리는 천사들이 지상의 사람들과 마찬가지로 실재적이라고 한다.

• 천사들도 인간들과 마찬가지로 이기적인 자아를 가지고 있고, 자기중심적 사랑 때문에 하느님과 멀어지기도 한다. 천사들도 하늘의 사랑과 빛에 노출되는 정도에 따라 즐겁다거나 못마땅하다거나 하는 상태와 조건의 변화를 경험할 수 있다. 천사들이 자기중심적인 자아를 의식하는 상태에 있으면 우울해진다. "그들에게 하늘은 그들의 이기적 자아로부터 멀리 있

기 때문이다."
- 천사들은 힘이 있다. 그러나 그 힘의 세기는 그것이 자신한 테서가 아니라 하느님에게서 오는 것이라는 사실을 인지하는 정도에 따라 다르다.
- 하늘에서 천사들의 옷은 그들의 지력에 상응한다. 지적이면 지적일수록 더 큰 빛이 나온다. 지옥에 있는 사람들은 누더기 옷을 입고 있다.
- 천사들도 공동체를 이루어 살고 있다. 비슷한 천사들끼리 서로 끌린다.
- 천사들은 아름다운 집에서 살며 정원을 가꾼다. 이것으로 보아 왜 지상 정원이 하늘의 평화와 아름다움을 상징하는지 알 수 있다.
- 천사들은 시공간의 감각이 거의 없다. 이런 차원은 지상과 같은 식으로 존재하는 것이 아니기 때문이다. 인간들에게는 모든 것이 시간에 따라 일어나지만, 하늘에서 중요한 것은 조건이다. "천사들은 영원을 무한한 시간이 아니라 무한한 상태라 이해한다." 우리의 생각은 시공과 관계되기 때문에 제한되어 있다. 그러나 하늘 존재들은 시공을 초월하기 때문에 지적이나 영적으로 제한을 받지 않는다.

선한 것과 참된 것

하늘에 있는 사람들은 선하고 참된 것 그 자체에 이끌린 사람들이다. 선하고 참된 것보다 자기 자신을 더 사랑하는 사람들은 지옥에 있다. 이것이 마태복음 6장 33절, "너희는 먼저 하나님의 나라와 그의 의를 구하여라. 그리하면 이 모든 것을 너희에게 더하여 주실 것이다"라는 말씀의 참뜻이다.

스베덴보리의 설명에 따르면, 지상의 모든 사람에게는 하느님이 들어와 흐를 수 있는 입구가 몸에 있다. 오직 인간들만 이런 입구를 가지고 있다. 우리 자신의 더 높은 부분으로 들어와 흐르는 사랑과 지성과 지혜를 받아들일지 말지는 우리에게 달렸다. 우리는 우리의 의도가 우리 자신의 것이라 생각한다. 그러나 하느님이 의도를 심도록 도와주신다. 그래서 그것이 우리의 생각과 행동을 형성한다. 우리는 다시 좋은 의도를 가지고 앞으로 나아갈 수도 있고, 이를 거절할 수도 있다.

『천국과 지옥』을 보면 여러 군데에서 '의도'가 강조되고 있음을 알 수 있다. 스베덴보리가 보기에, 우리가 의도하는 바는 다른 어느 것보다도 우리의 사람됨을 규정하는 요인이기 때문이다. 그가 말하는 이 '지배적인 사랑'은 우리 삶과 우리가 영계에서 살게 되는 공동체의 질을 결정하는 요인이기 때문에 중요하기 그지없는 것이다.

스베덴보리는 선하고 참된 것을 추구하는 사람과, 선한 것과 참된 것을 추구한다는 미명 아래 자기 자신의 유익을 추구하는 사람을 구별한다. 전자는 결과에 신경 쓰지 않고 전체의 선을 위해 진성으로 행동하는 사람들이다.

삶의 소용돌이에서 도망가지 말라

사람들은 금욕주의자나 은둔자의 삶이 하느님께 나아가는 길이라 여긴다. 그러나 스베덴보리는 이런 사람들은 지나친 근심과 자기 고립에 빠져 타인에게 진정한 관심을 기울이기 어렵다는 이야기를 전한다. 이와 대조적으로 비즈니스를 하면서 지극히 세속적인 삶을 살아가는 사람들, 자기 사업을 하며 잘 먹고 잘 마시는 사람들이 있다. 이런 사람들도 자기의 선한 양심에 따라 살고, 하느님을 첫째로 인정하고, 동료 인간들에게 잘하면 하늘에 들어가는 데 아무 문제가 없다. 여기서 스베덴보리의 결론이 흥미롭다. "사람들은 이 세상에서만 하늘 가는 준비를 할 수 있다."

영적인 사람들은 하느님과 단둘이서만 있고자 이 복잡한 삶에서 도피하려 하지만, 우리가 이 지상의 삶을 사는 참된 이유는 자신을 삶의 소용돌이 속에 던져서 그곳에서 우리가 할 수 있는 선한 일을 하기 위함이다.

성경에 '낙타가 바늘구멍에 들어가기보다 부자가 하느님의 나라에 들어가는 것이 더 어렵다'는 이야기가 있다. 천재적인 성경 해석자인 스베덴보리가 이 구절에 단 주석은 이러하다. 여기서 낙타란 지식과 정보를 나타내고, 바늘구멍은 영적 진리를 가리킨다. 부자로 상징되는 오만과 자기 사랑은 하느님을 기쁘게 해드릴 수 없고, 단순한 믿음과 신뢰를 가진 사람들만 영계로 쉽게 들어간다는 뜻이다.

이 책이 힘이 되는 순간

『천국과 지옥』은 단순한 상상력의 산물일 뿐일까? 그러나 스베덴보리가 뛰어난 과학자였으며, 이러한 계시를 경험하기 전후로도 정신적 이상이나 퇴행의 징후를 전혀 보이지 않았다는 점을 고려하면, 이런 의심은 그에게 다소 가혹한 평가일 수 있다. 물론 대부분의 사람들로서는, 천사나 키케로, 루터 같은 위인들의 영혼과 대화를 나눴다는 주장을 곧이곧대로 받아들이기란 쉽지 않다. 그러나 그의 저작은 고대 전통 속에서 이해할 필요가 있다. 즉, '제2의 눈'을 지니고 시공을 초월해 여행하며 그 경험을 기록으로 남긴 사람들의 계보 속에서 말이다.

스베덴보리는 고텐부르크에서 친구들과 식사하던 중, 500킬로미터나 떨어진 스톡홀름에서 큰불이 났다고 겁에 질려 말했다고 한다. 이 사건으로 그의 신통력에 대한 사람들의 신뢰가 높아졌다. 실제로 이틀 뒤 그가 말한 대로 대형 화재가 발생했다는 소식이 전해졌기 때문이다.

『천국과 지옥』에는 기존 교회의 교리에 정면으로 도전하는 내용이 적지 않다. 그러나 스베덴보리는 자신의 과학적 훈련과 양심에 따라 자신이 본 것만을 충실히 기록했다고 밝혔다. 그가 내린 결론은 명료하다. 단순하고 진실한 신앙을 지닌 이들, 오랫동안 천국을 믿으며 자기들의 믿는 바에 따라 삶을 개선하려 애쓴 사람들이 옳았고, 이를 부정하는 자만한 지성인들이 틀렸다는 것이다

 **6부**

물질적인
세계를 넘어서

리처드 모리스 벅,
『우주 의식』

제임스 레드필드,
『천상의 예언』

켄 윌버,
『모든 것의 이론』

개리 주커브,
『영혼의 자리』

BOOK 47

우주 의식
Cosmic Consciousness

리처드 모리스 벅 | 1901

진화한 인류의
새로운 세상을 그리다

리처드 모리스 벅 *Richard Maurice Bucke*

리처드 모리스 벅은 1837년 영국 노퍽에서 대가족의 일곱째 아이로 태어났다. 젊은 시절 미국 전역을 떠돌며 정원사, 증기선 갑판원, 포장마차 일꾼, 금광 광부 등 다양한 일을 했으며, 동상을 입고 한쪽 발을 절단하는 아픔을 겪기도 했다. 혹독한 생활 끝에 의학을 공부해 정신과 의사가 되었고, 웨스턴 대학교의 정신신경과 교수로 재직했다. 월트 휘트먼과 교류하며 『인간의 윤리적 본성(Man's Moral Nature)』을 집필했고, 이후 현대 영성 사상에 큰 영향을 미친 『우주 의식』을 발표했다.

"우주 의식의 본질을 우리가 완전히 이해할 수는 없지만(그럴 수밖에 없는 것이지만), 그것이 실재한다는 사실은 동서양을 막론하고 오래전부터 감지되어 왔다. 지금도 세계 각국의 배웠다는 남녀들이 이러한 우주 의식을 지닌 스승들 앞에 고개를 숙인다. 스스로 영감을 받지 못한 보통의 스승들은, 이런 빛을 받은 소수의 위대한 스승들에게서 교훈을 받아내어 직접적으로나 간접적으로 전수하고 있다."

리처드 모리스 벅은 아주 존경받는 캐나다 정신과 의사로서, 시간이 날 때마다 시와 문학에 심취하고 친구들과 함께 휘트먼, 워즈워스, 셸리, 키츠, 브라우닝의 작품들을 읽으며 저녁 시간을 보냈다. 영국에 머물던 어느 날, 그는 평소와 다름없이 저녁 시간을 보낸 후, 특별히 휘트먼의 시에 깊이 감동받은 채 마차를 타고 집으로 가고 있었다. 이때 갑자기 큰 빛, 그가 말하는 '우주 의식'의 번쩍임을 경험하게 되었다.

그 한순간 그는 우주가 죽어 있는 물질이 아니라 완벽하게 생명을 가지고 있다는 것, 인간은 영혼을 가지고 있고 불멸한다는 것, 우주는 결국에는 반드시 다 행복하게 되는 등 모든 것이 선을 향해 작용하도록 지어졌다는 것, 그리고 사랑이 우주의 기본 원리라는 것 등을 깨달았다.

벡은 그 순간에 수십 년간 공부한 것보다 더 많은 것을 배울 수 있었다. 그러나 그것은 참된 깨달음의 편린에 지나지 않았다. 그는 역사를 통해 영원히 그런 경지에 오르고, 그 적은 수에 비해 엄청나게 큰 비율로 나머지 인류에게 영향을 끼친 일단의 선택된 사람들이 있었다는 사실을 알게 되었다. 이들 가운데 일부는 예수, 무함마드, 붓다처럼 더 위대한 종교를 탄생시켰다. 이는 그들이 인간이 된다는 것이 무엇인지에 대해 새로운 이해를 제공했기 때문이다. 벡은 우리 의식이 자라는 것이 우리의 진화 과정의 일부이고, 이런 위대한 인물들은 일반인에게는 아직 가능하지 않은 새로운 존재와 인식 방식을 채택하는 데 앞장선 사람들이라고 믿었다.

의식의 여러 차원

벡은 의식의 여러 가지 차원을 이렇게 나눈다. '단순 의식'은 대부분의 동물이 제 몸이나 주변을 둘러싸고 있는 환경에 대해 갖고 있는 의식이다. 벡이 표현한 대로, "동물들은 말하자면 바다 속의 물고기처럼 제 의식에 빠져 있는 셈이다. 동물들은 상상 속에서라도 한순간 그런 의식 상태 밖으로 나와서 그것을 알아차릴 수가 없다."

다른 한편으로 '자의식'이라는 것은 인간들에게만 있는 것으로, 우리가 우리 자신을 매우 다른 방식으로 인식하도록 해준다. 우리는 생각한다는 것에 대해 생각할 수 있다. 자의식이란 그것을 표현하고 활용할 수 있는 언어와 함께 호모사피엔스를 실로 인간답게 만들어주는 것이다.

최종적으로 '우주 의식'이란 몇몇 인간들을 다른 인간들보다 훨씬 높은 곳에 있게 하는 것이다. 벅은 이 경지는 '우주의 참된 생명과 질서'를 분명히 알아차리는 것으로서, 이런 의식 속에 있을 때 인간은 신 혹은 우주 에너지와 하나 됨을 경험한다고 말한다. 이런 지적인 인식 혹은 진리파지(眞理把持)는 놀라운 즐거움을 동반한다. 그 안에 거하면 모든 평범한 자의식이 가져다준 그릇된 인식이 완전히 제거되기 때문이다. 만약 사람들이 우주의 본성이 사랑이라는 것, 그리고 우리가 모두 모든 것의 기저를 이루고 있는 의식적 생명력의 일부분이라는 것을 알게 된다면, 더 이상 두려움이나 의심을 품을 수 없을 것이다.

우주 의식이 보편화되면 어떤 세상이 될까?

벅은 우주 의식이 보편적으로 가능해지면 무엇을 믿느냐 안 믿느냐를 따질 필요가 없어지기에, 믿음을 강요하는 종교 같은 것은 더 이상 존재하지 않을 것이라 보았다. 모든 이가 하느님이나 우주의 완전한 영적 본성을 직접 체험할 따름이다. 이런 경지와 지금 우리가 알고 있는 상태 간의 차이는, 인류의 새로운 여명과 현재 사이의 차이와 같다.

이 정도의 엄청난 진화상의 도약을 이야기하는 것이 어떤 면에서는 지나친 비약이 아닌가 할 수도 있겠지만, 벅에 의하면 새로운 인간의 특성이나 능력은 처음에 한 사람에게서 시작하여 결국 보편적인 것이 되었다. 예를 들어, 색깔을 인식하는 능력은 인류 역사상 비교적 후기에 생긴 것이다. 성경에는 하늘이 파랗다는 말이 없다. 고대 그리스인도 서너 가지 색깔 정도만 인지할 수 있었다. 벅이 주장하는 바는, 시간이 흐르면서 인간은 이전에는 존재하는지조차 모르던 것을 새롭게 인지할 수 있는 능력을 갖게 되었다는 것이다.

다윈은 종(種)에서 비교적 새로운 특성들은 쉽게 사라지는 경향이 있다고 보았다. 이른바 '전환의 원리'다. 동물들 중 고급 품종을 교배하여 새끼를 얻으면 질병에 걸릴 위험성이 더 높고 여러 가지 신체 기능도 떨어진다. 그들의 특성이 불안정하기 때문이다. 이는 어느 종이나 인종에게 오래전부터 있었던 특성이 그만큼 더 안정적이라는 이야기다. 이것이 우주 의식과 무슨 상관이 있을까?

간단히 말해서, 우주 의식이 처음 등장할 때는 어쩔 수 없이 괴상해 보이지만, 자꾸 그런 경우가 많아지면 우리 중 누군가는 일상적인 자의식을 초월할 수도 있다는 사실을 더 쉽게 받아들인다는 것이다. 그리고 이들을 우리보다 본성적으로 우월한 사람들로 인정할 수 있게 된다. 이들은 문자 그대로 보통 사람들보다 더 진화한 사람들이다.

우주 의식에 도달한 역사적 인물들

벅은 자기가 보기에 분명 우주 의식에 도달했다고 생각되는 역사적 인물들의 명단을 작성했다. 예수, 붓다, 무함마드, 사도 바울, 프랜시스 베이컨, 야콥 뵈메, 존 입스(십자가의 요한), 바르톨로메 라스 카사스, 플로티누스, 그리고 문학가 단테, 발자크, 월트 휘트먼, 에드워드 카펜터 같은 사람들이다.

명단에서 '더 작은 빛'이라고 된 분류에는 그가 보기에 우주 의식에 도달했는지가 불분명한 사람들, 예를 들어 모세, 소크라테스, 파스칼, 에마누엘 스베덴보리, 윌리엄 블레이크, 에머슨, 스리 라마크리슈나, 그 외에 이름의 첫 글자로만 표시된 당대의 사람들이 다수 포함되었다. 이 명단에는 네 명의 여자가 포함되었는데, 그중 한 명이 중세의 신비주의자 마담 규용이다.

벽이 이런 사람들을 논의하는 대목은 정말 흥미진진한 읽을거리로서 책의 핵심부를 차지한다. 그는 우주 의식에 도달한 사람들의 특징을 다음과 같이 열거한다.

- 우주 의식에 도달하는 평균 연령은 35세이다.
- 성경 읽기나 명상 등 진지한 영적 추구의 역사를 가지고 있다.
- 신체가 건강하다.
- 고독을 즐긴다.
- 일반적으로 사람들이 좋아하고 사랑한 사람들이다.
- 돈에 별로 관심이 없다.

그리고 다음은 우주 의식에 도달하려고 할 때 나타나는 현상이다.

- 처음에 극히 밝은 빛을 본다.

- 분리를 허상으로 본다. 우주의 모든 것이 하나임을 안다.
- 이런 우주 의식에 도달하면 영원한 행복에 머문다. 실제로 외모도 달라지고 즐거운 표정을 짓게 된다.
- 죽음, 공포, 죄 같은 것에 대한 감각이 없어진다.
- 이런 우주 의식을 경험한 사람들은 같은 경험을 한 다른 사람을 알아볼 수 있다. 그러나 자기들이 본 것을 표현한다는 것이 어렵다는 것을 알게 된다.
- 우주 의식을 경험하는 계절은 보통 봄이나 여름이다.
- 교육 정도는 결정적인 요인이 아니다. 어떤 이들은 최고의 교육을 받았고, 어떤 이들은 정규 교육을 거의 받지 않았다.
- 우주 의식을 경험한 사람들의 부모는 서로 반대되는 성격을 가지고 있다. 예를 들어, 쾌활한 어머니와 우울한 아버지 같은 식이다.

이 책이 힘이 되는 순간

『우주 의식』은 완벽한 책은 아니다. 벅은 백인 문화의 우월성이나 사회주의의 궁극적 승리, 그리고 셰익스피어의 작품이 프랜시스 베이컨에 의해 쓰였다는 주장을 언급하기도 했다. 그가 우주 의식에 도달했다고 본 사람들의 명단에 이의를 제기하는 독자들도 있을 것이다. 아빌라의 테레사, 노리치의 줄리안, 아시시의 프란체스코 같은 이름이 빠져 있기 때문이다. 그러나 그가 지녔던 정보와 그 시대의 한계를 감안한다면 이런 부분은 충분히 이해할 만한 일이다.

벅의 진정한 공헌은 우주 의식 경험에서 공통적으로 발견되는 특징들을 설득력 있게 정리했다는 데 있다. 이 점만으로도 이 책은 고전의 자격이 충분하다. 물론 오늘날의 과학적 기준에서 보자면 이 책은 엄격한 방법론에 기반한 연구는 아니다. 그러나 이 책은 윌리엄 제임스의 『종교적 경험의 다양성』이 출간되기 전, 그리고 에벌린 언더힐의 『신비주의(Mysticism)』가 세상에 나오기 10년 전에 신비주의 체험을 객관적으로 탐구하려는 선구적 시도로 평가받는다.

우주 의식이 점점 보편화될 것이라는 벅의 예견은 이후 에이브러햄 매슬로('자아실현'의 개념 제시)나 매릴린 퍼거슨(『의식혁명(The Aquarian Conspiracy)』의 저자) 등의 사상가들에게도 영향을 미쳤다. 우주 의식이라는 개념이 다소 단순해 보일 수는 있지만, '개인적 자각'이 현대 문화의 일부로 자리 잡고 있다는 점을 생각하면 충분히 근거 있는 이론이라 할 수 있다.

결국 우주 의식은 자의식에 얽매인 삶을 넘어서는 하나의 숭고한 목표로 평가할 수 있다. 우리는 알고 싶어 한다. 우리 중에 영원한 즐거움과 행복 속에 살아가는 사람들이 실제로 존재하는가를. 이런 사람들이야말로 우리가 비록 육체의 옷을 입고 있지만 영적인 존재가 될 수 있음을 입증해주기 때문이다.

BOOK 48

천상의 예언
The Celestine Prophecy

제임스 레드필드 | 1993

인류에 대한 통찰을 담은
아홉 가지 지혜 이야기

제임스 레드필드 *James Redfield*

1950년 미국 앨라배마 주 버밍엄 근처의 감리교 가정에서 태어났다. 오번 대학교에서 사회학을 전공하며 도교와 선불교 등 동양 철학을 공부했고, 이후 상담학 석사 학위를 취득했다. 그는 학대받는 청소년들을 위한 치료사로 15년간 일한 뒤, 전업 작가의 길을 걷기로 결심했다. 그는 약 2년 반 동안 집필에 전념해 『천상의 예언』을 완성했고, 초판은 자비로 출판했다. 책은 빠르게 입소문을 타고 알려졌고, 워너 출판사가 판권을 인수해 대대적으로 출간했다. 이 책은 《뉴욕 타임스》 베스트셀러 목록에 145주 동안이나 오르는 기록을 세웠다.

"나는 20세기의 끝자락에서 지금까지 왕성하던 추진력이 서서히 느려지고 있음을 느낀다. 400년 동안 우리를 사로잡았던 강박관념이 마침내 막을 내리고 있다. 우리는 물질적 안정을 이룰 수 있는 수단을 창조해냈지만 이제야 비로소 왜 그런 일을 해왔는지 그 이유를 찾을 준비가 되었고, 자세가 갖추어졌다."

『천상의 예언』은 1990년대 후반 3년간 전 세계를 뒤흔든 초대형 베스트셀러이다. 이 책에 대한 일반의 반응은 '이건 쓰레기'와 '내 삶을 바꾼 책'이라는 양 극단으로 갈렸다.

전자 쪽은 책의 문체나 형식에 초점을 맞추었고, 후자 쪽은 이야기 형식으로 짜인 아홉 가지 통찰 속에 코드화된 레드필드의 메시지에 귀를 기울였다. 이 책이 수준 높은 문학 작품이 아닌 것은 분명했지만, 그에 대한 비판적인 찬양이나 무조건적인 비난 모두 일반 독자들에게 큰 영향을 끼치지 못했다. 독자들은 그저 '내 친구도 이 책을 좋아하는지 보자.' 하는 식이었고, 그런 입소문 덕분에 이 책은 초대형 베스트셀러가 되었다.

레드필드는 자신은 소설가가 아니라 사회평론가라면서, 이 책도 그저 소설 형식을 빌려 자신이 갖고 있던 생각을 전한 것이라고 말했다. 그는 이 책에 담긴 통찰들을 각각 하나의 장으로 꾸며 비소설 형식으로 만들 수도 있었으나, 만약 그랬다면 몇 천 명도 읽지 않았을 것이라고 했다.

　이 책을 관통하는 큰 주제는 인류 전체에 걸쳐 새롭게 등장하는 의식인데, 이를 생생하게 표현하기 위해서는 소설 형식이 필요했다. 그래서 레드필드는 모험소설의 형식을 빌려, 폐허가 된 정글에서 고대 문서 사본이 발견되는 페루의 안데스로 독자들을 이끈다. 그 문서들에는 20세기 말에 영적 깨달음의 시대가 올 것이라는 예언이 담겨 있다.

우리를 변혁으로 이끌어줄 통찰

　『천상의 예언』의 독창성은, 할리우드 영화처럼 스릴 넘치는 전개와 감각적인 요소들을 잘 버무려 구도자적 주인공을 매력적으로 그려냈다는 점이다. 그렇다면 이 책에는 어떤 사상과 메시지들이 담겨 있을까?

　시대를 앞서가는 창조적인 작품들은 지금 문화에 이미 잠재해 있는 것을 대중들이 알기 쉽게 표현하기 때문에 '튀어' 보인다. 이 책 역시 우리가 이미 다 아는 것을 다루고 있다. 가장 주되게 등장하는 개념이 '동시성'인데, 이 개념은 카를 융이 처음 제시한 것으로 새로울 것이 없다. 그러나 레드필드는 우연이 더 자주, 그리고 더 많은 사람들에게 일어나고 있다는 것, 그리고 그것이 어느 면에서 종(種)으로서 인류의 진화와 연결되어 있다고 주장하며 사람들의 관심을 촉발시킨다. 그는 우연이란 아무 이유 없이 일어나는 것이 아니라, 어떤 의미를 갖고 있다는 믿음에 초점을 맞추었다.

이 책에 나오는 아홉 가지 '통찰' 중 첫째는, 우리를 문화적 변혁으로 이끌어줄 것은 다른 무엇보다도 '동시성'을 인식하는 것이라는 주장이다. 우리가 그것이 실재한다고 인정하기만 하면, 이 우주가 어떻게 움직이는지에 대한 우리의 견해는 완전히 뒤바뀔 수밖에 없기 때문이다. 우주는 이제 '의미 있는 우주'가 된다.

이 책 뒤에 나온 다른 책 『천상의 비전(The Celestine Vision)』에서 레드필드가 저명한 과학사학자 토머스 쿤을 언급한다는 것은 놀라운 일이 아니다. 쿤이 1960년대에 쓴 『과학 혁명의 구조(The Structure of Scientific Revolutions)』는 극히 미미한 이례적 발견이 결국 전체 이론이나 세상을 보는 방법을 완전히 뒤바꿀 수 있다는 것을 논증하는 책이기 때문이다. 『천상의 비전』은 쿤의 철학을 비소설 형식을 빌려 재논증한 책이라 할 수 있다. 레드필드는 이 책에서 우리는 직접적인 경험으로만 진리를 발견할 수 있는데도 불구하고, 우리의 경험과 일치하지 않는 세계관에 집착하고 있다고 주장한다.

이런 견해는 객관적인 과학적 증거를 중시하는 서양의 전통이나 맹목적인 믿음을 요구하는 기독교 양쪽에서 모두 환영받지 못한다. 그러나 달리 생각해보면 이는 극히 민주적인 사고라 할 수 있다. 과학이나 종교가 인정하든 말든, 우리가 실제로 경험한 것만 믿으면 되기 때문이다.

『전상의 예언』에 담긴 주장도 같은 맥락에서 볼 수 있다. 여기서 레드필드는 페루 교회와 군대를 악역으로 설정하고, 그들이 진리의 통찰이 퍼져나가지 못하도록 막지만 결국에는 실패하는 것으로 그렸다. 지금과 같은 정보의 시대에 지식의 전파를 막으려는 노력은 성공할 수 없다는 것이다. 영적 지식은 개인의 문제일 뿐, '학습'될 성질의 것이 아니다.

'더 긴 지금'과 '순수한 에너지'

레드필드가 전하는 두 번째 통찰은 '더 긴 지금'이다. 우리가 지닌 생각의 영역이 우리의 삶과 직업, 나라를 넘어 확대됨으로써 시대를 관통해 인류 전체를 알 수 있게 된다는 주장이다. 이렇게 보면 인류의 전 진화 과정을 거의 한 사람의 이야기처럼 볼 수 있다.

책에 등장하는 인물 중 한 사람은 이렇게 설명한다. 지난 1천 년 동안 인류는 신을 중심으로 한 세계에서 벗어나, 인간의 업적과 발견을 기초로 하는 세계로 이동해왔다. 중세 시대에 우리가 느꼈던 철학적 안정감은 세속적 물질이 주는 안정감으로 대체되었지만, 이제 그 안정감 자체가 다시 흔들리고 있다. '안전'에 집착하던 태도는 점점 힘을 잃고, 우리 삶에서 가장 의미 있는 것을 추구해야 한다는 자각이 자리를 대신하고 있다. 지난 몇 세기를 거쳐 이제 우리는, 무엇이든 새롭고 신기한 것을 좇아 그것이 우리의 시간을 어떻게 보낼지를 기준 삼는 시대를 맞이하게 되었다.

세 번째 통찰은 우주가 '순수한 에너지'라는 것이다. 우리가 세상을 인식하는 방식은 물질의 단단한 외형에 기초하지만, 과학은 생명체를 포함한 모든 물질을 관통하며 그 주변에 흐르는 미묘한 에너지를 감지해왔다. 실제로 양자역학 실험에서는 관찰 여부에 따라 입자의 움직임이 달라지는 놀라운 현상이 밝혀졌다. 또한 동일한 조건에서 자란 두 식물군 중 '사랑과 돌봄'을 받은 쪽이 더 잘 자랐다는 실험 결과도 있다. 여기서 레드필드는 다음과 같은 질문을 던진다.

"우주 역시 동일한 입자로 구성되어 있다면, 과연 어느 정도 우리의 기대에 반응할 수 있을까?"

에너지를 훔치는 자와 되찾는 자

레드필드의 네 번째 통찰은 '모든 것이 에너지'라는 개념을 인간관계로 확장시키는 것이다. 우리는 우주에 흐르는 에너지를 회복시키는 법을 정확히 알지 못하기 때문에, 다른 사람에게서 그 에너지를 훔치려 한다.

다섯 번째 통찰은 네 번째 통찰에 대한 대책이다. 우리는 어느 때이든 '더 높은 근원'에 접할 수 있음을 알게 되고, 잃어버린 에너지를 되찾을 수 있다는 것이다. 에너지를 얻기 위해 다른 사람을 이용하는 죄를 짓는 대신, 우리 자신 속으로 들어가 명상, 침묵, 자연과 함께함으로써 에너지를 얻을 수 있다.

여섯 번째 통찰은 에너지가 우리를 향하도록 만들고자 우리가 계발하는, 예를 들어 '겁주는 사람', '불쌍한 사람', '관망자' 등의 역할을 수행하는 '컨트롤 드라마'에 관한 것이다. 한마디로 이런 컨트롤 드라마는 우리의 인간적 발전을 가로막는다. 이런 사실을 객관적으로 보게 되면, 이것을 없앨 수 있는 힘을 얻게 된다.

나머지 세 가지 통찰이 무엇인지, 그리고 이 책이 계속해서 주장하는 바가 무엇인지는 직접 책을 읽고 확인하길 바란다.

이 책이 힘이 되는 순간

『천상의 예언』이 큰 성공을 거둔 이유는, 이 책이 전통적인 종교보다는 '영성'이라는 주제에 새롭게 초점을 맞추었기 때문이다. 레드필드는 영적 지혜를 직관의 산물로 바라보며, 이 책을 진정한 의미에서 영지주의적(靈知主義的) 저술의 반열에 올려놓았다.

그는 '진리는 저기 어딘가에 있다'는 인간의 근원적 감각을 자극하며, 고대의 영적 추구를 지금 여기에서 벌어지는 긴박한 모험 이야기와 버무려서(이 책의 첫 장은 주차장에서 시작된다) 스릴과 성스러움에 대한 사람들의 갈증을 동시에 해소시켜주었다.

이 책에 냉소적인 태도를 취하기는 쉬운 일이다. 그러나 수많은 독자들의 삶과 생각을 실제로 변화시킨 힘이 이 책에 담겨 있고, 그 통찰들이 우리 시대의 관심사를 직접적으로 다루고 있다는 사실은 부정할 수 없다. 특히 인간관계에 대한 열망과 그 허약한 균형, 자연의 치유력과 환경에 대한 새로운 인식, 그리고 삶을 더 큰 맥락에서 이해하고자 하는 욕망 등은 오늘날의 시대적 관심사와 정확히 맞닿아 있다.

레드필드의 핵심 메시지 중 하나는 인간관계 속 갈등이 우주의 에너지 흐름을 방해한다는 점이다. 증오와 대립은 에너지의 마찰을 낳고, 반대로 무조건적인 사랑은 우주 에너지와 조화를 이루어 그 은총과 능력을 이끌어낸다. 이러한 사랑의 상태에 도달하면, 인간은 더 높은 지적·영적 진동 속에서 존재하게 된다.

이런 의미에서 『천상의 예언』은 단순한 영적 자기계발서에 머물지 않는다. 그것은 인류의 비육체적 진화, 곧 의식의 더 깊은 차원으로의 성장을 주제로 삼고 있다.

BOOK 49

모든 것의 이론
A Theory of Everything

켄 윌버 | 2000

인류의 큰 그림을 바라보는 우주선에 올라타다

켄 윌버 *Ken Wilber*

켄 윌버는 미국을 대표하는 현대 영성 철학자이자 통합 사상가이다. 오클라호마 시티에서 태어나 생화학을 공부했으나 학업을 중단하고 의식과 영성 연구에 몰두했다. 1977년 출간된 첫 책 『의식의 스펙트럼(The Spectrum of Consciousness)』 으로 주목받은 그는 이후 영향력 있는 다수의 책을 펴내 서양 심리학, 불교 사상, 영성 전통을 통합적으로 해석하는 사유 체계를 제시했다. 특히 『모든 것의 역사(A Brief History of Everything)』와 『모든 것의 이론』에서 그는 인간과 우주의 진화를 다섯 가지 통합 틀로 설명했다. 그의 사상은 전 세계 영성 담론과 심리학, 철학계에 큰 영향을 끼쳤다.

"그리스인들은 '코스모스(Kosmos)'라는 아름다운 단어를 가지고 있었다. 이 말은 단순히 물질적 우주를 뜻하는 것이 아니라, 육체·감정·지성·영성을 모두 포함한 존재 전체의 조화롭고 질서 있는 전체를 의미한다. 그러나 우리 불쌍한 현대인들은 'Kosmos'를 'cosmos', 물질적 우주로 축소시켜 버렸다. 물질과 몸과 마음과 혼과 영을 물질 한 가지로 축소한 것이다. 이 단조롭고 황량한 과학적 물질주의의 세계에서 우리는 물리적 차원을 묶는 하나의 이론이 곧 '모든 것의 이론'이 될 수도 있다는 유혹을 받고 있다."

우리는 물리학에서 무슨 획기적인 발전이 있을 때마다 우주의 원리를 완전히 설명하는 데 한 발짝 가까워졌다는 소리를 듣는다. 그러나 철학자 켄 윌버는 이런 물리학 이론은 단지 물리적 세계에 국한된다는 사실을 강조한다. 우리의 삶과 물질에 정말로 의미를 주는 마음, 혼, 영은 어떤 것인가? 의식을 포함하는 우주의 설명 체계는 있을 수 없는가?

윌버에 의하면, 인간의 진화 과정 중 현시점에서 우리가 할 일은 단순히 물질만이 아니라 마음과 혼과 자아와 문화를 전체적으로 포괄하는 우주론을 개발하는 것, 입자의 움직임과 천체의 운행뿐만 아니라 예술, 물리학, 사회학, 정치학, 의학, 경영학 전체에서 의미를 찾는 일이라고 한다. 윌버는 이런 '모든 것의 이론'이란 언제나 모호한 것이 사실이지만, 파편화되고 갈라진 이 세상의 현실을 감안할 때 '전체의 약간이라도 아주 없는 것보다 낫다'고 할 수 있다고 말한다.,

여기서 그가 발견한 중요한 사실은 그리스 사람들이 사용한 '코스모스(Kosmos)' 사상이다. 이것은 물리적, 감정적, 지적, 정신적인 모든 차원을 포함하는 하나의 총체적 우주관이다. 코스모스는 이론이라기보다는 삶의 내적 경험과 외적 경험이 똑같이 중요하다는 하나의 인식이다. 이것은 분명 우리가 지금 세상을 어떻게 보는가 하는 것과 관계된다. 이 인식을 갖고 있으면 인간적 발달이 역사의 전개에서 주된 요소라는 것을 알게 되고, 과학적 세계관과 영적 세계관을 융화시킬 수 있다.

피부색 대신 가치관으로 인종을 분류한다면

1960년대 미국의 심리학자 에이브러햄 매슬로는 '자아실현'에 대한 개념을 내놓았다. 자아실현을 이룬 사람들은 자기의 기본적인 육체적·감정적 필요를 충족시킨 다음 심리적·영적 완성에 초점을 맞추기 시작하는 사람들이다.

이후 클래어 그레이브스와 제니 웨이드 같은 연구자들은 인간의 발달을 일련의 파도나 계단으로 보는 모델을 계발했다. 이 모델에 의하면, 인간들은 일정한 심리적 '홀론(holon, 전체 안에 있는 개체이면서 동시에 그 자체로 전체인 것-옮긴이)'들을 통해서 움직여 간다. 이 홀론들이 우리에게 삶을 보는 일정한 안목을 가져다주는 데, 하나하나가 완전히 그 수명을 다한 다음에 다음 홀론으로 넘어간다. 한 사람의 도덕, 가치, 동기, 교육은 모두 그 사람의 발달 단계에 따라 이해되어야 한다는 이야기이다. 이 단계를 뛰어넘을 수는 없다. 각 단계는 다음 단계에 내포되어 있기 때문이다.

윌버가 이런 발달 모델에 관심을 갖게 된 것은, 이 모델이 그가 말하는 코스모스(Kosmos) 개념을 과학적으로 뒷받침해주었기 때문이다.『모든 것의 이론: 경제, 정치, 과학, 영성을 위한 통합적 비전』에서 윌버는 인종차별 정책을 철폐할 때 남아프리카가 직면한 문제에 성공적으로 적용된 '나선 역학'이라고 하는 특수한 이론에 상당한 지면을 할애한다. 돈 벡과 크리스토퍼 코윈이 계발한 이 개념은 개인이나 공동체를 인종이나 성별이나 교육 정도 같은 일반적 범주로 구분하지 않고, 그들이 세상을 보는 근본적인 세계관으로 더욱 깊이 들어간다. 각각의 세계관을 색깔로 분류하면 다음과 같다.

- 베이지(원초적-본능적): 생존이 최우선이며, 기본적인 욕구 충족에 집중한다.
- 보라(주술적-정령론적): 부족 중심, 제의와 친족 관계 중시, 정령 신앙이 특징이다.
- 빨강(힘센 신들): 신화적 영웅주의, 봉건적 질서, '힘이 곧 정의'라는 정글의 법칙이 지배한다.
- 파랑(신화적 질서): 절대적 진리와 위계질서를 강조하며, 법과 규율, 애국심, 종교적 근본주의가 중심이다.

- 오렌지(과학적 성취): 개인주의, 합리주의, 과학적 사고와 경제적 성공을 강조한다.
- 초록(예민한 자아): 생태적 감수성과 공감 능력을 중시하며, 전통보다 보편적 휴머니즘을 강조하고, 인권과 관계의 조화를 중시한다.

남아프리카의 사례를 기술하면서 벡은 말한다. "흑인이나 백인이 아니라, 보라색 사람들, 파란 사람들, 오렌지색 사람들, 초록 사람들이 있을 뿐이다."

인종이나 성별이나 기타 옛날에 쓰던 범주에 근거한 해결책에 의존해서는 사회적, 정치적 문제를 해결할 수 없다는 것이다. 문제 해결에서 가장 중요한 것은 사람들이 가지고 있는 내면적 심리 상태라고 본 것이다. 그리하여 윌버는 지금 세계 곳곳에서 일어나는 각종 분쟁은 누군가의 말처럼 단순한 문명의 충돌이 아니라, '의식'이 충돌한 결과라고 진단한다.

한 층 더 큰 단계로

나선 역학에서 가장 중요한 것은 특정 색깔에 있는 사람들은 다른 색깔에 있는 사람들을 좀처럼 이해할 수 없다는 사실이다.

"파랑의 질서 체계를 가진 사람들은 빨강의 충동성이나 오렌지의 개인주의에 대해 크게 불편함을 느낀다. 오렌지색 개인주의는 파랑의 질서가 못쓸 사람들을 위한 것이고, 초록의 평등주의도 나약해 빠진 것이라 생각한다. 초록색 평등주의는 우월감이나 가치의 서열화, 위계 구조, 큰 그림을 내세우는 태도, 권위주의적 언행 등을 참기 힘들어한다."

초록색 사람들은 흔히 자기들의 사고방식이나 존재 방식이 최고라고 믿고, 그것을 다른 사람들에게 강요하려 한다. 그들은 세상이 다원주의적이고 복합문화주의적이길 바라며, 어떤 전통에도 묶이기를 싫어한다. 그들은 모든 이가 평등하기를 바라기 때문에 위계질서를 인정하지 않는다. 그러나 결과적으로 파란색이나 오렌지색 사람들의 세계관을 부정하기 때문에 초록색 사람들은 전체적인 나선형적 발달을 부정하는 것이다. 그러므로 그들은 자기의 세계관만 옳다고 주장하는 근본주의자들과 별로 다를 것이 없는 셈이다.

나선 역학의 주안점은 각 단계가 그 자체로 수명을 다해야만 어느 개인이나 문화든지 간에 다음 단계로 넘어갈 수 있다는 것이다. 초록의 평등주의 역시 전체 나선형적 인간 발달을 큰 틀에서 보는 '제2층'의 더 넓은 시각에 자리를 내어주어야 한다. 제2층에 대해서는 두 가지 견해가 있다.

- 노랑(통합적): 각 색깔의 제1층이 가지고 있는 최선의 속성을 종합하여 유연하고 기능적인 인간 및 문화를 창출한다.
- 청록(통전적): 존재의 모든 면(물질적·정신적)에 대한 감정과 지식, 인식과 존중을 '통전적(統全的)인 하나'로 받아들인다.

노랑과 청록 단계에서는 개인적 발달과 인간의 진화에 대한 큰 그림을 볼 수 있다. 이 큰 그림에서 각 색깔은 나름대로 중요한 자리를 차지한다. 이 단계에서는 어느 한 가지 의제를 밀어붙이는 대신, 발전의 전체적 나선형의 건강을 추구하게 된다. 제2층의 생각을 가지고 있으면 각각의 태도가 다른 것을 이기려고 하는 그런 세상이 사라진다.

이 제2층의 생각을 보여주는 사례로는 초인격 심리학, 가톨릭 신학자 테아르 드 샤르뎅과 그의 '누스피어(noosphere, 인류의 의식이 지구를 감싸는 새로운 정신적 층-옮긴이), 그리고 개별적인 사람이나 운동을 초월하여 더 큰 전체의 건강을 추구한 만델라나 간디 같은 사람들의 통합 철학을 들 수 있다.

과학의 끝에는 영성이

윌버에 의하면, 과학과 종교를 보는 전통적 방식은 실재를 대표하는 고층건물에 비유될 수 있다. 우리는 과학은 아래층에, 위층은 종교에 맡겨놓는다. 그러나 통합 혹은 코스모스(Kosmos) 모델에서는 모든 현상에 과학적 설명과 영적 설명이 동시에 있을 수 있다.

윌버는 뇌파도(EEG) 기계를 몸에 부착하고 명상하는 사람을 예로 든다. 과학적 장비는 뇌파의 모형에 일어나는 변화를 보여주고, 명상하는 사람은 의식의 확장이나 사랑과 자비의 느낌이 더 커진다는 결과를 보고한다. 두 가지 실재는 모두 진실하다.

과학은 영적 체험이 실재가 아님을 증명하지 못했다. 윌버는

"깊은 영성은 부분적으로 인간의 잠재력이 더욱 멀리 이르도록 하는 더 넓은 과학"이라고 말한다. 이 말은 영성이 발전하면 할수록 더욱 과학적이 될 것이라는 뜻이다. 실제로 불교는 인간의 감정과 발달을 세련되게 분류해놓은 덕분에 가끔 '과학적 종교'라 불리기도 하는데, 윌버의 정의는 이런 가능성을 시사하는 것이라 할 수 있다. 이처럼 과학의 끝으로 가면 어쩔 수 없이 형이상학적 질문에 부딪힐 수밖에 없다.

궁극적으로 과학과 종교는 둘 다 완전히 통합된 우주 이해를 향해 나아가는 진리의 표현들이다. 그중 하나를 부정하는 것은 자기의 작은 마음 너머에 있는 것을 보지 못해, 자기가 보는 것만이 실재라고 믿는 갓난아이의 안목과 같다. 통합적 혹은 코스모스(Kosmos)식 세계관을 가지고 있으면, 두 가지 견해를 서로 용납할 수 있을 뿐 아니라 이 둘이 진리에 대해 상호 보완적인 요인임을 인정하고 고맙게 여길 수 있게 된다.

이 책이 힘이 되는 순간

윌버의 사상은 매우 복합적이지만, 『모든 것의 이론』은 그의 다른 저서들을 폭넓게 언급하고 있어 그의 통합 철학을 이해하는 데 좋은 입문서 역할을 한다. 분량은 길지 않지만 핵심 아이디어들이 밀도 있게 남겨 있는 책이다.

이 책에서 윌버는 인간 의식을 세 단계로 구분하며, 그중 최고 단계인 '초인격적' 단계에서는 이기적 자아나 정상적 자아로 가려지지 않는 우주의 실재를 그대로 감지할 수 있다고 말한다. 이는 그의 저작 전반을 관통하는 핵심 사상이다.

또한 그는 인간 발달을 '계속적인 자기중심주의의 감소'로 정의하면서, 인류의 미래는 우리가 눈가리개를 벗어버리고 더 큰 역사관을 받아들일 수 있는가에 달려 있다고 강조한다. 이런 높은 단계에 이른 소수는 인류 전체의 의식 진화를 이끄는 선봉이 될 수 있지만 나선 역학이 보여주듯, 그렇지 못한 다수를 인정하고 포용하지 않으면 진정한 변화는 일어나지 않는다.

윌버의 책을 읽는 것은 마치 우주선을 타고 거대한 시야에서 인류를 바라보는 것과 같다. 우주선의 선장인 그는 독자를 안내하며 지적·영적 진화의 흐름을 통찰하게 한다. 이 여정에서 누군가는 어지러움을 느끼고, 또 누군가는 경이로움을 경험하겠지만, 큰 그림을 함께 보는 동행자로 윌버만큼 탁월한 안내자는 드물 것이다.

BOOK 50

영혼의 자리
The Seat of the Soul

개리 주커브 | 1990

인격이 아니라
영혼이 우리의 삶을 인도하게 하라

개리 주커브 *Gary Zukav*

개리 주커브는 양자역학과 영성의 접점을 탐구한 대표적 저술가로, 특히 『춤추는 물리(Dancing Wu Li Masters)』를 통해 대중에게 큰 반향을 일으켰다. 이 책은 복잡한 현대 물리학 개념을 동양 사상과 연결해 쉽고도 우아하게 풀어낸 작품으로, 서구에서 대체 영성 운동의 흐름을 여는 데 중요한 역할을 했다. 대표작으로 『영혼 이야기(Soul Stories)』, 『영혼의 마음(The Heart of the Soul)』, 『영혼의 정신(The Mind of the Soul)』 등이 있으며, 그의 저서는 과학과 영성의 대화를 이끌어가는 중요한 지적 자산으로 평가받고 있다.

"인간 경험의 참된 목적은 영혼의 건강이다."

"우리가 내리는 모든 결정은 우리의 인격을 향해 움직이든지 우리의 영혼을 향해 움직인다. 우리가 내리는 하나하나의 결정은 다음과 같은 문제에 대한 대답니다. '우리는 사랑을 알고자 어떤 선택을 하는가?' '우리는 진정한 힘을 얻기 위해 어떤 선택을 하는가?' '의심과 두려움을 통해서인가, 혹은 지혜를 통해서인가?'"

주커브는 철학자 윌리엄 제임스, 심리학자 카를 융, 과학자 알베르트 아인슈타인 같은 인물들을 연구하여, 인간의 삶이나 우주에 관한 이들의 위대한 사상은 '인격 너머' 어디에서 온 것이라는 결론에 이르렀다. 이들은 이기적 자아라는 구름을 뚫고 나가, 이미 존재했지만 우리가 포착하지 못했던 정보나 지혜를 얻었다는 것이다.

주커브는 이런 능력이 영성이나 종교성 같은 것이 아니라 '진정한 힘' 혹은 우리의 영혼, 그리고 그 영혼이 우리 삶에 대해 가지고 있는 목적과 연결되는 역량이라고 믿었다. 이 영혼의 목적이 또다시 진화하고 있는 우주의 더 큰 목적과 절묘하게 맞물린다는 것이다.

'오감'을 넘어 '다감'으로

우리가 다 잘 아는 것처럼, 물질 세계에는 진화가 있다. 그러나 우리가 어떤 사람을 보고 '아주 진화를 많이 한 사람'이라고 한다면, 그것이 무슨 뜻일까? 예를 들어 부처님이나 예수님 같은 이들이 보통 사람과 다른 것은 무슨 까닭일까?

주커브에 의하면, 우리가 '진화'라 부르는 것은 보통 우리의 오감을 통해 얻은 지식이 증대한다는 것을 뜻한다. 그러나 오감을 넘어서 '다감의(multisensory)' 존재가 되어 우주를 보게 된다면, 우주를 더 많이 이해할 수 있을 것이다. 대부분의 경우, 우리는 우리 몸의 오감을 통해 관찰할 수 없으면, 그것이 있는 줄도 모른다.

오감으로 보는 세계에서는 생존 능력이 가장 중요한 진화 기준이다. 따라서 생존에 대한 두려움이 인간관계나 심리의 결정적인 특성이 될 수밖에 없다. 그 결과, 그 대상이 자연이든 사람이든 혹은 경제이든, 환경을 통제할 수 있는 능력이 힘을 가졌음을 나타내는 가장 중요한 지표가 되었다. 그래서 힘은 언제나 외적인 것으로 이해된다. 그러나 역사적으로 위대한 인물들을 보면, 그들은 우리의 사고방식을 바꿀 만큼 큰 힘을 발휘했지만, 외적인 힘은 없었던 경우가 허다하다. 주커브는 한 목수(예수)의 말과 행동이 로마 제국보다 더 강한 힘을 발휘했음에 주목하라고 말한다.

"힘을 외적인 것으로 인식하면 프시케(psyche, 우리의 의식층과 무의식층 전체를 일컫는 말-옮긴이)는 조각나고 만다. 그것이 개인이나 공동체나 국가나 세계, 그 어떤 프시케이건 간에."

주커브의 『영혼의 자리』는 진정한 힘, 혹은 사랑과 겸손과 자비와 의도의 명료성에 기초한 힘에 대한 이야기이다.

인격과 영혼의 차이

영혼은 그것이 지상에 있는 우리 몸속으로 들어오기 전에 이미 자기가 이루려고 하는 바를 안다. 그러나 우리의 몸이 태어나면서 이 본래의 의도를 망각하고 만다. 우리의 인격은 호·불호를 가지고 있지만, 영혼은 우리의 인격이 완성되는 것을 보고자 하는 의도를 가지고 있다.

영혼은 우리의 삶을 인도하여 그 의도가 이루어지게 하려 하지만, 우리의 인격은 그것을 압도하는 욕망을 가지고 있어서, 결국 욕망이 우리의 삶을 실제적으로 형성하는 역할을 하게 된다. 이와 같은 영혼과 인격의 차이를 아는 사람이 별로 많지 않기 때문에, 대부분의 사람들은 자기 인격에 따라 살아간다. 그러나 현명한 사람들은 그들의 영혼이 빛을 발하게 하고, 그것이 본래의 목적을 이루도록 허락한다.

나쁜 인격은 공포, 분노, 욕심, 슬픔, 후회, 무관심, 냉소주의 등의 '나쁜' 감정을 창출하고 경험할 수 있다. 그러나 자기 영혼을 의식하는 사람은 다른 사람이나 자신 안에서 이런 것들을 넘어서는 무엇을 볼 수 있다. 우리가 우리 영혼의 의도와 목적에 부응하기로 작정하면, 우리는 진정으로 힘을 얻을 수 있게 된다. 물론 영혼이 요구하는 바에 저항할 수도 있지만, 우리의 진화는 우리가 영혼에 귀 기울이고 거기에 따라 행동하는 것에 달렸음을 잊지 말아야 한다.

만약 진정한 힘을 얻고자 한다면, 우리의 인격을 영혼에 일치시키는 것이 우리가 삶에서 추구해야 할 최대의 관심사가 되어야 한다.

감정의 의도를 들여다보라

외적인 힘에 초점을 맞추는 사회는 감정의 역할을 무시한다. 그러나 분노나 슬픔, 기쁨을 가져오는 근본 원인을 캐보지 않고서는 우리 속에 무엇이 참된 것이고 무엇이 단순한 인격의 변덕에 불과한지를 알 길이 없다.

과학과 논리의 세계는 감정과 주관성을 하찮은 것으로 주변화시키지만, 삶의 의미를 찾지 못하는 사람은 절망과 공허의 나락에 떨어지고 만다. 그런 사람은 마치 로봇처럼 자기의 업에 따라 무의식적으로 살아갈 뿐이다. 그러나 더 의식적인 차원으로 살아가면서 자신의 경향성을 인지하고, 자신을 좀 더 높은 차원으로 끌어올리려고 노력하며 사는 것이 그렇게 어려운 일이 아니다.

비교적 적은 수의 사람들만이 자기가 느끼는 아픔을 정말로 들여다보려고 한다. 아픔을 그렇게 들여다봐야만 그것을 극복할 수 있다. 물론 그 아픔을 차단해버리는 것이 가장 쉬운 길이겠지만, 그렇게 하면 우리는 결코 자라날 수 없다. 주커브는 "감정을 통해서만 우리는 우리 영혼의 세력장(場)과 대면할 수 있다"고 말한다. 이것이 바로 인간적 경험에서 우리기 추구해야 할 바이다.

내가 왜 지금 이렇게 느끼는지 그 속까지 파고들어야만 우리는 더욱 완전하게 인간적이 될 수 있다. 나쁜 감정을 그대로 외부 세계로 투영하기만 하면 인간 이하가 되고, 악이 성장하는 데 필요한 잠재력만 키우게 된다.

감정은 의도를 반영한다. 그러므로 감정적인 아픔을 느끼는 순간, 그 의도를 깊이 들여다보아야 한다. 내가 비록 화기애애한 관계를 의도했지만, 동시에 나도 모르게 그런 관계를 끝내려는 의도가 있었다면, 결국엔 더 강한 의도가 승리하게 될 것이다. 관계를 끝내고 나서 내가 의도한 대로 되지 않았다고 느낄 수도 있지만, 사실은 정확하게 내가 의도한 대로 된 셈이다.

'직관'이라는 이름의 무선통신기

우리는 직관을 믿지 말라고 교육받는다. 그래서 오로지 오감만으로 삶을 경험하고, 예감이나 설명할 수 없는 통찰 같은 것은 무시하는 경향이 있다. 오직 오감에 지배받는 사람에게 직관 같은 것은 진정한 '앎'이 아니다. 그래서 그냥 무시하거나 기껏해야 호기심 정도만 느낄 뿐이다. 그러나 오감 이상의 '다감'을 사용하는 사람은 예감이나 암시 같은 것이 진리를 말해주는, 더욱 지혜롭고 위대한 마음과 연결되는 고리라고 이해한다.

직관을 경험하려면, 표출되지 않은 감정의 형태로 우리 마음에 스며든 정신적 독성을 깨끗이 제거해야 한다. 자신의 생각을 관찰하는 것도 고요한 마음을 갖는 데 도움이 된다. 주커브는 직관을 함양하는 더 쉬운 방법이 있다고 소개한다. 바로 우리가 삶에서 경험하는 것들은 반드시 이유가 있다는 믿음을 갖는 것, 그 모든 것이 결국 합동하여 유익을 주리라는 신뢰를 갖는 것이다.

이렇게 하면 비판하는 마음이 줄어들고 진리에 대해 더욱 개방적이 된다.

직관은 인격과 영혼의 소통을 가능하게 하는 무선 통신기와 같다. 대부분의 사람들은 직관이 자기들이 원하는 방향이 아닌, 더 큰 저항이 있는 길로 자신을 인도한다는 이유로 직관을 완전히 믿으려 하지 않는다. 그러나 영혼이 말해주는 충고를 받아들이지 않고서 어떻게 참된 잠재력을 꽃피울 수 있겠는가. 우리의 인격은 그저 남들이 좋다고 하는 목적을 선택할 것이다. 그러나 이런 목적은 영혼의 목적보다 고상하지 못한 것이 보통이다.

조각난 인격과 치유된 영혼

우리는 대부분 여러 가지 측면을 가지고 있다. 이기적인 측면과 사랑스러운 측면, 어리석은 측면과 지혜로운 측면 등등. 이런 여러 가지 측면들은 나름대로 그 자체의 의도를 가지고 있고, 그러기에 서로 충돌하기도 한다. 이런 자아 파괴적인 충돌 현상은 인격이 파편화되는 원인이 되어, 일견 무한한 고통과 고뇌를 안겨주는 것처럼 여겨질 수 있다.

우리는 여기에 대해 어떻게 대처해야 할까? 먼저 우리가 우리 자신을 자주 쪼개고 있음을 인정해야 한다. 그리고 나서 이 지구상에 몸을 쓰고 나온 우리 영혼의 목적 중 하나가 여러 가지 다른 존재 방식을 체험해보고, 그중에서 치유되어야 할 측면이 있으면 그것을 개선하거나 치유하려는 것이라는 사실을 깨닫고 고마워해야 한다. 음침한 자아 속에 칩거하는 대신, 이런 부정적 측면들을 공기에 노출시켜 그것들이 우리를 어떻게 도와줄 수 있을지 살펴보라. 우리 삶에 아무런 문제가 없다면, 우리에게 목적의식을 가져다줄 관심사나 활동에 끌리는 일도 없을 것이다.

주커브는 유혹이라는 문제에 대해 재미있는 생각을 풀어낸다. 그는 유혹을 "남에게 해를 주지 않으면서 인간의 에너지 시스템에서 부정적인 것을 노출시켜 결국 그것을 없애도록 고안된 사고 형태"라 규정한다. 영혼은 유혹을 이해해야 한다. 유혹은 아직도 치유가 필요한 우리의 일부가 어떤 것인지, 균형을 잡을 필요가 있는 염원과 충동이 무엇인지를 노출시켜 주기 때문이다.

역설적으로 유혹은 더 큰 가능성의 씨앗을 가지고 있다. 그것은 우리에게 선택을 강요하는데, 올바른 선택을 하기만 하면 우리가 정말로 되고자 하는 사람이 될 수 있는 능력을 갖게 되기 때문이다. 이런 여러 측면들을 그대로 받아들이는 것만이 우리의 많은 측면들을 통일된 자아로 결합시키고, 삶의 목적에 재헌신할 수 있는 기회를 얻는 길이다.

위대한 성인이나 요기들은 우리의 영혼을 반사시키는 거울과 같다. 그들이 있는 곳에 서면 우리의 파편화되고 찢어진 본성을 비춰 볼 수 있다. 이런 위대한 사람들은 또한 우리가 완전히 의식적이고 통합된 인간이 될 수 있다는 희망을 제시해준다. 주커브는 말한다.

"인격이 완전한 균형을 이루면 우리는 그것이 어디에서 끝나는지, 영혼이 언제 시작되는지 알지 못한다. 이럴 때 우리는 하나의 온전한 인간이 된다."

이 책이 힘이 되는 순간

현대 세계는 혼돈으로 가득하다. 증오와 욕망, 불안정한 인격 상태를 거의 그대로 반영하고 있기 때문이다. '심리학(psychology)'이라는 말의 본래 의미는 '영혼에 대한 앎'이다. 그러나 오늘날 학문으로서의 심리학은 영혼이 아닌 인격을 다루는 과학으로 변해 버렸다. 이 세계가 진정으로 진화하려면, 인격이 아니라 영혼에 대한 더 깊은 인식 위에 세워져야 한다.

『영혼의 자리』의 목적 중 하나는 '힘'의 개념을 다시 정의하는 것이다. 외적인 힘을 지닌 사람을 더 중요하게 여기는 기존의 가치관을 뒤집고, 자신의 영혼과 인격을 하나로 일치시키는 내적 힘의 가치를 보여주려 한다. 우리가 명예나 부, 지위를 좇는 이유는 내면의 힘이 부족하다는 것을 스스로 느끼기 때문이다. 영혼을 알지 못한다면 진정한 힘은 언제나 우리를 빗겨 가고 말 것이다.

누군가는 이 책을 구체적인 경험에 근거하지 않은 뉴에이지 사상으로 가득하다고 폄하할 수도 있다. 하지만 바로 그것이 주커브가 강조하는 핵심이다. 우리가 오로지 오감을 가진 존재로만 살면서 보고, 듣고, 맛보고, 냄새 맡고, 만지는 것만을 진리라 여긴다면, 더 깊은 차원의 진리에는 스스로 문을 닫게 된다는 것이다.

글의 스타일은 다소 무겁고, 문장을 여러 번 읽어야 할 때도 있지만, 『영혼의 자리』는 삶과 우주, 그리고 모든 존재를 바라보는 시야를 근본적으로 바꾸는, 시대를 앞서간 책임이 분명하다.

옮긴이 오강남

캐나다 리자이나 대학교(University of Regina) 종교학과 명예 교수. 우리 시대 대표적 비교종교학자인 오강남은 서울대학교 종교학과와 동 대학원을 졸업하고, 캐나다 맥매스터 대학교(McMaster University)에서 「화엄(華嚴) 법계연기(法界緣起) 사상에 관한 연구」로 종교학 박사학위(Ph. D.)를 받았다. 북미 여러 대학과 서울대 등의 객원교수, 북미 한인종교학회 회장, 미국종교학회 한국종교분과 공동의장을 역임했으며, 북미와 한국을 오가며 집필과 강의, 강연을 하고 있다.

저서로 문자주의에 빠진 한국 기독교계에 경종을 울린 명저 『예수는 없다』와 종교의 심층을 탐구한 『진짜 종교는 무엇이 다른가』를 비롯하여 『오강남의 그리스도교 이야기』, 『세계 종교 둘러보기』, 『종교란 무엇인가』, 『불교, 이웃 종교로 읽다』, 『살아 계신 예수의 비밀의 말씀』, 『종교, 이제는 깨달음이다』(공저) 등과, 노장 사상을 풀이한 『도덕경』과 『장자』가 있다.

번역서로는 『종교 다원주의와 세계 종교』, 『살아 계신 붓다, 살아 계신 예수』, 『귀향』, 『예언자』, 『예수 하버드에 오다』, 『기도』, 『데이비드 스즈키의 마지막 강의』 등이 있으며, 제17회 《코리아타임스》 한국현대문학 영문번역상(장편소설 부문)을 수상했다.

이 순간 나에게 힘이 되는 고전 필독서 50

초판 1쇄 발행 2025년 12월 8일

지은이 톰 버틀러 보던

책임 편집 임성은
디자인 LUCKY BEAR
경영지원 임효순
펴낸이 정덕식, 김재현

출판등록 2009년 10월 14일 제300-2009-126호
주소 서울특별시 마포구 성암로 189, 1707-2호
전화 02-734-0981
팩스 02-333-0081
메일 sensio@sensiobook.com

ISBN 979-11-6657-213-5 03190

이 책은 저작권법에 따라 보호받는 저작물이므로 무단 전재와 복제를 금지하며,
이 책 내용의 전부 또는 일부를 이용하려면 반드시 저작권자와 (주)센시오의 서면동의를 받아야 합니다.

잘못된 책은 구입하신 곳에서 바꾸어드립니다.

소중한 원고를 기다립니다. sensio@sensiobook.com